U0035306

鈍鳥與靈龜

——平實導師　著

ISBN 978-986-82992-9-0

鈍鳥逆風飛　靈龜順水游

此二句是古時禪門名言，晚近數百年間已無人言之。鈍鳥逆風飛，欲到目的地，雖有飛行速疾之能力，然而極爲辛苦努力之後，往往體力不繼、中途虛脫而死，達者百無其一；此喻多數禪者世智辯聰而生慢心，自視過高，不依善知識指授而求悟，欲憑己力以求證悟，卻是至死難悟，法身慧命終究未能成就，落入意識心中自以爲悟，終生執取自己錯悟意識境界；或誤以證得禪定無念境界爲悟，於般若實智終究無所成就，終生堅持定境即是悟境，以坐脫立亡爲證悟，法身慧命斷送在自己的世智辯聰裏，此二者皆是**鈍鳥逆風飛**。

靈龜行動緩慢，不能速疾飛行，既無世智聰利而又不擅言語，但有眞實智慧力之輔佐，懂得擇定正確的河水，順水而游，輕而易舉就到達性海；喻如無慢之人，雖然智力非屬極佳，口才亦不能勝人；復無禪定境界可供炫異惑眾，不能隨時提前捨壽示眾，然而懂得分辨眞假善知識與學禪方向，簡別正確之參禪方法，能藉善知識之助力而輕易達到悟入實相般若之目標，是名**靈龜順水游**。佛門修學般若之人，或作鈍鳥、或作靈龜，都只在學人一念之間。

——**平實導師**——

佛說正常人都有八識心王，不少於八識，亦不超過八識；說前六識能見聞覺知，爲依他起性、緣起性空；又說第七識是遍計執性的心，是業種現行之動力，名爲現識，說爲意根，又名末那識；此識亦是造業者，是流轉生死之根源，故名業識；又說第八識是萬法之根源，說色身、前七識及一切法都由第八識而生、而滅。佛又說二乘聖人依第八識而有無餘涅槃可證，不墮斷滅境界中；又說大乘菩薩依第八識而成佛道，又說第八識心即是空性、實相、涅槃、萬法，亦名如來藏、阿賴耶識。

由此可知宗門**明心所悟者若非第八識心，必皆是妄心**；只有親證第八識以後，將前七識妄心轉依第八識如來藏，攝歸於如來藏心以後，方能眞正了知「八識心王總名一心，名爲阿賴耶識、異熟識、無垢識」之理，方是證悟之賢聖也！捨此第八識眞心如來藏之親證，而言證眞如，言有大乘宗門之悟，斯名未悟言悟、未證謂證之徒，皆屬大妄語業。

——**平實導師**——

世尊既說人人皆有八識心王，不少亦不過於八識，然前六識爲生滅而不能常住之緣起性空法，第七識則爲諸阿羅漢捨壽時所必滅除之意根，皆是可滅法；唯獨第八識如來藏心體是常住法，亦是出生五色根、意根、六塵、六識之心體，再藉六根、六塵、六識而輾轉出生了萬法；推尋五陰與萬法之根源，實即第八識如來藏，故說第八識才是法界萬法之實相心體。華嚴又說：證得阿賴耶識心體的人，即是證得**本覺智**的聖者。

有智之人，準此以思，即可了知：縱使四禪八定具足，再加上五神通，充其量只是世間法中的聖人，以此而欲證得解脫果者，即成爲**鈍鳥逆風飛**之佛法中愚人，絕非**靈龜**也！智者不必辛苦具足四禪八定及五神通，即可親證解脫，方是**靈龜**之屬。禪宗門下所悟之事更當如此，所悟之眞實心必是法界根源之實相心第八識心體也！不必鎮日靜坐而與妄想對抗：一生辛苦對抗終究滅不了妄想，仍會時時生起妄想以自苦惱，卻又不知過失而不能改正之，眞乃**鈍鳥**也！準此實義，可知**鈍鳥**與**靈龜**之眞實義也。

——**平實導師**——

目錄

自序——從一則故事說起

本書寫作之緣起有二：主因肇端於現代禪一九九八年五月一日《本地風光》月刊中，刊登了佛學研究者藍吉富先生之扭曲史實文章〈鈍鳥與靈龜〉；助因則是本會親教師陳淑瑛贈與平實一本佛光書局二〇〇四年十一月初版《大慧普覺宗杲大師傳》，閱後引生對大慧禪師的往世部分記憶；由此而憶起數年前現代禪月刊所登藍先生文章，深覺其所言大異古時事實與歷史記載，故有寫作此書以利學人之念，故說此二緣起爲本書成就之主要因緣與次要助緣也！

比來所見諸師弘揚佛法者，除西藏密宗本質全爲外道，並非佛法（詳見《狂密與眞密》四輯五十六萬字的詳細說明），摒而不論，則現代佛門唯有二大類之差別：第一類爲否定如來藏之緣起性空論者，第二類爲誤會宗門、誤會如來藏之錯悟者。第一類即是目前台灣所弘南傳佛法，以否定如來藏爲前提之萬法緣起性空論，以及印順等人所弘藏密黃教應成派所說一切法空之中觀論者，此二者皆墮斷滅見本質中。第二類即是法鼓山聖嚴、中台山惟覺、佛光山星雲、慈濟證嚴等四人所謂之宗門開悟事，皆墮常見外道見中，同墮意識境界中，同皆未斷小乘見道所應斷之我見，更未證得大乘見道所應證之實相中道觀。

然而第二類人中復有差異性，謂佛光山星雲法師，既是印順派之緣起性空觀，復又以禪宗如來藏系之證悟者自居，然而睽其所「悟」仍是意識心；慈濟證嚴法師亦以印順思想爲中心，與星雲一樣的主張生滅緣起法的意識心爲常住眞心，公然違背 世尊聖教及醫學常識，而又在書中向徒眾們暗示她已經入地證聖，又大膽的在書中公然違背 佛意而堅稱「意識卻是不生滅的」。此二人異於惟覺法師之純以禪宗證悟者自居，亦異於聖嚴法師說法時處處暗示爲證悟聖者而不公然承認已悟。如是諸人實皆因中說果，皆是以未斷我見、亦未證實相之凡夫身而自稱已經證聖之大妄語人。

云何言當代南傳佛法及印順派緣起性空論者爲斷滅見？謂台南大願法師……等一類人，純以五蘊、十二處、十八界法之緣起性空見，教人以四念處……等小乘禪觀，都說一切法緣起性空，皆無實性，心中都不肯承認大乘方廣經中如來藏妙法方是究竟正法。緣起性空本屬正見，應當廣弘之；然因大願……等師心中同時否定如來藏妙法，不肯承認有第八識如來藏之存在，單弘蘊處界緣起性空之法，則使阿羅漢捨棄十八界自身而入無餘涅槃已，皆成斷滅境界，則成破壞二乘涅槃者，頓使二乘涅槃勝法成爲斷滅境界之戲論；謂彼所說無餘涅槃已成空無斷滅之法，而非 世尊在四阿含諸經中所說尚有涅槃中之實際、本際獨存而不墮斷滅境界也；如斯所說大違 世尊於四阿含諸經中之所說者，故說彼大願法師……等人不承認第八識如來藏爲涅槃之體，已成爲破壞二乘涅槃之斷滅見本質者。

南傳小乘解脫道法門弘傳者之大願法師……等如是，自稱大乘佛法之印順派所弘緣起性空論，亦復不免同墮其中，同以二乘小法解脫道取代大乘般若如來藏妙義，同以二乘小法解脫道取代大乘第一義諦成佛之道，卻又嚴重誤會了二乘解脫道正理。但是印順法師一向以大乘般若名相作掩護，時人大多不知其墮處同於大願法師等人所弘南傳佛法者，亦復不知彼等同皆嚴重誤會南傳佛法之解脫道正理，故於此序中亦應有以說之，以正視聽。然而印順、星雲、證嚴、聖嚴、惟覺、昭慧、大願……等人，不論何人，皆不能自外於以上二類，皆是因中說果者。

對於昭慧法師所說：應到學術界來辨正印順導師的思想，不要依教徒觀點來辨正印順「導師」的思想。本會接受昭慧「法師」的要求，將由已悟之學員，各自以博士、碩士、學士、高中、初中等學歷身分，從悟後所得智慧，接受學術論文寫作方法的傳授以後，各自寫出學術論文而作辨正，於一年之後，分批漸次發表之。可以預見的是：論文發表以後，昭慧等人仍將無法應對或爲文回覆；讓她（他）們活到三百歲繼續研究佛學學術以後，亦將同樣的無法回應。這是本會針對昭慧「法師」在電視節目上的公開要求而加以回應：依學術研究之表達方式，以學術論文詳細的說明印順法師如何的公然而且全面違背 佛陀的經教，如是漸次加以辨正論述，再予結集，梓而成書以發行之。佛教界及佛教學術界都可以等待一年後的本會會員佛學學術論文逐漸發表出來。（編案：二〇〇八年起將於《正覺學報》中陸續發表）

至於佛法的學術研究是否等於佛法的親證？昭慧「法師」如是要求，是否符合佛教僧寶應有的心態？她出現了這樣的心態，離開了佛教教徒的觀點來講佛法，離開實證的觀點來講佛法，是否仍然可以算是佛教的教徒？是否仍可說是佛教中的法師？是否仍可說是佛教的僧寶？或只是純粹佛法學問的研究學者？平實將另爲文辨正之，此序文中暫且略而不說。

至於印順派之中觀論，乃其三十歲時主動承繼西藏密宗黃教教義而衍生者；將其思想往上推溯之，則是西藏歷代達賴喇嘛所修學者，再往上推則是克主杰、宗喀巴、阿底峽，再上推於西天則是寂天、安惠、月稱、智軍、佛護……等人。印順派之謬見，古天竺時已經有之，本源於聲聞部派佛教時的二乘凡夫僧無法證得如來藏，故不承認第八識如來藏之實有，亦不承認無餘涅槃之中實有本際不滅，只願宗本於世俗法之蘊處界悉皆緣起性空等法義，而不信受四阿含世俗諦所說的無餘涅槃中的本際、實際；此等人乃是誤會四阿含涅槃眞義者，應成派中觀乃是公然否定二乘涅槃本際（如來藏）之二乘凡夫法師所弘揚者，即是古天竺佛護、智軍、月稱、安慧、寂天……等人之邪說也，後來由阿底峽傳入西藏，最後成爲宗喀巴大力弘揚的藏密黃教應成派中觀學說。然而印順繼承之後，同樣效法天竺智軍……等人，都將誤會後之二乘解脫道小法，冠以大乘名相而說，於表相上自稱是大乘法教之中觀弘傳者，如是而以誤會小乘解脫道後之法義，作爲大乘成佛之道而弘揚之，這就是印順《妙雲集》……諸書法義的眞相。

印順的應成派中觀亦屬斷滅見所攝，謂印順派所宗佛護、安惠、月稱、智軍、寂天、阿底峽、宗喀巴……等人之邪說主張：唯有六識，並無第七識意根。令佛說十八界法頓餘十七界法，這是自外於佛法的創見。又說：實無第八識如來藏，如是否定無餘涅槃之本際識以後，令二乘涅槃頓成斷滅境界，也是自外於眞正佛法的創見。後又說：蘊處界悉皆緣起性空，並無一法實有而可獨存者，則其所說無餘涅槃已成爲斷滅空的邪見。印順派學人如是創見而說之後，爲恐斷滅見之譏，又別行建立意識細心常住不壞，藉以維持三世因果不壞之說。然而，佛已說有第八識爲三世因果之主體識，並且是可證也可知的，印順何必另行發明不可證也不可知的意識細心，來取代　佛說可證也可知的如來藏識？如是創見顯然無義。

印順的意識細心說，不能成立爲法界萬法之根源，創此見解並無實義；復次，三世因果之主體心必定是常住不滅的，方能成立三世因果；但印順的意識細心說決定不是常住而不生滅的法，　佛已說過一切粗細意識皆意根、法塵爲緣而生故；爲作補救，印順又建立發明迴異　佛說之眞如一法，謂：蘊處界萬法滅後，其滅相不復滅失，滅相永存，故蘊處界斷滅後之滅相即是眞如。這個眞如卻是與三世因果完全不相干的法，異於　佛說眞如心是因果的主體識與實行因果者。

佛所說的因果主體識，既是三世因果的主體，也是無餘涅槃中的本際，也是般若的主體，是全部都以第八識心體爲中心而有世間法、出世間法的，是完整性的、全面性的佛法架構，是一心而有世、出世間法的；但是印順以他的創見，發明全新的滅相眞如……等佛法理論與架構，將佛法全面的割裂，再以如是破碎（註）而分崩離析之自創佛法，取代諸經中　佛說之三世因果主體識如來藏；主張因果主體識之意識細心是不可知、不可證的，以不可知、不可證之意識細心，取代　佛說眞實可證之第八識如來藏心體，冀望能使實際法界中因果確實執行之事實，能與印順創見中才可能存在的因果論主體並行。（註：太虛法師說印順把佛法割裂成支離破碎狀態了。）

然而意識細心說，不免落入緣起性空、終必斷滅之無常空中，佛說一切粗細意識皆意法爲緣生故，緣起法之意識心是有生之法故，有生之法則必有滅，絕無可能成爲三世因果的主體識，則印順所建立的因果主體識意識細心已成妄想。印順又另外建立一個外於因果主體識之眞如法，如是假立之眞如又不能出生萬法，也不是無餘涅槃中的實際，反而是由生滅性之意識覺知心思惟所生之法，亦是由蘊處界滅盡後的滅相空無而妄說爲眞如者，仍是斷滅法（空無）之虛妄法；是故意識細心與滅相眞如，皆是依蘊處界中之意識覺知心思惟而有的法，故都是無常、生滅、有爲之法，都屬於妄想之法，故其滅相眞如一法，是虛相法，不是實相法。又其滅相眞如，本是附屬於五蘊法而存在的，五蘊法生滅虛妄，故印順附屬於虛妄五蘊而有的滅相眞如，當然是虛相法。

又滅相眞如的本質，並非法界中事實上確實存在之眞實法，故說印順創造的滅相眞如是虛相法，只是想像所得之名言，純是戲論。其滅相眞如一名既非如佛所說爲萬法本源之實相法，又是依附於生滅性的蘊處界而有的法，如同兔無角是依附於牛有角故有，牛有角法虛妄生滅，故兔無角法也是虛妄生滅之法；所以印順的滅相眞如其實正是兔無角的戲論法，如是而倡言爲中觀，則印順派之中觀見，仍墮於斷滅見及意識思惟所得之戲論中，不能自外於兔無角論。

佛法中說的眞如、涅槃、我、因果主體、中道實相、般若理體，都是同一如來藏心體。一切佛法、世間法，全部都匯歸於如來藏心體，由如來藏心體而出生佛法三乘菩提及一切世間法，由如來藏心體而顯現二乘聖者所入的無餘涅槃境界非是斷滅境界，由如來藏心體的眞如性、中道性而有般若實智，由如來藏心體而有一切種子的智慧，由具足如來藏一切種子的智慧而成就一切種智，因此而成就究竟佛道，由是而成爲完整的、不可分割的一切法界整體觀，一切法界無不賅攝於如來藏一法界中，這才是符合佛法中心思想的三界唯心、萬法唯識。反觀印順的眞如、涅槃、我、因果主體、中道實相、般若理體，則是割裂的，是互不相關的，因爲他所知的是：萬法不是由一個主體心出生，而是各自存在的，是互無關聯的。所以他不承認「三界唯心、萬法唯識」的心法、佛法。所以太虛法師說**印順把佛法割裂成支離破碎狀態了**，一點兒都沒有冤枉他。

至於佛光山、法鼓山、中台山之所「悟」，仍不離意識心境界，仍墮意識心中，具足常見法，無異常見外道；此爲星雲、聖嚴、惟覺三人所不能舉證、否認、辨正者，假以三十大劫時間思惟之後，亦仍無法具文否認及辨正之。乃至近年因爲常被批評「修福不修慧」，恐被指責來世將成為「大象掛瓔珞」的愚法行善者慈濟功德會證嚴「上」人；她既見佛光山、法鼓山、中台山等「證悟」大師皆以意識覺知心作為常住不壞心，便也大膽追隨而寫書狂言：意識覺知心只要常住於歡喜布施而永不退轉之歡喜境界中，即是已證初地證量（其意大約如此，原文請覓其諸書所說）。證嚴於書中如是處處暗示自己已是超越初地之大菩薩，令人對之生於大信，努力捐輸錢財，俾使證嚴法師可以藉眾人所捐龐大資源，廣於世界各處行善，達成名聲國際化之大目標。

慈濟之證嚴法師，於《心靈十境》書中說：長期布施而心中歡喜不退者，即是證得初地歡喜地境界。不需親證實相心如來藏。她又在別本書中公然指稱：「意識卻是常住不滅的。」認為不需斷除我見，可以認取意識為常住心。然而此是未斷我見之凡夫見解，於大乘別教中，說為尚未圓滿六住心般若觀行之人，亦是聲聞解脫道中未斷我見的凡夫，當然也是未曾親證第八識如來藏的凡夫，尚且不能入住賢位的第七住位中，何況能是具有道種智之初地心？這就很分明的自曝其短而顯示她尚未圓滿第六住位的斷我見觀行。由此種種事行，觀察星雲、證嚴、聖嚴、惟覺四人所「悟」，皆是因中說果、未悟言悟、未證謂證，都不免大妄語業果報，一切有智之人所不取焉！如斯印順……等大師諸人，皆以弘揚佛法之善名、善事，而行破壞佛教了義正法之事實：實際執行佛教法義膚淺化、常見化、斷見化、世俗化之行爲。

復次，佛教另有外道攀附聚斂資源之大問題存在，非唯大師們的誤解佛法嚴重事項，故說現代佛教已經病得很嚴重了。誠如一九九八年三月現代禪《本地風光》月刊第二十五期刊出，鄭志明教授接受張火慶教授之專訪記錄中說：「今天台灣很多宗教團體，表面上都說要帶動心靈的改革，骨子裡卻在搞祖師個人的崇拜，而缺乏集體的提昇；到後來都變成一種財力搜刮。所以這些新興宗教的教主都很有錢，像清海名下的資產就幾十億，甚至幾百億，可以去救助越南難民。我覺得這不是很健康的方向，但現實社會裡的世俗大眾，往往還是需要這樣，也就是以金錢來換取神聖性的超越——我給你錢，你給我（宗教上的神聖（作者案））滿足；這是一種速食文化。這樣做當然有市場，有發展；但基本上是把宗教當成一種產品，而信徒則是消費者。在這種供需法則下，宗教的理想性必然喪失。」

附佛法的新興宗教固然極力搜刮錢財，佛教中自稱正統宗教的四大山頭，不也都是各自聚集五、六十億或百餘億，或二、三百億錢財？四大山頭三十年來聚集的錢財，合起來應該不只五百億台幣了；但是，超過五百億台幣的鉅金，都只是用在世俗法上的表相佛教中，也都用在弘揚常見、我見的思想，以及用在弘揚印順的密宗黃教應成派中觀上面，誤導學人共同落入外道的無因論中，這是現代禪當年所不敢說出來的事實。但佛光大學鄭教授在這篇專訪文中，仍已指出台灣佛教在一九九八年以前就已經是走向偏鋒很久了；如今以二十一世紀初的台灣四大山頭行事作風與弘法方向來印證之，與鄭教授所說一一符契；而大陸佛教界則是勇往直前的正在跟進這個方向，至今仍無絲毫警覺與反省。可見鄭教授早在一九九八年時就已洞見佛教危機所在，其言絕非無的放矢，不是杞人憂天。

然而印順派學說之錯謬，平實從來不曾閱讀他人之評論，皆直接就自己所見加以辨正；近日因爲欲造此書故，取閱以前之現代禪月刊，旁讀鄭教授之文，頗覺其文實是先見之明所說，惜乎評論辨正印順法義之事，現代禪未竟其功即中途暫止；然而所說當年台灣佛教亂象等言，已經頗有可觀，亦大有令人必須省思之處，海峽兩岸佛教界都應據此加以省思。譬如現代禪溫金柯先生在一九九八年時，於《本地風光》月刊第二十五期十一版文中曾說：

「二、另一部分則是接受印順法師影響的佛教徒，他們的困局歸結到底，都可以說是由於修證之學的迷茫而導致的。其型態大略可分爲三種：1．第一種前面已經提過，就是他們把宗教熱情轉移到學術研究上，這毋寧是一種**歧出**。2．

那些不以義學研究爲滿足，而仍有修證渴求的印順追隨者，由於很難在印順法師的著作中獲得有效可行的修證指引，這便使他們不得不另尋出路。一般說來，最普通的是仍然乞靈於傳統佛教的修行方法（詳《本地風光》原註十五），然則這條路的矛盾難行是不言而喻的，因爲他所採用的修行方法或許正是印順法師提供給他的義學思想所否定的（平實註）。3．另外一條出路便是乞靈於外國佛教，在此特別要指出的是南傳佛教的修行方法。近五、六年來，標榜原始佛教或南傳佛教的團體在台灣出現；這些團體的提倡者和成員，基本上以受過印順法師《妙雲集》啓發的青年知識分子爲主。事實上，印順法師的佛教史觀及其所提倡的『人間佛教』，在現存的有自成體系的修證之道的各國佛教中，以南傳佛教的性格最不相衝突，無怪乎這一風潮會在印順法師影響下的台灣佛教界出現（詳《本地風光》原註十六）。然則這些人受到南傳佛教的影響，無法理解和認同印順法師對大乘法義的詮釋，又反過頭來批評印順法師（詳《本地風光》原註十七）。總起來說，這些人在敘述教理和佛教史時，很多意見基本上是照搬印順法師的觀點，由此可見二者的相互關係。這一派別，在台灣佛教界是以質疑大乘和中國傳統佛教另起爐灶的姿態出現的，它可以說是印順法師與明清佛教的鴻溝的進一步具體化，乃至達到了分道揚鑣的地步。」

（《本地風光》原註十五：譬如聖嚴法師在其自傳中宣稱認同印順法師的思想，但卻以「禪」的指導者面貌出現在佛教界。參閱聖嚴《聖嚴法師學思歷程》，正中書局，一九九三年七月出版，四七頁。）　（《本地風光》原註十六：這一類團體以「新雨佛教文化中心」為其代表，後另有宋澤萊先生所領導的團體亦隨之呼應。）　（《本地風光》原註十七：《新雨》雜誌及宋澤萊先生都曾撰文批評印順法師及其對「中觀」和「龍樹」的推崇。可參閱本書〔平實註：《生命方向之省思》〕〈評《新雨》談龍樹的哲學〉一文。）　（平實註：印順法師的思想其實都不是義學，只是佛學研究所得的思想；但佛學研究與佛法實證是完全不同的，佛學是異於佛法義學的。義學是指實證三乘菩提之眞正義涵，而非佛學研究所得之思想；但是印順的佛學研究所得都是玄學，因為對佛法的眞實義，都是單依學術研究來加以想像而又未知、未證的，是依據推理而說的理論，並無眞修實證；而且他宣稱無餘涅槃的境界是不可說、不可知的，然而無餘涅槃的無境界境界，其實是可以說明出來的，也是可以親證的，所以印順的佛法只能稱之為玄學，不是義學，所以他的所有著作中說的都是佛學而不是佛法。佛學是學術界所知道的思想，佛法則是二乘聖人與大乘菩薩們所親證的解脫受用與法界實際的智慧，完全不同。）

是故，當代大乘佛法主要弘揚地區之中國佛教，不論是二乘解脫道或大乘佛菩提道，都已被印順派的邪說嚴重誤導六、七十年了；至於中國傳統佛教禪宗的宗門眞見道之事，五百年來也已被錯悟之師的離念靈知意識心所取代，已經世俗化、膚淺化到極爲嚴重的地步了；若不加以澄清導正，則中國佛教學人始從今世起，直到法滅之時止，欲再求證眞見道之證境者，都將永不可得。由是緣故，今以此書之二種緣起，復以如是眾緣，乃於書中多錄天童宏智正覺及大慧宗杲二位禪師實證後所說法語，互相對照印證，以正時人，令知天童默照禪、大慧話頭禪所悟之標的，都是同一如來藏，也都決定不以印順、星雲、證嚴、聖嚴、惟覺等人所「悟」之離念靈知心及緣起性空觀作爲佛法宗門開悟之義涵也！

茲以閱讀大慧宗杲傳記故，重閱藍吉富先生〈鈍鳥與靈龜〉一文，不能無所感觸，發之而有如下數言，欲贈今時後世禪門大師與學人：古時之鈍鳥者，謂已具足四禪之修證者，生死來去自如，隨時隨地可以捨壽，不受時節限制，依事相以觀，看似生死自在之人，遂被恭敬爲世間聖者而崇拜之；然而其人終究不能解脫於生死後有，隨時提前捨壽之後，仍然必須不斷的再受三界生死苦，不能解脫生死繫縛。如是之人喻同擁有速疾飛行能力之鳥，然而卻仗恃其飛行速疾之能力，不知方向而欲逆風強行飛到目的地，最後功敗垂成，是故祖師責之曰：鈍鳥逆風飛。未證四禪亦未修學五神通之人，不能現諸神異境界炫人，世人多不敬之，猶如不能速疾飛行之鳥；然而其人心中無慢，懂得親近眞善知識，藉助於眞善知識之力，了知方向以後，即可速疾達成目標；猶如靈龜行進之速度雖慢，不能以之炫惑於人，然而卻能藉正確水流之力，輕鬆而速疾的達成目標，是故祖師讚之曰：靈龜順水游。

大慧宗杲禪師，其實是中國佛教史上極為重要的一位禪師；平實這句話，並不是無所根據而說的。從臨濟宗代表了中國佛教的主流，再由中國佛教一千年來的宗門正法只存在於大慧宗杲一脈後人之中，直至如今猶未斷絕；而其餘宗派多已落入離念靈知意識心境界中，乃至大慧宗杲同門師兄虎丘紹隆禪師，其宗門正法也只傳到大慧入滅後六十餘年就終止了，六十餘年後的虎丘後人代表者癡絕禪師，就已落入離念靈知心中，法道與大慧後人截然不同，所以就不得不編造謠言誹謗大慧。所以，臨濟正法傳到大慧時代，仍有兩個支脈在弘傳臨濟正法；但是大慧宗杲入滅之後六十餘年，就只剩下大慧一脈後人在弘傳了；以後若仍有宗門正法如來藏之親證者，都是大慧宗杲的後人或是他再來弘法，他派已難可尋覓了。由此可見大慧宗杲當時廣度數十人證悟，使中國佛教代表的禪宗，能有正法實質繼續綿延不絕，絕對是中國佛教史上的要事。由此事實，可知大慧宗杲一生所作所為，在中國佛教史上的地位有多麼重要了！這也是平實對藍吉富先生所寫文章嚴重違背歷史事實的地方，不得不加以辨正的緣故之一。

平實出道弘法十有餘載，初未曾閱大慧禪師語錄、諸書，今以座下弟子貽我佛光書局《大慧普覺宗杲大師傳》，閱之見有《大慧語錄、正法眼藏、宗門武庫》等作遺世，乃尋大藏經中三大作粗閱之，雖覺所說尚淺，仍不足以言道種智，然確實可以取爲廣利宗門禪眾之用；大慧今時雖然仍在娑婆地球，終不能不認同余言也。然而大慧禪師令名可謂震古鑠今，時人少有不悅服者，當知可以取利於宗門禪和；復觀今時宗門多有野狐大師，少學無知而又未知宗門大義，便敢以悟者自居，升座演說禪法、誤導禪和，乃至輯錄成書廣誤學人，故於此書中，除了多錄天童宏智之開示以外，兼以大慧宗杲之法以示時人，欲以之廣利宗門禪和。今以此書寫作出版之緣起，既然言及靈龜與鈍鳥，亦涉及大慧靈龜與天童鈍鳥侍者之虛假捏造故事，則於辨正禪門史實之際，亦當略說鈍鳥與靈龜之意義，兼述當代禪病大要，以示時人，兼利後世晚學，即以演述本書緣起，兼代此書之序。

佛子 **平實** 謹序

二〇〇五年早春 於竹桂山居

第一章　鈍鳥與靈龜

此章中純就近代才開始流傳「鈍鳥與靈龜」故事而冠於大慧與宏智二師之事，根據史實記錄而辨正之，故先舉示近代編造衍生之不實故事，作爲此書之初章。依據一九九八年五月份現代禪《本地風光》月刊第二個版頁，刊載藍吉富先生編寫之故事全文如下：【

鈍鳥離巢易，靈龜脫殼難——宋．宏智正覺

南宋初期，提倡「看話禪」的大慧宗杲，與提倡「默照禪」的宏智正覺，是當時禪宗叢林的兩大名師。當時的大慧，對宏智的默照禪甚爲不滿，曾經貶抑之爲「默照邪禪」。他譏斥宏智的禪法，是讓人「坐在黑山下、鬼窟裡」、「瞎眾生眼」的「邪法」。

宏智對於大慧的評斥，只向自己的弟子稍作溫和的解釋，並未對大慧反唇相譏。而且，在晚年他還與大慧訂交（平實案：事實上是大慧主動往訪之時，方始交成莫逆，並非天童主動訂交），並相約：爲先逝世者主持後事。

宋高宗紹興二十八年（一一五八年），宏智自知壽限將至，乃馳書大慧請主後事（平實案：與實情不符，是捨壽時才遺書請求大慧，不是捨壽前數日馳書邀大慧前來探病、送終。詳後辨正）。當大慧趕到宏智的寺院時，遇到宏智的侍者。由於大慧與侍者的對談，乃促使宏智寫下這首偈子。關於其間原委，南宋詞人陸游曾有這樣的描述：

「（大）慧至，問（宏智）師安在，侍者曰：無恙。慧笑曰：『鈍鳥。』（宏智）師聞，遽以偈達之。有『鈍鳥離巢易，靈龜脫殼難』之語，同一胠篋遺之；並誡曰：『有急（編案：應爲疾字），當啓視。』（宏智）師遂化去。無何，（大）慧患背疽潰決。憶師言，啓篋視之，乃木棉花也。用以塞創，花盡而（大）慧乃卒。」（平實案：與實情不符，是死時才遺書請求大慧，大慧在宏智死後接獲遺書，才當夜趕來爲他主持後事，不是捨壽前數日馳書邀大慧前來探病、送終，故知宏智死前的探病、鈍鳥、靈龜、背疽、贈棉花等事皆屬虛構。詳後一一辨正）享年六十七歲的宏智正覺，在臨終時，笑語無異平時，且寫下一首意象很美的偈子：

夢幻空華，六十七年；

白鳥煙沒，秋水連天。

然後投筆而逝。

我之所以對宏智所撰的這首〈鈍鳥〉偈印象深刻，是因爲該偈，常使我在腦子裡浮起宏智對大慧的無嗔風範，以及其對死亡一事所顯現的平常心，更使我感受到他的「生死一如」的境界。這一事例，使人覺察到：即使像大慧那樣曾經大悟的禪師，也並非必能完全通曉其他開悟者的境界。法海浩瀚，所悟唯見一滴。對於不同法門的容忍，其實是對全體眞理的尊重，並非祇是尋常的禮貌而已。

宏智一生遭大慧痛斥而毫不反擊，仍然如常地倡行其「機關不露」的默照禪風，晚年且與大慧相善。自外表看，其行徑正像一隻「鈍鳥」。而大慧一生，鋒芒畢露，意氣風發。其禪風「棒喝分明」，名滿天下，自世俗角度看，正如一隻「靈龜」。

然而，禪悟本來是一種解決生死大事的心內功夫。就因爲是心內功夫，因此，外表上「棒喝分明」的靈龜，其悟境並不必然優於「機關不露」的鈍鳥（平實案：不然）。其中之優劣關鍵（平實案：鈍鳥既未悟入，實無優劣可言），即在於有誰眞能進入下述這句話的境界裏。這句話是南宋禪師天童如淨的臨終偈。他說：

「咦！從來生死不相干。」（平實案：此是死句，不是活句）】

今就藍吉富先生文章所言，依歷史事實及常理言之，然後再從大慧與天童二人法義本質之完全相同處言之，末再評比默照禪與話頭禪之優劣所在，提升人間一切禪和之知見水平，庶幾後時得有悟處。

一者 藍先生言：「宏智對於大慧的評斥，只向自己的弟子稍作溫和的解釋，並未對大慧反唇相譏。而且，在晚年他還與大慧訂交。」然而事實上並非如此，反而是大慧主動前往天童山拜訪而與宏智訂交。史實是：大慧禪師在紹興二十六年十月，從閩南回到故里後，四處名山道場邀他前往住持，他都加以婉拒，因爲他一向無意於住持權位；但是消息傳到明州的阿育王山，阿育王山的僧眾等待大慧已久，隨即請求高宗皇帝降旨詔令大慧禪師前來住持；宋高宗乃於紹興二十六年十一月降旨大慧住持之，大慧不得不應允，阿育王山因此派遣使者前來邀請大慧前往住持弘法。但是大慧禪師年底到達阿育王山後，並不是先作弘法度眾之事，反而是暫且擱下阿育王山的弘法要務，先行前往天童山尋訪宏智正覺禪師，所以是大慧在因緣成熟時主動訂交，這已是紹興二十六年十二月之事。二人深談之後，發覺只是所授求悟之法門有異，所悟內容則完全相同，此時方始交成莫逆；所以是大慧主動前往拜訪訂交，並非天童主動訂交於大慧禪師，所以藍先生的說法是一己之見，不符史實。

二者　藍先生言：「**宋高宗紹興二十八年**（公元一一五八年），**宏智自知壽限將至，乃馳書大慧請主後事。**」關於宏智請求大慧主持身後事，與史實相符，但卻不是捨壽之前馳書先預請大慧主持身後事；也不是後來正覺禪師又生了一次病，大慧前往看病時互相約定「**後死者爲先死者主持身後事**」；因爲正覺禪師與大慧相見之後的死前，不曾病了二次，而是生病那一次就捨壽了；而且那個生病，其實只是捨壽前必有的氣力劣弱的現象，只能方便稱爲微疾，不是一般的生病，隨後當舉宏智死前健康無病的史實記錄，證明此說。

關於雙方之交往，史實記載爲：大慧在住持明州育王山時，略事安頓以後，因爲與天童山相隔只有二十華里，隨即往訪正覺禪師；正覺禪師出寺相迎於野亭中，雙方一再揖讓，成爲當時傳誦的美事。二人成爲莫逆之交以後，次年（紹興二十七年）臘月正覺禪師就病危而亡了，那時正覺禪師是在死前親寫遺書，令人在他死後送往育王山請大慧禪師爲他主持後事，沒有另一次的生病，也不是在另一次生病時或死前「大病」之時就先行馳書請求大慧爲他主持後事，所以並非藍先生所說捨壽前數日先行馳書相託後事，而是死後遺書送往育王山請求大慧爲他主持後事，所以藍先生說大慧在宏智死前去探病及當場送終，不符史實記載。

而且天童宏智禪師「病危」而囑託後事時，是紹興二十七年十二月的事，並不是藍先生所說紹興二十八年的事。因爲二十八年時，大慧已改住徑山而非天童山附近的育王山了。據《佛祖統紀》卷四十七所載：【二十八年二月，（宋高宗）詔佛日禪師宗杲再住徑山。】《佛祖歷代通載》卷二十也說：【乙亥冬（紹興二十六年），蒙恩（從梅州）北還；明年春（紹興二十七年春天），復僧伽黎（恢復了以前被秦檜奏請皇帝剝奪掉的僧衣）。尋領朝命，住明州育王山。逾年（紹興二十八年春天）有旨，改住徑山，天下

宿衲復集如初。】

所以二十八年二月時，大慧已住在徑山弘法了，不是近在天童山附近的阿育王山了；所以，在虛編的天童宏智正覺「病危」當時，二人並未見面；在此次「病危」之前，也未見正覺禪師有再次重病的記載；何來大慧禪師前往探病之事？焉有贈與棉花及密偈之事？並且宏智禪師是死後才由徒眾送遺書給大慧囑託後事，故無死前生病而由大慧來探、當面囑託後事及當場送終之事。既然如是，何來「鈍鳥與靈龜」故事中之相見、探病、言語、說偈、預記與函封棉花、當場送終、患背疽、病歿等事？顯見編造故事之虎丘紹隆禪師後人，昧於史實，故其所造故事處處敗闕。

三者　藍先生言：「當大慧趕到宏智的寺院時，遇到宏智的侍者。由於大慧與侍者的對談，乃促使宏智寫下這首偈子。」天童禪師既是臨命終時才寫遺書，在死後才派人送往育王山，請求大慧為他主持後事，故事實上是死前臨行時在侍者面前寫遺書，死後才送交大慧禪師，並非死前數天或數月馳書相告，故無大慧前往探病之事。對於宏智禪師是否久病不癒而亡，故有大慧前往探視等事？自有歷史記錄之證據可以考證之，是故佛教「研究者」藍吉富先生所言探病一說，全違禪門史實記載，大有可議之處。

今且先就天童宏智捨報之事論之；茲據禪門正史之《佛祖統紀》……等之記

載，證明平實之說並無差池：【十月六日，住天童山正覺禪師，沐浴更衣正坐而化，齒髮道具自然生出舍利，葬全身於東谷，謚曰宏智禪師妙光之塔。有禮塔求舍利者皆如其意。二十八年二月，詔佛日禪師宗杲再住徑山。】

再據《天童宏智禪師廣錄》卷九中〈宏智禪師行業記〉云：【二十七年秋九月，忽來城中，謁郡僚及素所往來者；又之越上，謁帥守趙公令詪，因遍詣諸檀越家，若與之別。十月七日還山，飯客如常。八日辰巳間（早上九點鐘），沐浴更衣，端坐告眾；顧侍者索筆，作書遺大慧禪師，屬以後事。又書偈曰：「夢幻空花，六十七年；白鳥煙沒，秋水天連。」擲筆而逝。龕留七日，顏貌如生。壽六十七，僧臘五十三。大慧夜得書，即至山中；以十四日奉師全身、葬東谷塔。】

如是《宏智禪師廣錄》中明確記載：天童宏智正覺禪師乃是無病健康而自知捨壽時至，不是因病而亡者，不是藍先生所說病歿者，也不是「陸游」所說的病歿者（姑作其文爲陸游所作，但亦有可能是後人託陸游之名僞造者，猶待考證）；並且是在秋天九月特地入城，與護持他弘法的眾官僚們一一聚會；然後又遍詣信眾諸人，一一各與話會；而其護法信徒非寡，一一拜會之時日並非短短一、二日所能完成；後又轉而動身親到越上，探訪帥守趙令詪（大慧禪師之徒），逮至十月七日方始還山，可見是健康無病而自知辭世之時也！焉有大病之人而能以二十日之時間，行腳遍歷官屬及信眾等人一一話會，又復遠至越上拜會趙元帥？是故藍先生不察實情，誤信近代傳說之言，說是大慧前往探病而且當場送終及被天童授記患疽而亡，都與禪門正史及《宏智禪師廣錄》所載不符。

復次，藍先生根據「陸游」所造之文，而說大慧是前往天童山面送宏智禪師捨報，所以說大慧被天童宏智授記將來背疽病亡。今未知「陸游」何所根據而作是說？亦未知陸游是否眞的曾作此說？亦有可能是後人假造陸游之名而造其文。據藍先生所言，「陸游」如此說：【慧至，問（宏智）師安在，侍者曰：無恙。慧笑曰：鈍鳥。（宏智）師聞，遽以偈達之。有『鈍鳥離巢易，靈龜脱殼難』之語，同一胠篋遺之。並誡曰：「有疾，當啓視。」師（宏智）遂化去。無何，慧患背疽潰決。憶師言，啓篋視之，乃木棉花也。用以塞創，花盡而慧乃卒。】

然而陸游縱使眞有如此文字撰寫，也只是因爲他紹繼虎丘一脈而故意編造之傳說罷了！因爲所有禪宗史實的記載都非如此，而是大慧曾經三度前往天童山，都不是去探病：第一、二次去時，都曾被宏智禪師邀請上堂爲大眾說法，每一次前往拜會時，宏智禪師都是健康的全程參與大慧的客座說法過程，並且執槌配合大慧說法的過程；所以大慧第一、二次前往天童拜訪時，都不是因爲宏智禪師有病而前往拜訪。第三次再到天童山時，則是在宏智捨壽三、四個時辰後的夜深時分了：是初夜在育王山接獲遺書而連夜趕往天童山主持後事。所以，縱使陸游眞的曾作如是之文，其中的說法卻仍是完全違背史實的，所以這應該是虎丘紹隆禪師的晚清或民國初年時期後人，假藉陸游之名而捏造事實，藉以貶抑大慧、崇隆虎丘。此容後文再作舉證陳述。

據禪宗正史記載，大慧住持育王山，接獲天童山送來宏智禪師的捨報親筆書信時，曾特地高持天童山送來的遺書，爲大眾開示；並且在開示中，請維那將天童遺書唸給大眾聽聞，大慧再度讚歎天童宏智，並且取作機鋒題材，然後才連夜趕往天童山主持後事。所以大慧其實不曾在天童宏智「病危」或捨壽時當場送終或探望，有文爲證：【天童覺和尚**遺書**至，（大慧禪師）受書云：「古人道：『末後一句，始到牢關；把斷要津，不通凡聖。』」舉起書云：「這箇是天童和尚末後把斷要津全提底消息，還委悉麼？如未委悉，卻請維那分明說破。」**宣了**（維那宣讀宏智遺書完了），遂陞座云：「法幢摧，法梁折；法河乾，法眼滅。雖然如是，正是天童眞實說。且道：說底事作麼生？知音知後更誰知？」】（《大慧普覺禪師語錄》卷五）

以此史實記錄以觀，大慧禪師接獲**遺書**時，當時人在育王山，所以天童正覺禪師捨報時，大慧不在天童山，豈會有「陸游」文中所說前往探病，被天童禪師面託後事及當面送走天童禪師之事？既無當面送天童宏智捨報之事，既然天童「重病」捨報時大慧人在育王山，怎有可能如同「陸游」文中所說之被當面授記爲將來背疾而亡之事？陸游假使眞有此文，亦顯見其爲故意揑造事實以誣大慧者，與史實完全不符故，焉能有藍吉富先生所說大慧親來探病及當面送終及與授記背疾病亡之事？所以我們寧可認爲是後人假藉陸游名義僞造之說法。

天童正覺禪師既然是秋天九月下山訪諸往來眾人，直到十月七日方始還山，至十月八日方才浴沐更衣寫**遺書**，令人在他死後送給大慧禪師付託後事，寫畢之後方乃逝世。而且天童捨報時辰爲早上九點鐘，而大慧接獲**遺書**時爲當天的夜初時分，並且以天童遺書爲題而對大眾作了開示，開示之語言記錄都仍存在，顯然天童捨報時，大慧正在育王山，不是藍吉富及「陸游」所說的**「在天童山面送宏智禪師捨報」**，既然不在天童山，又怎有可能被天童禪師捨壽之時當面授記爲將來背疾而亡者？既無宏智死前去天童山探病之事，焉有當時與天童之侍者相見而說其爲鈍鳥之語？又怎有可能出現天童死前對大慧說出「靈龜脫殼難」的語句？更無可能出現了被當面贈與棉花授記背疾而亡之事！如是，天童禪師本是健康無病、灑脫而亡者，「陸游」及虎丘禪師晚明與清朝時期的後人，焉得羅織天童宏智爲病危而亡者？然後再附會說爲大慧探病時貽以篋函棉花者？此說不實，人、事、時、地四者皆悉不符禪門正史記載，可見「陸游」及虎丘晚明時期之後人，唯欲羅織悲心特重、一生努力破邪救眾之大慧禪師，以便推崇虎丘紹隆禪師一脈之正統地位，乃編造天童臨終前大病之故事，方能編成預記大慧病亡之事，藉以貶抑大慧；如是心態著實可議，其實也只是 克勤大師門下，虎丘後人相爭於大慧後人的「茶壺裡的風暴」，而今時愚人信之、傳之，認以爲眞，更又爲文誣之於賢聖，非是正行。

四者 以大慧名聞四海，諸方仰慕之身分，當時乃至一生貶抑大慧之宋高宗皇帝，亦迴心轉意而傾慕之，令得北返而住名山育王寺，意欲以之求 佛護祐，以令宋祚綿延久長；次年宋高宗退位爲太上皇，而普安郡王即位前即與大慧深交，繼位爲孝宗皇帝後，常思再見大慧禪師，關懷之情每溢於言表及文辭；天童捨壽後，佛門只剩大慧禪師一人爲佛門最高名望之人，若大慧禪師眞實有背疽之患，而又嚴重到果能致命者，豈有可能長時間隱瞞眾人及宋高宗、宋孝宗？又豈有可能長期唯以棉花塞堵瘡洞而不以名貴好藥治之？其座下弟子四眾，乃至初繼皇位而仰慕、篤信大慧禪師之孝宗皇帝，焉有可能長時置而不顧、拒不延醫之理？而且治療瘿疽之中草藥，現代之平實小時即已知之；亦是古人衛生不佳環境中常患之疾，古時人及郎中無有不知者，焉有單以棉花塞洞之理？故此故事大違當時常情常理，不合事實，唯有愚人方信之也。

五者　大慧之歿，若是因瘡疾背疽之病而歿，非屬臨死所現之死前必有微疾者，則亦應當付諸回祿而荼毗之；然而大慧生前未曾遺言火化，座下四眾弟子亦未曾火之，乃是　**全身葬**　於明月堂後面，由此亦可證明並非因臭爛之瘡疽重病而歿。有史實記載爲證：【隆興元年八月十日，大慧禪師宗杲，示寂于徑山明月堂。皇帝聞之嗟惜，詔以明月堂爲妙喜菴，賜謚普覺，塔曰寶光，用寵賁之。其徒以師　**全身葬**　於菴之後。】（《大慧普覺禪師語錄》卷六）

又如宋孝宗隆興元年八月十日，大慧示寂之記載：【是年八月十日，師示寂；上傷悼不已，賜謚普覺，塔曰寶光，語錄入大藏。】（《佛祖統紀》卷四十七）又如《佛祖歷代通載》卷第二十記載：【隆興建元自恣前一夕，有星殞于院之西，流光赫然，有聲如雷，師示**微疾**；八月九日學徒問候，師勉以弘道，徐遺之曰：「吾翌日始行。」至五鼓，親書遺奏。侍僧固請留頌，爲寫四句，擲筆就寢，湛然而逝。壽七十有五，塔**全身**於堂之後。】這都是禪門正史的記載，所以大慧捨報前，只是示現捨壽之前必有的氣力微弱的現象，一般稱爲死前的微疾，並不是背患大瘡破洞苦痛之大病，所以患背疽痛苦而亡的傳說不實。

又如《嘉泰普燈錄》卷十五所載：【隆興改元，一夕，星殞于寺西，流光赫然，尋示微恙。八月九日，學徒問安，師勉以宏道。徐曰：「吾翌日始行。」至五鼓，親書遺奏，又貽書辭紫巖居士。侍僧了賢請偈，復大書曰：「生也只恁麼，死也只恁麼；有偈與無偈，是甚麼熱大？」擲筆委然而逝。平明，有蛇尺許，腰首白色，伏于龍王井欄，如義服者，即山之昭濟示現也！四眾哀號。】

語譯如下：【隆興元年的某一天晚上，有流星墮於寺院西邊，很明亮的光明照耀了夜空，大慧禪師不久就示現氣力劣弱的毛病了。到八月九日，學徒們來問安，大慧禪師以宏揚法道的話來勉勵大眾。然後語氣和緩的說道：「我到明天才會走。」到了天明時，親自書寫遺奏給皇帝，又寫遺書向紫巖居士告辭。接著侍者了賢法師請求大慧禪師寫個遺偈，大慧就拿起筆來大寫四句：「生時只是這樣子，死後也只是這樣子；有偈與無偈，又是個什麼東西？」寫完了就擲筆躺下來走了。到了天色很亮的早上九點鐘左右，忽然有一條蛇，身長大約一尺多，牠的腰身與頭部都是白色的，伏貼在龍王井的欄干上，就好像是世間人正在服喪一樣，其實就是山中的龍神示現，那時四眾大聲哀號。】由此看來，大慧禪師並不是背疽破洞大病而亡，只是捨壽前力氣較差的微疾罷了，所以晚明、清初以後傳說的背疽大病以致死亡的傳說並非實情。

又據《五燈會元》卷十九所載亦如是：【隆興改元，一夕星殞于寺西，流光赫然，尋示微恙。八月九日，學徒問安，師勉以弘道。徐曰：「吾翌日始行。」至五鼓，親書遺奏，又貽書辭紫巖居士。侍僧了賢請偈，復大書曰：「生也祇恁麼，死也祇恁麼；有偈與無偈，是甚麼熱大。」擲筆委然而逝。平明，有蛇尺許，腰首白色，伏于龍王井欄，如義服者，乃龍王示現也，四眾哀號。】是故大慧禪師乃是自恣日（也就是僧團結夏安居結束之日，七月十五日）的前一晚上，有流星下墮於附近，示現捨報徵兆之後，方始身現捨報前必有之氣力衰弱微疾；並無重病，所以未曾導致各方公卿來探，亦未因「重病」而驚動與大慧親善之孝宗皇帝；直至於八月九日眾弟子前來看望時，大慧方始明言次日辭眾；次日天明之時，侍僧請求寫下遺偈，乃精神奕奕的大書四句偈，然後才擲筆捨壽，證實並非病重而亡者，豈有藍先生所說患瘡潰決破洞而亡者？

　　復次大慧宗杲禪師捨壽後是以全身奉安，葬於明月堂後；既然全身而葬，顯非患有背疽之身者。若是背疽而能令大慧禪師因之致病死亡者，其病必然極爲嚴重、爛臭不堪，豈可奉全身而葬者？故說大慧禪師乃是捨壽時至所示之氣力劣弱微病，焉得說之爲**患疽而亡**？既非患疽而亡者，則藉此故事而羅織正覺禪師生病、贈與棉花，再羅織大慧禪師往看……，背疽潰決、棉花塞瘡之言，顯違事實。

　　若天童果眞有預見未來之能力，而能爲大慧禪師預記者，即不應與大慧相約：後逝者爲先逝者主持後事，實應早先委託自己之後事與大慧。然而禪門正史的記錄，乃是天童與大慧互相訂約：後亡者爲先亡者處理後事。故知天童並未預見年長於自己的大慧將會後死，亦非天童正覺預知大慧之命終事；既不知年青二歲之自己會先於年長二歲之大慧而亡，焉能以偈預記大慧罹患背疽潰決而亡之事？

六者　遍閱古時曾經記載宏智正覺禪師故事之正統傳記，諸如《續傳燈錄、五燈會元、五燈嚴統、南宋元明禪林僧寶傳、嘉泰普燈錄、大明高僧傳、五燈全書、指月錄、宏智禪師廣錄》等，都未見天童正覺禪師死前二年間有極大重病之記錄，亦未記載天童禪師是重病而亡者，則無可能在二人初見之後再有宏智生病、大慧往探之事發生；故知大慧前往探看宏智重病之事，乃是虎丘紹隆禪師（大慧禪師之師兄）明、清時期的傳承者，爲了爭取 克勤圓悟禪師法脈正統，特地編造出來貶抑大慧的流言。

七者　藍先生所舉故事所言者，乃是天童禪師捨報時，大慧禪師當場爲他送終；然而據史實所載，天童捨壽之時，大慧並非親在天童山當場送終，而是正在爲育王山學人開示，有禪史之文爲證：【（丁丑年）天童正覺禪師入寂（丹霞淳法嗣曹洞第十世）。正覺，住天童，前後三十年，洞上一宗大著。丁丑九月，謁郡僚及檀度，次謁越帥趙令詪，與之言別。十月七日還山，翌日辰巳間，沐浴更衣，端坐告眾。顧侍僧索筆，作書 遺 育王宗杲，請主後事。乃書偈曰：「夢幻空華六十七年，白鳥煙沒秋水天連。」擲筆而逝。龕留七日，顏貌如生。詔諡宏智，塔曰妙光。】(《續傳燈錄卷十七、五燈會元卷十四、五燈嚴統卷十四、三燈全書卷三十、指月錄卷二十八、佛祖綱目卷三十八》)《續傳燈錄》等六部禪史紀錄都如是，都顯示宏智死時大慧禪師並不在場，所以藍先生所舉「陸游的」文章所說「大慧在現場爲天童送終」的說法不實，大慧既不在現場，又怎可編出大慧被天童贈以箱篋棉花及預記之偈？藍先生爲佛教研究者，應當先行探究之後方可造文，故其爲文不當草率至此。

八者 復有禪史之文爲證：《釋氏稽古略》卷四載云：【高宗紹興二十七年九月二十日，宏智出辭明越郡侯，十月十日還寺。十一日手書，請育主大慧杲禪師主後事，擲筆而逝。齒髮道具舍利流綴，葬全身於東谷。】如是載明天童禪師是九月二十日下山與眾人辭別，十月十日方始回山，與諸信眾話別者，總有二十日之久；既有如是精神與體力，二十日遊行於郡縣之間而與諸人話別，則天童禪師顯然不是患疾而亡者，而且他死時大慧正在育王山，所以天童才須要「手書育王大慧杲禪師請主後事」，若是大慧在場，何須再手書請求？顯然天童不是病死的，大慧也不在現場，怎可誣稱他是病死者，而言大慧前往探病？而言大慧探病時被授記背疽而亡？編造得太不眞實了！

九者 譬如《列祖提綱錄》卷三十一同樣記載：【大慧杲禪師。天童覺和尚遺書至，受書云：「古人道：『末後一句始到牢關，把斷要津不通凡聖。』」舉起書云：「者箇是天童和尚末後把斷要津全提底消息，還委悉麼？如未委悉，卻請維那分明說破。」**宣了**（維那宣讀遺書之後），遂陞座云：「法幢摧，法梁折；法河乾，法眼滅。雖然如是，正是天童眞實說。且道：說底事作麼生？知音知後更誰知？」】這已載明天童捨報時，大慧不在現場，故不應有天童死時大慧在場送終，再由天童爲大慧預記患疾之故事。

十者　又如《八十八祖道影傳贊》卷四亦載云：【南宋紹興間，濟宗大慧杲住育王，洞宗宏智覺住天童，相得歡甚。大慧一日過天童，宏智出寺迓之，會于亭中；兩師交讓無已，乃不次而坐。張狀元安國歎曰：「三代禮樂，今歸釋氏矣。」因以〈揖讓〉名其亭。宏智嘗曰：「**脫**（註）我先去，公當主後事。」及大慧得宏智**遺書**，遂陞座說法，有「知音知後更誰知」句；夜至天童，凡後事悉主之。】由如是眾多記錄，證實天童宏智捨壽之時，大慧並不在現場，乃是在育王山時初夜得到天童遺書，以其遺書爲緣而升座爲大眾說法後，才連夜趕至天童山中，爲天童宏智主持後事；既不是天童捨壽時前往探病、親爲天童送終，又如何能有前往探病、責天童侍者鈍鳥及被天童預記將來必定罹患背疽而亡之事？顯見都是虎丘明清時代的後人杜撰者。（註：脫，意爲假使。）

十一　復見亦有如是說法而無差錯者，譬如《人天寶鑑》卷一載云：【紹興癸亥冬，大慧禪師蒙恩北還。時育王虛席，宏智和尚舉大慧主之；宏智前知其來多眾，必匱食；智預告知事曰：「汝急爲我多辦歲計，應香積合用者悉倍置之。」知事如所誡。明年大慧果至，眾盈萬餘指；未幾香積告匱，眾皆皇皇，大慧莫能措；宏智遂以所積之物盡發助之，由是一眾咸受其濟。慧詣謝曰：「非古佛，安能有此力量？」慧一日執智手曰：「吾二人偕老矣！爾唱我和，我唱爾和，**一旦**有先溘然者，則存者爲主其事。」越歲，宏智告寂，大慧竟爲主喪，不逾盟也。】如是往訪之事，已自詳細記錄成篇，豈重病、探病、捨壽之要事而諸禪史悉不記錄之？而且天童說是**一旦**，或說是**脫**，意中並不確定自己會先死，由此證實：大慧當場爲天童送終而被天童預記爲背疾而亡者，乃是妄說也！都與禪門史實所載不符。

十二　大慧與天童二人相約爲他方主持後事者，乃是大慧親訪天童山，暫住於天童山時，由大慧提出之約定，並非由天童主動提出之邀約，更非大慧前往探病時互相約定者，仍有歷史記載可查。如是，禪門諸史都無記載天童罹病、大慧往探及當場送終之典故，後人豈得再以重病罹於天童身上？而言天童患重病以亡？更言大慧前往探病時由天童提出互爲先死者主持後事？

又：大慧到育王山之後，聚眾達萬餘指（千餘人），而《人天寶鑑》成書於明末弘治年間，所載天童宏智預謀道糧以贈大慧一事，在此之前的所有禪門諸史都無如是記載，乃是晚明成書之《人天寶鑑》中獨有之創說；而天童儲糧以贈大慧供眾之說，實與大慧禪師因爲學人漸次聚集之時，自行逐步築造塗田以供僧眾之說有異，是故天童預爲大慧籌謀道糧一事，是否可信？吾人當以世智思之。

十三　二老生前在天童山二度相見之時，均爲健康而且長談，都無病徵可言；譬如明朝憨山德清所述，清朝康熙甲辰冬十月朔，秀水高佑紀念祖父敬述於金臺之報國寺，《八十八祖道影傳贊》卷四之記錄云：【南宋紹興間，濟宗大慧杲住育王，洞宗宏智覺住天童，相得歡甚：大慧一日過天童（從梅州北返改住育王時，大慧首次前往天童拜訪），宏智出寺迓之，會于亭中；兩師交讓無已，乃不次而坐。張狀元安國歎曰：「三代禮樂，今歸釋氏矣！」因以〈揖讓〉名其亭。宏智嘗曰：「脫我先去，公當主後事。」及大慧得宏智遺書，遂陞座說法，有「知音知後更誰知」句；夜至天童，凡後事悉主之；因舉宏智弟子法爲，繼天童席。識者方知：二尊宿各傳一宗，而以道相與，初無彼此之別也。以視今之諸方門庭不同，互相攻擊者，爲何如哉？】

此段記錄乃是大慧初見宏智之時，由宏智禪師主動邀約：「假使是我先往生，請你主持我的後事。」與前所舉由大慧提出之說有異，究竟是誰提出互爲對方主持後事者，仍有淆訛；然而此書成於清朝，距大慧與天童之時，已五百餘年，所說是否屬實？仍待探究之。而且此文記載，由天童提出者，是說「假使」天童自己先死，並未說「若一方先死，後死者應爲先死者主持後事」，與他文記載由大慧提出之說，有所差異，所以並不是藍先生所說相約互相主持後事。

十四　藍先生作是言：【宏智一生遭大慧痛斥而毫不反擊，仍然如常地倡行其「機關不露」的默照禪風，晚年且與大慧相善；自外表看，其行徑正像一隻「鈍鳥」。而大慧一生鋒芒畢露，意氣風發；其禪風「棒喝分明」名滿天下，自世俗角度看，正如一隻「靈龜」。

然而，禪悟本來是一種解決生死大事的心內功夫。就因爲是心內功夫，因此外表上「棒喝分明」的靈龜，其悟境並不必然優於「機關不露」的鈍鳥。其中之優劣關鍵，即在於有誰眞能進入下述這句話的境界裡。這句話是南宋禪師天童如淨的臨終偈。他說：

「咦！從來生死不相干。」】

然而藍先生所推崇的天童山如淨禪師的臨終偈，並非好偈，只是東施效顰、學禪師饒舌言語罷了；今以其臨終偈全文，作爲證明。所謂「鳥之將死，其鳴也哀；人之將死，其言也善」，天童如淨臨死時，老婆心切而爲弟子開示者，最能顯示他的眞意故，其全文如下：【師六坐道場，未稟承衆或是請師，云：「待我涅槃堂裡拈出。」果臨終拈香云：「如淨行脚四十餘年，首到乳峰，失脚墮於陷阱。此香今不免拈出，鈍置我前住雪竇足庵大和尚。并書辭世頌云：六十六年，罪犯彌天；打箇臉跳，活陷黃泉。咦！從來生死不相干。」】（《如淨和尚語錄》卷下）此偈及臨終前開示之言語，既不能指示徒衆證悟之處，亦未顯示其悟處所在，故說非爲妙好開示及偈。亦謂如淨禪師其實至死仍然眞妄不分，全然不知眞心如來藏所在，完全落在六識心臆想之禪法上，故藍先生舉其臨死之偈作結，似欲以之而上於大慧禪師，似欲以之表達他對大慧禪師一生破邪顯正之不滿者，實爲無義。

虎丘後人天童如淨禪師未悟之事，別有其開示爲證：【「衆中若有人，勇猛出來，劈屎口，椎落牙齒，襯向屎坑裡去，免見狼藉、取次欺人。直饒恁麼，也是背後捏拳，揚聲止響。然曲設多門，放開一路，莫有人出來麼？」良久云：「既無，暫借一喝，重疊狼藉欺人去也！喝一喝，有主有賓，有照有用。還知落處麼？若知得落處，便知得起處；若知得起處，便知得滅處；若知得滅處，便知得起滅俱滅、寂滅現前。於日用中，六處發現：在眼曰見，直須抉卻眼睛迥無所見，然後無所不見，方可謂之見；在耳曰聞，直須塞斷耳根迥無所聞，然後無所不聞，方可謂之聞；在鼻曰嗅，直須敲落鼻孔香臭不分，然後無所不分，方可謂之嗅；在舌談論，直須拔卻舌頭天地緘默，然後熾然無間，方可謂之談論；在身曰**入**，直須四大脫除、了無依倚，然後隨類現形，方可謂之人；在心曰**識**，直須永絕攀緣、三祇劫空，然後起滅不停，方可謂之識。如上**六處**發現，無所間斷；前來所謂有主有賓、有照有用；直得賓主互換、照用交參，上至三世諸佛六代祖師，下及傍生異類草木昆虫，皆此一喝，無有遺者；便見威音王未現已前，只是如今。如今只是威音王未現已前，無二、無二分，無別無斷故。若約山僧所論，喝箇甚麼、論箇甚麼？本無許多般，總須喫棒；有甚蹉過？有甚不蹉過？更有臨濟四喝因行，不妨掉臂，亦與一一穿卻鼻孔。咄！一喝，如金剛王寶劍；屎廁籌一喝，如踞地獅子；窟裏老鼠一喝，如探竿影草；釣蝦蟆漢一喝，不作一喝用，髑髏前魍魎。今夜清涼恁麼，喚作醫死馬；縱然活去，這一喝，爭免箇屎沸碗鳴聲。雖然，且道：威音王未現已前，從什麼處得來？還定當得出麼？若也定當得出，胡喝亂喝，有甚麼過？免向繩床角頭叉手覓。其或未然，拳頭腳尖，切忌惡發。咄！」〔《如淨和尚語錄》卷下〕

語譯如下：【「大眾之中若有個眞悟底人，勇猛的站出來，劈開臭屎嘴巴，摑落牙齒，丟向茅坑裡去，也免得讓人看見你是眞妄不分而不能以眞正的密意直接指示人，那可就是欺人之談了！縱使能夠像我一般爲人說法，也只像是在背後揑了拳頭想要別人看得見一般，又像是揚起聲音而想要停止響聲一樣。然而我委曲的施設了許多門頭，如今則是放開了讓你們可以悟入的另一條路，有沒有當場悟入的人想要出來說一下麼？」過了很久以後，仍然沒有人出來宣示悟處，如淨禪師接著就說：「既然沒有人出來說說他的悟處，我就暫且借用大喝一聲的機鋒，再一次矇朧的欺矇你們大眾去了！在禪師大喝一聲之時，這一喝之中，有主也有賓，有照也有用；你們還知道落處在哪裡麼？如果知道落處了，便可以知道起處；如果知道起處了，便知道滅處；如果知道滅處了，便知道起與滅其實都已經滅掉了，寂滅就現前了。在平常日用中，其實有六處可以發現眞心一直都是在的：在眼根中的眞心就是能見之性，可是卻必須矇住眼睛而完全無所見，然後才可以說是無所不見，這才可以說是眞實見；在耳根來說即是聞聲之性，可是須塞住耳根而迴無所聞，然後才是無所不聞，這時才可以說是眞正的聞；在鼻根來說就是嗅性，但是必須把鼻孔的嗅性停掉了，能夠香臭不分了，然後再對香與臭都能清楚的分別了，這才可以說是能嗅的眞實自性；在舌根而言則是談論之性，這就必須如同拔掉了舌頭一般，能在天地之間完全緘默無聲，然後再出來熾然無間的不斷爲人說法，這才可以說是舌根的眞正談論之性；在身根來說就是身形，必須脫除四大而了無依倚以後，然後隨類示現爲種種形類的眾生身形，這才可以說是眞正的身性；在心來說就是識別六塵的識性，必須永遠絕諸攀緣，即使經過三大阿僧祇劫之久，也能空無一法而不攀緣，然後才又無妨攀緣諸法而起滅不停，這才可以說是眞正的識。如同上面說的，在這六處上面發現能見聞覺知之心的存在，無所間斷。上面所說的法，有主有賓、有照有用；像這樣親證了，而且能夠賓主互換、照用交參的人，從至上的三世諸佛、中如六代祖師，下至傍生異類的畜生、草木昆蟲，眞實心都含攝在這一喝中，沒有一類是被排除在外的；這時就是看見了所說的威音王佛未出現以前的本來面目，也只不過是眼前這個能見、能聞……能知等境界罷了。如今這一喝境界，只是威音王佛未出現以前的境界，沒有不同，不曾有兩個不同的境界相；因爲這一喝時的見聞覺知等，與威音王佛示現前的境界沒有差別，也沒有間斷過的緣故。如果能夠依山僧我所說的這樣聽懂了，還要喝個什麼、論個什麼呢？本來就沒有這麼多的禪可說，說禪的人總須吃棒子；你們還有什麼錯過的？又有什麼不錯過的？更有臨濟一派的四喝四行，不妨甩掉它，仍然一一穿卻臨濟鼻孔、一起打發掉。咄！這一喝，如同金剛王寶劍；屎廁籌那一喝，猶如踞地獅子；窟裡老鼠一喝，猶如探竿影草一般；若是猶如釣蝦蟆漢那一喝，可就不能作一喝使用了，那其實只是髑髏面前的魍魎一般而已。今夜我清涼山如淨禪師這麼老婆心切的爲你們開示禪理，這叫做死馬當作活馬醫；縱然在我這個開示下活得法身慧命了，可是我這一喝，又怎能免得『屎沸碗鳴聲』的罵名。雖然如此，且道：威音王佛未出現之前，又是從什麼處來的？你們還有人決定了知其中的道理麼？若果眞的能確定下來，就算是胡喝、亂喝一場，那又有什麼過失？這樣子悟得了，也就不必站在禪師的繩床角頭那邊叉手恭敬的求覓佛法密意了。如果不能如此的話，我告訴你們：拳如頭、腳卻尖，切忌發出惡心。咄！」】

由此看來，天童如淨「禪師」還是落在六識心的自性、身口意行的行陰上面，同於自性見外道一般，並無差別；也與當今的大禪師們一般，同樣落在六識心上面，都無差別。像他這種人，倒是學多了禪師的講話與說法，而且學得唯妙唯肖，很能籠罩他人；但是等到他老婆心切的為大眾明說密意時，就不免敗露馬腳了。以如此的常見外道知見、自性見外道知見，而在捨壽之時說出一句「從來生死不相干」的話來開示人，來顯示他的證德，然而他其實正是與生死大有相干的人。

因爲他所「悟」得的是六識心的自性，一向落在六識心的別境心所法中，並不是悟得第八識如來藏；然而這六識心體及六識心體的別境自性，都是有生有滅的法，不但夜夜斷滅，而且也不能去到來世；因爲在住胎位的前四個月中，來世全新的六識心體都尚未出生而不曾存在，何況能有六識心體的別境自性（見聞覺知）存在？即使是在處胎後期，也都是昏睡而間斷不起的時間居多，極少有清醒存在之時；所以處胎位的意識縱使有短暫出現之時，出現之時也仍然是昏沈而難得清楚了別境界，所以天童如淨所「悟」的六識、六根自性，都是生滅法。復次，來世的見聞覺知性其實正是來世的全新六識心的別境心所法的自性，並不是由這一世的六識心去入胎而去到來世現行運作的；此世的六識心體尚且不能去到來世，何況能由六識心的別境自性入胎而去到來世？

由此看來，天童如淨所墮的六識心自性，正是死後入胎時即永遠斷滅的無常心，也正是無常的六識心體所有的別境自性，所以天童如淨禪師所「悟」的這個心、性，都只是一世而有的有生、有滅之法，絕對是與生死完全關聯在一起的，是無法離開生與死的，是被生死所掌控的虛妄心，所以絕對與死大大的相干，不是他所說的「從來生死不相干」。也正因爲這六識心不是從上一世轉生而來的，是這一世才出生的全新意識，所以完全不能記憶上一世的任何事情，因爲這一世的六識心體不是從上一世轉生過來的，所以不曾在上一世的境界中生起勝解，當然無法記得上一世的任何事情。而這一世的六識心是依此世的五色根爲緣，才能從如來藏中生起的，其實是這一世才剛出生的全新六識心，從來不曾熏習過人間任何事務，所以這一世的意識覺知心首次出生以後，得要從最簡單的事項一一開始學習，故說這六識心正是有生之心法，絕對不可說是與生不相干的心，所以天童如淨以意識覺知心的見聞知覺性而說「從來生死不相干」，其實是誤會眞實心了。

又因爲這六識心的自體性，縱使夜夜斷滅而能朝朝再起，最多也只能維持到中陰身位，入胎後就永滅了，不能去到來世的，否則一切人都將無法住在母胎中了，因爲覺知心若是從上一世投胎來，當然知道胎外的廣大世界與種種法，卻必須長時間住在狹隘的母胎中，什麼事情都不能做，一定會覺得非常氣悶，一天都無法安住，怎能十個月安住於母胎中？所以此世的六識覺知心，其實是這一世才剛剛出生的全新的心，不是從上一世入胎、住胎而來的。既是此世方生的全新的心，當然是有生的心；有生之法一定會有死滅，入胎以後就永滅了，所以他所「悟」的六識心與六識自性，正都是有死的心，不可說是無死的心，故不可說是與死不相干的心。

所以，他所說的「從來生死不相干」的話，只是誤會禪意後的自以爲是的說法罷了！到了中陰身位時，他還是不可能知道這個心正是與生死大大相干的虛妄心，因爲入胎後就永滅了，就永遠沒有他的覺知心存在了，當然他更不可能了知這個心無法去到未來世中。由此緣故，說他臨死時說這一句話，正是死句，絕非活句：既無爲人處，也不能顯示出他的悟處。

大慧宗杲禪師之開示則截然不同，他在南方蠻瘴之地仍然度了許多人，不曾停止度人證悟的大事；十五年後終於被宋高宗放回，但他對於名位與權力都沒有興趣，都不想擔任名山大寺之住持大位，所以諸方請他前往擔任住持與法主的邀約雖然很多，他卻都委婉的拒絕了。後來因爲專制的皇帝下了詔書強制他，所以不得不前往阿育王山住持正法；他到了育王時，未先上堂說法，就先去拜訪天童山的宏智正覺禪師（育王與天童同在明州，相去約二十華里），想要與宏智禪師溝通默照禪的問題；當他到達天童山時，天童宏智禪師當時就邀請他上堂說法，史實記載如下：

【師（大慧宗杲），紹興二十六年十一月二十三日，於明州報恩光孝禪寺開堂，宣疏拈香祝聖罷，乃就座。天童和尚白槌云：「法筵龍象眾，當觀第一義。」師云：「第一義諦，天童和尚一槌打就，莫有知恩報恩底麼？」僧問：「保壽開堂，三聖橫身贊助。學人上來，願聞祝聖。」師云：「牛皮鞔露柱。」進云：「天高地厚無窮極，佛功德海實難量。」師云：「千聖共傳無底缽。」進云：「正當恁麼時，如何啗啄？」師云：「爾看，即有分。」進云：「莫便是知恩報恩底事也無？」師云：「一任鑽龜打瓦。」進云：「無計上酬天子德，唯憑此日一爐香。」師云：「猶較些子。」……「……於斯薦得，皇恩佛恩一時報足。若薦不得，育王今日爲諸人下箇註腳。」良久云：「鸑鷟麒麟俱是瑞，栴檀薝蔔一般香。」天童和尚再白槌云：「諦觀法王法，法王法如是。」師召大眾，云：「記取天童和尚語。」便下座。】

（《大慧普覺禪師語錄》卷五）

十五　大慧禪師晚年，與天童宏智禪師常常相見，不曾間斷，這是《聖箭堂述古》中的記載；但依禪門歷史正式的記載，有留下言語記錄的，是與天童宏智見面三次；二次是他前往天童山相見，另一次是在衛寺丞進可家中意外相見而留下紀錄：【宏智覺住天童，大惠杲住育王，相去二十里許；法喜酬酢，往來不間。宏智一日過衛寺丞進可之家，有堂曰〈六湛〉，蓋取楞嚴「六處休復同一湛然」之義；請偈發明其旨，智題曰：「風瀾未作見靈源，六處亡歸體湛存；諸法性空方得坐，一彈指頃頓開門。寒梅籬落春能早，野雪櫺窗夜不昏；萬象森羅心印印，諸塵超豁妙無痕。」既而，大惠又繼至，且請和之。惠即和曰：「非湛非搖此法源，當機莫厭假名存；直須過量英靈漢，方入無邊廣大門。萬境交羅元不二，六窗晝夜未嘗昏；翻思龐老事無別，擲劍揮空豈有痕？」】（《聖箭堂述古》）這是史上記載他與天童禪師的另一次不期而遇的相見。

大慧禪師後來又上天童山拜訪時，仍然如同第一次一樣被請上座說法，亦有史實記錄如下：【師（大慧宗杲）到天童，請上堂。僧問：『暫借一問，以爲影草』時如何？」師云：「沒這閑工夫。」進云：「莫便是和尚答話也無？」師云：「是。」進云：「恁麼則今日得聞於未聞。」師云：「聞底事作麼生？」……乃云：「垂萬里鉤，駐千里烏騅；布漫天網，打衝浪鯤鯨。此是天童老人尋常用底，育王今日得得入山瞻禮，客聽主裁，令陞此座。到這裏，說箇甚麼即得？莫是說心說性得麼？說玄、說妙、說理、說事得麼？既總不得，不可只恁麼休去。既不可休去，又不可說心說性、說玄說妙、說理說事，莫是世諦流布得麼？若恁麼，喚作順水張帆，未是衲僧用處。雖然如是，略借主人威光，與大眾赴箇時節。且道：即今是甚麼時節？尺蠖之屈乃欲求伸？擊碎蟠桃核，得見箇中仁；箇中仁既見，此道出常情。且道：出常情一句作麼生道？還委悉麼？眼光爍破四天下，主盟此道是渠儂。」復云：「適來蒙堂頭老人舉：僧問香林：『如何是衲衣下事？』林云：『臘月火燒山。』」師云：「此是香林語，堂頭今日舉；育王隨摟，庶也未敢相許。因甚麼未敢相許？選佛若無如是眼，假饒千載又奚為？」」（《大慧普覺禪師語錄》卷五）

所以大慧禪師曾兩度主動拜訪天童山，都留下開示語句，歷史記載如是。後來大慧禪師在天童禪師捨壽後，為天童宏智畫像作讚時，寫了這首偈來讚頌天童正覺和尚：【烹佛烹祖大鑪鞴，鍛凡鍛聖惡鉗鎚；起曹洞於已墜之際，針膏肓於必死之時；善說法要罔涉離微，不起于座而變荊棘林為梵釋龍天之宮，而無作無為神澄定靈，雪頂龐眉。良工幻出兮不許僧繇知，虛堂張挂兮梁寶公猶迷；箇是天童老古錐，妙喜知音更有誰？】（《大慧普覺禪師語錄》卷十二〈讚佛、祖〉）

非唯大慧宗杲禪師年老在世時，以天童宏智禪師爲知音；乃至天童禪師之徒弟應庵禪師，亦因大慧禪師之師父 克勤禪師之指示，前往虎丘紹隆禪師處得法（當時虎丘紹隆近在彰教，而大慧當時已被秦檜與宋高宗貶至南方瘴癘之地——衡州、梅州），成爲虎丘之入室弟子，後時大慧辭世後，即以 克勤禪師之東山禪而繼主天童一脈，非以天童宏智之默照禪法而住持天童法脈也。虎丘紹隆禪師之弟子應菴禪師，與大慧禪師互有來往，道情盛誼不輟；那時大慧禪師尚在衡州，未能大力弘揚 克勤大師之東山禪，心繫於法的他，甚至將自己視爲寶貝的 克勤大師所贈的楊岐方會祖師法衣，託人轉贈於虎丘之徒弟應菴禪師，欲使應菴禪師因此而取信於眾人，便於弘法，並且作偈大力讚歎應菴，流通天下，欲使天下人皆知。

後來應菴禪師之弟子密菴禪師亦接受天童寺住持一職，亦大力弘揚虎丘紹隆之徒弟應庵禪師之禪法，使得虎丘一脈在天童山得以綿延數代：【此一瓣香，四年于茲，兩回拈出；奉爲前住天童山第十八代先應庵大和尚，用酬法乳之恩。】（《密菴和尚語錄》）

後來密菴禪師更舉其師應菴禪師住持天童禪寺時之偈語，爲大眾開示；然後始說自己之偈語，供養大眾。有文爲證：【淳熙十一年正月，（密菴禪師）在平江元知府菴受請。上堂，舉先應庵受天童請日偈，畢，乃云：「山僧亦有一偈舉似大眾：

『去年八月間，得旨與安閑，擺動水雲性，縱步到陽山。元宅諸子第，忻然力追攀；菴居三箇月，開懷宇宙寬。忽接四明（天童）信，來書意盤桓；天童虛法席，使君語猶端。迢迢遣專使，不問路行難；山僧臨晚景，不敢自相瞞；搥鼓樂與行，四衆亦欣歡；先師（即是應菴禪師。大慧爲應菴之師叔、爲密菴之師叔祖）未了底，應是起波瀾。敢問大衆：如何是先師未了底？一回飲水一回噎，臨濟德山俱汗顏。』】

（《密菴和尚語錄》）

由此可見大慧辭世後，應庵之弟子密菴禪師，不但與天童宏智之弟子們仍有密切往來，乃至虎丘紹隆之弟子應菴禪師在天童山住持之位捨壽以後，天童禪師弟子大衆仍然邀請應菴的弟子密菴前往住持正法，以 克勤、虎丘之法利樂天童宏智諸遺法弟子，是故東山與天童兩派之間一直都有密切的聯繫往來，關係融洽；而大慧又是應菴之師叔、密菴之師叔祖，晚年又曾二度被天童宏智請上天童法座說法，極受天童山宏智禪師弟子之景仰。是故，直至此時，大慧禪師罹患背疽的說法都尚未曾出現；當然大慧與天童之間的「天童重病、大慧往看、大慧向天童侍者斥『鈍鳥』、天童說大慧爲『靈龜』、預記贈棉」等流言，都尚未出現也！更何況會有患背疾、呼痛大叫等流言？何以故？謂天童學人蒙大慧開示、受益良多，非唯如此，大慧接得天童遺書後，乃更兼程前往天童，當天深夜趕至天童山，爲宏智禪師主持後事，一句方罷！以當時禪門唯一大師之身分，親爲天童禪師主持後事，乃是天童山弟子大眾深覺榮寵之事，何有可能忘恩負義而編造莫須有之事實以誣衊大慧？

見之於後世者，則是虎丘紹隆一脈六十年後之弟子，才開始編造大慧惡事，詳後另敘。至於爲了大力爭奪 克勤正統而編造大慧罹患背疾、晝夜呼痛之故事而流傳者，已是大慧入滅五百年後之晚明時期虎丘後人的事了；然此絕非虎丘一脈弟子在大慧初亡六十年內所編造者，故大慧患背疾之說，可徵之爲假。何以故？假使虎丘禪師徒眾當時確有如是說法者，大慧徒眾豈不見聞而依據事實撰文破斥之？當知大慧之徒個個雄如猛獅，破邪顯正、大弘宗風；如是大力紹繼宗門，爲世所重，中國佛教千年來之弘揚不絕，亦端賴大慧一脈；若當時既有他人妄作不實傳言詆譭大慧者，豈有聞而不問者？而天童宏智一脈後人，當時多是得法於 克勤圓悟座下之虎丘紹隆與大慧宗杲者；後來住持天童山者，更是與大慧同宗之虎丘後人，而當時虎丘後人應菴、密菴都是與大慧禪師交誼極深者，並且是深受大慧支持深恩者，有誰能以如是編造故事用以否定自己法源傳承之 克勤、大慧之正法者？故知鈍鳥與靈龜之說虛妄，都是近代崇尚默照禪之錯悟學人所編造者，不足爲憑也！此容後文詳述，暫置勿言。

密菴禪師雖亦是 克勤一脈，而與大慧誼屬同門，然而他住持天童山開示禪理時，猶自讚歎天童宏智禪師證量，不曾有門戶之見，兩派後人相處極為和諧；而且天童宏智之弟子大眾，仍須仰賴虎丘、大慧後人之助，方能在禪門宗旨得以親證，悟後亦皆傳承虎丘之如來藏妙法及法脈，故亦不可能由天童禪師後人編造虛假言語以謗大慧，有虎丘法孫住持天童山而作開示之文為證：【上堂舉：僧問趙州：「澄澄絕點時如何？」州云：「猶是人家客作漢。」師（密菴禪師）云：「遮僧置箇問端，不妨嶮峻，爭奈趙州有起膏肓底手段。雖然如是，總落在天童手裏。畢竟如何？」喝一喝，下座。】（《密菴和尚語錄》）

如是虎丘法孫密菴禪師住持天童時之開示言語，已由天童山集成語錄而刊行之，故知當時大慧一派與天童一派後代子孫及虎丘傳人，都是猶如水乳之交融，不可能編造虛假事實以謗大慧也！歷史之事實是：天童宏智禪師捨壽之後，由於默照法門極難悟入故，導致後繼無人，後來由 克勤門下之東山禪法相繼住持之，即是虎丘之法子應菴與法孫密菴禪師也！從此世世都由 克勤大師之東山禪弘揚於天童山，天童山之弟子大眾若有證悟者，都是承接虎丘的法脈，不是天童宏智的法脈；大慧則是天童山住持、法主應菴之師叔、密菴之師叔祖；大慧又與虎丘當時後人往來密切，虎丘紹隆之弟子輩，處處受到大慧之照顧與大力讚歎支持；

既然如此，何得出現編造大慧患疽苦痛叫喚及爛壞而亡之事？乃至編造大慧探病天童而有鈍鳥與靈龜之說法？都無可能也！

密菴禪師雖住天童山爲法主，然而其法承襲自臨濟、楊岐一脈，即是 克勤、虎丘、宗杲之門也，有文爲證：【**自非有明眼宗師見處分明，行處穩實，則何以倒用橫拈、得大總持爐鞴後學皆成法器耶？近世卓然傑出、了此事者，則天童密菴師也！密菴得法於應菴華，華得法於虎丘隆，隆得法於圓悟勤，蓋臨濟之正宗，叢林之巨擘也。師諱咸傑，俗姓鄭，福州福清人，「密菴」其自號也。**】（《天童寺密菴和尚語錄》之〈塔銘〉）受到大慧宗杲大力照顧與極力讚歎的密菴禪師，後來在六十九歲時老死於天童山，葬於寺東。以此觀之，在虎丘法子、法孫應菴曇華、密菴禪師當時與大慧宗杲相處融洽之氣氛下，絕無可能從天童山產生大慧患疽之說，更無近代始增補而成的鈍鳥與靈龜之說。

大慧患背疽之說，直至大約五百年後的晚明與清初方始出現，本非大慧禪師當代之事實。又從大慧之修證，及其一生勤勉自勵、儉樸自持，而又極尊師道（在克勤大師存世之日，永遠當其首座而不當住持、不收弟子），熱心爲法爲人，如斯等事，禪籍具載，此一心性絕非修習數十生即可成辦，證知其福德極爲廣大，豈有罹瘡嚴重而亡之邪理果報？

十六　大慧宗杲之捨壽情況，乃是早已知道即將捨報而無病痛，只是比平常較無食慾，絕非患疽嚴重而亡者。據禪史《佛祖綱目》卷三十八記載如下：【宗杲住徑山，隆興元年七月日示微恙，大眾力請末後垂訓，杲囑曰：「老僧來日無多，汝等侍吾之久，宜各隨所緣，以佛法為念，莫負初志，實吾所願。」其語懇切，眾皆悲感。十四日夜，有大星隕於寢室之後，流光有聲，杲聞，微笑曰：「吾將行矣。」八月二日凌震（地震），法鼓震裂；九日，學徒環擁，杲以手搖曳曰：「吾翼日始行。」至五鼓，親書遺奏及丞相張浚等書，以「外護吾宗」為囑。仍示參徒曰：「叢林自有常典，切不可過儀；小師不得披麻慟哭，恐混世俗。」又口授諸嗣法云：「**吾自夏及秋，不美飲食。雖無甚疾苦，而幻體日見羸劣，蓋世緣止於此也**。汝既應緣一方，宜堅持願力，以報佛、祖恩，是吾之望。臨行以數語為別，各宜委悉。」及了賢等請偈，杲厲聲曰：「無偈便死不得也？」眾復哀懇，乃不得已書偈，付了賢，呈大眾云：「生也只恁麼，死也只恁麼；有偈與無偈，是甚麼熱大？」投筆就寢，吉祥而逝。壽七十五，夏五十八，塔全身於明月堂之側；龍神戴白，鳥獸哀號。」】

又據《大慧普覺禪師年譜》（紙本嘉興藏）載：【孝宗皇帝隆興元年癸未　師七十五歲。……七月初一日還山，上復取向所賜宸翰，以御寶識之，曰賜大慧。十二日，師已示微恙，大眾力請說法於千僧閣，以爲末後垂訓。師委曲付囑：「老僧來日無多，汝等侍吾之久，宜各隨所緣，以佛法爲念，莫負初志。實吾所願。」其語懇勵至切，于時眾皆悲感。十四日，夜有大星隕于寢室之後，流光有聲；師聞，微笑曰：「吾將行矣！」八月初二日凌晨（晨字應爲震字），法鼓震裂。初九日薄暮，學徒識師無意於世，環擁寢室；師以手搖曳曰：「吾翌日始行矣！」至五鼓，親書遺奏曰：「臣宗杲深荷聖恩，臣今年已衰，遂辭聖世；伏願陛下爲天下生靈保衛聖躬，力致太平、永光佛法。臣宗杲上奏。」及作丞相張公德遠書。以端石硯寄別丞相湯公，進之以外護吾宗爲囑。仍書委曲，以示參徒曰：「吾歿之後，叢林自有常典，切不可過儀；小師不可披麻戴孝、慟哭過情，恐混世俗。……**吾自夏及秋，不美飲食；雖無甚疾苦，而幻體日見羸劣**，蓋世緣止於此也。……。」

由是史實記錄，可知大慧禪師捨壽前「雖無甚疾苦，而幻體日見羸劣」，乃是一切人捨壽前必有之徵狀，只是不美飲食（對飲食沒有胃口、提不起食欲）而氣力衰弱，所以說是無甚疾苦而氣力日漸衰弱，並非背疽嚴重之苦痛之狀，故說無甚疾苦也！故知背患重瘡之說，無根據也！果然眞是患背疽嚴重腐爛而致死亡者，當知極爲痛楚，焉可說爲無甚疾苦？彼時應當端坐之力氣尚無，何況捨壽前一天，學徒環擁時，不願學徒熬夜難受，教令大眾下去休息時，更以搖手來加強語氣？

這絕不是背疽爛壞即將死亡的人所能作得到的事，何以故？謂端坐之時尚且極痛難當，何況搖手？必定導致痛楚更加難當故。更何況端坐之不足，而又舉筆工整作書，以託孝宗皇帝及丞相，囑爲外護、以護正法？舉手尚且不能，何況能端坐及長時作書？作書之不足，更受侍者了賢之請，再寫一偈然後擲筆而亡？果眞罹患背疾嚴重至潰決破洞而亡者，當時必定是苦痛難當，侍者及眾弟子們心疼難過之不足，豈能心横而要求大慧必須寫下遺偈方令捨壽？絕非弟子人情之常也！由此種種不合理之事實，可徵大慧患背疽嚴重而致死亡者，與禪史記錄不符。

十七　大慧禪師捨壽前曾罹患背疽之說，始自晚明與清初，乃是大慧入滅五百年後方始出現的說法，都是以訛傳訛的說法，並且都是只出現在語錄中，不曾出現在佛門或禪門正史中。往前推溯至較早之明朝弘治三年（明孝宗，公元一四九〇年）梓行之《禪宗正脈》已無大慧禪師罹患背疽病故之記載；再往前一一推究之，一切禪籍亦皆無如是記載也！故知患背故事爲晚明、清初虎丘派下學人所編造者，初興於晚明、清初之時，已可明矣！然而晚明清初都尚未出現鈍鳥與靈龜之說法（大慧入滅六十年後開始出現於天童山虎丘一脈的傳言，則是另一種誹謗，與此不同，詳後再敘）。

晚明之後的清初，隨之亦有如是記載，譬如清初順治年間梓行之《五燈嚴統》

卷二十三載云：【天奇本瑞禪師。……一日（天奇本瑞）染病甚劇，有暉禪者囑曰：「病中不可放逸，昔大慧杲**生背瘡**，**晝夜叫**痛，有問：『和尚！還有不痛底麼？』杲曰：『有。』曰：『有在什麼處？』杲曰：『痛死人！』」師於此透得「娘娘依舊是婆婆。」】此亦是清初之口頭流傳說法載入語錄中者（語錄是將禪師所說話語記錄成文字），不是正統禪史所載者。

又如更後之清朝康熙年間梓行《五燈全書》卷五十二載云：【越州龍華會翁海禪師。……師出入三老之門有年，後住龍華，嗣古林。年九十三，往育王，守橫川祖塔。偶損左足，艱於步履，日床坐；每至清夜，朗吟古人偈語；其徒文渙曰：「和尚一生參學，至此不能受用，託吟詠自遣。」師笑曰：「不見**大慧祖因病呻吟**，左右曰：『生平呵佛罵祖，今乃爾。』大慧道：『癡子！呻吟便不是耶？』」渙便禮拜。既寂火化，異香襲人。】

此等公案皆是晚明、清初方始出現者，而其傳說，在同書中之記載亦復淆訛互異，譬如《五燈全書》卷六十中又別載云：【……勉師曰：「病中工夫切不可放過，昔**大慧在徑山患背瘡**，**晝夜叫喚**；或問：『和尚！還有不痛底麼？』慧曰：『有。』曰：『作麼生是不痛底？』慧曰：『痛殺人！痛殺人！』」師於言下豁然。】清初《五燈全書》同一書中前後所載已經互異，此處又加上晝夜叫喚之詞，與前所載有異，可見都是傳說而來、以訛傳訛之言也。然而，如是極爲生動而且大有爲人處之公案，若是屬實者，應當猶如德山病痛公案在其捨壽之前即已流傳諸方，在大慧捨壽之年便應世諦流布而廣利禪人去，豈得五百年間都無流傳，再俟五百年後方始流傳於明末、清初？應無是理也！

又，眞悟禪師捨壽時，往往以捨壽時必有之身力劣弱現象，謂人曰小疾；然而卻常有故意誇大爲重疾而示人以悟入之機鋒者；俗人不知，便謂之爲受報。此類故意誇大示現之事，本屬禪門眞悟之師常有之作略，乃是向上全提之機鋒，譬如《續傳燈錄》卷七載云：【翠巖可眞禪師將入滅，示疾甚勞苦；席蓐于地，轉側不少休；喆侍者垂泣曰：「平生呵佛罵祖，今何爲乃爾？」師熟視，呵曰：「汝亦作此見解耶？」即起趺坐，呼侍者燒香，煙起，遂示寂。】其實可眞禪師是故意誇大病狀，以之作爲幫助弟子證悟之機鋒也！而其弟子不知其意，可眞禪師爲起其信，乃提前捨壽示寂。是故禪師示疾以爲助悟之機鋒者，絕非一、二人爾，代有其人，典故不少，禪史覓之可得，不需一一別舉。

又：明末開始流傳大慧罹患背疽之說，清初則轉變增補爲大慧患背疾而「晝夜呻吟」，乃是始從清初方始轉增之言；此類轉增之言，並無一件是禪門正史所記錄者；而且都是虎丘紹隆禪師一脈五百年後之傳人所言之說，並且都以傳說之方式記在虎丘一脈錯悟禪師之語錄中，無一件是禪史所記錄者，而且出現之時間都在清初。如是攀誣大慧禪師患背疾而晝夜大呼苦痛者，並無事實根據，應屬故意張冠李戴，誤將德山病痛時故意大呼苦痛一類機鋒公案，訛誣爲大慧禪師者；何以故？謂大慧禪師捨壽前數月之中，都只是「不美飲食、氣力衰微」而「無甚疾苦」，有史實記錄爲憑；譬如在更早之《佛祖綱目》卷三十八禪史中曾有記載云：

【宗杲住徑山，隆興元年七月日示微恙……仍示參徒曰：「叢林自有常典，切不可過儀。小師不得披麻慟哭，恐混世俗。」又口授諸嗣法云：「吾**自夏及秋，不美飲食**。**雖無甚疾苦，而幻體日見羸劣**，蓋世緣止於此也。……及了賢等請偈，杲厲聲曰：「無偈便死不得也？」眾復哀懇，乃不得已，書偈付了賢，呈大眾云：「生也只恁麼，死也只恁麼。有偈與無偈，是甚麼熱大。」投筆就寢，吉祥而逝。】

此是較早之《佛祖綱目》中所記載者，是以史實方式記載，並非純以言語傳說而記錄在語錄中者；是故大慧禪師並非罹患背疾腐爛嚴重成洞，塞以棉花夜夜呼痛而死亡者。當其入滅之時，以及入滅之前數月，於示現微疾之夏天時起，中如七月解夏之時，末至捨壽前一日之秋天八月九日，都只是**不美飲食**（飲食覺得無味）、食欲不振而導致氣力較爲衰弱罷了，並非晚至清初時虎丘禪師後人所言之罹患背疽嚴重、痛苦叫喚而亡者。史實記錄如此明確，證非虎丘五百年後的傳人所言之「罹患背疽極爲痛苦、晝夜叫喚而亡」。

其實古有禪師背疾而亡者，乃是天皇道吾禪師；因病痛臥床而大聲呼喚者，則是德山宣鑑禪師。然而德山禪師之大呼者，其實非因其病痛，只是藉病痛因緣而取作度人之機鋒，是故有人來探病而請問禪理時，故意大呼：「啊哪！啊哪！」純然是度人之禪門機鋒，絕非痛至大叫者。道吾亦復如是，藉背疾而取作機鋒，臨終時以之度人，皆非因病而呼痛者。然而虎丘後人於數百年後張冠李戴，並將道吾之背疾，揉入德山之呼痛，綜合爲一說，編派爲大慧禪師臨終時患背疾而亡，並誣爲捨壽前「晝夜呼痛不絕」，乃是意欲以之貶低大慧禪師盛名，以免掩蓋同爲克勤東山法門之虎丘一脈。

虎丘一脈傳至清朝，更進一步，將所編造大慧患背疾之事，增編爲大慧前往探望天童宏智禪師重病以及送終，假借陸游之名而說大慧前往天童山送終時，喝斥天童侍者爲鈍鳥，再由天童宏智預記大慧將患背疾而亡，贈予棉花。如是漸次編造，具足了探病、授記、患背疾而亡等故事，並非一時就具足始末，而是始從明末開始傳出，歷經有清一朝而錄爲語錄文字，時經三百餘年的演變與增補，直至清末時方始圓成；然而有清近三百年中，未曾有大慧前往天童探病及當面送終之說也！

當知天童宏智禪師捨壽前一整年中都是身體健康，並無病痛，有文爲證。據《宏智禪師廣錄》卷九載，宏智禪師主持結夏，並於結夏期間書文開示學人：【眞精進而離妄，法供養以無疵，妙莊嚴以從緣，慧方便而不縛。毘盧性空而智身了了，普賢毛孔而法界重重；仰之高、鑽之堅，涅不緇、磨不磷。珊瑚瀛海夜潮，飲其光明；薝蔔叢林春律，洗其寒色；齊物蝶翻乎夢，截流鷗赴于盟。四明玲瓏，巖寺東篋，住山幾三十年；眾集食貧，躬出持缽；仍承化士，循乞以供。寫幻儀須鄙語，隨處見人，得助談柄；僧編欲刻，家醜莫揚。且夫知之者愚，言之者失；祖證明之親到，佛開演之恐迷。面壁燈聯，心空光發；神游其奧，靈靈自照而體虛；道得其全，綿綿若存而用細。鼻孔車載不起，舌頭鉗拔不伸；祖意窮而通，佛事光而備；劍揮空而縱橫出礙，珠受影而趣舍相隨。雲鳥無章，風鈴自韻；秋蟲之語，木蠹之文；相傳佛選器同，向道宗全說半。比丘（師儼）請爲之引。紹興二十七年夏安居日，正覺書。】可證天童宏智此時猶無病也！

宏智禪師又於二個月後的秋天九月下山，與諸信眾、護法、趙帥等人一一話會，直到十月七日方始回山，十月八日方始捨壽。由此史實記載，可見天童禪師始從結夏安居、中如解夏，乃至捨壽之前又特地下山與諸護法、信徒、趙帥一一話別約二十日，方才回山捨壽，一直都是健康無病，怎可編造宏智禪師病重而終之故事，用來誣衊大慧宗杲？今人以訛傳訛，信以爲眞，更爲文梓行之、流傳天下，何可謂之爲有智之人？縱使古時陸游當年已有是說、眞有其文，早與禪宗正史記載及當時環境事實不符，更何況後人假藉陸游之名，於清朝年間造此一說而流傳之，焉有可信之處？苟有信之者，非愚人而何？

十八　關於大慧禪師住在育王山的最後時間，是紹興二十八年初，二月就離開育王山而改住徑山了，據《佛祖統紀》所載：【二十八年二月，（宋高宗）詔佛日禪師宗杲再住徑山。】據禪史所載，大慧是在紹興二十七年十月十一日夜間趕上天童山爲宏智主持後事的，所以不可能有藍先生與「陸游」所說大慧在二十八年十月前往天童山送終的事。而且史載大慧於二十八年初已經開法於徑山，而宏智禪師則是捨壽於二十七年十月十一日；據《佛祖綱目》卷三十七、三十八都如此明載：【（戊寅）宗杲禪師開法徑山。紹興戊寅，宗杲主徑山，天下宿衲復集如初。時杲年七十，雖老，接引後進不少倦。室中嘗舉竹篦問僧曰：「『喚作竹篦則觸，不喚作竹篦則背。』不得下語，不得無語，不得於意根下卜度，不得颺在無事甲裏，不得於舉起處承當，不得良久，不得作女人拜、遶禪床，不得拂袖便行；一切總不得，速道！速道！」僧擬進語，杲便打趁出。有僧奪卻竹篦，杲曰：「奪卻竹篦，我且許你奪卻，我『喚作拳頭則觸，不喚作拳頭則背』，你又如何奪？更饒你道『請和尚放下著』，我且放下著，我『喚作露柱則觸，不喚作露柱則背』，你又如何奪？我『喚作山河大地則觸，不喚作山河大地則背』，你又如何奪？」】由是證明：絕無藍先生所說的大慧在紹興二十八年探病及爲宏智送終的事，因爲宏智已在二十七年秋初就捨報了。

始從紹興二十五年大慧在梅州得詔自便，中如紹興二十六年末前往天童山拜訪宏智，末至丁丑紹興二十七年宏智捨壽，於此三年之間，《宗統編年、佛祖綱目》……等所載大慧與正覺禪師之行狀鉅細靡遺；非唯如此，乃至學人往參大慧禪師者，亦皆一一記錄之，無有遺漏者；但卻如同其他所有禪宗典籍一般，都未記載大慧晚年曾經第三度前往天童山拜訪正覺宏智禪師，以探其病。由此以觀，若果眞有此事者，豈有可能將當代二大禪德動見觀瞻之重病、探病、當場送終之天童山第三度相會大事置而不載，以待晚清之時方始補載者？

而且大慧在宏智死後而得到遺書時，人在育王山，當時曾持遺書，令維那當眾宣讀，並且爲此而作了簡短的開示，然後才在當夜趕到天童山，這是史上記載的大慧第三度上天童山，已是宏智死後當晚才去主持後事的，絕非藍先生所說的：在天童重病時前往探病，當場爲天童送終。

由此可見：大慧在天童宏智生前，前往天童山相訪而有記錄者唯有二次爾，並無紹興二十八年十月宏智生前第三度再上天童而當場探病及送終之事，焉得編造宏智二十八年十月重病、大慧前往探病、送終之事，而衍生鈍鳥與靈龜之偈？又焉得有天童病終時預記大慧患瘡而亡及預贈棉花之事？因為宏智早在二十七年秋初就已亡故，怎能又活過來在二十八年再病逝一次？凡此皆是虎丘一脈傳至晚明、有清之五、六百年以後傳人，為欲獨佔 克勤大師東山禪法統而造之虛假言語，藉以增上己宗法統，欲以己宗的離念靈知來對抗大慧後人的如來藏妙法，乃編造如是荒唐故事，欲令虎丘一脈廣有信者，殊無可道之處也！

今再詳查明朝萬曆甲寅年（西元1610年前後）所造《佛祖統紀》、元朝至正十四年（西元1354年）印行之《釋氏稽古略》、元朝至正元年（西元1341年）六月十一日所造《佛祖歷代通載》，以及明朝崇禎戊寅年（西元1638年）之《釋鑑稽古略續集》、明朝萬曆丁巳年（西元1617年）之《大明高僧傳》，皆無鈍鳥與靈龜故事之記載，可徵鈍鳥與靈龜之說，都屬近代人之編造也！

又由大慧宗杲極力支持天童山繼承者，雙方一向交善之事實觀之，不可謂是當時天童山宗徒編造鈍鳥靈龜公案故意誹謗大慧禪師也！大慧極力支持天童山的虎丘紹隆弟子應庵禪師，有史實為證：【釋曇華，字應庵，蘄州汪氏子也。生而奇傑，不類凡兒；年十七，依於東禪薙髮。首謁遂和尚，略得染指法味；於是遍參知識，靡所契證。聞圓悟住雲居、爆煉學者，華往禮、依侍，悟乃痛與錐箚。值悟返蜀，指見虎丘隆禪師，侍一載，頓明大事。已而訪此菴，元命分座，於是開堂妙嚴，遷歸宗。時大慧在梅、陽，有僧傳華示眾語，大慧見之，極口稱歎，復寄偈曰：「坐斷金輪第一峰，千妖百怪盡潛蹤；年來又得眞消息，報道楊岐正脈通。」師（應菴曇華）於虎丘忌日拈香曰：「生平沒興，撞著這無意智老漢，做盡伎倆、湊泊不得；從此卸卻干戈，隨分著衣喫飲。二十年來坐曲彔床，懸羊頭賣狗肉，知他有甚憑據？雖然一年一度燒香日，千古令人恨轉深。」世稱華與杲二甘露門。嘗戒徒眾曰：「衲僧著草鞋住院，何事口如鼁蛇惡窟乎？」宋隆興元年六月十三日，奄然而化，塔全身於東山。】（大正藏紙版本《大明高僧傳》卷六〈明州天童沙門釋曇華傳五〉）

由此史實記載可知：當時天童一脈上下，不唯與大慧相善，乃至得法亦皆從克勤、虎丘一脈而證，血脈本屬同宗而表相顯示紹繼天童，是故默照禪一宗與話頭禪一宗後人誼屬同宗；大慧又極力推崇天童山虎丘一脈傳人，助其弘法，可說二脈本來水乳交融，何有鈍鳥與靈龜公案可以傳出？豈非欲壞自家天童一脈所弘虎丘禪師法旨之愚人乎？天下豈有如是愚人耶？焉有如是忘恩負義之當時天童門下？如是心態，又焉能與溫文儒雅之天童正覺禪師相處為徒？可證「鈍鳥與靈龜」之公案，決定是清朝時之倡導默照禪而落入離念靈知境界之虎丘後人所杜撰者。

第二章　虎丘後人欲獨佔克勤法統之史實

虎丘紹隆禪師得法於　克勤圓悟大師，本是大慧宗杲之師兄，在大慧之前證悟。其法傳與應菴禪師，應菴再傳與密菴，如是遞傳數代。應菴得法於虎丘紹隆之時，正當大慧被昏君宋高宗及奸相秦檜貶至南方衡陽之時；大慧以回京弘法遙遙無期，誠恐宗門正法無人弘傳而致湮滅，所以聞知應菴得法於虎丘，並且已出世弘法時，即造一偈廣為流傳而大力讚歎之；並將　克勤大師所傳楊岐方會祖師之法衣，轉贈與應菴禪師，表彰應菴禪師確是東山門下正統傳人，欲使禪人普對應菴生起大信，如是極力護持虎丘一脈法統，是故當時天童山的虎丘後人與大慧仍然相善。

然而虎丘一脈續傳至南宋理宗時，不過六、七十年間，已經因為崇尚天童山宏智禪師之默照禪法故，不幸又落入離念靈知心中。從此不斷的繼續傳至晚明時，也都同是離念靈知意識心；極力弘揚默照時的離念靈知心者，最具體之代表人物則是晚明時期之圓悟「禪師」；晚明之圓悟法師正是極力想要獨佔　克勤大師正宗法統之人，若言編造「大慧罹患背疽而潰決爛壞破洞、極爲苦痛終至死亡」之故事者，晚明之圓悟當是嫌疑最重之人。謹將史載證據臚列如下：

杭州眞寂寺比丘釋儀潤，乃是虎丘一脈在清朝中葉時之傳人，彼於清朝道光三年（西元一八二三年），造《百丈清規證義記》而梓行之，於卷七之下〔付法篇〕中云：【次，略辯源流者：**宗門以一念不生爲正見，斥文字爲所知障**。縱悟後爲人，棒喝臨機，亦重見地而輕事跡。適逢乖舛，亦不細究奸僞，碑傳由是出也。然僞舛謬妄，博學是識；禪宗源流，誤於佛祖。《通載》中小註載：丘玄素碑記，另有天王悟，出馬祖下；雲門、法眼亦歸馬祖下。嗣後《五燈會元、指月錄》，皆小註附後，存疑。元，至元間，雲壑瑞輯《心燈錄》，引丘符諸碑，紊亂宗統；費隱容撰《五燈嚴統》，霽崙永集《五燈全書》，皆本此僞；又移南嶽在前、青原在後，**先大慧杲、次虎丘隆，弟兄倒列**。】此即是虎丘一脈清朝時之傳人，墮入離念靈知境界而崇尚默照禪之實例；然而離念靈知卻與如來藏的離見聞覺知大相異趣，由此緣故，當然仇視宣揚如來藏妙義的大慧禪師。

云何證明釋儀潤爲晚明圓悟法師之門人？據《百丈清規證義記》卷七，釋儀潤自云：【祖道戒定宗，方廣證圓通；行超明實際，了達悟眞空（作者案：此四句共二十字，每一字即是每一世弟子法號之首字）。此乃碧峰金禪師下，祖定禪師入閩，住雪峰寺；從碧峰下第四十七，祖字起另立一支，計二十字，並非臨濟本宗演出。及至幻有傳祖下，傑出天童悟（晚明時天童山的圓悟）、磬山脩二支，方用起圓字，以延今日。目下空字將完，……。】可證力護虎丘一脈法統之釋儀潤，亦是晚明天童山圓悟一派之傳人也。

釋儀潤等人，本屬諂媚威權庸俗皇帝之人，故製作其寺院中之規矩時，如是規定：【凡朝廷 旨臨山，先差能執六人，（即監院、知客、衣缽……等。）預備 龍亭，出寺五里迎接。時至，住持領眾山門外，兩邊立定，不得參差失儀；殿上設香案，鳴鐘鼓，候 旨到，齊跪俯伏； 旨過，一齊起立，隨後。 龍亭供奉殿中，眾僧於殿前丹墀兩序排定，（知客高聲呼云）：「 皇恩御詔臨山，大眾頂禮三拜！ 萬歲！」拜已，一齊俯伏；書記捧 詔，向東邊高立；宣讀畢，仍供 龍亭。住持至亭前拈香，三拜已，再同眾僧謝 恩九拜。問訊已，齊鳴法器及大鐘鼓，誦南無無量壽佛。捧 詔登 御書樓。藏供已，維那收佛號（隨舉贊云）：「 天龍聖主，護世周全；皇恩深重莫名言，奉報在心田，眾僧虔虔頂戴 萬德詮。」】（《百丈清規證義記》卷一）（案：括弧中字爲原註，文中空格爲原文已有者，以出家僧寶「證悟者」身分而如是恭敬於俗人皇帝）

如斯辱沒僧寶尊貴身分而諂媚庸俗皇帝之人，其所造奉迎皇帝詔書之規矩，讀來令人不知不覺全身雞皮疙瘩，肉麻之至，有何禪師氣節可言？彼等又復墮於意識心境界中，未斷我見，則其主張**虎丘方是克勤正統**之說，藉以炫耀虎丘法脈者，當有何義？

由此可知有清中葉時之釋儀潤，即是晚明時天童山圓悟法師之遞代傳人，同皆受意於其一派祖意，不服大慧禪師實得 克勤大師正宗法統之事實，證據極爲明確。所以其師晚明之天童山圓悟法師亦云：【從圓悟克勤**傍出**一枝，爲(杭州徑山)**大慧宗杲普覺**，覺傳(福州西禪)懶菴鼎需，需傳(福州鼓山)木菴安永，永傳(杭州淨慈)晦翁悟明，明傳(太原)苦口良益，益傳(汾州)筏渡普慈，慈傳(洛京相國)一言道顯，顯傳(西京)小菴行密，密傳二仰圓欽，欽傳(壽州)無念智有，有傳荊山懷寶，寶傳(秦嶺)鐵牛德遠，遠傳(敘州朝陽)月明聯池，池傳(忠州聚雲)吹萬廣眞，眞傳(忠州治平慶忠)鐵壁慧機，機傳(忠州高峰)三山燈來(自大鑑起爲三十一世)。】

晚明之天童山圓悟法師，故意指稱大慧宗杲爲 克勤圓悟之**傍出偏脈**，將 克勤大師特著〈臨濟正宗記〉以付大慧、目爲正統，並令大慧掌管入室印證者之註記大權、特選爲首座及受持楊岐方會法衣等事實，都視爲無物。 克勤大師之著此記以付大慧者，意謂大慧一人方可有權註記誰人是被　克勤大師印證之人，他人無權註記東山法脈之入室弟子於其記中，並交付祖傳之楊岐方會法衣與大慧持有，又令大慧分座說法、辨驗諸方，由此可知大慧方是　克勤大師指定之正宗繼承者；然而晚明天童圓悟法師視此如同無物，非唯漠視而已，乃更強指大慧爲　克勤**傍出**、**庶出**之法脈，謂非　克勤座下同屬嫡出之弟子，更非正宗繼承人也！心態如是，紛爭由是益生焉。

又釋儀潤在《百丈清規證義記》卷七中作是說：【茲者但錄**正宗**一派以明源委，**至南岳下**、**正宗外**，復錄**大慧杲及斷橋倫二支者**，以其人爲舉世所推重故。】意謂大慧宗杲非是　克勤圓悟禪師之正宗傳人，認定爲傍宗、旁出之人，只因爲大慧是舉世推崇之人，所以才不得不錄入其中。此是清朝中葉虎丘一脈後人一貫之心態，與晚明天童山圓悟法師之心態與作略一般無二。

《爲霖道霈禪師還山錄》卷四云：【昭覺（即　克勤圓悟）門下得法者衆，獨著〈臨濟正宗記〉付大慧禪師者，以其（大慧）能**徹法源底**，**又能赤身擔荷從上佛祖慧命**，**不少假借**；故當分座之日，（大慧）即炷香爲誓曰：「寧以此身代衆生受地獄苦，終不以佛法當人情。」】由此緣故，　克勤大師非唯特著〈臨濟正宗記〉與大慧，令其掌理入室弟子註記之大事，並且特地選任大慧禪師為首座，將法座分半座與大慧，一生都不改易。

按：禪門之內，除了堂頭和尚為法主而可為人開示、引導、接引後進學人以外，無任何人可以作如是事；但若已經選任首座者，首座可以如同堂頭和尚一般，作如是事，只是不得干預寺院中大小事務。除此以外，若有他人仿效而為學人開示、引導、機鋒、接引後學者，悉皆奪其僧衣、戒牒焚之，擯出寺外，令同俗人。由此可知：唯有首座方是最正統之法脈繼承人也。觀於 克勤大師一生弘法，不論去到何處名山大院，悉皆空其首座之位，以俟大慧之來，更何況特造〈臨濟正宗記〉而令掌管入室弟子註記於宗卷之事？由此可見大慧方是其正宗傳人也！

虎丘弟子應菴出世弘法時，大慧即是以其首座之崇高身分，造偈崇隆應菴禪師。然而晚明之天童圓悟法師，昧於此一事實、故意視而不見，亦故意昧略大慧施恩於其祖應菴、密菴之事，不能推恩於大慧後人，反而特欲相爭於大慧一脈後人，乃造大慧罹患嚴重背疾而亡之事，口說之後再由弟子載於語錄中。推究其故，無非因於法義互異，故有如斯之事發生也。法義有異之事，乃謂虎丘一脈傳至大慧入滅後六十年時，已經落入離念靈知心中，因為法義有異而難以融合，所以開始捏造事實誹謗大慧；晚明及清初時之虎丘後人，更都同樣的大力主張：「宗門以一念不生為正見，斥文字為所知障。」故有如斯爭奪法統正宗之事肇端於虎丘後人，亦所必然，無足怪也！

此謂：凡是墮於離念靈知心之人，都會認同默照禪；因為默照時的離念靈知意識境界，與大慧倡導的參話頭所證如來藏的離見聞覺知境界完全相左；舉凡落入離念靈知意識境界之人，都會認同默照禪；認同默照禪的弘法講禪大師們，則無可能認同畢生破斥默照禪之大慧宗杲，乃至心中厭惡大慧宗杲；則彼諸人編造大慧宗杲患背疾之事者，思可知矣！此如今時墮於離念靈知心者，大力宣揚默照禪一念不生之覺知心境界，往往極力誣衊平實為外道、邪魔，只為平實主張宗門之證悟標的不是離念靈知的意識心，而是離見聞覺知的如來藏。是故古今無根誹謗證悟賢聖之事，理皆同此，古今一般無二。

然而古時編輯禪門法脈傳承者，大多已注意到虎丘一脈五百年後之繼承人爭執法統正宗之事；譬如《五燈會元續略》卷一載云：【又《會元》載圜悟法嗣：首大慧，次虎丘。是書亦以大慧法裔居先，虎丘法裔居次；俱循舊典，匪有異聞。】（《明州天童沙門釋曇華》傳五）

又如《續指月錄》卷一載云：【《傳燈》舊本，**列大慧杲居虎丘隆先**，《續傳燈》則**虎丘隆居大慧杲先**。】凡此皆因虎丘一脈已墮入離念靈知心中，普爲眞悟之師所厭，故將虎丘一脈列在大慧之後者，此亦原因之一也。至於《續傳燈錄》則是由虎丘後人所編造，所以將虎丘列於大慧之前。

又如虎丘後人所編的《續指月錄》卷一如是云：【大慧生於哲宗元祐四年己巳，則齒少於隆祖一十二年也；出家於徽宗崇寧三年甲申，則後於隆祖之脫白一十九年也；請具足戒於崇寧四年乙酉，則後於隆祖之得戒一十四年也；政和年間依湛堂於寶峰，至宣和七年乙巳始參圓悟於天寧，則契機圓悟亦在隆祖之後十餘年也；高宗建炎四年庚戌，始住海昏（應是「海會」）雲門庵，則正當隆祖住彰教之年，爾時隆祖先已出世於開聖也。此則悉依大慧門人祖詠宗演所修之年譜，其載筆諒無差謬者也！考諸塔碑年譜，以定二祖之倫敘；豈非**虎丘爲兄、而徑山爲弟乎？**】此是虎丘一脈傳至晚明、清初時期後人力爭傳承嫡庶之證據，不事證悟而專事法脈之爭，不亦鄙乎？

復如《續燈存稿目錄》卷一如是記載云：【按：大川輯《會元》，列**大慧居虎丘先**；翠峰居頂《續傳燈》，列**虎丘居大慧先**。】

然而二派後人會有嫡庶先後之爭者，乃因大慧從來不想擔任住持之位，一生都不想當住持，故大慧擔任住持之職，後於虎丘；而且大慧悟在虎丘之後，任住持之位後於虎丘，也是勢必如此。大慧一生願任 克勤圓悟大師之首座，不樂任住持大位，所以 克勤大師每至新道場弘法時，皆空其首座之位以俟大慧，大慧亦必隨後尋至擔當首座一職，二人如是一世不易；乃至 克勤告老返鄉而歸四川時，要求大慧繼任雲居山住持之位，然而大慧唯願追隨奉老，不肯繼任住持。但 克勤本意要他住持雲居山正法，期正法可以大弘，所以故意不讓大慧追隨返蜀，本以爲大慧因此就會同意擔任雲居山住持之位；不料大慧送走 克勤之後，不願與雲居山道元禪師相爭，隨即放棄 克勤指派之雲居山住持正位，收拾行囊再往後山雲門古寺基，誅茅築庵於磐石之上（即是後來因大慧而聞名之海會雲門庵也），如是自住自修，與人無爭。

亦因同一原因，大慧從閩南回到中原後，推辭諸方名山古剎住持大位之邀請；但後來卻不得不接任育王、徑山住持之位，這是因爲宋高宗希望得到三寶庇祐，想要藉著大慧弘揚正法之功德，使宋朝皇祚延長，所以強逼大慧住持正法於育王及徑山，本非大慧之所樂。但晚明時期虎丘後人天童山圓悟法師，卻因爲大慧之出世住持正法晚於虎丘紹隆，而言大慧不是　克勤所認定的正法主要傳承人，即有違背史實之過失。

復次，　克勤大師不認虎丘紹隆爲其嫡子者，別有其因；謂虎丘紹隆其人，生平懶散，對於弘揚　克勤之正法，不甚努力；對於破斥邪說一事，亦不甚用心，故克勤大師始終不認爲虎丘紹隆是他的主要繼承人。有文爲證：【有問悟曰：「隆藏主，柔易若此，何能爲哉？」悟曰：「**瞌睡虎**爾。」後歸鄉邑，出世住開聖。建炎亂，乃結廬銅峰之下；郡守李公光，延居彰教；次徙虎丘，眾盛道，大顯著。】（《續傳燈錄》卷二十七）

虎丘紹隆之爲人，一生柔弱而尊嚴；除非有人不合理的逼迫他，絕不會主動想要大利學人，也不會主動想要破斥邪說以救學人，所以　克勤大師說他是**瞌睡虎**：雖有般若智慧之猛利虎爪，但多瞌睡而不發威。因此原因，　克勤大師不認爲他是眞正之法脈繼承者，所以他得法在大慧之前，卻得不到〈臨濟正宗記〉，也得不到**掌管記室**的大權及法脈傳承者應得的楊岐方會祖衣。此不特《續傳燈錄》中如是載，諸如《大明高僧傳、宗鑑法林、五燈會元、五燈嚴統、五燈全書、指月錄、羅湖野錄、教外別傳、續燈正統》……等禪門典籍中，都如是記載。

乃至極力誣衊大慧的晚明天童山圓悟法師自己所著的《闢妄救略說》，以及最厭惡大慧而極力擁護離念靈知心的雍正皇帝所編的《御選語錄》中，亦都如是記載：【有問佛果（克勤佛果禪師）曰：「隆藏主（虎丘紹隆悟後被 克勤大師委以藏主之職，而非法主首座之職）柔易若此，何能為哉？」果曰：「瞌睡虎爾。」】（《闢妄救略說》卷八）【有問悟曰：「隆藏主，柔易若此，何能為哉？」悟曰：「瞌睡虎爾。」】（《御選語錄》卷十八）

亦如天童一脈弟子於《錦江禪燈目錄》卷一「辯偽」中如是云：【濟宗輯《嚴統》，仍收天王悟于濟；少林聞之，作纘緒，又以大慧易虎丘，付帕為嫡嗣；三者之釁，始于原矣。】付帕者謂交付楊岐方會祖衣之事也！此謂天童山晚明圓悟法師之數代以後傳人，不服古時道原法師輯錄《傳燈錄》時將大慧置於虎丘紹隆之前，所以有此一說，謂三者（大慧置於虎丘之前，乃是其中一者）之釁爭始於道元之輯《傳燈錄》也。彼等虎丘後五百年之傳人，對於大慧列在虎丘之前而成為嫡嗣一事，心中不服，是故不斷以書、文爭辯，此乃古時禪門三釁之一也。

又如《續指月錄》卷一，虎丘一脈弟子如是云：【則知應庵弘法二十餘年，實與大慧同時行道也；諸書列徑山（大慧）於虎丘之前，實為傳誤；久欲正其說，以遍告諸方具眼；適樂讀居士從邗上歸，出其向日園中所編《指月續錄》見示，開卷便見虎丘法嗣列在徑山法嗣之前，觀其伯仲昭然，頓使雁行成序；且載筆精妙，確有卓見高識，爲功於傳燈無盡矣！敢抒管見，以附不朽，名之曰《少長倫敘考》云。康熙己未佛成道日，**虎丘二十一世法孫**，虞山檗巖本黃槃談拜書。】

所以長洲謬彤題之曰：【圓悟之後分爲二宗，一爲妙喜，一爲虎丘；是亦**先徑山**（大慧）**而後虎丘**者，**僞傳**日久，幾莫能辯。檗公得法於木陳老人，爲**虎丘二十一世孫**，辯正二祖倫次，非爲推崇其祖，實所以『較正臨濟之正傳，訂定圓悟之宗派』，**公也，非私也。**】（《續指月錄》卷一）此皆是虎丘紹隆數百年後之繼承人墮於離念靈知，爭執 克勤圓悟禪師座下之正統而作之事相爭執。

然而 勤大師之認定大慧爲其正統傳人而親書〈臨濟正宗記〉授與大慧者，原因有二：一爲看重大慧的透徹禪宗意旨，二爲看重大慧肯爲正法努力奮鬥，令臨濟正宗延續不絕，有文爲證：【**予不喜得人，但喜此正法眼藏有覷得透徹底，可以起臨濟正宗**；遂於稠眾指出，令（大慧宗杲）分座訓徒。】所以 勤大師最看重的是：透徹禪宗正法者，能夠將臨濟正宗發揚光大。大慧正合其意，而虎丘傳法極爲被動，不肯破邪顯正，無所事事， 勤大師說之爲瞌睡虎，顯然不是 勤大師所屬意的繼承正統者，當然大慧才是正統的繼承者，所以在稠眾（極多人）中指出大慧爲其繼承人；觀乎後來千年中國佛教、禪宗佛教的發展事實，也證明了這一點，證明了 克勤大師的眼光獨到。

但是虎丘一脈後人都不自我檢討，也不思索自己已墮入離念靈知意識心中有大過失，卻只是一味的貶抑大慧，想要利用貶抑大慧而獲得離念靈知弘法的空間。乃至更荒唐者，有虎丘紹隆數百年後弟子，將大慧排除於楊岐、克勤法統之外，只列虎丘紹隆爲**單傳**繼法者，此即是從明朝神宗皇帝晚年到光宗、熹宗、思宗（崇禎）時，由徒弟「第六十九祖」的清朝初葉衡州南嶽般若寺退翁弘儲禪師，造《南嶽**單傳**記》，將蘇州鄧尉山三峰法藏禪師封爲臨濟第六十八祖，將大慧排除在 勤大師門人之外，這就是《南嶽**單傳**記》所載臨濟法統源流也！在《南嶽**單傳**記》中，否定大慧禪師爲 克勤先師之正統傳人，**獨列**虎丘紹隆爲 克勤之**單傳**門人，不承認大慧亦是 克勤大師傳人之一，故言**單傳**之**記**。清初之天童山虎丘後人，特地與大慧一脈後人爭奪傳承法統者，其激烈一至於此。

虎丘紹隆五百年後門下，對於 克勤大師將傳法正宗之記錄付與大慧之事極爲不滿，另外提出「克勤**單傳**虎丘紹隆」宗譜，乃至有《南嶽**單傳**記》之著作與流通，記中不承認大慧宗杲一脈爲臨濟正宗之事，有文爲證：

《南嶽單傳記》〈自序〉云：【詳夫釋氏之爲法於天下後世，一曰宗，一曰教。宗所以明道也，教亦所以明道也。迦文騰口四十九年開疆闢土，末後以教外別傳之一宗，鄭重付飲光尊者，并敕慶喜副貳傳化，次第二十六代，說法度人無算；機鋒往復，以貌取之，說通也。而宗眼在句身之外，非的的印心上士，不知其爲宗通。達磨氏荷法西來，法運在革；革轉而鼎，正位凝命；廓然無聖，匪從人得。天衢初開，言路不設；大用現前，勿存規則。如是五傳，而得根性猛利之獦獠；並包東西，雙流并注；南嶽應讖，出一馬駒。忽雷拔地，雲開九天，眞丹旗甲一新。直至於東山昭覺，吐詞刀鋸，壹是宗通；而焰中之雪，鐵縫之花，不主說通而說通之用悉備。自漢明帝朝，佛法入中國，教之流行久矣！達磨氏荷法西來者，蓋以人心流轉，歷劫不停；門門生死剎那立現，理障猶礙正知見；所貴一句當天，單刀直入；若復一意依通言詞之尚，則何有于教外別傳哉！後來確確悟明者，波瀾浩闊；雖方便說通，截流不負；日浸歲潤，忘心外馳；炫六代之繁華，昧唐虞之黼黻；久假不歸，烏知非有？**弘儲**痛念從上恩德，碎身罔報；作南嶽**單傳**記，表而出之。法子住堯，封南濳；克體師心，共圖返古，懸救方來；六十九代祖宗，實式臨之。繼住福巖，嗣法吳（吳字是地名，以地名代表其師）靈巖**弘儲**謹序。】造此**單傳記**的弘儲正是虎丘一脈後人。

又：【《南嶽單傳記》福嚴禪寺嗣祖沙門吳靈巖弘儲表（表字意爲說明、表顯）：始祖釋迦牟尼佛（賢劫第四尊）（平實案：記中所述諸祖行誼皆略而不錄）。一祖摩訶迦葉尊者，二祖阿難尊者，三祖商那和修尊者，四祖優波趜多尊者，五祖提多迦尊者，六祖彌遮迦尊者，七祖婆須蜜尊者，八祖佛陀難提尊者，九祖伏馱蜜多尊者，十祖脅尊者，十一祖富那夜奢尊者，十二祖馬鳴大士尊者，十三祖迦毗摩羅尊者，十四祖龍樹尊者，十五祖迦那提婆尊者，十六祖羅侯羅多尊者，十七祖僧伽難提尊者，十八祖伽耶舍多尊者，十九祖鳩摩羅多尊者，二十祖闍夜多尊者，二十一祖婆修盤頭尊者，二十二祖摩拏羅尊者，二十三祖鶴勒那尊者，二十四祖師子比丘尊者，二十五祖婆舍斯多，二十六祖不如蜜多尊者，二十七祖般若多羅尊者，二十八祖菩提達磨大師，第二十九祖慧可大師，第三十祖僧璨大師，第三十一祖道信大師，第三十二祖弘忍大師，第三十三祖惠能大師，第三十四祖南嶽懷讓禪師，第三十五祖江西道一禪師，第三十六祖百丈懷海禪師，第三十七祖黃檗希運禪師，第三十八祖臨濟義玄禪師，第三十九祖興化存獎禪師，第四十祖南院慧顒禪師，第四十一祖風穴延沼禪師，第四十二祖首山省念禪師，第四十三祖汾州太子院善昭禪師，第四十四祖石霜楚圓禪師，第四十五祖楊岐方會禪師，第四十六祖白雲守端禪師，第四十七祖五祖法演禪師，第四十八祖**昭覺克勤禪師**，第四十九祖**虎丘紹隆禪師**，第五十祖應菴曇華禪師，第五十一祖密菴咸傑禪師，第五十二祖破菴祖先禪師，第五十三祖徑山師範禪師，第五十四祖仰山祖欽禪師，第五十五祖天目原妙禪師，第五十六祖天目明本禪師，第五十七祖千巖元長禪師，第五十八祖蘇州萬峰時蔚禪師，第五十九祖寶藏普持禪師，第六十祖東明慧昱禪師，第六十一祖金陵東山永慈禪師，第六十二祖金陵高峰智瑄禪師，第六十三祖金陵本瑞禪師，第六十四祖玉泉明聰禪師，第六十五祖圓通德寶禪師，第六十六祖荊溪禹門正傳禪師，第六十七祖明州天童圓悟禪師，第六十八祖蘇州鄧尉山三峰法藏禪師，第六十九祖衡州南嶽般若寺退翁弘儲禪師。南嶽**單傳**記（終）。】弘儲法師如是自封爲禪宗第六十九祖，遠紹虎丘紹隆禪師；意謂他宗他派傳人皆不是禪宗正統之傳人，亦無傍出之人，妄謂歷代皆是單傳一人也。

這是虎丘五百年後的晚明傳人天童山圓悟法師（是虎丘紹隆下第十九世孫，非是指宋時克勤圓悟禪師）的第三代法孫退翁弘儲法師所造的《南嶽單傳記》中，獨列虎丘紹隆爲　克勤圓悟之法子，說爲**單傳**而不承認大慧宗杲亦是　克勤之法子。如是虎丘後人，置東山 克勤大師所著〈臨濟正宗記〉正式付法大慧之歷史事實於不顧，亦置 克勤獨選大慧爲永遠首座之史實而不顧，亦置 克勤特將楊岐方會祖師之信衣交付與大慧之史實而不顧，特地編造《南嶽單傳記》，謂東山 克勤圓悟大師**單傳**與虎丘紹隆禪師，未曾傳法與大慧宗杲；此即是虎丘紹隆以下第二十代門人爲爭 克勤圓悟大師正統所作之事略也！既有此一味卻事實之作略與心態，極力排斥大慧宗杲，則編造大慧禪師患疽而亡之故事者，其事蓋小矣！

又如明末極力弘揚離念靈知的天童山住持圓悟法師（即是弘儲之祖），亦是遠承虎丘紹隆者，對於爭取自己所宗天童一脈之直接紹繼 克勤先師者，最爲熱衷；彼於所造《闢妄救略說》（卷九），以激憤之心而作如是言：【以「能說未必能用，能用未必能全用」，抹殺應庵華藏而下歷代諸祖。尤可異者，以妙喜爲佛果得意上足，抹殺我虎丘隆；其絕滅祖宗，一至於此。】其言情可謂激憤也！卻不思己宗已非眞悟而墮於意識境界中。

然而大慧後人未嘗否定虎丘紹隆爲 克勤先師之傳人，亦未嘗如天童後人造《南嶽單傳記》之排大慧於 克勤先師門外而排斥虎丘於克勤大師門外。晚明天童山圓悟法師之法孫弘儲，既言 克勤先師**單傳**與虎丘紹隆，意謂不曾傳法與大慧、或謂大慧只是旁出、庶出之傳人。凡此皆是虎丘紹隆之遠孫，極力向大慧後人爭執虎丘爲 克勤之嫡傳、單傳者，此等書文皆是彼等諸人心態與事行之史實記錄。由晚明天童圓悟及其下一脈傳人之心態，認爲禪史記錄大慧宗杲列名於虎丘紹隆之前者，皆屬於絕滅其祖宗之作爲；然由禪宗歷史事實以觀，晚明圓悟法師之造此文誣控大慧後人**絕滅祖宗**之言，非唯過激，亦且不實，因爲大慧後人從來不曾排斥虎丘一脈於 勤大師之門外，亦從來不曾否定虎丘紹隆之所悟。

亦由是故，古有祖師評云：【視妙喜甘露門，兩強不下；通楊岐正法，五世其昌。】（《天如惟則禪師語錄》卷五）兩強者謂：大慧宗杲禪師及虎丘紹隆之徒應菴禪師二人也。虎丘身後五百年之遠孫既有如是獨佔法統之心態，則大慧身後五百年之被編造患瘡而亡故事者，亦可知其爲必然矣！苟無罹患背疾之說，則必將有罹患其他極重病痛而亡之傳說繼之，不可能無彼捏詞之說也！

然而大慧宗杲確屬 克勤之眞子，非唯付以〈臨濟正宗記〉、楊岐祖師法衣爲證，亦非單只命其掌理入室弟子書記大權之職而已，凡 克勤大師所到處，不論住持任何名寺叢林時，每空首座之位而不選任，以俟大慧宗杲之來；如是一世不易，可知 勤大師倚重大慧之意也；最著名者爲雲居山昭覺寺之首座位子，引發 克勤在昭覺寺之弟子昭覺道元禪師之不滿，是故方有「眉間掛劍、血濺梵天」之禪門質問對話名句流傳至今：

【大慧普覺禪師。在雲居首眾，小參，昭覺元出問：「眉端挂劍時如何？」師曰：「血濺梵天。」悟於座下以手約曰：「住！住！問得極好，答得更奇。」元乃歸眾。師由此名著。】（《宗鑑法林》卷三十四）大慧初到雲居山，次日即登上首座之位，一生不易，無人能取代之；而道元久住雲居山，悟後竟不得該山首座之位，空之以待大慧之來。由此可見 克勤之看重大慧而以之爲嫡傳也！若虎丘被 克勤視爲嫡傳、單傳之人，則首座之位應非虎丘莫屬，然而虎丘縱然悟在大慧之前，終究未能獲得如是殊榮。

亦如《禪門諸祖師偈頌》卷二，錄載 克勤大師於離開汴京之時特造〈臨濟正宗記〉付與大慧，後來在雲居山重逢時， 克勤大師又於記後補文讚之云：**【……宗杲首座：……**（我克勤圓悟）**因至誠語之：「昔佛鑑與予，正起如是謗，但更絕意探賾，當不較多。」後來驀然猛省，盡脫去機籌，知見玄妙，**（我克勤禪師）**因謂渠**（大慧）**云：「正好參禪也！」即踊躍向前，從頭一加箴錐，始浩然大徹。予不喜得人，但喜此正法眼藏有覷得透徹底，可以起臨濟正宗；遂於稠眾指出，令**（大慧宗杲）

分座訓徒。久之，會都下擾攘，相與謀出汨（與大慧討論離開汨江流域），臨分書此（即將分離之時特別寫了這篇文章），以作別；間年餘，（大慧宗杲）乃自平江虎丘得得上歐阜，再集主山（師徒又再集合於雲居山）之次日，（令大慧宗杲）入首座寮（入住首座的寮房，再度任命爲首座），合山數百衲聳動（全山數百位僧眾對此事大聲議論）；（宗杲首座）屢作師子吼，揭示室中；金捲、栗蓬、大鉗鍵本色，久參之流靡不欽服；**而德性愈恬，穩洪無諍之風，怗怗不較勝負，只欲入深山幽谷，效古老火種刀耕，向钁頭邊收拾，攻苦食淡**。兄弟（指其徒宗杲禪師）木食澗飲、艸衣茅舍避世，俟時清平，即不廢悲願，眞大丈夫慷慨英靈奇傑之人所跂步也。因再爲細書，仍作此**跋**云。建炎三年四月十七日　住雲居山圜悟禪師。】（〈臨濟正宗記〉）

語譯如下：【……宗杲首座……我克勤圓悟因此至誠向宗杲說道：「以前佛鑑慧懃與我，雖然都確實曾經興起這樣的誹謗，但是我們卻更全心的探尋禪門密蹟；環顧禪門眾人，應當是沒有人能比我們悟得更深入的。」大慧宗杲後來忽然猛地省發，就脱去禪門全部的機境與籌算了，所知所見變得很玄妙，所以我克勤禪師因此就向宗杲說：「你到了這個時節，正好參禪也！」宗杲隨即踊躍向前參究，我又從頂門上再加以針劄，宗杲方才浩然大徹。**我克勤並不是因爲得到了這個人所**

以歡喜，只是歡喜這個在正法眼藏上面看得透徹的人，他可以振興臨濟正宗；所以就在數百人的大眾中指出這個人來，**宣令宗杲作首座，把我的法座分半座給他**，由他爲我訓誨徒眾。時間久了以後，正好又遇到京都被金人入侵，極爲擾攘不安；就與宗杲謀劃離開汩江一帶；因爲即將分別了，所以特地寫這一篇文章，與宗杲互相告別；大約間隔了**一年多**，宗杲乃自平江虎丘紹隆處探得我在雲居山，所以又歡喜的來到雲居山，再度與我克勤圓悟會集於雲居山。當他到山的第二天，我就宣令宗杲住入首座寮，任命他爲首座。這時全山數百位僧眾大聲議論了起來：爲什麼任命一個初到的人作首座，而不是任命久在雲居山的道元禪師？接著，宗杲首座好幾次獅子吼，並且公開的把他對大眾的開示言語，揭示於小參的禪室中，不怕他人抄去檢查評論。他的作略，猶如金色捲毛獅王，又如金剛圈、栗棘蓬一般，具備了大鉗鎚鍛鍊學人的本色，久參之流，沒有人不肯欽服的；然而宗杲的德性卻是**愈來愈靜默**、心志愈發的穩定與洪大，都沒有與人相諍的味道；**總是喜歡靜默的安住下來，不喜歡與人比較勝負，只想要進入深山幽谷隱居**，效法古人與老祖師一般的火種刀耕，向钁頭邊收拾道業，專攻苦行，他也不貪求美味的飲食。我這個兄弟宗杲，常常這樣木食澗飲、草衣茅舍，以避世間紛亂；等到時局清平了，他就不廢悲願而又來到我這裡，又擔當起首座的辛苦工作來，這眞的是大丈夫、慷慨英靈奇傑之人所走的步伐也。正因爲這個緣故，所以我克勤昭覺禪師再度爲他詳細的補寫了這些話，就以這些話作爲〈臨濟正宗記〉後面的**跋文**吧！時在建炎三年四月十七日，住於雲居山的圜悟禪師寫。】

而 克勤圜悟一生推崇大慧宗杲之言語，時時可聞，禪宗史料中有是明文：《聯燈會要》卷十七云：【勤**每**對人，賞之曰：「杲非一生、兩生爲善知識來。」自是名動叢林。勤著〈正宗記〉，**委師極重**。】每者，謂常常也！既常常對人稱讚大慧宗杲不只是一生、二生曾當善知識，當知即是常住人間之菩薩也！常住人間之悲願菩薩，竟然會是忘恩負義於 勤大師之人，豈眞是心性可以隨時改變無常乎？其事可得乎？有智之人聞而知之也。

又如《僧寶正續傳》卷六載：【及圜悟禪師歸蜀，送別次，圜悟劇稱杲妙喜（大力的稱讚大慧宗杲），師（鼓山珪禪師）恨未之識（懊惱自己沒有機會認識大慧宗杲）。】

非唯如是， 克勤禪師晚年復又向丞相張浚推薦大慧宗杲，據《佛祖綱目》卷三十七載：【張浚在蜀時，克勤親以宗杲相囑，謂眞得法髓（說宗杲眞的得到佛法精髓了）。又說他日眞弘臨濟之道者，唯大慧爾）。及浚造朝，遂以徑山延之。杲辭再三，不

得已，翻然而起，抵三衢，與趙令衿會於官驛……（後抵徑山）。】若大慧宗杲眞是忘恩負義之人，豈能始、終都得到 克勤大師一生不易的讚歎、推薦？

又《宗統編年》卷二十四載云：【**丞相張浚在蜀時，圓悟祖爲言「杲眞得法髓」，及造朝，遂以臨安徑山延之。七月二十一日入院，法席之盛冠於東南，學者百舍重研，赴惟恐後；至無所容，乃建千僧閣居之，眾二萬指**（二千人）。】

又如《嘉泰普燈錄》卷十五如是記載：【**入閩，結茅於長樂洋嶼，從之得法者十有三人。徙居小溪庵，圓悟在蜀，囑右丞張**（魏公）**浚曰：「杲首座眞得法髓，苟不出，無支臨濟宗者。」魏公還朝，以徑山迎之，道法之盛冠于一時，眾二千餘，皆諸方俊。**】 勤大師歸老於四川時，丞相魏公張浚前往拜謁，當時 勤大師如是咐囑張浚；意謂宗杲首座若不能出世弘法，就沒有人可以支持臨濟一宗法脈了！可知 勤大師心中自始至終都認爲大慧宗杲方是他的正宗傳人。由後來的史實觀之，臨濟禪宗佛教的大力振興與繁衍，都是從大慧開始的。

是故， 克勤大師座下雖有虎丘紹隆證悟在先，亦有雲居山昭覺道元禪師盛名於當地，然終不曾親書〈臨濟正宗記〉付與虎丘紹隆、昭覺道元二人，亦未曾交付其得自五祖 法演所傳之楊岐方會祖師法衣，卻反而交付與後悟之大慧宗杲。又，克勤大師終生任命後悟之大慧爲首座，一生不曾改易。後時隱退四川故鄉，更以大慧禪師推薦與丞相張浚，奏請宋高宗放回大慧住持正法於育王、徑山，以弘正法，廣度多人，方有臨濟宗一脈長弘宗門正法於中原也！是故若欲選任宗門法脈繼承人者，當以後繼有人、能廣弘其師法道者爲其先，不以是否證悟在先爲憑；苟能如是，自爲當代及後世禪門公認之，非獨言語爭執而有其用也！

由是緣故，元朝中葉順帝至正八年時，有祖師言：【宋南渡時，圓悟之子有隆（有虎丘紹隆）、有杲（有大慧宗杲），皆深荷於正宗，力求於繼法者也。隆之尊嚴，渺寂無朕；杲之弘毅，若決江河。杲，菴於洋嶼未及一夏，發其悟者一十三人，近世所未有也；而（大慧宗杲卻將）楊岐正脈（法衣），乃以歸諸隆之高弟應庵華焉。杲有無我之公，隆有得人之實；是故自杲而出者千枝萬葉、一一光明，而應菴之成於二師者宛然可憐也。】（《曇芳守忠禪師語錄》卷上）此言乃謂：虎丘紹隆尊貴而嚴厲，又不勤於度人悟入，故唯有應菴曇華紹繼之；雖然大慧當時身繫於閩南，難有大作爲，只能處在閩南一隅努力度人；但爲法脈廣傳故，所以造偈極力推崇虎丘紹隆之繼承者應菴禪師爲楊岐正宗，並將楊岐方會祖師法衣轉贈與虎丘弟子應菴曇華以爲證明，然仍不免虎丘一脈後來弘傳不力、紹繼無人之憾。應菴曇華之廣大名聲，成就於虎丘紹隆及大慧宗杲二人手中，然而終究不能如大慧之期待一般廣傳大法，其傳人之中也唯有密菴一人能紹繼之，不數代就落入離念靈知而衰頹了。所以說「應菴成於二師（成就於虎丘與大慧）」，但是後繼無力而墮於意識心，不能久傳，「宛然可憐也」。

此文中所說「**杲有無我之公**」者，謂大慧宗杲爲國爲民而斥責秦檜、得罪秦檜，而被宋高宗褫奪僧籍、貶爲民庶；但是大慧被貶至閩南時，一直顧念東山 克勤一脈正法難以廣弘，仍然一心一意的度人，希望眾人悟後將來能產生作用，所以在閩南時，不顧自身是否會被宋高宗及秦檜所害，仍然努力度人悟入。後來聞知虎丘紹隆座下已有應菴禪師悟入而且出世弘法時，心中大喜，便將 克勤大師嫡傳而授與大慧之楊岐方會祖師法衣，託人轉贈給應菴禪師，並特地作偈公開推崇應菴曇華爲楊岐方會一脈之正統傳人，可證大慧毫無私心，故說「杲有無我之公」。

有文爲證：**【師（大慧）聞應庵金輪提唱，甚喜，乃曰：「楊岐正脈在此老矣！」遂將正傳衣并頌寄之，曰：「坐斷金輪第一峰，千妖百怪盡潛蹤；年來又得眞消息，報道楊岐正脈通。」】**（《五家正宗贊》卷第二〈大慧杲禪師〉）如是推崇應菴爲楊岐正脈，所以應菴禪師便成爲當時禪門所熟知之人物，有利於東山法門之宣揚，故謂「**大慧**

有無我之公」，亦謂「應菴成於二師」：法成於虎丘紹隆，名聲成於大慧宗杲。虎丘之弟子應菴即因此而得列入楊岐正宗之內，顯然大慧不計較自己之利害得失也。然而六十年後，虎丘一脈後人癡絕禪師，不思己身弘傳無力之過，亦不思自身墮入離念靈知意識境界之過失，竟然忘卻大慧對其祖師應菴之恩德，開始編造大慧造作種種惡事之虛妄故事而誹謗之（詳後第十一章所述）；五百年後之虎丘後人，更編造大慧罹患背疽而亡之故事，期以事相貶抑大慧禪師。如是惡行，究竟何益於己宗？唯能令人嘆其忘恩負義也！殊覺其後人之無智。

非唯如是，古昔亦有虎丘之數代以後傳人，冒充大慧之眞正法裔，並言大慧不曾將其衣缽正法傳與自己座下眞悟之親子，只旁傳與虎丘一脈弟子，欲以此表相而故示大慧一脈已亡之事相，譬如《了菴清欲禪師語錄》卷九云：【……囑以編集語錄，付以**法衣**一頂。此衣，**昔楊岐以付白雲，三傳而至妙喜**（大慧宗杲），**喜不付諸子而付其姪應菴，應菴再傳而及師**。】此即是虎丘後人密菴禪師之弟子了菴禪師所作之文。

然而妙喜雖秉大公無私之心，將最珍貴的楊岐方會禪師祖衣付於虎丘紹隆門人應菴禪師，乃是大公無私而無門戶之見的作為，那是因為他當時身在閩南，無

法在中原大弘 克勤之妙法，期望師侄應菴禪師能藉大慧所讚之偈及大慧授與之楊岐方會祖師法衣爲信，而在京城廣弘 克勤大師的法要；這完全是以顧念宗門正法之弘傳爲先，深心顧念其師 克勤大師之法脈能否久傳廣弘，而不是在自己一支法脈能否久傳廣弘上著眼，正是大公無私之心也！也是施恩於虎丘門人之德行也！

但是此事，卻不應取作未曾將勝妙正法付與萬菴、鼎需、道謙、彌光……等人之證據，所以並非如虎丘第四代後人了菴所說「正法不付其子而付其姪應菴」。事實上是因爲局勢惡劣，恐怕 克勤大師妙法失傳，所以毫無私心的將祖師法衣傳與虎丘之弟子應菴禪師，並贈以偈，大力讚歎之，欲令應菴禪師易於弘法；但應菴並未因此而大力弘法度人，而大慧身在閩南時，亦同時傳法與極多弟子，非未曾傳法也。然而此一作略之眼光遠大與無私，絕非瞌睡虎之虎丘禪師及其徒弟應菴禪師所能企及，方有後來大慧一脈繼續大力弘法而維持臨濟一脈之不絕也！大慧以無我之公，施恩於虎丘一脈傳人，而虎丘四傳、五傳弟子之爭 克勤、大慧法統者，卻大力貶抑大慧，或妄言大慧法統唯在虎丘一脈中繼承之，妄言大慧座下無人繼承之；乃至更造種種虛妄之言以謗大慧，不只一端。凡此，皆是虎丘與應菴師徒歿後第三、四代弟子癡絕禪師開始，爲爭奪 克勤嫡傳表相所造之種種說法，可謂不一而足也！如是事例非僅一端，於大慧歿後六十年時已經開始編造了，餘事眞假復何疑焉？可知大慧患疽之說不實也。

爭執法統正宗者，事屬平常，謂禪門中人即使眞得悟入，亦不過初果及七住菩薩位爾，未入薄地而薄貪瞋癡，更未斷除五下分結，故若爭執法統正宗者，乃是極爲平常之事。乃至不應出現於禪門之爭執事件，竟亦有之。有文爲證，譬如《法門鋤宄》卷一明載：「**昔者圭峰**（宗密）**欲立荷澤爲正傳的付正，抑讓公**（南嶽懷讓禪師）**爲旁出派徒。**」意思是：**以前圭峰宗密禪師想要建立荷澤神會爲六祖正傳的付與正法者，而壓抑南嶽懷讓大師成爲旁出的門派宗徒**。

悟錯了的圭峰宗密禪師，落入一念不生的意識境界中，根本未悟，卻極力推崇荷澤神會爲六祖的嫡傳門人，特地貶抑深悟而且明顯是更爲正統的六祖傳人南嶽懷讓禪師爲六祖一脈**旁出**之人。然而荷澤神會北上京城底定禪門宗旨，縱使有大功於南禪，而其悟境絕難比擬於南嶽懷讓大師；而且懷讓大師本是當代公認爲六祖之親傳大弟子，六祖也如是承認，無可爭議；但圭峰宗密卻想要大力爭執，如是極荒唐之事，古已有之；由此可見爭奪　克勤先師之傳承法脈正統者，屢見於古來各代，非唯晚近二百年方有；是故編造大慧之虛假故事而貶抑之，不但是事所必然者，亦是古已有之，本來平常，無足爲怪也！

亦如古德所云：【才高謗起，法盛魔強，此草堂以爲妙喜南遷之兆也！因思五祖謂能大師曰：「夫傳法者，命若懸絲。」今妙喜帖中後語「勿使天魔知之」，又設巧便矣！可不愼哉！】（《了庵清欲禪師語錄》卷九）是故大慧名震南宋初年，光輝掩蔽師兄虎丘紹隆，大蔭自家子孫，而虎丘一脈又懶於度眾，致令虎丘之傳承者不易廣攝四眾；又因爲虎丘門人住持天童山，不得不兼弘默照禪；後來即因爲默照之法難以悟得如來藏，故於虎丘後第五代癡絕禪師時，就已落入離念靈知心中，自然門庭漸漸寥落。虎丘後人門庭寥落之後，不思門庭寥落之因由，不思檢討離念靈知心之錯悟，不思求證離見聞覺知之如來藏妙義，卻因心中不服而逐漸編造故事以謗施恩於虎丘一脈之大慧宗杲。然而此事本是凡夫易墮之心行，亦是凡夫繼承者常有之心行，無足怪之。然而後世學人不知緣由，隨同謗之，則將與虎丘後人一般同有過患，不利自身道業，抑且有損無量後世正報、依報；今日平實當以悲心據理言之，欲免有人再生斯過、自誤道業、預致後世苦痛。

又，今時諸人勿再踵步古人後塵，一心專在法脈傳承上用心；當以實證正法、荷擔如來家業，令祖宗宗門正法久住、廣利人天爲要；假使有人仍繼續以法脈表相傳承得得自許者，斯人必是尚未實證般若正法者；以是緣故，無正法實智可依，只能依草附木，徒以法脈傳承表相示人。所以者何？謂法脈表相傳承之爭執，於己於他皆無所益；既有閒暇爭執法脈，何不用心於法道？而汲汲營營於法脈傳承之事相，徒勞片心，更增紛擾，自他皆無所益，謂之爲愚人，不亦宜哉！

由以上所舉種種禪史事實記載，即可證知一項事實：後世住持天童山之虎丘後人，編造種種事相以謗大慧者，始於第五代弘揚離念靈知之癡絕禪師；然而編造大慧罹患背疽而亡等事，極力排斥大慧宗杲禪師，則是始於明末崇禎年間之天童山圓悟法師，非於宋、元，亦非明朝初葉、中葉之時即有也。今有其文可證此說：圓悟法師於明末繼承天童山道場，特地寫作及梓行《闢妄救略說》，將虎丘紹隆列爲宋朝　克勤圓悟大師之最主要傳承者，不承認大慧宗杲禪師爲　克勤大師之主要繼承人。他於卷八作如是言：

錄曰：【（克勤圓悟禪師）示杲書記〈臨濟正宗〉：「自馬師、黃檗闡大機大用，脫羅籠，出窠臼；虎驟龍馳，星飛電激；卷舒擒縱，皆據本分綿綿的的。到興化、風穴，唱愈高，機愈峻：西河弄師子，霜華奮金剛王；非深入閫奧，親受印記，皆莫知端倪；徒自名邈，只益戲論。大抵負沖天氣宇，格外提持；不戰屈人兵，殺人不眨眼，尚未彷彿其趣向；況移星換斗，轉天輪、回地軸耶？是故示三玄、三要、四料簡、四賓主。金剛王寶劍、踞地師子，一喝不作一喝用；探竿影草，一喝分賓主，照用一時行。許多落索，多少學家摶量註解；殊不知：我王庫內無如是刀，弄將出來看底，只眨得眼；須是他上流，契證驗認。正按旁提，須還本分種草，豈假梯媒？只如寶壽開堂，三聖推出一僧，壽便打；聖云：『你恁麼爲人，非獨瞎卻者僧眼，瞎卻鎭州一城人眼去在。』壽擲下拄杖，便歸方丈。興化見同參來，便喝；僧亦喝，化又喝；僧復喝，化云：『你看者瞎漢。』僧擬議，直打出法堂。侍者問：『有何相觸忤？』化云：『是他也有權、也有實。我將手向伊面前横兩遭，卻不會。似此瞎漢，不打更待何時？』看他本色宗風，迥然殊絕；不貴作略，只欽他眼；正要扶荷正宗，提持宗眼。須是透頂透底、徹骨徹髓、不涉廉纖，迥然獨脫，然後的的相承，可以起此大法幢，燃此大法炬；繼他馬祖、百丈、首山、楊岐，不爲忝竊爾。」（以上爲晚明圓悟法師錄自〈臨濟正宗記〉之文）

救曰：（「救曰」二字以下，則是晚明圓悟法師自己所說）妙喜（大慧宗杲）爲佛果（克勤圓悟大師）得意上足，茲錄以〈源流承接〉，不能載，存此篇以見。意云：夫透法而後忘法，世間技藝且爾，況無上覺道耶？今之撥無宗旨者，若未渡而焚舟；泥於名相者，若忘渡而戀筏。二者俱病，惟此篇足以起之。老僧據潭吉「謂妙喜爲佛果得意上足」，茲錄以〈源流承接〉，不能載；存此篇，以見意。暨佛果總論中近代師承，有若演之於師（有如法演禪師之有弟子克勤）、師之於杲（有如克勤禪師之有弟子宗杲）者乎！**而不及我虎丘**（然而竟不曾提到我的法脈先祖虎丘紹隆禪師），**讀之不覺毛豎**（讀後不禁怒髮衝冠、身毛都豎立了起來）。……。漢月（法藏禪師）妄攀高峰爲得心之師、覺範爲印法之師，眞師則臨濟；**正若世間無父之子，認三姓爲父親；遺臭萬年，唾罵不盡**。今救中既謂源流承接（如今我寫的《闢妄救略說》中既然是講禪宗源流的承接），豈可不顧源流、仰扳妙喜夾雜於其間？（又怎麼可以不顧眞正源流的虎丘一脈，卻把大慧宗杲仰扳於源流記載中？）**是潭吉又一雜種也**（這正是潭吉這個人確實是雜種的另一個證據也。「雜種」意爲某女人與多人淫合而生之子女，此是人身攻擊之鄙俗言語）。昔佛果將歸蜀時，因應菴華欲隨入蜀，親囑其見彰教（虎丘紹隆，時住彰教）。如潭吉所云，佛果何故賺應菴而不指見妙喜耶？（佛果禪師於雲居山思欲歸蜀時是大慧欲隨入蜀，並非應菴，應菴當時遠在虎丘而不住於雲居山。又克勤佛果囑應菴往見彰教紹隆時，正是大慧宗杲被秦檜貶往閩南列管之時，佛果不可能指示應菴往見遠在閩南的妙喜）且妙喜於衛所，親書偈以寄應菴云：「坐斷金輪第一峰，千妖百怪盡潛蹤。年來又得真消息，報道楊岐正脈通。」何為者耶？若我虎丘隆非佛果得意上足，豈惟佛果不當囑應菴往見而虎丘出應菴（編案：妙喜當時遠在閩南，並被宋高宗與秦檜以文書禁止接引學人），妙喜亦不當謂楊岐正脈。爾時一切人又不當並稱大慧、應菴為二甘露門矣！可見潭吉**逆種**無知，是箇極炎涼的**光頭俗物**，故以從人學底技藝，喻人人本具無上覺道，泥於名相，忘渡戀筏。……又如示我隆祖云：「五祖老師平生孤峻，少許可人；乾曝曝地壁立，只靠此一著。常自云：『如倚一座須彌山，豈可落虛、弄滑頭謾人？』」亦為老僧證據；漢月等，咬古人言句以為宗旨，**老僧要將極粗一棒，直打他到底。**】

此乃虎丘一脈傳至明朝時之後人，即是晚明住持天童山之圓悟法師，他墮於離念靈知、見聞了了之意識境界中，對於大慧語錄中多處主張「法離見聞覺知」之說，極爲反感；由此緣故，心中不服大慧禪師之爲 克勤座下重要繼承者，乃依應菴、萬菴承襲自紹隆虎丘禪師，轉承 克勤大師者爲正脈；對於 克勤大師特著〈臨濟正宗記〉正式傳付法脈與大慧宗杲，卻未正式傳付法脈給虎丘紹隆者，心生不平；但因不便對 克勤大師有所評論，乃針對漢月法藏與潭吉二人將大慧列爲克勤之主要傳承者，大表不滿，故有此段《闢妄救略說》中之粗俗激動罵人文章流傳也！此殆虎丘一脈後人，於晚清或民初年間，以晚明所編大慧患背瘡而亡之故事，再增補爲大慧探望天童宏智禪師重病送終故事之肇端乎！

然而《救》中所說，克勤指示應菴往訪虎丘紹隆求悟，而不指往大慧處求悟一事，是否即可引證虎丘爲 勤大師之嫡傳？未免太過牽強。若此說可以作爲嫡傳之證據，則 勤大師指引更多人習法於大慧而得悟者，豈非亦可引證大慧爲 勤大師之嫡傳？是故晚明之圓悟法師所說者，實可斟酌商榷也！

二者，大慧被貶在南瘴之地，聞知 克勤大師有應菴法孫出世弘法時，心中大喜，期望大師之法可以大弘；他心中絕無點滴私心，乃特地作偈流傳而崇隆之，欲其大力弘揚 克勤老人之宗風，故作「報道楊岐正脈通」之偈語故意公開流傳之，以利應菴禪師之住持正法於中原也！非但如此，並將 克勤得自五祖法演而傳與自己之楊岐方會祖師法衣，轉贈應菴禪師，以彰其法正眞無訛，如是崇隆虎丘一脈傳人。如是以祖衣授與虎丘紹隆之弟子應菴，豈非更加分明的顯示大慧才是嫡傳？否則 勤大師爲何將極重要之楊岐方會祖衣傳與大慧？而不傳與先前悟入之虎丘紹隆？

大慧極力支持應菴，非唯寫偈大力讚歎應菴，並將最珍貴的祖衣法寶贈與圓悟法師之祖師應菴禪師；然而晚明時之天童山圓悟法師，不明事理，竟然完全忽視之，並且恩將仇報，極力詆毀大慧，並將大慧支持其先祖應菴之事，取來反證爲「大慧不是克勤正宗」之證據，無智若此。是故，大慧被虎丘一脈五百年後之傳人，編派爲背疽爛壞、破洞苦痛、晝夜叫喚而亡者，其故事之發展軌跡，豈無蛛絲馬跡可見？

復次，晚明之後，始見傳說大慧宗杲患背瘡者，都非禪史之記載，而是肇始於明末崇禎三年天童山圓悟法師所造《闢妄救略說》卷八「天奇本瑞禪師」條下，是以語言對答之方式創造此說而記入語錄之中，本非禪史記錄之說：

【寶峰嗣（天奇本瑞是寶峰的法嗣），南昌鐘陵江氏子。年二十，隨父商於潁州；偶厭世相，遂信步至荊門，禮無說能公，披剃爲沙門。令看「萬法歸一，一歸何處」話。師乃遍參耆宿，晝夜坐禪。至隨州觀音寺，聞進長老會中度夏，見壁間有保寧廣中竺警策一篇，師時持不語。每抬頭，惟看中間兩句曰：「沉吟是阿誰？舉處是何人？」且看、且參，日久意深，覺山河大地林木池沼六根六塵，都來只是一箇誰字。後與全首座往襄陽，偶聞婦人喚豬聲；全說偈曰：「阿娘墻內喚哪哪，途路師僧會也麼？撈破者些關棙子，阿娘依舊是婆婆。」全舉了便行，再不回顧。師自念曰：「且不得直下承當便是乎！」行數程，猶恍惚不已，一日病中聞僧舉大慧禪師發背因緣，豁然透得全公說偈之意。乃作頌曰：「直下承當事不差，皆因分別隔天涯；若能返『此』回光照，直下承當本不差。」】

天奇本瑞禪師誤會「大慧」之意，落在能聞、能知、能覺之意識心上，以爲能聞能知之心即是眞如法身，然而他心中仍然猶疑不決，不敢承當；後來病中聞僧舉說「大慧」背疽發作，大呼苦痛之「公案」時，方才認定極痛時之覺知心不起言語妄想者，便是眞如法身，故說「若能返『此』回光照」，「此」字即是指迴光返照能知能覺之覺知心自己，落在意識心之中，不脫於意識心的證自證分。如是自以爲悟，誤會宗門正理大矣！今由禪門正史查之，於明末圓悟法師此文寫作流通之前，都無大慧羅患背疾之說，此即是初次有大慧禪師背疾傳說落實於文字之記錄也！時在明末崇禎三年。然而虎丘後人言語流傳之說，亦有可能更早百年，當在晚明圓悟法師之前已墮離念靈知心之祖師在世時，即已可能開始言語流傳，但未落實於文字書籍。

晚明天童圓悟傳述大慧宗杲罹患背疾之說，並且落實於文字之後，其法孫於清朝《宗範》卷上序，繼之而載：【大慧杲云：「禪備眾體，若祇愛擊石火、閃電光，謂說義理禪，教壞男女。」豈知波瀾不闊，生死命根不斷，則不敢如此四楞著地爲人。我伊庵先生知其然也，編緝《宗範》一書，自參學以竟離垢，自利利他，敘秩井然；括引古德研究熏修各範模則，多取婆禪，盡力穿透，略不覆藏；毋論淺根薄質，覽之均可依行發悟，惟須就明眼人印證而已。又以從朝至寢，明了意識主事，易雜昭靈窠臼，專提無夢想時主公語，導人入門，體會入微，匪孟浪郎君作略；衲捧讀之，鏡其苦心，隨喜其普願，謹揭化機變通之理，以抉章編採集之幽衷，天下後世，其有同調者乎！無棄芻蕘，證明斯偈，偈云：死後生前體若何，電光石火耳聾多；要知無夢無思主，磕破酣眠野鴨過。」（道光乙未臘月望東川後學衲諾庵槃談譔）】

以如是未悟凡夫之智，錯認意識覺知心以爲禪悟之正宗；更不知大慧與其師克勤所言「擊石火、閃電光」之眞義，妄作虛評，以謗大慧禪師。然而大慧與其師 克勤所言「擊石火、閃電光」之討論言語，都非外人之所能知也！諾庵其人墮在意識心中，焉能知之？輒敢妄作如是語，以抑大慧，非是有智之人也！

晚明圓悟法師後人，亦因欲貶大慧之故，故於《宗範》卷上〈凡例〉繼續貶抑大慧云：【一湛祖枕子頌云：「四大無我心如風，箇中誰是主人公？廓然撲落原無物，始悔從前錯用功。」令補錄，以便閱者對勘。至雲門、瑞白位中諸祖，德隆望重，即腹脹、吐血身亡；與疏山倒局、大慧發毒，同關報境。毋以意見有殊，妄存軒輊。一貫教中，禪宗頓圓，台宗妙圓；故知有後，兼須融會台宗。】如是以意識心境，反對破邪顯正之正事，以之妄度 克勤、大慧心腹，豈是智者之言？又不知天台宗之唯作佛法研究、判教，於般若妙法之修證、如來藏心之親證，終無所成，終究只是畫餅充饑之人，始終未入見道位中；以不知故，大力推崇曰：悟後兼須融會天台宗之宗旨。殊不知天台宗旨，一向落在意識境界中，斯可謂爲智者之言乎？

於《闢妄救略說》及《宗範》之後，繼之方有晚明圓悟法師傳人清朝宗寶道獨「禪師」之《宗寶道獨禪師語錄》，他於卷六中作如是言：【大慧杲患背瘡不住，喊云：「痛殺人！痛殺人！」大眾皆疑；適一禪客至，便問云：「還有不痛者麼？」大慧云：「有。」進云：「如何是不痛者？」大慧喊云：「痛殺人！痛殺人！」禪客禮謝。觀此，則病苦呻吟禪宗作略，未可輕議。禪宗惟論見性，直指即心是佛；一心之外，更無毫氂法可得。若以如來知見治習氣，則心外有法矣！所以此門悟處深玄，**不與教合**。】此文已非單指大慧患背疽而亡者，乃更進一步指稱大慧患背疾時大呼苦痛；大慧背疾而增以大呼苦痛之說，初見於此時。由是可證：漸次編造補充之蛛絲馬跡，都可尋也。而其文中更狂言曰：「禪宗所悟之法不與經教之理相契合。」豈非錯悟者不自知羞之具體實例！

復次，禪門宗旨之證悟，只是初入道，尚須多所進修，方成佛道；然而宗寶道獨「禪師」卻不知此，誤以爲一悟即是究竟佛；殊不知禪門悟處只是別教七住位爾，教中佛語聖教明文具載，然而宗寶道獨竟言悟後起修就是心外之法，意謂一切主張悟後起修之人皆是心外求法的外道，意謂宗門與教門是不同的二個法門，一悟即是究竟佛，錯會佛法亦鉅矣！由此亦可證明其同墮離念靈知意識境界也！故有如斯錯誤之見解。至於宗寶道獨「禪師」之錯悟，此下另有他文證明之，此處暫置之。

復次，宗門所悟若非教門佛法證悟之旨，則宗門所悟與教門所說應是二法，則宗門與教門其中，必有一門應屬外道法，法界實相唯一無二故，不可同時並有二種法界實相故；未審宗寶道獨「禪師」今日若在，當認同此說耶？當否認此說耶？想來唯有閉嘴一途也！是故，舉凡大慧患瘡之說，皆出晚明之錯悟法師或在家行者；患瘡而後進以呼痛之說，則是清朝中葉之時初見；於宋、元及明朝中葉時皆未曾有之，由此可以徵爲虎丘一脈晚明後人杜撰者也！何以故？若大慧果眞有如是生動喊痛之度人公案者，誠屬極爲生動親切之公案，早應如同德山病痛一般世諦流布、兼以度人悟入，豈有南宋、元朝及明朝中葉（公元一一二七至一六二七年）五百年之久而不曾世諦流布？而待即將亡朝之晚明崇禎年間及與清初，方才始有流布之者？當知事不可信。

更何況大慧不滿宋高宗之昏庸及寵信奸臣秦檜；大慧因此當面指責秦檜專權（大慧曾向秦檜面言：「古人挾天子以令諸侯，汝挾夷狄以令天子。」不恥其人），秦檜便誣攀大慧，所以宋高宗對大慧極爲厭惡，由是緣故貶抑大慧，剝奪大慧的僧衣及戒牒僧籍，貶爲白衣，並將大慧流放閩南衡州列管；後來又因大慧在衡州度人不倦，廣受閩南官庶之愛重，影響力漸增；宋高宗及秦檜心中諱嫉，又強制大慧改住瘴癘嚴重之梅州，大慧貶居二地前後歷經十五年之久。如是，宋高宗及秦檜，惡其在京，故意貶到邊陲瘴癘之地，使得大慧從人死歿不少；其實正是不欲見之、聞之，心欲大慧死歿。直至大慧晚年，宋高宗見其在嶺南度人甚眾，在邊陲的影響力越來越大，又思崇隆正法以求佛護宋祚，方始聽從宰相張浚之建議而放回中原（張浚則是受克勤圓悟大師生前之託，而在適當時機建議宋高宗召回大慧）。

後來大慧宗杲死時，雖已是宋孝宗在位之隆興元年，但宋高宗身爲太上皇，仍然健在；若大慧眞有如斯背疽重病而致死亡者，宋高宗及秦檜黨人，豈有不令廣爲流傳之者？而宋孝宗與大慧相交極善，又豈有不派良醫、不施好藥而救之者？然而大慧畢生主張離見聞覺知之如來藏方爲宗門正法，力排默照禪；虎丘五百年後之徒眾，既皆墮於離念靈知心中，不滿世人援引大慧之開示以破默照禪之離念靈知境界，豈有不在當時廣作誣衊誹謗以求生存者？是故大慧罹患背疽死亡之說詞，其實是在五百年後的晚明時才開始出現，後來清初再漸次編造補充爲晝夜呼痛而加以流布廣傳。然而南宋以至明朝中葉，都無大慧罹患背疽、洞爛、痛苦叫喚致死之傳言或記錄。並且，大慧入滅六十年後，虎丘傳人對大慧的誹謗，並不是背疾之事，而是另有他事，前後不一。由此可徵：大慧第三度探訪天童病況以送其終，並受預記罹患背疽爛壞死亡之說，實屬虎丘五百年後之傳人荒唐無稽之流言，焉能令有智之人信之？

然而窺於《宗範》作者宗寶道獨「禪師」之落處，仍與其晚明祖師圓悟法師一樣，同是離念靈知意識心也！如是類人，對於大慧禪師依於經教而主張「法離見聞覺知」之說，都不肯信受，必定極力反對，以免自己所「悟」不能成立；但因不便公然斥責大慧禪師未悟，乃藉故誣說大慧罹患背瘡壞爛而亡者，藉此貶抑大慧宗杲禪師之證量，欲令眾人對大慧不生信仰，則對大慧所說「法離見聞覺知」之說，不再信受，則其默照禪之離念靈知常見外道法，便可繼續弘傳，此應是宗寶道獨故意在書中敘述大慧背疾、大呼叫痛之原因。

至於繼承宗寶道獨法要之天然函是「禪師」亦復如是，同墮離念靈知心中，未離常見外道知見（編案：詳見平實導師公案拈提第二輯《宗門法眼》第一二二則〈天然知寒〉舉證拈提）。如是師徒互承，同屬離念靈知意識心也，所以其師宗寶道獨法師之有如是言者，亦不足怪：【佛不過是識得了，有自由分；雖在五蘊生死中，而伊無生死；雖在根塵萬境交參，而伊自蕭然獨脫。臨濟云：「是汝四大色身不解說法聽法，虛空不解說法、聽法。是什麼解說法、聽法？是汝目前歷歷底沒形段，是者（是這）箇解說法、聽法。」（編案：臨濟初出道時，猶未眞悟，故受諸方眞悟者評論，後來又回去面見黃蘗希運禪師，方得悟透。宗寶道獨引用臨濟初出道時之言語，可見他仍墮在意識心中，未斷我見。臨濟義玄初出道時說出如是等言語，後來廣被當時諸方眞悟之師拈提，詳見公案拈提第三輯《宗門道眼》第二一六則〈臨濟見聞〉之舉證拈提）**諸上座豈不是在者**（這）**裏聽法？汝特地要求他面目，了不可得；雖不可得，而一切用處卻又分明，是箇什麼？如水無筋骨，能勝萬斛舟。珍重！】**（《宗寶道獨禪師語錄》卷一）

宗寶道獨正是如此，極力主張聽法、說法底的覺知心即是眞如心、實相心；如是墮於覺知心者，每多誤會天童宏智之悟處，而與離念靈知意識心相應，永遠不得自外於離念靈知意識心也。由是緣故，宗寶道獨與其傳承祖師（虎丘五百年後傳人之明末天童山圓悟法師）同一所墮，是故極力主張默照邪禪所證之離念靈知爲正法，便對大慧禪師所悟從來離見聞覺知之第八識如來藏證境，不能肯定與認同，則其故意以捏造之大慧患背疽「公案」以示時人，藉以暗貶者亦可知矣！

然而清朝之禪門誣謗大慧宗杲者，別有其因；謂晚明與清初諸多皇帝都崇信蒙古密教或藏密四大派所弘傳之離念靈知心，特別是以雙身法中正受淫樂時之覺知心作爲眞如心，故對大慧宗杲所弘「從來離念、從來離見聞覺知之如來藏心」都不信受；其中，處心積慮之佼佼者，則是宗寶道獨時之當朝雍正皇帝；世間又有誰人敢大膽否定有清以來攝政王、歷代統治者（順治、多爾袞、康熙）及嚴厲刻薄著稱的當朝皇帝雍正「所悟」之離念靈知耶？是故上行下偃，流風所及、影響至深，錯悟之「禪師」便可大力弘揚離念靈知，同以意識心爲禪門宗旨之心，當時佛教界便多認定離念靈知心爲佛心、眞如心也！由是緣故，錯認離念靈知爲眞心者，都對大慧禪師「法離見聞覺知」之開示無能信受，則其時開始大量編造大慧患瘡、患疽，乃至後來終於逐漸增補而編成有頭有尾之故事流通之；以如是背景及史實以觀，此亦是可以想見之事。

清朝雍正皇帝與藏密喇嘛極爲親善，特別厚待喇嘛，乃至捐其仍在親王時所居之潛邸殿舍（雍和宮）與喇嘛，作爲「修行、弘法」之道場。由是緣故，與諸喇嘛同墮離念靈知心中，非唯勤修雙身法而已；是故雍正皇帝編集《御選語錄》而選錄諸祖公案時，常多選錄同墮於離念靈知心之祖師公案而輯入其中；若有選錄眾所公認之證悟祖師者，則將其證悟之緊要處一一放過，單就其無關緊要之言語錄入。既有如是心態，則大慧宗杲之排斥邪解、力斥離念靈知心者，雍正讀之當然不喜，故於雍正《御選語錄》序文中，極力排斥大慧宗杲，謗言：「大慧杲誤人謬論，叢林當爲炯戒。」都不選錄大慧之公案及開示。由是緣故，當時禪門爲討好雍正者，悉皆一氣連聲以謗大慧宗杲；始則聲言大慧宗杲罹患背疽而亡，後來漸漸的長期演變補充，編造出完整的探病患瘡而亡之靈龜與鈍鳥等故事。

大慧宗杲乘願再來時，即因元朝及明朝中葉開始之皇帝信奉蒙古、藏密「歡喜佛」（男女合修的雙身法：大樂光明、樂空雙運、無上瑜伽），導致佛教上下悉皆崇信離念靈知意識心；亦因清朝順治、康熙、雍正……等皇帝崇信藏密而認定離念靈知故，由其龐大勢力所影響故，大慧……等人已不可能再於中原地區弘法，只得奉 佛之命受生於西藏，冀由藏密內部從根源改變藏密法教，期使中國佛教從根本改變而回歸傳統佛教；惜仍不敵當時藏民業力，功敗垂成。然由當時中國如是環境，後來復由雍正皇帝親著《揀魔辨異錄》，專以離念靈知心而極力排斥大慧宗杲如來藏妙法；如是上行下偃，離念靈知心邪法一氣風行；雍正眞可謂自是魔屬而反指稱大慧……等人是魔屬。

由此當知，晚明、有清一代當政者之崇信藏密外道歡喜佛雙身法，當知處處都與離見聞覺知的如來藏妙義相違，是故普遍排斥如來藏法及大慧宗杲，晚清或民初之佛教界滋生大慧探病於天童、送終及後來患背疽而亡之故事者，在此背景環境之下，可謂是事所必然者。亦由是故，大慧宗杲必被同墮離念靈知心而弘揚默照禪之虎丘一脈五百年後之傳人誹謗，當然是不可避免之事。猶如今時平實廣弘「離見聞覺知之如來藏」正義，必被彼諸同墮離念靈知心者謗爲外道，亦被墮於意識心之星雲與證嚴二人私下謗爲邪魔、法義有毒；近年亦常常被大陸藏、川地區密宗有心人私下謠傳已得重病，命在不久或已死亡；如是常有傳聞不斷者，古今如出一轍，殊無二致。想見平實未來捨壽後必有無知者隨意編造醜相，私下流傳，數十年後載入書中流傳，殆亦不可免乎！凡夫無知，隨人轉傳而造惡業，後世自受，更障道業，誠可憐憫。

如是事件，古來即已層出不窮，然而於今更濫。古有何事而平實作如是言？謂有如是證據：【夫樹高必招風，名高必招忌；非但人間世如此，即出世法中亦所不免者。故明教嵩、大慧杲，皆見道明白、問學淵博，行不負解、出言成章；心光耿潔，近則可以照一時，遠則可以光萬古；然明教、大慧，俱不免貶辱，況其他乎？本朝隆慶間如、遍融法界二師，操履光耿，亦不下古人，而皆遭細人之讒，至於抵獄。既而讒口卷舌，心事頓明；初雖受誣於一時，終大取信於天下；無擇智愚，聞二師之風者莫不引領願見，如肉佛然。比勞盛亦遭誣陷，吾曹有不知大體者，亦隨腳跟乘風鼓謗，流言充斥、扇惑清聽。殊不知松柏不歷風霜，黃金不經鑪冶，道人不涉逆境，孰辨眞僞？嗟哉！鬚奴！徒捐髮鬚，不諳大體，滅華倡胡；浮雲散盡，明月還孤，光徹寰宇。汝面泥塗，辱書答此，可諦躊躕；情中理白，邪正皎如。古人有語：「誣人自誣。」事未定而先見，情難辨而理曲；千載晨昏，何疑之有？】（《紫柏尊者全集》卷二十三）

由紫柏法師所說，可知古人早已對錯悟者之誣謗大慧等人，洞悉其私心也！奈何今人反而矇昧。由是觀之，平實高唱「離見聞覺知之第八識如來藏爲佛門大乘證悟之唯一標的」，其不招來錯悟大師之無根誹謗者，實亦大難矣！亦恐捨壽千年之後，不免同遭大慧數百年前所逢罹重病而亡及近代增補之鈍鳥靈龜一類誣謗也！今特預記於此，以杜後世學人之一再編造莫須有事實誣謗賢聖之言，欲免今人、後人口業也！

至於藍吉富先生引述晚清、民初愚人編造之大慧與天童之間鈍鳥靈龜故事，若欲以之警戒學人不可妄謗他人者，其心實善；若欲以之制止平實破斥邪說以顯正法之異於邪說所在者，則屬其心不善。然而其心之善與不善，皆在其人，向與平實無涉，亦非平實所關心者，平實唯關心隨人誣謗者之後世果報爾。至於善惡果報如影隨形，歷劫而不壞，緣熟自報，則非平實所能影響之也！各人自心如來藏所持之業種，必須各人自己方能了之也！

第三章　雍正等人大力詆譭大慧宗杲

公然而且大力抵制大慧及如來藏妙義者，始於晚明及清初，而於雍正時期達於顚峰。譬如明末崇禎三年梓行之《闢妄救略說》卷一，明末之虎丘後人圓悟法師，於〈天童和尚闢妄救略說緣起〉文中曾作是言：【崇禎三年春，漢月（法藏禪師）寄《五宗原》至，老僧置之不閱。復云：目「原」之一字，第恐不出六祖道，成知解宗徒，不得不說破耳。此老僧逆耳之言，望漢月知非故也。至六年春，磬山寄漢月與伊書云：「粵自威音無象，一◯（一個圓相）爲千佛萬佛之祖、臨濟玄要；所以發明七佛歷祖之秘，以簡一橛頭相似野狐涎。」老僧亦置之，但云「各與一頓以復磬山」者，亦望漢月改轍故也。既而見《頂目普說》劉居士駁語，料皆漢月密囑，乃簡《五宗原》看，始知一◯（一個圓相）已載五宗原矣，故有三錄云云。今漂吉妄作《五宗救》，益見漢月密囑之禍不得休息，老僧又豈忍坐視也。蓋漢月不據自己爲宗旨，直指一切人而別尋繪事家，圖七佛之始，威音王佛未有出載，無所考據之一◯（一個圓相）爲千佛萬佛之祖。又謂五宗各出◯（圓相）之一面，獨臨濟爲正，於是妄認三玄三要等名目爲宗旨，硬引三擊三撼之類以配之；從上相傳，佛法的的大意，豈不爲漢月所混滅？且妄稱夙乘願力，如古所云「法滅仰必再來」，潭吉又謂「正法眼藏湮沒既久，必有乘願力之大士起而救之」者，彼此說夢，魔魅人家兒女。今其人雖俱已報終，老僧更恐他家別箇兒孫仍落此窠窟，展轉相誑，以致後世學者妄認一◯（一個圓相）而不自悟，則滅佛滅祖滅慧命之罪自漢月始；而老僧坐視不救，則亦老僧之罪也，故不得不「略撮大端、闢其妄救」者，以救之耳。昔仰山作一圓相，以腳抹之；資福寶禪師見陳操尚書來，畫一圓相；操曰：「弟子與麼來，早是不著便。」更畫圓相；福於中著一點，操曰：「將謂是南番舶主。」福乃歸方丈、閉卻門。此是甚麼面目？老僧惟願天下後世以古人爲榜樣，慎勿墮漢月圈套；方識達磨西來祇爲覓箇不受惑底人，亦見老僧初不與漢月輩爭競勝負，惟爲發明佛法的的大意，使人人自證自悟而已。**崇禎戊寅長至日 老僧 圓悟 書】**

又於《闢妄救略說》卷八作如是說：【舉克勤圓悟禪師示杲書記〈臨濟正宗〉：「自馬師黃檗闡大機大用，脫羅籠、出窠臼，虎驟龍馳、星飛電激，卷舒擒縱，皆據本分綿綿的的。到興化風穴，唱愈高、機愈峻；西河弄師子，霜華奮金剛王；非深入閫奧親受印記，皆莫知端倪，徒自名邈，只益戲論。大抵負沖天氣宇，格外提持，不戰屈人兵，殺人不眨眼，尚未彷彿其趣向；況移星換斗、轉天輪、回地軸耶？是故示三玄、三要、四料簡、四賓主、金剛王寶劍，据地師子一喝不作一喝用，探竿影草一喝分賓主，照用一時行，許多落索。多少學家搏量註解，殊不知『我王庫內無如是刀』，弄將出來看底，只貶得眼。須是他上流，契證驗認、正按旁提，須還本分種草，豈假梯媒？只如寶壽開堂，三聖推出一僧，壽便打，聖云：『你恁麼爲人，非獨瞎卻者僧眼；瞎卻鎮州一城人眼去在。』壽擲下拄杖，便歸方丈。興化見同參來，便喝，僧亦喝；化又喝，僧復喝；化云：『你看者瞎漢。』僧擬議，直打出法堂；侍者問：『有何相觸忤？』化云：『是他也有權、也有實。我將手向伊面前橫兩遭，卻不會；似此瞎漢，不打更待何時？』看他本色宗風迥然殊絕，不貴作略，只欽他眼，正要扶荷正宗。提持宗眼，須是透頂透底徹骨徹髓，不涉廉纖迥然獨脫，然後的的相承，可以起此大法幢、然此大法炬，繼他馬祖、百丈、首山、楊岐，不爲忝竊爾。」】

明末崇禎年間之天童山圓悟法師（不是宋朝大慧之師克勤圓悟），堅決主張虎丘紹隆方是宋時　克勤圓悟大師之嫡嗣，針對　克勤大師造〈臨濟正宗記〉付與大慧宗杲，並付與大慧宗杲掌理記載眞悟之入室弟子一事，視如不見，對於唯有嫡嗣方能掌記之事，不願認同，特地爲文主張自家先祖虎丘紹隆方是嫡系，便於《闢妄救略說》中如是救云：

【救曰：妙喜（宗杲）爲佛果得意上足，茲錄以〈源流承接〉，不能載，存此篇以見意云。夫透法而後忘法，世間技藝且爾，況無上覺道耶？今之撥無宗旨者，若未渡而焚舟；泥於名相者，若忘渡而戀筏；二者俱病，惟此篇足以起之。老僧據「潭吉謂妙喜爲佛果得意上足」，茲錄以〈源流承接〉，不能載，存此篇以見意。曁佛果總論中，近代師承有若演之於師、師之於杲者乎？而不及我虎丘，讀之不覺毛豎。漢月妄攀高峰爲得心之師、覺範爲印法之師，眞師則臨濟；正若世間無父之子，認三姓爲父親，遺臭萬年唾罵不盡。今《救》中既謂〈源流承接〉，豈可不顧源流、仰扳妙喜夾雜於其間？是潭吉又一**雜種**也。……若我虎丘隆非佛果得意上足，豈惟佛果不當囑應菴往見而虎丘出應菴，妙喜亦不當謂楊岐正宗；爾時一切人又不當並稱「大慧、應菴爲二甘露門」矣。可見潭吉**逆種**無知，是箇極炎涼的**光頭俗物**。……今潭吉業識茫茫無本可據，錯認無法與人以爲忘法；據「忘」之一字，非莽莽蕩蕩、撥無宗旨而何？戀筏、焚舟，二者俱病，潭吉等一擔擔了也。……漢月、潭吉等，謂透法而後忘法；漸次等待，非以廉纖爲宗旨，而不據獨脫爲宗旨者乎？……又如示我隆祖云：「五祖老師平生孤峻，少許可人；乾嚗嚗地壁立，只靠此一著。常自云：『如倚一座須彌山，豈可落虛、弄滑頭謾人。』亦爲老僧證據。漢月等，咬古人言句以爲宗旨，**老僧要將極粗一棒，直打他到底。」】**

如是，自己落入意識離念靈知境界中，卻反而不服漢月法藏、譚吉等人之苦勸，執意以自己誤會了虎丘紹隆悟處的離念靈知心，作爲正解；又因大慧宗杲所弘者爲「離見聞覺知性」之第八識如來藏，是故心中不服，要爭其遠嗣之虎丘紹隆禪師爲嫡脈，不認大慧與虎丘俱爲正脈之事實，置 克勤圓悟親造〈臨濟正宗記〉交付大慧以爲正脈嫡傳之事實而不顧。又不知檢視所悟是否契符經典，而以意識境界來了知公案，自作解會，更造《闢妄救略說》以斥正法之師。

非唯明末、清初之天童山圓悟法師如是抵制如來藏正法，雍正皇帝亦是大力抵制如來藏正法者，是故大慧乘願再來時，無法於中土廣弘之，只得奉 佛命往生西藏，冀從藏密內部轉變雍正所信受之藏密意識心。今有雍正皇帝抵制如來藏正法、誹謗大慧禪師之證據如下：

【上諭：佛祖之道，指悟自心爲本，是此說者名爲正知正見；用之以利人接物，令人直達心源，方得稱佛祖兒孫。所言外道、魔道者，亦具有知見；因其妄認識神生死本，以爲極則；誤認佛性，謗毀戒行，所以謂之外道、魔道。朕覽密雲悟、天隱修語錄，其言句機用，單提向上直指人心，乃契西來的意，得曹溪正脈者。及見密雲悟錄內，示其徒法藏《闢妄》語，其中所據法藏之言，駭其全迷本性、無知妄說；不但不知佛法宗旨，即其本師悟處亦全未窺見，肆其臆誕、誑世惑人，此眞外魔知見。所以其師一闢再闢，而天隱修亦有《釋疑普說》以斥其謬；然當日魔心不歇，其所著述不行即燬，如**魔嗣弘忍**中其毒者，復有《五宗救》一書一併流傳，冀魔說之不朽，造魔業於無窮。天下後世具眼者少，不知其害；即有知而闢之者，有德無位，一人之言無徵不信，將使究竟禪宗者懷疑而不知所歸；而傳染其說者將謂禪宗在是，始而起邪信，繼而具邪見；起邪信則正信斷，具邪見則正見滅，必至處處有其魔種、人人承其魔說。自具之性宗不明，而言條之枝蔓肆出，今其魔子魔孫至於不坐香、不結制，甚至於飲酒食肉、毀戒破律，唯以吟詩作文媚悅士大夫，同於娼優伎倆，豈不污濁祖庭？**若不剪除**，則諸佛法眼、衆生慧命所關非細。朕爲天下主，精一執中，以行修齊治平之事；身居局外，並非開堂說法之人，於悟修何有？（雍正此說爲謊言，他曾舉辦共修而助王公大臣「悟入」離念靈知，並印證爲悟）又於藏忍何有？但既深悉禪宗之旨，洞知魔外之情，灼見現在魔業之大，預識將來魔患之深，實有不得不言、不忍不言者。夫禪宗者教外別傳，可以無言、可以有言。古德云：「窮諸元辨，若一毫置於太虛；竭世樞機，若一滴投於巨壑。」如是言者，言言從本性中自然流出；如三藏十二部、千七百則公案，何一非從本性中自然流出？從無一實法繫綴人天。今**魔藏**立一〇相（建立一個圓相）爲千佛萬佛之祖，以袈裟縷縷爲宗旨所繫；有四法、有雙頭、有小法之大法、有大法之大法，稱爲細宗密旨，有傳有授；而**魔嗣弘忍**，以僧伽難提遇童子持鑑直前，爲從來有象可示，證其**魔師**一◯之象爲不悖；又以多子塔前袈裟圍繞一事，作袈裟爲宗旨所繫之明證，又以臨濟打克符、普化，鑿爲黃蘗三頓棒之象；種種作爲實法不勝枚舉，全從知解穿鑿、失卻自心。黃蘗云：「今時人只欲多知多解，翻成壅塞。唯知多與兒酥喫，消與不消、都總不知；三乘學道人皆是此樣，盡名食不消者。所以知解不消皆爲毒藥，盡向生滅中取，眞如之中都無此事。」夫食不消之人多，而魔藏父子則是已經飽毒者也；……祇說無是非分別相，早不本分？何況宛出個是非分別相？……況既落言詮即同教相，既同教相，則三藏十二部現在，又何必立教外別傳之旨？任伊橫說豎說，能出三藏十二部之外乎？……阿難三十年爲侍者，祇爲多聞智慧，被佛呵云：「汝千日學慧，不如一日學道。」若不學道，滴水難消；況魔藏以邪外知見，唐突佛祖向上邊事，尚安得有呵斥分？祇瞞得有眼無珠之徒，明眼人前魔形自露。……可知**法藏父子之魔形**，從數百年前趙州早爲判定，更不必到眼始知也。悟、修皆以臨濟一棒指人，魔藏斥曰「一橛頭禪、躲跟窠臼。」若論個事，無論奇言妙句俱用不著；雖一棒一喝，亦爲剩法。古人不得已而用棒喝，原爲勦絕情見、直指人心；魔藏若以情見解會，乖謬之甚。古不云乎「一棒喝，不作一棒喝用」？何嘗執此一喝一棒也！魔意但欲抵排棒喝，希將伊所妄立之一◯相雙頭四法之實法，以邀奇取勝；殊不知其大乖教外別傳、無法可傳之旨也。且悟、修未嘗謂一棒爲千佛、萬佛之祖，而魔藏妄揑一○相爲千佛萬佛之祖，獨非躲跟窠臼乎？若將一○相作棒喝用，猶是躲跟窠臼；若將一○相爲千佛、萬佛之祖，直是魔家窟宅矣。……又魔藏作《五宗錄序》以窣堵波爲喻，以九級爲五時教義，以結頂處爲如來禪，以千丈旃檀從空破頂爲祖師禪，以五光三昧爲五家宗派；又自詡其言「爲塔頂上加聚沙一掬」，種種魔說。……魔意祇欲推五宗爲超佛越祖，而掬沙加頂已又度越五宗，如來所謂「大妄語成」者。又魔藏指「曹溪本來無一物爲落空亡外道」，而弘忍泥黃梅「亦未見性」一語，死在句下；夫祇就「本來無一物」句論，固似自了之見；而下既云「何處惹塵埃」，亦可謂超越功勳，直臻向上也。黃梅「亦未見性」一語死在句下者且不必論，若言「掩人耳目」者亦非；黃梅豈肯疑誤衆生而米白無篩之對，曹溪又豈世法謙讓？悟、修所判雖稍儱侗，而「藏、忍」直斥爲空亡外道，轉見不堪。可見其自了尚未能，一味有爲實法，邪知邪見耳。弘忍又指斥密雲「情與無情煥然頓現」爲閭閤中物，引雲門「直得大地無纖毫過患」爲轉句，「不見一色爲半提，須知更有全提底時節」爲證；殊不知密雲之一棒到底正是處處全提，皆是「情與無情煥然頓現」之力。彼既未到密雲悟處，乃牽引雲門言句附會蓋覆，狐憑於城、鼠依於社，使人不敢焚熏；究竟城社自是城社，狐鼠自是狐鼠，何能混狐鼠同於城社？弘忍又云：「三峰師天童，師其源流；我輩師三峰，師其法乳。」魔罪不問自承，豈非並未會「實無一法可得」？故曰源流所得有憑有據、故妄云法乳耶？……若藏、忍之邪知邪見魔、外師徒，以密傳口授爲乳，是乃毒乳，何云法乳？朕謂魔藏原非全無知識，只因離師太早，煩惱妄想貢高我慢祇圖爭勝，欲於法門中獨出一頭，不顧己之脚跟全未著地，欲裝點「智過於師」伎倆，揑定一〇（一圓）四法雙頭等名相，擬爲超師之作，……當日魔藏取悅士大夫爲之保護，使緇徒競相逐塊，遂引爲種類；其徒至今散布人間不少，宗門衰壞，職此之由；朕今不加屏斥，魔法何時熄滅？著將藏內所有「藏、忍」語錄并《五宗原、五宗救》等書**盡行毀板**，**僧徒不許私自收藏**；有違旨隱匿者，發覺，以不敬律論。另將《五宗救》一書逐條駁正，刻入藏內，使後世具正知見者知其魔異、不起他疑。天童密雲悟派下法藏一支所有徒眾，著直省督撫詳細查明，盡削去支派，永不許復入祖庭；果能於他方參學，得正知見，別嗣他宗方許秉拂。諭到之日，天下祖庭係法藏子孫開堂者，即撤鐘板、不許說法，地方官即擇天童下別支承接方丈。……奉行不善，即以違旨論。如伊門下僧徒固守魔說，自謂法乳不謬、正契別傳之旨，實得臨濟之宗，不肯心悅誠服、夢覺醉醒者，著來見朕，令其面陳，朕自以佛法與之較量；如果見過於朕，所論尤高，朕即收回原旨，仍立三峰宗派；如伎倆已窮、負固不服，以世法哀求者，則朕以世法從重治罪，莫貽後悔。從來邪說之作易惑人心，然內道、外道是非邪正亦不難辨，本乎自性而爲修爲說即謂之內，不本乎自性而妄修妄說即謂之外；釋宗每闢元門爲外，如紫陽眞人於所著《悟眞篇》後另著外集，不離元門一語，一一從性地演出禪宗，即從上宗門禪師。似此曉暢無礙，包括於數篇之中者亦爲罕見，而目之爲外，可乎？如眞人者是外之內也，如魔藏之徒，攘佛法而壞佛法，乃內之外也；曹溪清派何可容此濁流？況此**魔說**與**魔子孫**流落人間，末學受其無窮之遺毒；法眼慧命之所關，朕豈忍不辨其是非？天下後世必有蒙朕眉毛拖地之深恩者。須知此魔之不可不辨，因其爲**佛界之魔**；此異之不可不揀，因其爲同中之異。】（《御製揀魔辨異錄》卷二）

雍正如是大力支持清初天童山圓悟法師之離念靈知，反斥漢月法藏、譚吉爲邪魔外道。然而雍正自身支持藏密喇嘛章嘉上師，拜以爲師；其師則不唯墮在離念靈知意識心中，又復食肉飲酒，密修雙身法、淫人妻女，並以之教導雍正（清宮一向不缺實修雙身法之皇帝），師徒正是魔屬；雍正不思檢討自身與魔爲伍、助成魔業，反以莫須有之魔名，誣稱禪門親證如來藏者飲酒食肉，責爲魔說、魔子、魔孫，言豈眞實？而雍正對正法書籍之刻版，著令「**盡行毀板，僧徒不許私自收藏**」，違者即以違犯清朝律例論罪，對宗門如來藏正法而言，眞可謂趕盡殺絕「滅絕祖宗」之手段也！

又，雍正自身墮於離念靈知，以意識心取代第八識如來藏妙法，並且更造《揀魔辨異錄》而流傳之，大力壓制如來藏正法，以意識離念靈知心取代如來藏正法而大力弘揚之，一生不曾改易；由是以觀，其自身正是常見外道，並且故意以魔所樂欲之意識外道法取代佛教正法，則其自身眞是魔邪之人，卻反而以《御製揀魔辨異錄》之邪說廣爲流通，更以政治威權，將自身所墮魔邪之名，強加於實證如來藏正法之賢聖，故說雍正之言無一眞實，無有絲毫可信之處。

雍正眼見眞悟之師所攝受之朝庭官員僚屬越來越多，所信者非同其所「悟」之離念靈知心，所以心中大爲不滿，乃言：【當日魔藏取悅士大夫爲之保護，使緇徒競相逐塊，遂引爲種類；其徒至今散布人間不少，宗門衰壞，職此之由；朕今不加屏斥，魔法何時熄滅？】以是緣故，如是斥令：【著將藏內（大藏經中）所有「藏、忍」語錄并《五宗原、五宗救》等書**盡行毀板**，**僧徒不許私自收藏；有違旨隱匿者，發覺，以不敬律論**（若被發覺私藏刻板者，以不敬清朝律法之名問罪）。另將《五宗救》一書逐條駁正，刻入藏內，使後世具正知見者知其魔異、不起他疑。天童密雲悟派下法藏一支所有徒眾，著直省督撫詳細查明，盡削去支派，永不許復入祖庭；果能於他方參學，得正知見，別嗣他宗方許秉拂。諭到之日，天下祖庭係法藏子

孫開堂者，即撤鐘、板，不許説法，地方官即擇天童下別支承接方丈。……奉行不善，即以違旨論。】

不但如此，更欲以皇帝之威權，強壓於眞悟之人：【如伊門下僧徒固守魔説，自謂法乳不謬、正契別傳之旨，實得臨濟之宗，不肯心悅誠服、夢覺醉醒者，著來見朕，令其面陳，朕自以佛法與之較量；如果見過於朕，所論尤高，朕即收回原旨，仍立三峰宗派；如伎倆已窮、負固不服，以世法哀求者，則朕以世法從重治罪，莫貽後悔。】如是而以皇帝威權，壓制眞悟之師所弘正法；其強勢作為，豈唯史無前例？可能亦將絕後，無人能及！誰有智者願與此愚人強項之雍正皇帝同辯法義？於此環境下，大慧……等人只能投生西藏，冀由雍正所崇信之西藏「佛教」中，從根本改變之，然終未能成功。以上即是雍正以皇帝之威權，自以為是，強行以離念靈知心而取代如來藏正法之證據。由是緣故，致令有清一朝之佛教界因循不斷，不能弘傳如來藏正法；更使離念靈知意識境界之法，大為廣弘，致令有清一代佛教禪師，大多落入離念靈知意識心中。

雍正甚至推崇道家行者紫陽眞人為佛門眞悟之人：【釋宗每闢元門為外，如**紫陽眞人**於所著《悟眞篇》後另著外集，不雜元門一語，一一從性地演出禪宗，即（是）從上宗門禪師。似此曉暢無礙，包括於數篇之中者亦為罕見，而目之為外，可乎？

如真人者是外之內也。】（雍正《御製揀魔辨異錄》卷一）雍正以文字公開推崇道家紫陽眞人爲外道中之佛門內道，說「就像紫陽眞人這一類人，正是外道中之內道也」，乃因道家紫陽眞人研究佛法以後，所墮與他完全相同，皆是離念靈知意識心也！同皆錯認意識爲常住眞心，都不同意禪宗所悟爲第八識如來藏，不認同禪宗所悟之眞心是離見聞覺知之第八識心。是故，雍正上文意謂：並非唯有佛門大乘菩薩方能證悟禪宗開悟之境界也！可見雍正當朝大力打擊第八識如來藏妙法之無所不用其極手段也！

又如雍正造《御製揀魔辨異錄》卷二，如是舉：【魔忍曰：三問三打，古今惟黃蘗一人，又止於接臨濟一用。若再問，則效顰者蠢然而起矣！況千問千棒、萬問萬打，可至今日而無弊乎？昔者昭覺勤禪師（克勤圓悟）常曰：「近來諸方盡成窠臼，五祖下，我與佛鑑、佛眼三人結社參禪，如今早見漏逗出來：佛鑑下，有一種作狗子叫、鵓鳩鳴，取笑人；佛眼下，有一種覷燈籠露柱、指東畫西，如眼見鬼。我這裏且無這兩般病。」妙喜曰：「『擊石火、閃電光』，引得無限人弄業識；舉了便會了，豈不是佛法大窠臼？」勤不覺吐舌，乃曰：「休管他！我以契證爲期。若不契證，斷不放過。」妙喜曰：「契證即得。若只恁麼傳將去，舉了便會了，硬作主張『擊石火、閃電光』，業識茫茫未有了日。」勤深肯之。噫！證之一字，惟

宗旨可以辨驗；否則金鍮混雜，孰敢誰何？】

引述了「魔忍」上面的開示以後，雍正隨即在《御製揀魔辨異錄》中評云：【已眼不明，終無爲人之分；若使頂門上具眼衲師，任爾如何蓋覆，如銅鐵金銀入爐便曉；罏無分別之意，火無辨驗之心，罏火何嘗預立箇法門以待銅鐵金銀之就勘？若別有勘銅鐵金銀法門，便不成罏火了也。**大慧杲遠遜其師圓悟勤處，即此便見；**明明向伊道：「以契證爲期，若不契證，斷不放過。」猶道：「若只恁麼傳將去，舉了便會了，硬作主張『擊石火、閃電光』，業識茫茫未有了日。」**此語，圓悟勤何由深肯？即當日深肯其語，知他圓悟勤是何心行？】**然而大慧與其師之言語眞義，雍正何嘗知之？大慧之證量，當然遜於其師 克勤圓悟，此乃無可諍者；然而雍正對自己所舉之 克勤、大慧公案，卻是完全不解其意也！

此謂： 克勤圓悟開示時常用「擊石火、閃電光」一句爲人開示，意爲證悟之時只是一剎那之間就悟得了，不是長時靜坐而漸漸累積成就的，也不是靠思惟而成就的；學人欲悟，眼光應當迅捷、直下就見，不應以思惟之法而欲得之，更不應以靜坐之法而求一念不生。然而當時聽者常常誤會大師之意，每多誤會，便以爲：證悟之時應該有擊石火或閃電光的境界相出現，方可謂之爲悟。其實開悟所證之如來藏所在，就如大慧禪師說的：**只要一句話就可以說得出來了，何必一定**

要用「擊石火、閃電光」這句話來開示呢？免不了會引起學人常常生起錯解，就成了禪門的大窠窟。

這就像現代的禪門一般，平實常言參禪必須有一念相應的過程，才能不退；而且悟後智慧可以猶如泉湧一般，方是眞悟；謂參禪人不可假藉思惟之法而欲求悟，當以思惟觀之法，心中一念不生而以話頭之法參禪，直接求悟如來藏，不可用思惟或學術研究之法。然而卻常有學人誤會平實之意，當他以參究的方法找到如來藏，而不是以思惟研究的方法找到如來藏時，正就是一念相應，但他卻還在等待另一個一念相應的**境界相**現前，正與古時學人誤會 克勤大師之「擊石火、閃電光」一般。

正因爲古時學人常常以「擊石火、閃電光」的問題提出來請問大慧，他們往往一心等待擊石火、閃電光的**境界相**出現；其實 克勤大師的擊石火、閃電光，只是譬喻開悟的過程：**是在突然之間就會了，突然知道如來藏所在時，那個時間是極短的，短到就像擊石火、閃電光那麼短就突然知道了**。但是特地強調擊石火、閃電光時，學人就誤會爲「開悟時會有擊石火、閃電光的境界相出現」，就完全誤會禪理了，所以大慧宗杲謂其師 克勤曰：【**契證即得。若只恁麼傳將去，舉了便會了；硬作主張『擊石火、閃電光』，業識茫茫未有了日。**】意謂：**契證了如來藏**

這句話倒是很好的，但若只是把擊石火、閃電光一直傳下去，在這上面理解，其實如來藏之所在，只需一句話就能爲人指示出來，學人聽了當場也就可以證得如來藏了，然而卻又故意說道「如擊石火、如閃電光」，學人聞後誤會爲有境界相出現，豈不是成了佛法中的大窠窟？ 克勤大師也知道會有此事，所以**深肯**大慧之語。

然而 克勤大師之語，也未嘗無義；只因爲學人若不是歷經一番正確方法的參究過程而體驗之，縱使聽聞眞善知識一句話指出如來藏所在而現觀如來藏，卻大多不能安忍，反而生疑乃至誹謗，所以 克勤大師不得不指示：必須是親自參究禪理覓心，在種種事緣之間，忽然間體驗到祂的確實存在與七識心以外的自性；經歷這種忽然間找到祂的一念相應短暫過程，才可能忍於如來藏的本來無生而不退轉，才能安住於如來藏境界中，這才是菩薩的無生之忍，所以不得不強調「擊石火、閃電光」。

猶如諸方大師所說：「禪是說不出來的，開悟境界是說不出來的。」平實一向大力反對此言，因爲確實可以用一句話，就使學人找到如來藏的所在，所以平實一向反對之；也因此故，平實弘法早期，也曾連續三個梯次在禪三最後一天，爲參不透的學人明說。但是不到二年，平實就改爲「禪是說得出來的，但是不許明說」，改爲強調一定要各人親自參究而在一念之間突然與如來藏相應，才不會退轉，這道理與 克勤大師故意說「擊石火、閃電光」的道理是一樣的。所以 克勤與大慧的說法，都不可偏廢；然而這個道理，沒有眞正參究悟入的人，其實都無法領納其中的意思。

這意思是說，悟入只是在短時間中突然一念相應而找到如來藏了，時間短到猶如擊石火、閃電光一般；只是學人沒有眞悟時一念相應而找到如來藏之過程，所以誤會了 克勤大師的眞意。雍正既墮於離念靈知之靜坐而漸漸澄清境界，一定得要假藉長時間的靜坐累積，直到能夠長時間一念不生，那時才算是證悟，所以他對「擊石火、閃電光」之刹那悟道、電光見道一事，對於一念相應之證悟大事，當然聽不懂，所以他對大慧之言會有質疑；這正是自家墮於誤會中，正是大慧所欲救的墮於禪門大窠窟的人，不料他卻反而誹謗大慧，令人不免哂之。

雍正對於眞悟之師所示公案及語錄，讀之不解，目之爲「機緣示語無一可入選者」，由是故於《雍正御選語錄》卷十四中云：【如傅大士、如大珠海、如丹霞天然、如靈雲勤、如德山鑒、如興化奬、如長慶稜、如風穴沼、如汾陽昭、如端師子、如**大慧杲**、如弘（洪）覺範、如高峰妙，皆宗門中歷代推爲提持後學之宗匠，**奈其機緣示語無一可入選者**，聊舉數端以見其旨。】然而此等諸大善知識中，雖亦有悟錯者（譬如靈雲禪師之早期開示）非雍正所能辨正也！謂靈雲所墮正如雍正一般落在意識離念靈知境界中故，但後來證悟了，所說則被雍正所嗤。其餘諸大禪師之機緣語句皆夥，尤以 克勤與大慧爲最，莫不是爲人闡發之極妙、極親切機緣，豈如雍正所言之「無一可入選」者乎？由此可徵雍正之未悟也！宜其墮於意識心而崇尚未悟之師所說法、崇尚藏密意識靈知心境界也！

亦以是故，雍正又於《御選語錄》卷十四作如是言：【**至如三喚侍者、婆子燒庵、喫油糍、野狐、斬蛇、犀牛扇、臺山婆子、子湖狗、香嚴上樹、雲門扇子、禾山鼓、慈明榜等公案，皆古今叢林中日日舉似者，朕悉不錄；蓋雖言語道斷，不過啓發初機，非是究竟；但此等公案，尚不至榛蕪向上一路耳。總之，此事如杲日光、如大火聚，提則全提、印則全印，否乃不達佛之正旨，盡屬奪弄精魂；其言雖皆數千百年以來人人之所提唱，其人雖皆數千百年以來人人之所推崇，朕皆置之不論。**】

由此可知雍正總以意識心作爲所悟標的，是故上文所舉極勝、最妙無比之祖師親切公案，雍正皆茫然於其中之玄旨密意，由是皆不舉錄之，更以皇帝之威權而打壓之，謗爲「啓發初機、非是究竟」者；如是無知兼又自大，能至於此！嗚呼！末法時震旦大乘地區而有此人王，以護法之表相而破正法，此殆末法佛子之果報乎！令人感嘆！

雍正於序文之末又言：【朕今此舉，若無灼知定見，豈肯多生枝節，爲天下後世之所嗤笑。實憐禪宗頹廢、慧命懸絲，皆由此輩未了宗師開此紛雜岐徑，令魚龍莫辨，後學不知所從也！故不得不爲蛇足一上，如標月指，所指必月。】（《雍正御選語錄》卷十四 序文）然而雍正自己正是魚龍莫辨之愚人，豈知眞悟者之心行？而欲以常見外道知見，強加於當時禪宗眞悟者之身，更言「實憐禪宗頹廢、慧命懸絲」，今日不免平實憐之、說之。正因雍正全以意識心測度眞悟祖師公案，必不能通，故於大悟祖師之公案心生嫌隙，乃有如是言：【朕閱《指月錄、正法眼藏、禪宗正脈、教外別傳》諸書所選古德機緣語句，**皆錯雜不倫**。】（《御選語錄》卷十八）因爲他以意識心境界來作思惟時，當然完全不懂而覺得「全部錯雜不倫」。

雍正又作是言：【如大珠《頓悟入道要門論》，不過提唱初機，全未具頂門正眼；其馬祖賞歎之說，未必確實。如**妙喜**（大慧宗杲）乃數百年望重海內之人，其《武庫、全錄》朕皆詳細披閱，其「**示語、機緣**」**中一無可取**；其拈提古德處，亦間有透脫之論，而**支離謬誤處甚多**。】（《御選語錄》卷十四）如是恣意否定眞悟、徹悟祖師，而將落入離念靈知心的錯悟祖師語句廣錄之，將眞悟之師加以排斥，或選錄與證悟如來藏無關的開示。

雍正既以意識覺知心靈覺之自性作爲眞如佛性，則於一切大悟古德證悟機緣及開示語句，皆難相應，由是緣故，雍正又作如是言：【又如大慧杲云：「今時宗師爲人，入室三、五遍，辨白不出，卻教他說悟處。若恁麼地，如何爲人？」等語，此論大誤。從來如永嘉一宿覺之類，祇因當時但知教乘，初闢禪宗，所以一言半語漏逗本分皆胸襟流出，便可印合；自唐季以後，古德垂示流布海內，人人捃摭攘竊、預備應機，若不入室細扣，知其是何心行？**朕亦頗能爲人，然實不能不令入室三五遍而即悉其底蘊**。開堂說法、臨機問答，固不可無；若止憑一二語以定虛實，此盲傳盲受之根，大慧杲誤人謬論，叢林當爲炯戒。】（《御選語錄》卷十八）

雍正之墮於意識心中，以此數言即可爲證也！然而若是眞悟之人，所悟爲如來藏者，正當初悟之人甫入禪師室中，尚未開得口，禪師早已知其悟抑未悟也！何待開口方知？雍正自謂能助人悟入，然而卻必須當事人入室三、五遍，以供雍正勘驗，方能勘驗實在，非如古今眞悟之師當下就知其是否爲悟，不待言語便知；當知雍正乃是同以靜坐時一念不生之境界是否穩定，作爲辨別之法也！是故必須入室三至五遍檢驗之，方能確定是否眞悟。

舉凡墮在離念靈知心意識境界者，都必須以覺知心一念不生之境界是否穩定而判定之，都屬意識常見境界，由是故說其爲未悟之人也！又依雍正所認定及護持之「開悟」禪師，都是主張「宗門以一念不生爲宗旨，以文字爲所知障」，亦可確定雍正認同其說，當知雍正之所墮，同一意識心也！由是緣故，雍正一向不喜眞悟祖師證悟之公案，乃將汾陽善昭、楊岐方會、國師三喚、婆子燒庵、大珠慧海、南泉斬貓、歸宗斬蛇、雲門胡餅……等眞悟祖師公案，皆悉排斥於外，絕不選錄。由此可見其心行之一般也！

云何平實明指雍正落入意識靈覺心中？更有其文爲證：**【……平素一無所事，喫得飯飽，長連床上三三五五握管伸紙，商量作一部好語錄垂後；縱使句句如初祖所說，亦乃餿羹餲飯，與靈覺有何交涉？】**（《御選語錄》卷十八）正落入意識心的靈覺自性中，所以雍正選錄錯悟之師語錄而刊行於《雍正御選錄》中，所選者，皆以證「悟」離念靈知心爲準的：**【己亥春，詔迎入京，命住西苑。世祖問：「心在七處？不在七處？」師**（玉琳琇禪師）**云：「覓心了不可得。」世祖問：「悟道的人還有喜怒哀樂也無？」師云：「喚什麼作喜怒哀樂？」世祖問：「山河大地從妄念而生，妄念若息，山河大地還有也無？」師云：「如人睡醒，夢中之事是有、是無？」世祖問：「如何用工？」師云：「端拱無爲。」】**（雍正《御選語錄》卷十一）

如是證據，於其所造《揀魔辨異錄》中，多處可尋；亦於《雍正御選語錄》之前序、後跋中，可以證明之。由此可以徵其所墮確屬離念靈知心也！雍正所謂之開悟，即是覺知心能長時間住於一念不生之了了分明境界中，同於常見外道無異，故須入室多次，次次檢驗是否皆能一念不生而無昏沉，墮於離念靈知心無疑。雍正如是而可謂之爲悟者，則一切證得欲界定、未到地定之外道，亦皆可謂之爲悟者矣！然則大乘菩薩爲何悉皆不肯此說？反而斥之爲常見外道？謂其境界悉屬意識覺知心境界故。

又如雍正選錄錯墮意識靈知心之靈雲禪師悟前意識境界公案而刊行之，不知靈雲禪師眞悟之前，古來已被多位大悟祖師評論爲未悟之人。雍正如是讚歎靈雲禪師：【如靈雲「青山原不動，白雲任去來」之句，如「露柱懷胎」「打破鏡來相見」之說，亦屬一流。】（《御選語錄》卷十四）他讚歎靈雲禪師所墮的意識覺知心見聞之性。然而靈雲墮於意識境界中，古來眞悟之師都不肯之，《聯燈會要》卷十載云：

【福州靈雲志勤禪師。本郡長谿人也，參長慶大安禪師，復游雪峰玄沙之門。偶一日見桃花，豁然契悟，作頌云：「三十年來尋劍客，幾回葉落又抽枝；自從一見桃花後，直至如今更不疑。」舉似大安，安云：「從緣入者永無退失，汝善護持。」（妙喜頌云：「盡說見桃花悟道，**此理不知還是無**？茫茫宇宙人無數，幾箇男兒是丈夫？」）後舉似玄沙，沙云：「諦當！甚諦當！**敢保老兄未徹在**。」後有僧問長慶云：「玄沙意旨如何？」慶云：「將謂胡鬚赤，更有赤鬚胡。」五祖演云：「說甚麼諦當？**更參三十年！**」】

靈雲以能見之眼識意識自性，作爲證悟之標的，被他的師父大安「禪師」印證爲悟；這就像今天有許多人落入六識自性中，成爲自性見外道，卻被惟覺法師大量的印證爲悟，與自性見外道完全無異，殘害大量弟子同墮大妄語業中，所以平實不肯之，不得不加以拈提，以救大眾。古時靈雲亦如是，所以大慧禪師特地針對靈雲的「悟道」提出質疑：「此理不知還是無？」更說證悟的人很少的，所以道：「茫茫宇宙人無數，幾箇男兒是丈夫？」意謂靈雲這種人，不是眞悟之人。

後來有人將靈雲悟道的事情，舉說給玄沙師備禪師，玄沙聽了就評論說：「我敢保證靈雲老兄還是沒有參透祖師禪的眞義。」也有人向長慶慧稜禪師說起這個公案，長慶禪師聽了就說道：「還以爲他說的和我們一樣是『胡人的鬍鬚是赤色的』，原來他說的卻是『赤色鬍鬍的胡人』。」這二句話的意思看來似乎一樣，其實是不同的。「胡鬚赤」意謂胡人的鬍鬚是紅色的，是譬喻眞悟者所說的意涵；錯悟者不懂，也跟著人家說禪，就一定會說錯；他說錯了，就把「胡鬚赤」說成「赤鬚胡」了。長慶這句話算是比較客氣婉轉的評論，如同大慧禪師的評論顯得比較婉轉；可是較早之前的五祖法演禪師對靈雲的評論，可就不客氣多了：「玄沙師備說得太客氣了，還向他說什麼『諦當、眞諦當』？我老實的說：像靈雲禪師這種人，他還得再參三十年呢！」

雍正徒以意識心爲眞如心，墮於意識心、六識心的伶俐心性中，非唯上舉實例而已，又如《御選語錄》卷十三，以「惺寂」爲題而說禪云：【止觀之貴均等尚矣，聖人復起，不能易矣！或有稍緩急於其間者曰：「經言因定發慧，則止爲要。」以是相沿成習。修行之人多主**寂靜**，唯永嘉既爲「惺惺寂寂、寂寂惺惺」之說，以明均等；而後文曰「惺惺爲正、寂寂爲助」，則迥然獨得之見，從古至今無道及者。自後宗門教人看話，以期徹悟，而妙喜呵默照爲邪禪，正此意也！是故佛稱大覺，眾生稱不覺；**覺者惺也**，永嘉之旨微乎。】

凡此種種，皆可見其正墮意識心中，以意識覺知心清楚了然而不被六塵所轉時之境界相，作爲永嘉玄覺之第八識惺惺、寂然境界；他不肯承認第八識離見聞覺知之自心如來離六塵境界，而藉政治威權壓制禪門眞悟之師，不許出世爲人；以其一向都以證悟者自居，世間人王高位猶未知足，更欲上膺法王之職；又曾以意識覺知心靈覺之自性而接引王公大臣，謂之同得證悟，豈容他人以意識心以上之第八識如來藏作爲證悟之標的？

平實此說有何根據？譬如雍正曾自述接引學人之事曰：【朕在藩邸時（尚未即位之時）亦以本分事接人，不無滲逗；所有語句並已刊入《圓明居士語錄》卷內（圓明居士爲雍正自號），此外並無一則機緣流布人世。】（《御選語錄》卷十八）又在《御選語錄》卷十九〈御製序〉中說道：【朕自去臘，閱宗乘之書；因偶輯從上古德語錄，聽政餘閒，嘗與在內廷之王、大臣等言之；自春入夏，未及半載，而**王、大臣之能徹底洞明者，遂得八人**。夫古今禪侶，或息影雲林，棲遲泉石；或諸方行腳，到處參堂；乃談空說妙者似粟如麻，而了悟自心者鳳毛麟角；今王、大臣，於半載之間，略經朕之提示，遂得如許人一時大徹，豈非法會盛事？選刻語錄既竣，因取王、大臣所著述，曾進呈朕覽者，擇其合作，編爲一集，錫名〈當今法會〉附刊於後。】

然而雍正之「悟」，得自章嘉呼圖克圖喇嘛，並由章嘉喇嘛爲之印證；而章嘉喇嘛實以意識心能知能覺之六識自性作爲證悟之標的，以意識心境界來測度禪門三關，則雍正之「悟」亦可知矣！是故雍正猶如上舉墮於意識知覺六塵之自性中，乃是勢所必然者；同理，在雍正指導下而「悟入」的八位王、大臣，都同以意識覺知能夠長時間離念時作爲證悟內涵。

雍正即位之前自以爲悟，向章嘉喇嘛求證，故雍正曾作如是之言：【……詣章嘉所禮謝，國師望見，即曰：「王得大自在矣！」朕進問：「更有事也無？」國師乃笑，展手云：「更有何事耶？」復用手從外向身揮云：「不過尙有恁麼之理，然易事耳。」此朕平生參究因緣，章嘉呼土克圖國師喇嘛實爲朕證明恩師也。】（《御選語錄》卷十八）章嘉既以一念不生爲悟，而雍正以一念不生之粗淺定力，顯示於外時則有穩定之氣勢，章嘉便印證雍正爲已悟之人。

然而錯悟之人向來容不得眞悟之人宣說正理，恐對其產生不利而致名聞、利養或在教界之威權失去故。此謂眞悟之人縱使不指名道姓而破錯悟之人，然而錯悟之人卻必定會因自己之法異於眞悟之人，必定會在明處或暗中抵制之；謂眞悟之人所說正理，必定會間接或直接的顯示錯悟者所說之法爲謬故，即如禪門古來一直有一句名言曰：【師子一滴乳，迸散十斛驢乳。】（《聯燈會要》卷二十）由此可知正法之威德力極大，雖然眞悟之師未必有意直接破斥禪門中之邪說，然而邪師必然不能安忍正法之師所說正理，必然會抵制之；因爲眞悟者所說法，必定會間接的顯示錯悟者的法義邪謬所在；更何況雍正自以爲悟以來，已經「度」得八位王、大臣和他一樣的「證悟」了，如何允許古今眞悟之師所說正理迥異於他而繼續弘傳？必然會以其人王之極權身分而抵制、排斥之，是故雍正之造《揀魔辨異錄》、之造《御選語錄》而極力破斥大慧宗杲、雲門文偃、大珠慧海……等多數眞悟之正法大師，都不選錄 克勤大師、大慧、雲門、大珠……等人證悟之開示語者，亦是勢所必然、無足可怪者。

由於元朝諸帝、明朝末葉皇帝及清朝所有皇帝，都信受奉行藏密之法，承認意識覺知心爲實相心，承認雙身法中正在受樂而一心不亂之靈知心爲實相心、爲報身佛之眞心，同墮意識覺知心中，所以對眞悟禪師所弘揚第八識如來藏正法離見聞覺知之正理，一向加以打壓貶斥，正法之師在中國內地都無法弘傳之；所以大慧一脈後來廣受打壓，雖然代有其人踵繼弘傳，但都難以順利及公開的弘法，這不能怪罪大慧一脈後人傳法不力，而是被政治強權環境所限制。譬如《續指月錄》卷一有云：【西蜀有大慧杲一支，自鼓山永淨慈明以後，其法嗣燈燈相續；漢月藏公聞之，曾通書問。且近代有吹萬、鐵壁、巴掌、耳庵諸公語錄，現入《嘉興藏》中流通；所謂承當有人，繼絕爲重，極深瞻仰。愧未獲觀全錄，另俟後賢詳爲補入。】

亦如《教外別傳》卷一載云：【至大慧杲，即不然；一棹千江，狂波頓息，棒喝置之高閣矣。大慧杲後，自元迄明，所出明眼知識益盛；雖語錄流通，無入龍藏。可嗟近今邪師說法，塗玷宗門；西來見性一宗，已成七家村婆子傳口令相似，祖佛無如奈何。】是故，大慧一脈並非大慧歿後隨即失傳，只是廣被同墮離念靈知心的歷代皇帝，或在明處、或者暗裡打壓，一直難以廣傳；由是緣故，只得奉 佛之命生往邊地西藏，冀從藏密內部直接改變之，令得回歸第八識如來藏正法；雪域篤補巴、多羅那他之他空見，即在此因緣下弘揚開來。雖然因爲當時藏胞業力關係故，最後仍然功敗垂成，而此正是七百年來禪門傾頹之眞正原因，也正是大慧宗杲光大臨濟東山禪正法後三百年，在中原即告衰敗之眞正原因；至於其他說法，都只是在弘傳的事相表面上判斷，其實都與歷史事實不符也。

今亦有文爲證，譬如明朝崇禎年間梓行之《湛然圓澄禪師語錄》卷八有作是云：【大慧杲公，高廟所重；衆盈三千，道冠天下；於大殿之北，建千僧之閣以延之。至我國朝，寺改古向（寺院裡已經把古人一向遵守的弘法規矩改變了），以故賢能隱避、寥落難言。】如是記錄明末宗門，可爲明證也。

有人作如是言：「臨濟一脈之凋零，實因後繼無人故。」此語非實，謂臨濟一脈自大慧出世振揚之後，弟子不俗而又人數衆多，並且代有其人紹繼而發揚之，並非無人踵繼，有文爲證：【妙喜五傳最光焰，寂照一代甘露門；等閒觸著肝膽裂，冰雪忽作陽春溫。】（《大明高僧傳》卷二、《列祖提綱錄》卷二十、《五燈全書》卷五十五、《增集續傳燈錄》卷四、……）

亦如《大明高僧傳》卷五云：【北宋三佛（東山五祖法演門下佛果克勤、佛鑑慧勤、佛眼清遠）並唱演公之道，惟佛果（克勤圓悟）得其髓也！而入佛果之室、坐無畏床師子吼者又不下十餘人。獨後法嗣之繩繩，直至我明嘉隆（年間）猶有臭氣觸人巴鼻者（仍然有禪門祖風熏習學人者），妙喜與瞌睡虎之裔耳，他則三、四傳便乃寂然無聲；然此二老可謂源遠流長者也，當時稱二甘露門，不亦宜乎。】謂唯有大慧宗杲與瞌睡虎紹隆禪師二人之法裔繼續弘傳下去，其餘宗派都是三到四傳便寂然失傳了。自大慧與紹隆二師入滅百年之後，臨濟禪之弘傳，只剩下這二支宗派，其餘都已滅沒而無傳承了。所以，後來爭執法統而編造大慧罹患背疽之說者，除了四、五百年後的虎丘紹隆傳人，更無他人。

又如《禪門鍛鍊說》卷一所載：【嗣後黃檗、臨濟、睦州、雲門、汾陽、慈明、東山圓悟諸老，虛實殺活、純用兵機；逮乎妙喜，專握竹篦、大肆奇兵，得人最盛；五家建法各立綱宗，韜略精嚴、堅不可破，而兵法全矣。自元及明中葉，鍛鍊法廢；寒灰枯木，坑陷殺人。】是故臨濟一脈晚近數百年間淪爲意識靈覺自性之境界者，實有二因：一者元末開始，虎丘一脈四、五傳以後，宗派內眞悟之師不樂於努力廣弘，未悟之弟子卻大張旗鼓的廣爲弘傳，禪門鍛鍊之法漸告失傳而廢棄不用，專以天童山的默照禪法門靜坐一念不生爲務，墮入離念靈知意識境界中，即是此文所說「寒灰枯木，坑陷殺人」者；二者即是外在的政治環境上，帝王崇尚藏密意識覺知心境界，大力推廣離念靈知境界所致也！乃至後來的清朝雍正，更以皇帝人王之尊，極力抵制眞悟祖師所弘揚的如來藏正法，嚴厲的禁止當代眞悟之師弘揚如來藏離見聞覺知之正法，專門推廣意識離念靈知境界，是故第八識如來藏勝法便不得弘揚。六百年來的中國佛教正法，就這樣走向常見化，終於不免與常見外道之證境統一了。

亦如《禪門鍛鍊說》卷一所云：【至元代以後，列祖鍛鍊之法不行，止貴死坐冷禪，寒灰枯木、古廟香爐，冷啾啾地不動不搖以爲得力；**反詆諸祖機用以為門庭施設，黜五家綱宗為奇名異相，牢籠學者**而宗風遂大壞矣。是故奪人、奪境、奪法，臨濟七事不明；左咬、右咬、咬去、咬住，巖頭活法不諳，則必不能當機移換。其法既失，有請益者，止有開示死話頭，令其**灰心冷坐**，**相率入枯木堂、習不語禪**，妙喜呵爲**默照邪禪**者。反室中祕授以爲至寶，**傳至明葉此教盛行，由是走禪門者，類以枯坐之久暫、敘功夫之勝劣**；提著悟字如呼父名，如犯國禁；而參禪一法，遂爲葬送人根之地矣。】這是戒顯禪師的開示。

清朝雍正大力推廣坐禪以靜妄念，正是犯在戒顯禪師以上所說的過失中。雍正以一念不生功夫之勝劣，定爲是否證悟之準繩；若有人以 楊岐、白雲、法演、克勤、大慧之法，倡言「法離見聞覺知」者，則視爲魔邪，必欲滅之；雍正一向如此作爲之背後原因，皆是被其師章嘉喇嘛誤導，認取默照時一念不生之靈知心爲眞如心，以此爲悟，則不承認他人親證如來藏時爲悟，便大力打壓之。由此故知：禪門之衰敗者，皆由後人誤會天童之默照眞義，墮在默照邪禪之離念靈知心所致也！

然而古來亦非絕無認同大慧宗杲正法者，譬如雍正極力抵制、並且查封刻版收集焚燬之《五宗原》一書之作者，曾於序文中如是言：【歲乙丑，結夏聖恩禪寺之萬峰關；侍關中者四上座，斂致證徹也。居一日，俱整衣作禮而請曰：「嘗聞諸方尊宿（即是晚明天童圓悟法師……等人也），欲抹殺五家宗旨，單傳釋迦拈花一事，謂之直提向上。然不知五宗之立、果爲謬妄者否？願賜一言以通其難。」於密曰：「命將者必以兵符，悟心者必傳法印；符不契，即爲奸僞；法不同，則爲外道。**自威音已來，無一言一法非五家宗旨之符印也！昔人證之，遂嘿契其微而不分；後人侶之，故建立其宗以防僞**。抹殺五家而欲單傳者（指主張「克勤單傳虎丘」之明末圓悟法師）剖符銷印，自便之渠魁者耳，豈五宗之忠臣、七佛之法將也耶？嗚呼！法滅，天人憂，正以此也！可不畏哉！」曰：「昔時有燒香煉頂密傳宗旨者，大慧一榜揭出，以破狐技。然則今之宗旨，又何貴焉？」曰：「彼所傳者，竊符假信者耳。若夫法法自明、心心相印者，豈若室中密授之死法子耶？蓋傳宗旨者，不悟宗旨者也！抹宗旨者，不知宗旨者也！茲當操提未破之密印，以擒託僞之奸黨，此正今時荷擔如來命脈之眞子也！豈浮濫者可混入哉！」因原五宗（因這個緣故而復原五宗之符印），付諸四子。子稽首謝，各各願嚴符印、以永眞傳云。　崇禎戊辰

歲春日 萬峰法藏 於密氏序。」】（《五宗原》卷一）

由此可知，正法之弘傳，代有菩薩出，並非無人力荷如來法脈。《五宗原、五宗救》二書之刻梓流行，正爲明朝中葉以降之中國佛門，多墮離念靈知意識境界中，總以坐禪靜心、一念不生，以爲禪門正修；漢月法藏、潭吉、於密氏……等人，欲規正其法以救學人普得回歸宗門正法如來藏妙心，方始刻梓流通《五宗原、五宗救》，以救學人。可惜的是外在環境本已惡劣，更遭魔人雍正以皇帝威權大力打壓，致使拯救學人回歸宗門妙旨之菩薩正行，不能成其功、竟其業。

第四章　大慧與天童同一所證：如來藏

虎丘紹隆一脈，由於兼弘宏智正覺的默照禪，數傳而至大慧入滅後六十餘年，已墮入離念靈知意識心中！更何況明朝中葉以後之虎丘後人所住持之天童山道場，當知更難以遠離默照禪所墮之離念靈知意識境界也！然而天童宏智正覺禪師，卻是以第八識如來藏爲證悟之標的，不是弘揚其默照禪的虎丘後人所墮的離念靈知心也！有語錄爲證：【祇如四大壞、五蘊空，六根昏塞，七識捨盡（註），平生伎倆總做不得，平生知解總忘了也！親屬留不住，好玩將不去，無家可坐、無地可安，直得無一絲毫許粘綴處。且道：正恁麼時，眞實人作麼生履踐？還相委悉麼？】（《宏智禪師廣錄》卷一〈崇福禪院語錄〉）（註：無餘涅槃中，無十八界存在——五色根、意根心、六識心、六塵界都已滅盡。）

語譯如下：【「只如捨壽入涅槃之時，四大之身壞了，五蘊也都空盡了，眼等五色根及意根心都如同被塞住而昏暗無知了，眼耳鼻舌身意識及第七識意根也都捨掉了，這時一生所作的種種方便善巧都無法做什麼了，一生所學得的知解也都忘光了，世間的親屬也無法留在身邊了，自己所喜愛的珍玩也帶不去，到那時無家可住、無地可安，眞的是完全沒有一絲一毫的粘黏之處。你們大家且說說看：到這個時節，眞悟者是要怎麼來履踐佛法的呢？你們還知道麼？」】這就是天童宏智正覺禪師所說實證無餘涅槃的無境界境界。豈是離念靈知意識覺知心的境界？這時正是：只剩下一個如來藏眞識，離見聞覺知而無依倚的如來藏自住境界。如是一無所住，方是眞實無餘涅槃出三界處，這就是禪門祖師所證的牢關境界。（編案：此一正理，平實導師於公元二千年元月十五日晚上演講時，已經公開宣演過了；後來並且整理成文字，於公元二〇〇一年元旦，以《邪見與佛法》爲書名，印成書籍公開流通。欲知其詳，請逕向正覺同修會索閱。）

又如：【（天童宏智禪師）舉：九峰在石霜作侍者，霜遷化後，眾欲請堂中首座接續住持。峰不肯，乃云：「待某甲問過，若會先師意，如先師侍奉。」遂問：「先師道：『休去歇去，一念萬年去，寒灰枯木去，一條白練去。』且道：明什麼邊事？」座云：「明一色邊事。」峰云：「恁麼，則未會先師意在。」座云：「爾不肯我哪？裝香來！」座乃焚香云：「我若不會先師意，香煙起處，脫去不得。」言訖，便坐脫。峰乃撫其背云：「坐脫立亡則不無，先師意未夢見在。」（宏智禪師）頌曰：石霜一宗親傳九峰，香煙脫去正脈難通；月巢鶴作千年夢，雪屋人迷一色功。坐斷十方猶點額，密移一步看飛龍。】（《宏智禪師廣錄》卷二〈泗州普照覺和尚頌古〉）

這就是天童宏智禪師的開示，但因古時言語時隔千年，後人很容易誤會，如今語譯如下，以饗大眾：【天童宏智禪師舉示一件公案說：九峰道虔禪師在石霜慶諸禪師座下當侍者，石霜禪師遷化入滅以後，大眾想要請堂中首座接續石霜的住持位子，侍者九峰禪師不肯，所以就說：「且等我問他悟了沒有再說，如果他會得先師開悟之眞意，我將會如同侍奉先師一樣的侍奉他。」就去問首座：「石霜先師曾經說道：『把六塵萬法休去歇去，一念萬年而都不改變去，猶如寒灰枯木一般沒有一絲一毫的苦樂之情去，就像是一條白練那樣前後都沒有絲毫改變去。』且道：石霜先師這些話，說的是什麼樣的境界？」首座答覆說：「這是讓我們明白一念不生境界的事情。」九峰禪師聽了就說道：「若是如此，那你根本就沒有體會到先師石霜禪師的眞正意旨。」首座說：「你不肯定我哪？裝香來！（我證明給你看！）」首座焚香時就說：「我如果眞的沒有體會到先師的眞實意旨，那麼香煙上的火滅了，香煙接著生起的時候，我就無法脫去。」剛才講完話，香煙上的火剛剛熄了，香煙即將出生時，首座便坐著捨壽了。九峰道虔禪師見他走了，就撫摩首座的背，並且說道：「坐脫立亡的功夫，你算是有了；可是先師石霜禪師證悟的眞實意旨，你首座就算是作夢，也還是夢不到的。」天童宏智禪師舉說這個公案以後，就作了一首頌說：石霜禪師這一宗的法脈，親自傳給了九峰道虔；首座縱使能在香煙生起之前就坐脫了去，其實禪門正脈他還是很難通得過的。自遠古就一直存在著的月亮裡面的鳥巢中那隻鶴，一直都是一念不生的，可是牠如今還是正在作千年之夢，仍然沒有醒覺過來；住在雪屋裡的人們，到現在還是沉迷於一念不生的一色功夫中。我宏智正覺爲你們大家說了吧：即使你這個一念不生的功夫非常的好，能夠坐斷十方善知識的舌頭，其實仍然是像鯉魚一樣無法跳過龍門，仍然會被點額而退回來的；假使眞的想悟入的話，我勸你們：不妨把你的腳隱密的移一步，就可以看到鯉魚變成的飛龍了。」（平實案：古來相傳鯉魚長大後，如果想要變爲飛天之龍，就會游向龍門；如果能夠一躍而過，就會變成龍身而向天空飛去。如果跳不過去，就會被天人在額頭上點一個紅點作記號，表示牠已經到龍門考驗過了，以後沒有機會再跳龍門了。）

由此可見，天童宏智的證境，其實並不是一念不生的境界相；他恐怕大眾誤會了他的默照禪眞義，所以特地提出這個公案來作說明，表示一念不生的離念靈知境界，不是石霜、九峰以及天童宏智自己的悟境。

他又有別的開示：【舉：法燈開堂，謂眾云：「山僧本欲踡棲巖竇，又緣清涼老人有不了底公案，今日出來爲他分析。」僧問：「如何是不了底公案？」燈便打云：「祖奶不了，殃及兒孫。」僧云：「過在什麼處？」燈云：「過在我殃及爾。」師云：這僧若是箇漢，出來便與掀倒禪床，不唯自己有出身之路，亦免見祖奶不了，殃及兒孫。】《宏智禪師廣錄》卷三〈眞州長蘆覺和尚拈古〉

語譯如下：【天童宏智禪師舉示一個公案：法燈禪師開堂那一天，告訴大眾說：「山僧我，本來是想要棲息在山巖石洞中；可是又因爲清涼老人身後有一件還沒有了斷的公案，所以山僧今天出來爲他分析。」僧問：「如何是清涼老人未了的公案？」法燈禪師聽了就打那僧，又說道：「祖父與奶奶了不掉這件事，所以今天殃及兒孫。」那僧問道：「我的過失在哪裡？」法燈禪師回答說：「過失是：我殃及你。」舉示了這個公案以後，天童禪師就說道：「這僧如果眞是一條漢子，當時站出來，便好把法燈禪師的禪床掀倒，不但是自己有了出身之路，也可以免掉死後見了祖父、奶奶時仍然了不掉這件公案，反過來還會殃及他自己的子孫。」】天童只教那僧出來把法燈禪師的禪床掀倒，說這樣一來就會有出身處，何曾教他一念不生？由此開示，也可以證明：天童宏智禪師不是以靜坐保持一念不生的境界，作爲證悟的內涵。所以他的默照禪所悟，仍是如來藏，不是離念靈知意識心。

又如天童宏智禪師的另一個開示：【師乃云：是我自家底，是你諸人底，是三世諸佛底，是六代祖師底；各各分上六六三十六，這裏生心即乖、動念即錯。若有箇漢，四稜著地掀斡不動，也較些子，便能向今時卓卓地，了無一法著彼，了無一法著我；自在人間，無往來相。彼具足是我，我具足是彼，法法住自位，所以道：性自平等，無平等者。若是恁麼去也，是一箇了事衲僧；更須退步，更須就己，便知道四大性自復，如子得其母。這裏不著一點，不挂一絲，拈轉殼漏子，與虛空合。合底是什麼？若無合者，爭辨虛空？若有合者，卻成兩箇。那時明歷歷地要眼，淨裸裸地要身，撥轉機輪，便能向今時作用。若識得本來頭，一切心皆是箇心，一切法皆是箇法，坦然平等恰恰具足，便知道「果滿菩提圓，花開世界起。」若恁麼十成時，好箇禪和子。而今，人卻道：「曹洞禪沒許多言語，默默地便是。」我也道「你於箇時莽鹵」，我也知「你向其間卜度」，殊不知虛而靈、空而妙，豈不見僧問石門：「如何是和尚家風？」門云：「物外獨騎千里象，萬年松下擊金鐘。」是恁麼行得到，恁麼透得徹，不向死水裏浸卻。又不見僧問梁山：「莫便是和尚安身立命處也無？」山云：「死水不藏龍。」「如何是活水裏龍？」

山云：「碧潭不吐霧。」你若識得死底，便是箇活漢；你若識得活底，便是箇死漢。須是向靜悄悄處惺惺，鬧浩浩中歷歷；便知死中常活，不被空礙；活中常死，不被物礙；有不是有，無不是無。芭蕉和尚道：「你有柱杖子，我與你柱杖子。你無柱杖子，我奪你柱杖子。」所以六祖云：「心地含諸種，普雨悉皆萌；既悟花情已，菩提果自成。」方知當處出生、隨處滅盡。珍重！】（《宏智禪師廣錄》卷五）

在此一段開示記錄中，天童宏智舉出一件石門禪師與僧人間問答的公案，指示說：應當這樣在問答之中就悟了去，不是靜坐一念不生而求悟。天童禪師說：靜坐求一念不生，那是死水；所以說「不向死水裡浸卻」。由此可見他的悟處，決非靜坐到一念不生時，把離念靈知境界當作是悟境。所以他不肯當時人靜坐時以一念不生的離念靈知境界當作是悟，所以斥責道：【而今，人卻道：「曹洞禪沒許多言語，默默地便是。」】一句話就把那些誤會曹洞宗旨的禪師們都罵了！因爲曹洞宗後人總以爲：靜坐時心中默默無言的覺知心便是眞實常住心，心中起了語言文字就是離開悟境。如今弘揚默照禪的大師們！可得記住默照禪鼻祖天童正覺禪師上面的開示！

接著天童禪師就說道：【我也道「你於箇時莾鹵」，我也知「你向其間卜度」。】

語譯如下：【我也知道「你正是在這個時候莽鹵的承擔起來了」，我也知道「你這時正在一念不生的境界中思量這樣子是否就是悟了」。】這豈不是已經罵盡今時弘傳默照禪的大師們了？豈不是預先罵了晚明年代的天童山不孝弟子圓悟法師？豈不是預先罵了後時的雍正皇帝？難道今時的大法師們，還要像雍正皇帝一般繼續在一念不生的長時間或短時間上面來計較悟或未悟麼？

　　天童正覺禪師又有這樣的開示：【師乃云：「兄弟！有底道：『三十年、二十年、三年、五年，在叢林中恁麼做。』也道『我參禪學道』，若不曾到底，有甚麼用處？你但只管放教心地下一切皆空、一切皆盡，箇是本來時節。所以道：『**一切皆從心地生，除去一切生底，還是本來心地。**』者箇心地平等普遍、普遍，無有不在，無有不滿。既心地上生相，盡十方三世，無有一毫自外而來，俱從箇裏發現。便知道『萬法是心光，諸緣唯性曉；本無迷悟人，只要今日了』。心無形影，對緣即照；所以假虛空爲森羅萬象之體，假森羅萬象爲虛空之用；一切諸法皆是心地上妄想緣影，譬如湛水因風成波，唯風滅故動相隨滅，非是水滅。爾心地上，存許多善惡等相，便是水上波浪；風休波滅，不是水滅；善惡相盡，不是心滅，本來一段事空不得。若是坐禪底人，風塵草動自看得出，不可道是說經說論；此是馬鳴祖師恁麼道，分曉直是分曉。諸人若到恁麼時節，自然恰恰好好。古人道：『百尺竿頭坐底人，雖然得入未爲眞。百尺竿頭須進步，十方世界現全身。』此是全身應現。】（《宏智禪師廣錄》卷五）

這一段開示中，斥責的仍然是一念不生時的離念靈知心也；因爲離念靈知心，根本無法出生十八界法中的任何一界，更何況能出生十八界的一一界？然而天童禪師說的眞實心，卻是能生萬法的心，當然不是離念靈知心。因爲離念靈知心必須有意根與法塵爲緣，才能從眞心如來藏中出生，是緣起法，也是被生、所生的法，所以是生滅法，不是常住而能生一切法的心地。常住而能生一切法的心地又是什麼心呢？天童宏智禪師說道：【若是坐禪底人，風塵草動自看得出，不可道是說經說論；此是馬鳴祖師恁麼道，分曉直是分曉。】坐禪的人開悟時，是在風塵草動中看出端倪來的，不是坐在一念不生中而當作是悟境；只要是看出個端倪來了，說出來的法就像是講經說論一般，但他其實不是從經論中取出來講的。宏智禪師又說道：這就是 馬鳴祖師這麼說的妙法，實在是太分明了！然而 馬鳴祖師說的實相法又是什麼呢？正是第八識如來藏！由此證明了天童宏智的默照禪，證悟之標的正是第八識如來藏，不是離念靈知意識覺知心！大師們讀到此處，也該覺醒了！如果找不到如來藏，就依天童禪師講的：把所生法的十八界都除去以後，剩下的又是什麼？天童說：剩下的還是本來心地。

天童宏智禪師開示：【師乃云：「眞實到處，廓落無依；更喚甚麼作『十方壁落』？更喚甚麼作『三世機緣』？**一塵不受**，法法同體，人人同心，只箇自受用身，十方無不周遍。既知周遍，盡法法頭上、佛佛心中具足本體，更有甚麼事來？只者一塵，也是爾本體，也是爾本心，也是爾本相，也是爾本智；所以道：『若色清淨，若一切智智清淨，若般若波羅蜜多清淨，無二無二分，無別無斷故。』諸兄弟！是須恁麼！爾還曾空得心緣來麼？還曾空得身相來麼？爾若空得盡，不只是空，那時靈靈歷歷地，虛中明白；若恁麼時，不是空了底時節。底也如是，表亦如是；在塵也如是，在法也如是；無有諸佛不如是，無有眾生不如是。眾生也具足如是，諸佛也具足如是；眾生放得落，諸佛提得起；是以諸佛與眾生同身共命，只箇一念元同法界。所以道：「上無攀仰，下絕己躬。」直是磊磊落落、浩浩蕩蕩，正恁麼時，作麼生體悉？言語道斷，非去來今。珍重！】（《宏智禪師廣錄》卷五）

天童正覺禪師這一段開示中說的眞實心是**一塵不受**的心，而且是無始劫以來一向都如此的；但是離念靈知心卻是六塵都受的心，無有一塵不曾受；正當離念靈知現行而存在的任何一個當下時刻，都是正受六塵的。即使是在定中，也還是離不開定境中的法塵境界，並不是天童所說一塵也不受的眞心如來藏。離念靈知心，必須依靠意根與法塵爲緣，才能生起現行；若無法塵與意根爲緣，離念靈知心就永遠都不可能生起；所以當祂存在的任何一個刹那，都是要依靠法塵或六塵具足，才能夠生起現行的，絕對不是**一塵不受**的眞心。由此可知，天童宏智禪師證悟的內涵，決非離念靈知意識妄心。

宗門之所證，必須是萬法之根源心，方可謂之爲悟也！天童上一段開示中也如是說：「**法法同體。**」不論是日常生活中的六塵，或是定中的定境法塵，同樣是從眞心中出生的，同樣是眞心的一部分；而且覺知六塵的離念靈知心，以及覺知定境法塵的離念靈知心，也都是眞心所出生的，同樣是眞心的一部分，所以天童禪師說法法同體；意謂離念靈知與有念靈知心，以及靈知心所面對的六塵或定境中的法塵，也都是從同一心體中出生的，這才是法法同體；所以天童說：「**只者一塵，也是爾本體，也是爾本心，也是爾本相，也是爾本智。**」離念靈知心則是面對一念不生的法塵，只能存在法塵、五塵之境界中，離六塵就不能存在的，所以不是出生法塵而與法塵同體的。如果所悟的心，不是能出生六塵、出生離念靈知心的心體，那就不是法法同體的了。

天童又說：「爾若空得盡，不只是空，那時靈靈歷歷地，虛中明白；若恁麼時，不是空了底時節。」如果能把色身空盡、把覺知心空盡、把離念靈知心空盡了，那時可不只是空無，而是有一個心極爲靈感而與你相應的，那個心是時時刻刻都歷歷分明的在了知離念靈知心的你正在想什麼，祂雖然無形無色猶如虛空，卻不是空無的空，不是空掉一切的時節。**默照禪的眞義，就是默照一切虛妄，最後只剩下一個眞實存在的心，那就是天童所講的「此是馬鳴祖師恁麼道」的如來藏眞心了！**這才是天童宏智禪師默照禪的行門方法，不是默照有念或離念的意識境界，不是默照長時間的一念不生，更不是默照「前念已過、後念未起之間的短暫離念靈知境界」。然而世人閱讀天童宏智祖師的語錄時，往往錯會，誤認妄心爲眞，則難免淪落生死、永無盡期。

今以天童之開示爲證：【在裏不遺照，在外不涉緣；只箇惺惺能照底，在者邊不被諸法轉，在那邊不被寂滅拘，所以道：「迢迢空劫莫能收，豈與塵機作繫留？」若能恁麼去也，生死了不著我，因緣了不牽我，在生死因緣中恰恰自在。生時輥底來，更無異相；正無異相時，在法法眞頭頭準，一切諸相即是自心，所以道：「萬法是心光，諸緣唯性曉。」若能在一切處、一切時，不被諸緣籠絡，是大智慧人。破塵出經卷，量等三千界，只是諸人妙淨明心，在一切塵一切剎，與法界等；清淨如滿月，妙明常照燭，於諸緣中出一頭地。古人道：「即此見聞非見聞，更無聲色可呈君；箇中若了渾無事，體用何妨分不分。」」（《宏智禪師廣錄》卷五）

誠如天童所言：「只箇惺惺能照底，在者邊不被諸法轉，在那邊不被寂滅拘。」這個惺惺能照底，在這邊不被諸法所轉，在那邊不被寂滅所拘繫。何謂這邊？謂眞心如來藏在三界生死中，從來不曾被六塵諸法動轉過。何謂那邊？謂無餘涅槃之中；諸阿羅漢的眞心如來藏在無餘涅槃之中，也是一樣不會被寂滅所拘束的。何謂惺惺能照？惺惺者離六塵而了了分明，不在六塵中起見聞覺知，卻能夠了了分明的觀照祂所出生的種種法，故謂惺惺；眞心從來不曾昏沉、睡眠，永遠清楚分明的了知祂所觀照的六塵以外一切法；亦謂二六時中，不論是眠熟位、正死位、悶絕位、處胎位中、滅盡定中，都是永遠惺惺了然分明而不昏沉，這才是眞正的惺惺。能照者，謂能了眾生心行，能了異熟果報的時節因緣以及山河大地一切世界；小者，舉凡七識心之心行所欲，眞心如來藏都一一了知而無遺漏，故說能照；大者，舉凡山河大地、十方世界萬法，都在祂所默照之中。

這個「**在者邊不被諸法轉，在那邊不被寂滅拘**」的如來藏心，才是天童所說的「惺惺能照底」，不是在講覺知心的長時間離念境界，或是短時間離念境界，或是前念與後念中間的剎那離念境界，這都是意識覺知心的六塵中的境界，不能超脫於六塵之外。因爲不能超脫六塵以外，所以常常會被六塵所轉，常常會被諸法所轉。離念靈知心住於寂靜無聲、無念境界時，正是被一念不生的寂靜境界所拘；不能像如來藏一般在吵雜叢鬧的境界中仍然寂滅，也不能像如來藏一般在寂滅境界中卻又能夠不斷的應對七識心、應對離念靈知心的心行，所以祂是永遠都不被寂滅境界所拘而自由運行的。離念靈知心則無法如此，所以不是天童所說的眞心。

離念靈知心，永遠都不離六塵或定境中的法塵境界，而且眠熟就暫時斷滅了，不再惺惺了，也不再歷歷分明了，這不是眞正永遠惺惺的眞心，故非天童所說的惺惺歷歷之心。離念靈知心又不能確實了知七識心的心行，因爲離念靈知心正是七識心自己，不是相對於七識的存在而了知七識心行的眞心。而且，離念靈知心對於祂自己的心行，也是常常不能確實了知的，所以常常有人這麼說：「**潛意識裡的想法，自己往往是不知道的。**」然而眞心如來藏對七識心的想法，從來無有不知者，這才是眞正能照之心，這才是天童所說的惺惺能照之心。

然而眞心如來藏雖然永遠都惺惺而能照，每一剎那都是如此而不曾間斷過；但祂卻不是想像之法，也不是離念靈知心了了分明的了別性，而是六塵以外的了別性，祂不在三界中的六塵諸法上面了別，所以祂陪著眾生在三界中時，祂自己不會落入三界六塵中，所以就沒有善惡分別，也沒有喜怒哀樂的情緒，當然不會被諸法所轉而動心。等到祂出了三界時，在無餘涅槃那邊時，卻又不會被涅槃中的絕對寂靜境界所拘繫，祂自己無所謂寂滅或叢鬧可說，因爲祂從來不在六塵中，也不住在寂滅的境界中；只有會與六塵相應的離念靈知心，才會有喧鬧或寂靜可說，所以眞心如來藏是永遠都不會落入寂滅或喧鬧二邊的，但是離念靈知心卻完全無法住於這種二邊都不到的境界中，所以說，天童宏智的悟境，決定不是離念靈知的境界。落在離念靈知心而大力弘揚默照禪的大師們！您現在應該清醒了。

所以天童隨即又道：【若能恁麼去，聞聲便悟道，見色便明心。到恁麼時，不被一切法礙，物物皆自己，心心絕諸緣，何處不成等正覺？何處不轉大法輪？何處不度脫眾生？何處不入般涅槃？若論此事，不論僧俗，不在久近；若爾一念相應，照體獨立，物我皆如；在一切時，圓陀陀、明了了、淨裸裸、赤灑灑，堂堂地現前，在一切時成佛作祖。只爲爾放不下，自築界牆，便見有自它；是爾自礙

三界，三界豈曾礙爾？若自不作障礙，便是普遍底身、普遍底心，是大自在底漢。】（《宏智禪師廣錄》卷五）

依據天童禪師這一段開示，他所悟到的心，是**心心絕諸緣**的，是**隨處都成**等**正覺**的，是**時時刻刻都在大轉法輪**的；悟前本就如此，悟後也是如此；屙屎送尿時莫非如是，也是隨處都住於涅槃境界中的，不是滅了十八界才出現涅槃境界的。天童說的眞心也是隨時都在度眾生的，是悟前就已在度眾生的，是一切有情、無情都在熾然說法的。但是離念靈知心，顯然無法如此；這些開示，都顯示天童宏智禪師的悟境，決不是離念靈知意識心。一切眞悟之人，皆得從禪師開示語中，隨即分判其悟之眞與假，錯悟之人所不能知也！錯悟者說法，有時學眞悟者所說，一定有個現象：有時歪打正著而說對了，然而大部分都說錯。眞悟者所說的眞心，一切時都說對，不會說錯法。天童亦復如是，處處皆依第八識如來藏之體用而爲人開示，同於大慧之悟處一般無二，都不是靜坐長時間的一念不生，而是忽然間一念相應而悟入的。特以默照之法極難證悟，每每令人久坐默照而難免同墮離念靈知意識心境界中，是故大慧在面見天童之前說爲默照邪禪，非無因也！大慧後來說的默照邪禪，則是指誤會天童默照禪開示的學人，而不是指天童自己的默照禪了；因爲面見論法以後方知天童悟處與自己一般無二，只是學人誤會罷了。

天童正覺禪師云何亦是以第八識如來藏爲悟？今以其開示，舉示天下一切眞悟之人，即知平實不曾謬言也：【師乃云：「衲僧家，做得妙，田地自然穩密，受用不妨蕭灑。有底如俊鷂打鳩相似，打著打不著，便恁麼去；有底如鈍貓候鼠相似，候著候不著，只恁麼守。直饒打得著、候得出，若體若用，自然有箇省發處。所以潙山問仰山：『終日只聞子聲，不見子形。』仰山撼茶樹；潙山云：『子只得其用。』仰山云：『和尚作麼生？』潙山良久；仰山云：『和尚只得其體。』兄弟！得體底人，生死搖動不得；得用底人，縱橫留滯不得；若也在表，不被物礙；在裏，不被寂困；往來宛轉，自然成一家去。方知潙山得體、仰山得用，他家父子有相就底處所，亦有相奪底時節。若也打得徹去，方知潙仰父子俱不虛棄：在體時，體中得用；在用時，用中得體。所以道：『借功明位，用在體處；借位明功，體在用處。』且道：總不借時如何？偏正不曾離本位，無生那涉語因緣。】（《宏智禪師廣錄》卷五）

這一段開示，眞正明心的人，一讀就懂，說的正是第八識如來藏的體用內涵；這絕對不是離念靈知意識心的體用能套用上去的，不是專在一念不生的惺惺寂寂境界相上面用心的。由此證實：天童宏智禪師是以第八識如來藏作爲證悟標的。天童說：「有底如俊鷂打鳩相似，打著打不著，便恁麼去。」這就是大慧的看話禪行門。天童又說：「有底如鈍貓候鼠相似，候著候不著，只恁麼守。」這便是天童弘揚的默照禪。二門都可得悟，平實今世即是以默照之法而在靜坐中悟入，所以默照禪並非不能悟入，只是極爲困難；證悟後了知這裡面的關節，所以平實度人以來，禁止學人靜坐求悟，規定會中學員必須學會看話頭，在俊鷂、打鳩當中悟入。二法雖有難悟、易悟的差別，但都有可能悟入，所以天童說道：「直饒打得著、候得出，若體若用，自然有箇省發處。」直到有個因緣出現了，打著了或候著了，眞心如來藏的體與用，自然就都明白了！

所以天童云：「若也在表，不被物礙；在裏，不被寂困；往來宛轉，自然成一家去。」這是說：如來藏在事相表面上，不被一切物所障礙，不被六塵萬法所轉，卻又不妨礙祂常住在寂滅境界中；當祂常住於寂滅境界中時，卻又同時可以事事無礙的運作不斷，也能在語言文字喧鬧境界中保持寂滅境界而繼續運作不斷。乃至覺知心正在夢境中顛倒時，或覺知心斷滅而眠熟、而入滅盡定時，祂都繼續保持著寂滅境界而又運行不斷。證知如來藏而現前觀照到祂的這種不被物礙、不被寂困的實相境界時，往來宛轉一切萬法，都匯歸於如來藏了，自然就成爲一家子裡的法了；妄心、六塵萬法也都歸如來藏所有了，自然就成爲一家子的法了，這時又豈有眞心、妄心可分別？這就是天童禪師所悟的心，當然不是離念靈知心所能做得到的，當然不是離念靈知心所住的境界。

天童禪師又引述南泉普願禪師之語，破斥能見、能聞底意識覺知心：【南泉和尚道：「我十八上，便解成家立業。若當時識不破，過後望崖讚歎，已是劍去久矣！更向根境法中捏怪道：『聞底豈不是佛？見底豈不是佛？』用根、境、識作道作理。直饒爾安排得順，鬥飣得成，遠之遠矣！那時做手腳不辦，又是七顚八倒，向甚麼處洗得頭面淨？向甚麼處著得手腳穩？爾但一念萬年去，口邊白醭去，便有相應底時節。」古人不曾將一言一句向者邊爲人，只教爾了卻那邊，卻來者邊行履。】（《宏智禪師廣錄》卷五）

然而今時諸方大師與禪和們，同墮於離念靈知心而自以爲懂得默照禪以後，浩浩同聲總道是悟，卻不曾認眞讀取天童開示以瞭解默照禪的眞義及諸祖眞言，都不肯依　佛陀經教尋覓眞心如來藏，只在根、境、識上作道理，更道能聞底是佛、能見底是佛，總落在能覺能知意識妄心上面，依舊道眼未明、生死不了，更與眞善知識諍競，妄言禪宗所悟的眞心不是第八識如來藏，如是之人落入意識妄心中，我見、常見尚且斷不了，能有什麼功德受用？所以天童便把南泉的開示取來說向眾禪和：「更向根境法中捏怪道：『聞底豈不是佛？見底豈不是佛？』用根、境、識作道作理。」如是破斥了能聞、能見底意識心以後，天童隨即又道：【如今一般漢，將禪冊子上言語，作道作理、作佛作法，幾時得了去？】教導大家：務必眞得求證如來藏以後，才能眞的懂得祖師言語中的密意。果眞天童所悟得底是離念靈知意識心，他又何必取南泉普願禪師這一段開示來斥責自己？大師們讀到天童這段開示以後，總該覺醒了吧！總該揚棄離念靈知心是眞實心的邪見了吧！

天童禪師所悟之心，體性完全同於第八識如來藏：【所以道：「似地擎山，不知山之孤峻；如石含玉，不知玉之無瑕。」箇時平等平等，無起滅、無往來，無好惡、無取捨，恰恰好好是平等相。若有少分相觸，便成礙塞。】（《宏智禪師廣錄》卷五）意謂眞實心如來藏，「似地擎山，不知山之孤峻；如石含玉，不知玉之無瑕。」如來藏是萬法之根源，是世間、出世間萬法之法源，但是自己卻從來不去了別萬法，也不去了別自己所有的無量功德法，祂從無始以來就是無好、無惡，無取、無捨，恰恰好好是平等相。反觀離念靈知心，正當一念不生之際，也還是有好惡之心行不斷，也還是正在了知好惡，也還是能返觀自己是否起了好惡之心情，決定不是無好、無惡的心；而且正當離念而了了分明時，對於善事惡事、美醜淨穢也都懂得取捨，不是眞離善惡取捨的心，並非眞的平等相，所以都不符天童宏智所說的恰恰好好是平等相。

如何證明天童宏智之所悟同於大慧宗杲？有其開示爲證：（天童宏智正覺禪師小參開示云）昔日，意上座問洞山云：「『如如遍』居前？『不如如遍』居前？」山云：「如如遍居前，不如如遍亦居前。」意云：「如如遍分其優劣？不如如遍分其優劣？」山云：「如如遍分其優劣，不如如遍亦分其優劣。」意云：「何分彼此？」山云：「亦分亦不分。」意云：「如何是分？」山云：「如如遍。」意云：「如何是不分？」山云：「不如如遍。」意云：「莫便是『通身不通身』邊事？」山云：「不是者箇道理。」意云：「是甚麼道理？」山云：「是如如遍、不如如遍道理。」復云：「意上座欲知麼？一似八十老婆嫁與三歲兒子，年雖長大，要且被他三歲兒子索喚，不得自由。」後僧舉問曹山：「如何是八十老婆？」山云：「紛紛白髮連頭雪。」僧云：「如何是三歲兒子？」山云：「不爲主。」僧云：「爲甚麼不爲主？」山云：「不見道『三歲兒子一切過不得』？」僧云：「既是八十老婆，爲甚麼嫁他三歲兒子？」山云：「直得似八十老婆，始解奉待（註）他。」師云：兄弟！舉、則舉了也！且作麼生履踐？若是久參高德，直下不疑；後進初機，大須子細。】（《宏智禪師廣錄》卷五）（註：奉待二字，今時閩南、台灣地區仍常用之，謂奉侍及款待之意。）

天童禪師特地舉示此一段洞山良价禪師開示的公案，爲大眾開示。如今篇幅所限，平實且不一一語譯，但舉其中一句洞山的開示，便可讓大眾證知天童所悟決非離念靈知心，正是如來藏識也：【意上座欲知麼？一似八十老婆嫁與三歲兒子，年雖長大，要且被他三歲兒子索喚，不得自由。】若依雍正皇帝、晚明天童山圓悟法師等人落處之離念靈知心觀之，則絕對無法與曹洞宗最高祖師洞山、曹山之開示相應，也絕對無法與默照禪鼻祖天童宏智之開示相應，根本無從印證之；但若以大慧宗杲之話頭禪參究而悟入者，則此一曹洞宗宗祖之開示，即完全相符相契，絕無絲毫隔閡。由此證知大慧與天童所悟同一無二。

離念靈知心，以當今人類而言，最多不過百歲、一百五十歲，不過此數；離念靈知心唯有一世故，不能去到來世故，非從往世來到此世故。若以無始劫來本自存在之第八識如來藏較之，以無始劫常住之如來藏作爲八十歲婆子而譬喻之，則將百歲人壽的離念靈知心譬如三歲兒子者，絕無過貶之處；然而眞心如來藏這個「八十歲」的「老」婆子，卻是如同嫁給三歲兒子一般，處處聽從三歲兒子索喚，從來不得自由。然而不自由之中，卻又無比自由，從來無拘無束。依大慧參話頭方法而眞悟得如來藏時，曹洞宗祖洞山良价禪師與天童宏智這個譬喻與開示，卻可以完全印證無誤。反觀古今自認爲曹洞宗正統繼承人之默照禪大禪師們，落入離念靈知心以後，對於曹洞宗祖此一開示，卻是完全不懂；面對大慧後人舉示此一公案而探詢時，只能個個面露窘色，一語不發；除了顧左右而言他以外，別無作略可行。然而天童宏智禪師爲何卻故意舉示此一公案，用以開示學人？由此當知天童宏智所悟者，絕非古今崇尚默照禪而墮於離念靈知心之人所能臆想而知也！譬如天童後面又補了一句曹洞宗始祖曹山本寂的開示說：「**直得似八十老婆，始解奉待他。**」若是離念靈知心，懂得奉待阿誰？但是如來藏——祂——卻懂得奉待三歲小兒離念靈知心。這個老婆子若不是「八十歲」了，還眞奉待不了離念靈知心這個三歲小兒呢！這又豈是落在離念靈知心的默照禪大師們所能窺知其中密旨的？

雖然天童禪師默照之法不佳，致彼曹洞宗的徒眾們難得悟入，然其開示卻又常常舉示法身慧命出生因緣、處處指授，未嘗辜負人：【**是汝心不知，非汝心不會；**

不會無不會，不知無不知；只箇不會、知，殊特也大奇。憶得趙州問大慈：「般若以何爲體？」慈云：「般若以何爲體。」州呵呵大笑；來日，州掃地次，慈卻問：「般若以何爲體？」州放下掃帚，呵呵大笑。兄弟！大慈、趙州兩員古佛，一期相見不妨奇絕，且作麼生商量？明中呈伎倆，是人猜搏靴（註）裏動指頭，阿誰知有？還相委悉麼？休道神鋒藏笑裏，須知鬼箭落風前。】（《宏智禪師廣錄》卷五）（註：猜搏靴，譬如商人作買賣時，雙方各將一手伸入同一個皮製的密封套筒中，以手指互摳來示意買價、賣價，那個皮製的套筒就是猜搏靴。）

既然天童宏智禪師出道以來，都以如來藏作爲開示之標的，所以說「不會無不會，不知無不知；只個不會、知，殊特也大奇」；就如有人問永明家風，永明只道個「不會」；亦如有人問羅漢桂琛，羅漢禪師也只道個「不知最親切」，清涼文益禪師一言之下就此悟去，豈是靜坐而求一念不生？又何用默照妄念而與妄念極力對抗？如今天童更舉出禪門聞名古今的啐啄同時機鋒，又搬出老趙州的公案來，其實都只是因爲老婆心切，所以明指入處；可憐曹洞後人會不得，盡皆落入離念靈知心中，既斷不了我見、常見，也破不了無始無明，依舊茫然於般若，覷不得中觀，起不了種智。凡此緣由，都從默照之法難以悟入爲始，復因不肯信受大慧參話頭之妙法爲中，又因慢心不信眞善知識開示爲末，所以由始至終無有入處；天可憐見，大慧爲眾人指出一條明路，大眾何不依從、以利自他？

從天童宏智禪師一生引述之公案及開示觀之，顯示其所悟者同於大慧一般無二，然而卻教人以默照之法，欲以之求悟如來藏者實難，是故大慧禪師憫諸學人，不得不破之，致有是言：**【既未到這箇田地，切不可被邪師輩胡說亂道引入鬼窟裏，閉眉合眼作妄想。邇來祖道衰微，此流如麻似粟，眞是一盲引眾盲，相牽入火坑，深可憐愍。願公硬著脊梁骨，莫作這般去就。作這般去就底，雖暫拘得箇臭皮袋子住，便以爲究竟，而心識紛飛猶如野馬。縱然心識暫停，如石壓草，不覺**（妄念）**又生；欲直取無上菩提、到究竟安樂處，不亦難乎？宗杲亦嘗爲此流所誤，後來若不遇眞善知識，幾致空過一生**（我宗杲以前也曾被這種人所耽誤，如果不是後來遇到了眞正的善知識，幾乎就空過一生了）**；每每思量，直是叵耐**（每一次思量起這種誤導眾生的事情，心中眞是很難忍耐得住），**以故不惜口業，力救此弊**（由於這個緣故，所以就不惜口業，盡力救治這種弊端）。**今稍有知非者，若要徑截理會，須得這一念子曝地一破，方了得生死，方名悟入。】**（《大慧普覺禪師語錄》卷二十六）禪門宗旨所悟者既是第八識如來藏，則當以公案禪參究之，最爲易悟；而且證悟之時，只是一念之間突然相應到如來藏，是一念之間就悟了，不是長時間久坐盤腿一念不生而說爲悟。

然而平實卻有一段澧州樂普山元安禪師公案，致諸聰明伶俐阿師，以免錯會：【僧問：「動是法王苗，寂是法王根。根、苗即不問，如何是法王？」師舉拂子。僧曰：「此猶是法王苗。」師曰：「龍不出洞，誰人奈何？」】天童就此公案開示云：【兄弟！看他古德不守一隅；將一言半句提誘後人，甚是徑直。若是大丈夫漢，向這裏一嘔便盡、一屙便了，空懷疑膜廉纖作麼？如今咬一粒米、著一片衣，直須教腳踏實地自不欺謾。若不如是，還是欺賢訶聖去也！大須子細！莫只恁麼過時，難期了日。】（《宏智禪師廣錄》卷五）天童以何緣故道是「一嘔便盡、一屙便了」？眾家禪和！於此應須仔細參詳好！只恁麼一念相應便得，何須竟日盤腿熬出個離念靈知境界來？又何須下座之後起念便不是悟境？更何須時時與妄想念頭對抗以爲保任？縱使每日從早至晚都能不起一念，如是熬得永遠離念之時，卻仍然只是意識見聞覺知境界，仍然被六祖所訶，依舊不通般若，還是見不到萬法出生根源之實相如來藏。如是繼續盲於般若實智，有何親到處？

更有學人認定見聞覺知心能動、能轉、能作一切事，故覺知心即是法王眞心；殊不知一切舉止行動皆是風大所轉，行陰所攝，正是無表色，正是生滅法；行陰由有色陰方有，若論色陰、行陰、動轉，皆是五陰所攝的虛妄法，無一眞實，焉得謂動轉行陰即是眞實心？又如聖 玄奘菩薩的八識規矩頌中說意識心的特性：「動身發語獨爲最。」所以動轉正是意識心的行陰，也是色陰的行陰。由是緣故，禪師每言「動是法王苗」，唯是法王之苗，絕非眞實心法王也！復次，學人聞此，離卻動轉，則又轉入另一邊，便盡日裡靜坐以拘其身，繫縛覺知心，令心不起一念，以此離念靈知心不動不轉而作爲眞實心；但能至長時間一念不生時，便道已經開悟明心了也。然而離念及有念之靈知心，俱是妄心意識，都是依他起性心，同於薙正凡夫所住意識靈覺境界，將來五色根若壞時，即不得現行，何況能夠清清楚楚、了了分明？敵不了生死也！

復次，離念靈知心、或有念靈知心，總是時時夤緣六塵，不離六塵萬法，正是輪迴生死之根源，正是令意根生起執著之虛妄心也！如何可言離念靈知心即是眞實心？如是而言坐至無念時即是開悟明心，佛法中決無是理也！由是緣故，宗門祖師又道：「寂是法王根。」謂覺知心若能住於寂靜之境界中，則得專心致志而尋覓眞實心如來藏也！然而寂靜境界中之覺知心，終究只是證得法王之根栽罷了，尚非法王，不應執著寂靜境界中的離念靈知心爲眞實不壞心，不可認作實相心，仍應在此百尺竿頭再進一步，方能顯現法王全身也；從此以後，不論去到十方哪一個世界，都是如此顯現法王全身的。

此謂一念不生寂靜境界中之覺知心，仍然是第六意識心，終非實相第八識心；有智之人聞此，便知應以此寂靜而能專心參禪之覺知心，以動靜之中都能以一念不生之定力作爲工具，專心求悟，以證另一從來寂靜、從來離語言文字、從來不起妄想、從來不生不滅不間不斷、本來涅槃之第八識如來藏。如是悟得如來藏時，須以經教一一實地檢查，完全符合之後，方可說爲眞實證悟也！譬如符令，雖然可以號令眾人，但卻必須與母模套合相符，方可謂之爲眞。釋迦世尊一大藏教即是禪門宗旨符令之母模，大乘經教中所說，莫非宣示 佛所悟證之實相心境界，般若諸經所說莫非所悟實相心境界之智慧，乃至諸佛賴以成佛之一切種智，亦莫非第八識實相心之智慧境界；若有大師自謂爲悟，欲要號令眾人依止於彼而修禪法者，眾人應當先行檢查他自稱開悟而指示別人參禪方法的符令，是否符合經教母模？然後才決定是否依止之。由此可知，經教即是檢驗所悟符令是否正確之模具也！既然如是，當依經教所說證悟標的而學禪、參禪；亦當依循經教所說證悟內涵而作印證，不可絲毫離於經教而自印證爲悟也！

若人不明藏識，落於覺知心意識境界中，而言開悟證聖者，皆是大妄語人也！此非今時平實方作是言，古人早已言之也！譬如《大慧普覺禪師語錄》卷十五中，如是記載：【（大慧禪）師云：「到這裏，打失布袋，湛堂爲我說底方便，忽然現前；**方知眞善知識不欺我，眞箇是金剛圈，須是藏識明，方能透得。**」】自 克勤以下千年來之禪宗，都是虎丘與大慧之門下；然而天童山虎丘宗門正法，數代之後即告滅沒，墮入離念靈知意識心中；所餘確能賡繼禪宗正法密意者，則唯有大慧一脈爾，別無他人；由此可知 克勤大師以下千年之中，若言禪門最高宗師，除大慧以外，不作第二人想。然而大慧禪師千年之前，早已親對吾人開示：禪宗之悟，如同金剛圈一般，常人悉皆咬嚼不動；唯有「藏識明（親證如來藏）」的人，方能透得禪宗這個金剛圈。此是禪門祖師大德早就開示過的聖教，末法時世禪門愚人，卻仍然不肯信受，偏要認定離念靈知意識心爲禪宗所悟之標的，愚何至此？

既然經教中所說之證悟內容是第八識如來藏心，既然大悟禪師所指示之悟道內容也是藏識——如來藏阿賴耶識，則學禪求悟之禪和子四眾，都應求證如來藏第八識心之所在，藉以發起般若實相智及一切種智妙慧；萬勿再沉迷於常見外道所墮之離念靈知心境界中，此是楞嚴所說外道五現涅槃之第一種外道涅槃故。平實在此呼籲當今一切錯悟大師及諸求悟學人，都不應求住寂靜境界中而自以為是；寂靜專心境界之證得，只是證悟菩提之先決條件，只是法王根，仍非法王自身，並非所悟之標的也！是故一切禪和都應將覺知心修習基本定力，令能安住於寂靜而不外緣之心境中；由此緣故，便能專心致志的參禪；如是心細之故，方能一念相應而悟得本來清淨自在之眞實心如來藏。

禪門證悟之境界，既是第八識如來藏，然而第八識如來藏是與第六意識離念靈知心同時同處和合運作之另一心，是與第六識離念靈知心同時存在運行的第八識心體；應以離念靈知心為工具，用以尋覓離見聞覺知之另一心體如來藏，故知禪門宗旨之行法，決非「轉變虛妄之第六識覺知心為眞心第八識如來藏，卻將本來就是眞心的第八識如來藏棄置不顧」，否則即是捨本而逐末。一切禪和子們都應先了知此一前提，都應先信受此一前提，然後參禪方有入處。若不能建立此一正確觀念，則參到老死，乃至未來無量世參到驢年到來時，亦將毫無證悟之機緣；只能將錯悟境界誤認為是眞悟，落在第六意識境界中而成就大妄語業。這是平實十餘年來苦心孤詣而為大眾指示參禪之方向，方向若是錯誤，假饒參到三十大劫以後，也仍然不免會落入離念靈知意識心中；是故，證悟之境界相，即是親證第八識如來藏，因此而得現觀如來藏之中道性、無我性、眞實性……，一切禪和子們對此不可不知也！

禪門宗旨所悟之內涵，唯是如來藏；這說法，並非唯有平實往世、此世方作是言，是故此說決非平實一家之言，實是古已有之，《佛祖綱目》卷四十一載云：【祖燈禪師祝曰：「色身無常，早求證悟。時至，吾將行矣！」侍者執紙求偈，燈曰：「終不無偈便未可死耶？」侍者請益堅，乃書曰：「生滅與去來，本是**如來藏**；撈倒五須彌，廓然無背向。」投筆端坐而逝。火化，異香襲人，舍利不可勝計。】是故宗門禪和若眞欲求悟，皆應速棄「離念靈知心爲眞實常住心」之邪見，以離念靈知第六意識心爲工具，努力求證同時存在的第八識如來藏。證得如來藏之後，隨著時日漸久，般若眞實智慧便可漸如泉湧，妙慧橫生，宗門禪和盍不求之？

大慧宗杲禪師威名震古鑠今，禪宗眞旨早已透徹，並已證得諸祖中極難得證之眼見佛性重關境界，非唯禪門初關與牢關爾，是故當今學人與諸大師未可小覷之。然而大慧禪師所言者，亦謂禪門證悟之宗旨，若非悟明**藏識**，則不能入；**若欲透過禪門宗旨，須是明得藏識，方能出生般若實智**。平實十餘年來如是明言，時人總多不信；如今再舉禪宗徹悟古人之言以證，並爲今時弘揚默照禪之大師等人，特舉天童默照禪所悟之內涵，證明他所悟者仍然是如來藏而非第六意識離念靈知；願我當代大師與諸學人，都能信之，則求悟中國禪宗之般若禪宗旨，方有冀望。即以大慧宗杲及天童宏智禪師諸多開示，繕於此書中，贈諸大師、學人，願諸大師與學人，數年之後皆得悟緣。

第五章　法離見聞覺知，但不應滅卻見聞覺知

當代諸方大師未悟、錯悟者極多，往往誤會法離見聞覺知之經文意旨，教人滅卻見聞覺知心，或將覺知心住入離六塵境界中，以之爲悟；所以錯悟者極多之事，古今皆然，非獨今時方如是也！有文爲證：【五祖（法演禪師）會中，有僧名法閦。入室次，祖問：「不與萬法爲侶者，是什麼人？」閦云：「法閦即不然。」祖以手指云：「住！住！『法閦即不然』作麼生？」閦於言下有省。後至東林宣祕度和尚室中，盡得平實之旨；閦一日持一枝花，遶禪床一匝，背手插於香爐上曰：「和尚且道：意作麼生？」宣祕累下語，閦不諾。經兩月日（此句應以閩南語讀之），遂問閦曰：「爾試說看。」閦曰：「某甲秖將花插香爐上，是和尚自疑，別有什麼事？」】（《大慧普覺禪師宗門武庫》）

法閦法師乃是在東山五祖法演禪師門下，只一句話的機鋒下就悟入者，但他並不出世弘法。後來因爲東林宣祕和尚開法度人，在當時頗有名氣，遂依止於他，繼續學法，得到東林宣祕的全部法旨。有一天，法閦法師因爲知道宣祕禪師悟錯了，有心幫助他，所以持了一枝花，進入宣祕和尚的寮房，遶禪床一匝以後，就

背手把花插於香爐上，接著就問宣祕和尚說：「和尚！您且說說看：我的意思是什麼？」宣祕不斷的出言講述，但是法闍法師都不曾說一句首肯的話。經過兩個月以後，宣祕和尚卻還是不肯承認自己悟錯了，憑著師父的身分而籠罩法闍法師，向法闍說道：「你試著說說看。」法闍法師見他捨不下身分的執著，我見還很重，不肯承認自己悟錯了，根本就不該有悟入的因緣，所以就放過他，只是輕描淡寫的說道：「**我只是把花插在香爐上，是和尚您自己多疑，認為還有別的什麼事情，其實並沒有別的什麼事可說。**」

如是輕輕放過，把這個公案了結了，宣祕和尚就失去證悟的機緣了！由此公案，可見大師籠罩學人的事件，自古已來就一直是層出不窮的；假使宣祕大師沒有慢心，不是以籠罩的方式要求法闍法師說出悟處，而是以誠懇的心意明言不懂，請求法闍法師幫助他悟入，法闍法師又豈有不肯幫忙的？但是因為慢心所障、面子所繫縛，就失去了證悟的機會；平實此世之師（編案：指聖嚴法師）與宣祕的心態相同，所以至今仍然落在意識境界上，還是無法證得如來藏識；他在千年前的狀況也與此世相似，都是被慢心繫縛而失去了證悟的機會，但他當時與平實是師兄弟，非如此世是師徒關係；而他今世也是仍在籠罩眾生的，其他各大山頭也是一樣的作爲。由此可見籠罩眾生的師父與大師，是自古就很多，不是現在末法時才會如此的。古人根器優於末法時之今人，尚且會如此，我們又怎能要求今時的大師們不會籠罩學人？

天童宏智禪師又有如此開示的記載：【小參，僧問：「趙州云：『至道無難，唯嫌揀擇。纔有語言，是揀擇，是明白。老僧不在明白裏，是汝還護惜也無？』趙州既不在明白裏，向甚麼處去也？」師云：「尋常無孔竅，箇處絕光芒。」僧云：「恁麼，則處處踏著趙州鼻孔。」師云：「又是特地來，隔越三千里。」僧云：「趙州意作麼生？」師云：「無稜縫漢方知。」僧云：「時有僧出云：『和尚既不在明白裏，護惜箇甚麼？』州云：『我亦不知。』此僧雖解恁麼問，大似韓犬趁塊。」師云：「今日又添一箇。」僧云：「學人當時若作者僧，但只拈起坐具云：『某甲尋常不敢觸忤和尚。』」師云：「又是上門、上户。」僧云：「者僧又道：『和尚既不知，爲甚麼卻道不在明白裏？』州云：『問事即得，禮拜了退。』趙州釘嘴鐵舌，爲甚麼卻懡㦬而休？」師（天童宏智）云：「我也分疏不下。」僧云：「到這裏，還有分疏處也無？」師云：「莫道天童無分疏，洎乎趙州，也被靠倒。」僧云：「將謂胡鬚赤，更有赤鬚胡。」師云：「只這一句，卻較些子。」僧云：「只如和尚與趙州，相去幾何？」師云：「天童卻是隰州人。」僧云：「葵花向日，柳絮隨風。」師云：「平常無事好，特地作淆訛。」】（《宏智禪師廣錄》卷五）

語譯如下：【小參時，有僧出問：「趙州禪師說：『至道無難，唯嫌揀擇。才剛剛有了語言，那就是揀擇、就是明白了。老僧我不住在明明白白的境界裏面，如果是你，還護惜這個證境嗎？』趙州禪師既然不住在明明白白的境界裏，那他是向什麼處所安住去了？」天童宏智禪師回答說：「平常時間都是沒有孔竅的，所以祂並不顯示任何光芒出來。」僧云：「若是如此，那麼我們就已經是處處踏著趙州鼻孔了。」天童禪師說：「你這樣子，可又是特地來到我這裡，卻是相隔於三千里外了。」那僧又說：「那麼趙州禪師的意思又是如何？」天童禪師說：「這得要是個沒有稜角縫隙的漢子才能知道。」那僧又問：「當時有僧人出來說道：『和尚您既然不住在明明白白的境界裏，那您還護惜個什麼？』趙州回答說：『我也不知道。』這位僧人雖然懂得這麼問，可是卻很像是韓犬趁塊（韓犬趁塊：獅子咬死人，吃了大部分的肉以後，高麗狗子卻只能在旁邊很小心的竊取小肉塊）。」天童禪師說：「今天又添了一隻高麗狗子。」那僧又說：「我當時假使是這個僧人，只是拈起坐具說道：『我在平常時，是不敢觸忤和尚的。』」天童禪師答說：「你這樣子，又是上門、上户來賣弄了。」那僧接著說：「這僧又說道：『趙州和尚您既然說是不知道，明明是已經有個清楚明白的心在，爲什麼卻又說是不在明白裏？』趙州說：『你若是請問平常事務，那就繼續留下來問吧！如果不是問事，那就禮拜了以後退下去吧！』趙州禪師是釘嘴鐵舌，沒有人能還嘴的，這回爲什麼卻只能這樣寒磣說話來結束這個公案？」天童禪師說：「我也是弄不清楚呢。」那僧又問：「到這個地步，還能分別解說嗎？」天童禪師說：「可別說我天童沒有爲你分別解說，就算是趙州禪師，也是早就被推倒了。」那僧說：「我還以爲是說『胡人的鬍毛是赤色的』，原來更有人說是『赤色鬍毛的胡人』。」天童禪師說：「說了這麼久，你只有這一句講得好一些。」那僧又說：「只如和尚您與趙州禪師二人的境界，相差有多遠？」天童禪師答覆說：「我天童禪師卻是隰州的人氏。」那僧說：「葵花總是面向太陽，柳絮總是隨風而飄。」天童禪師說：「平常沒有什麼事情才是最好的，今天根本就不必特地講了這些淆訛不清的話。」」

老趙州明明說道：「老僧不在明白裡。」如今卻有大師一天到晚高聲教人：「清清楚楚、明明白白、處處作主。」說這個意識覺知心就是眞正常住不壞的主人翁，眞不知這位現代的禪師是怎麼當的？不但這位現代禪師如此糊塗，更有大法師、大居士大力主張：「離念靈知就是眞如、佛性。」以此爲悟，極力誤導眾生，共入大妄語業中，害人不淺。然而宗門眞悟之師都如趙州所說：「不住在明白裡。」教門亦如是說：「法離見聞覺知，若行見聞覺知，是則見聞覺知，非求法也。」這就已經很明白的宣示：若是悟後的心行不是依止離見聞覺知的如來藏正法，而是落在見聞覺知意識境界裡，這個人其實只是在追求見聞覺知的境界，不是在尋求眞正的佛法了。有智禪和們！於此可得用心了！

《宏智禪師廣錄》卷五又有天童宏智對此公案加以開示的記載：【者僧道：「和尚既不在明白裏，護惜箇甚麼？」州云：「我亦不知。」爾看他答話，元來著箇知底道理不得。者僧又道：「和尚既不知，爲甚麼道不在明白裏？」州云：「問事即得，禮拜了退。」趙州到極則處，便能推過。這老漢尋常直然無稜縫、絕芒角，到此幾被者僧撈得上壁，似乎有稜縫、有芒角。後來雪竇頌道：「至道無難，言端語端；一有多種，二無兩般。天際日上月下，檻前山深水寒；髑髏識盡喜何立？枯木龍吟消未乾！難！難！揀擇明白君自看。」他道：「難！難！揀擇明白君自看。」這裏脫揀擇、脫明白，要與趙州合去。兄弟！既透過「揀擇」，便道「天際日上月下，檻前山深水寒。」既透過「明白」，便道「髑髏識盡喜何立？枯木龍吟消未乾。」

這兩句，卻是洞下透明白時節；趙州做處，直是模稜。所以僧問香嚴：「如何是道？」「枯木裏龍吟。」「如何是道中人？」「髑髏裏眼睛。」後來僧問石霜：「枯木裏龍吟，意旨如何？」霜云：「猶帶喜在。」「髑髏裏眼睛，意旨如何？」霜云：「猶帶識在。」兄弟！爾去體看，放教歇去。及得盡去，消息絕去，透得徹去。所以道：「轉一色功後看，自然便能向一切時中分分曉曉。絕滲漏、透聲色，無處所、沒蹤跡。」便知道：兼中至也徹底恁麼至，只在其間出沒俱盡。若是其間人，知天童今夜大殺漏逗。】

天童宏智的開示，**語譯**如下：【這僧道：「趙州和尚您既然不住在明白裏，沒有了覺知心在，那您又護惜箇甚麼？」趙州答云：「我也不知道。」你看他趙州如此答話，原來只要有一點點落在「見聞覺知」裡面就不可以了。這僧又說道：「趙州和尚您既然沒有見聞覺知，為什麼卻能說是不住在明白裏？」趙州說：「你若是請問事務，倒是可以繼續談；若沒事的話，禮拜了以後就退下去吧。」趙州和尚說禪，到了最後終極之處，便能輕輕的向前推過去，不會被逼到必須明講的悟處。這老漢平日裡眞的是沒有稜角與縫隙，連一絲一毫的芒角都不顯露出來；但是這一次的問答，到了這個地步，幾乎要被這個僧人撈得無路可退而不得不爬上壁了，這時的趙州禪師看來似乎有些稜縫芒角顯露出來了。後來雪竇重顯禪師對這個公案作了一首頌說：「無上之道並沒有什麼難證，在禪師們的言語裡面其實早已分明的顯示出來了；一可以有很多種，可是二就沒有兩樣了。天上一定是太陽上來時，月亮就下去了；門檻前，本來就是山深水就寒。髑髏裡的妄識既然滅盡了，證悟了以後又有什麼喜悅可以建立的呢？枯木裡面如果還會有龍在吟嘯的話，那就是血脈還沒有消乾！眞的很難！眞的很難！這個揀擇與明白的眞正意思，可都得要由你自己去看取。」雪竇說：「難！難！揀擇明白君自看。」在這一句話裏，可得要脱出揀擇、也得要脱出明白，得要能與趙州的意旨相合才可以。兄弟！既然透得過「揀擇」的眞義了，從此便可以說道：「天空就是太陽上來時，月亮就下去；門檻前的山很深，所以溪水也就很寒冷。」既然透得過「明白」的眞義了，便可以向人說道：「髑髏識盡喜何立？枯木龍吟消未乾。」不過，這兩句話所說的，卻是洞山門下透過「明白」二字的時節。趙州在這件公案裡面所做的手腳，眞的是模稜兩可，一般人是很難懂得的；所以有個僧人請問香嚴：「如何是道？」香嚴答道：「枯木裏龍吟。」又問：「如何是道中人？」香嚴答道：「髑髏裏眼睛。」後來有僧人問石霜禪師：「枯木裏龍吟，意旨如何？」石霜說：「猶帶喜在（我見雖然斷了，可是「我」的習氣還在，所以喜歡向人表示自己證悟了）。」僧人又問：「髑髏裏眼睛，意旨如何？」霜云：「猶帶識在（雖然死掉妄心常住的邪見了，可是當他的見地還在時，其實妄識還是繼續在執著自己的知覺性）。」兄弟們！你們從這裡去體會看看，把見聞覺知的妄心都放下、休歇去。等到所有的妄心變相都認知了、都看盡去了，妄心邪見的消息斷絕去了，那就可以透徹而認清實相心了。所以說：「能夠運轉一念不生的功夫以後，不落在一念不生的覺知心上面，這樣看出個端倪來了，自然便能向一切時中清清楚楚的了知實相眞義。到那時，不會再有邪見的滲漏了，也能透過聲音與色塵了，那時就住於無處所之中，你的心行就沒蹤跡了，別人都看不出你的心是怎麼安住的。」這時便知道：所謂眞心妄心同時一齊到，也就是徹底的這麼到；眞實心的實相境界證得了，所有的智慧也就在這裡面或出或沒，然後卻又沒有眞心妄心可說了。若是已經到了這個境界中的人，他聽了我這些的說話，就會知道我天童禪師今夜眞的是大大的漏洩密意了，眞個不像禪師呢。」

當見聞覺知心仍然存在的時候，那就是「髑髏裏眼睛」，也就是「猶帶識在」，意識仍然未死，仍然錯執意識爲常住不壞心，只是斷了色身爲眞我的小部分身見罷了。當悟後心裡一直都處在歡喜的境界中時，那就是「枯木裡龍吟」，也就是「猶帶喜在」，意識覺知心不再誤認自己爲常住心了，所以說是枯木；但是證悟以後滿心歡喜，這個歡喜的心正是見聞覺知的意識心！所以才會一直想要向人炫耀：我已經開悟了。這就是猶帶喜在，正是尚未死盡，所以才說枯木裡仍有龍吟。曹山禪師爲何會有這兩句話？天童禪師爲何又要舉出來開示給眾人知道？都因爲大眾往往墮入意識心的見聞覺知境界中，不懂得要找尋另一個與意識見聞覺知心同時同處的離見聞覺知的第八識如來藏。

老趙州被座下弟子逼問悟處，只答道：「**老僧不住明白裡。**」這句話是一語雙關的，表面上似乎是在答話，其實已經把密意隱密的告訴那位弟子了；可是弟子不懂，不斷的逼問，想要探知老趙州的落處，像這樣子被逼到無處可退了，一般開悟的人是無法應對的；但是老趙州善有偷營劫寨的機智，豈是那僧所能知道的？所以最後老趙州答道：「**問事即得，禮拜了退。**」當場了結掉一件公案，也再一次指示了證悟的機緣給那僧，可是卻留下那僧依舊矇矓，更使後世之今時大禪師們丈二金剛摸不著頭腦。

由此公案的拈提開示中，已經證實天童老人不曾落在離念靈知心的境界中，而是離見聞覺知的第八識如來藏境界。爾等大師與禪和們！欲要體悟天童的默照禪眞義麼？想要體悟老趙州的眞義麼？平實說與汝等知：天童老人已自點出了！老趙州一句「問事即得，禮拜了退」，正是兼中到，還有會者麼？還見天童老人大大漏逗處麼？或有個禪和子，具備宗門正知見已，到得正覺的禪三道場時，但見平實爲伊說一句「法離見聞覺知」，不悟也難！何以故？謂此一句語，亦是兼中到故，與老趙州的「問事即得、禮拜了退」一般無二。今時眾多自謂已悟的當代大師們！還會也無？

天童禪師又開示云：【方見露柱懷胎底時節，明白「稍移蹤，便見片雲點太清」底時節，太清終不受點；靈雲到者裏，插舌不得。含生不來時，直是口門窄；直得純清絕點、似鏡長明，猶是眞常流注；恁麼時有辨白，恁麼處有智用，須知向上更有事在。所以道「打破鏡來，與子相見」，者裏出光影、斷功勳，與那人合。明安道：「照盡體無依，通身合大道。」箇是諸佛、諸祖眞實到處。「妙中回互，玄處轉側，生死影像未曾萌」，此猶是空劫已前事，要且未曾與人天相見。更須密（註一）移一步，於萬像中鬧浩浩（註二）處，得大受用。「我此所現身，與一切法等」，我與諸法同出同沒、同生同死，無一事不從箇裏出，無一法不從箇裏生，所以道「天地同根、萬物一體」；若恁麼到時，有甚麼分外底眼根耳識來？有甚麼分外底色像音響來？是衲僧徹表徹裏、洞中洞邊一切皆到底時節；將來臘月三十日，自然脫體恁麼去。且道：正恁麼去時如何？張騫尋盡孟津源，推倒崑崙沒依倚。】（《宏智禪師廣錄》卷五）且觀此段天童禪師開示，何處教人認取離念靈知心為真實不壞法？何曾教人住在離念靈知的無事甲中作文章？（註一：密字不應植為闊字。《宏智禪師廣錄》卷二，天童禪師頌云：「……坐斷十方猶點額，密移一步看飛龍。」故應為密字。）（註二：浩字不應植為活字。《宏智禪師廣錄》卷一，天童禪師頌云：「聲色見聞鬧浩浩，恰似兒時鬥百草。」）

真心如來藏既然是心，當然必有心之作用，故名為識，所謂阿賴耶識、異熟識、無垢識、如來藏識是也！既名為識，當知不可如同木石之全無知覺也！「識」是了別之意故。然其了別性，不在六塵中，非是三界六塵法中之了別性也！然而天童山虎丘後人，傳至南宋理宗淳祐十一年（公元 1215 年）時的癡絕禪師，已經墮於離念靈知心中，從來不離六塵中之見聞覺知性，何能通得過經文聖教之考驗？何能透得過祖師言語、機鋒？卻還有今時誤會默照禪的大師與學人，振振有辭而向平實爭執，更道六識心之見聞知覺性即是真如心、即是佛性。臨濟、楊岐一宗，傳至五祖法演、克勤圜悟、大慧宗杲之時，皆不墮於六識心王之見聞覺知性中；非唯臨濟、楊岐一宗，乃至曹洞以下，傳至天童正覺禪師時之默照禪所悟者，亦仍如是；唯有後住天童山的曹洞及臨濟虎丘門下後世錯會之人，方言見聞覺知心、離念靈知心是眞實心也！

且再舉曹洞宗下專弘默照禪之天童宏智禪師開示為證：【田地虛曠，是從來本所有者。當在淨治揩磨，去諸妄緣幻習，自到清白圜（圓）明之處。空空無像，卓卓不倚，唯廓照本眞，遺外境界。所以道：了了見，無一物。箇田地，是生滅不到，淵源澄照之底；能發光、能出應，歷歷諸塵，枵然無所偶；見聞之妙，超彼聲色（實相心之見聞了別性，其妙處是超越聲色的，從來不墮於聲色六塵中的）。一切處，用無痕，鑑無礙，自然心心法法相與平出。古人道：無心體得無心道，體得無心道也休。進可寺丞，意清坐默；游入寰中之妙，是須恁麼參究。】（《宏智禪師廣錄》卷六）

如是悟得不在六塵中分別了知，而對六識心所不能了別之無量六塵外法，能作無量了別功德之第八識如來藏心，方可說為眞實心也！如是心，既不在六塵中了別，不緣六塵、不知六塵，方可道是超聲蓋色者，這即是第八識如來藏的見聞之妙超彼聲色眞義，是故天童禪師特地在明言眞心體性時云：「見聞之妙，超彼聲色。」如是之心，總無眾生所知之心相，離六塵見聞覺知性，都非眾生所知之六識見聞知覺體性；此心恆離六塵而作了別，如是心相既非眾生所知心之心相，故名無心之心。證得如是無心之心者，方得名爲無心道人也！實證此無心之心者，方得名爲無心禪和也！其若未證，自名無心禪和，即是大妄語人！

經中云：「法離見聞覺知。」「不會是菩提，諸入不會故。」宗門眞悟之師亦復如是說，所以天童禪師言：【默而昭，淨而照；虛而容，廓而應；不與外塵作對（不與外塵成爲一對：不與外塵相面對，譬如眼識與色塵作一對），了了地獨靈（了了分明地獨自靈敏的應對）。到箇田地，方識阿祖。】（《宏智禪師廣錄》卷六）需到達這個地步了，才能說是已經認清楚自宗祖師的家裡人。

天童禪師又言：【因因緣緣，果果報報，在其間無分外底。更須知道：光境俱亡復是何物？】（《宏智禪師廣錄》卷六）由此可知，天童宏智禪師雖然一生努力弘揚默照禪，但是他的默照禪，並不是教人坐在離念靈知的意識境界裡，而是要人觀行：把見聞覺知的六識心自性，經由默照觀察而了知意識、六識心的所有變相境界；認清了以後，排除一切意識覺知心的變相境界，自可認得不墮六識自性中的第八識如來藏了，這才是默照禪的眞實意旨。

天童禪師的這一段開示仍然如是，他更明白的說：「在種種因緣果報現行的每一個當下，眞實常住心可都是一直在其間分明示現的，並無因緣果報現行以外之處可以覓得常住心。」但是他更重視的是：覓得常住的實相心以後，更須息滅一切攀緣、一切心行，揉服自心，使得六識自心遠離六塵境界而不起貪緣之心態，藉以滅除六識心的攀緣性，就可以解脫三界輪迴，然後再返身回入三界中度眾生，所以教人返觀：「光境俱亡復是何物？」既然光境俱亡，都無六塵境界及覺知心的光明（對六塵的了知性），豈有見聞覺知之可說耶？又豈有離念靈知心之可說耶？所以天童老人所說的仍是光影境界以外之心，不是一向與光影境界相觸、相應的離念靈知心也！此謂離念靈知心從來不離六塵、不離境界相，不曾是光境俱亡之眞心。由此證實天童老人不以離念靈知心爲常住心也！所以應該以覺知心作爲工具，來求覓另一同時存在的第八識如來藏；所以，眞正的禪法，不是在滅卻見聞覺知心的自性，而要以見聞覺知心來覓取離見聞覺知的第八識如來藏，這才是禪門的明心境界修行方法。

離念靈知心一旦現行時，必定會與名言相到：或與表義名言相到，或與顯境名言相到；能聞、能見、能知、能覺之性，縱使恆時一念不生而了了分明，皆可親到六塵相、親到顯境名言乃至表義名言，無有離念靈知心不到名言者。特別要說明的是：尚未發起二禪以上等至境界者，如是所有人之離念靈知心，都是時時與六塵具足相應、時時與語言相應，所以自心中一念不生而不動時，仍然可以了知他人所說言語之意義，當知即是與表義名言相到之心，絕非光境俱亡之心，故非眞實心也！

然而眞實心雖然光境俱亡，從來不與表義名言、顯境名言相應；但是卻了了能知七識心王之所思所欲，都不須有言語相、文字相、聲音相、動作相來告知。離念靈知心則不然，必須藉言語相、聲音相、文字相、動作相，才能了知他人所思所欲也。正如天童老人所言：【……，便知「本來無缺、少無遺餘，語言有所不到，聞、見有所不及。」如犀有通，如蚌有孕；一段光明，是自家眞實游踐處。著精神體取！】（《宏智禪師廣錄》卷六）離念靈知心所了知的有情心想，是在言語相、聲音相、文字相、動作相上面才能了知的，但常住眞心卻不需如是諸相，就能了知眾生心行；若欲與之相應而運作，都不須語言見聞覺知；如是境界相，正如天童老人所說：「語言有所不到，聞、見有所不及。」迴異於離念靈知之必在語言、見聞之中運作。由此一段天童禪師之開示中，證知天童老人之默照禪所悟入者，絕非離念靈知心也！

天童禪師又恁麼道：【一心絕待，六處不收，是箇面嘴兮、還相識不？】（《宏智禪師廣錄》卷七）天童老人的默照禪所指示的悟入標的，是色聲香味觸法等六處都不相應的心，所以說這個心是絕對待的，從來不面對六塵相，如此與見聞覺知的離念靈知意識心同時同處而駐於三界五陰中。所以天童宏智的默照禪所悟眞心，正是錯認離念靈知心的大師們所排斥的如來藏識，唯有如來藏識才能離六塵中之所有見聞知覺性故。

非獨天童老人如是開示，餘諸眞悟祖師亦復如是。有僧問：「**如何是佛？**」雲門亦答言：「**六不收。**」眞佛不收歸於六塵中的任何一法，皆謂眞實心離六塵中之見聞覺知也！然而此心正離見聞覺知時——於無始劫來一向都離見聞覺知之際——卻又是誰人能證此心？當知即是吾人之見聞覺知心、離念靈知心也！是故平實出道以來，不斷的開示說：應以見聞覺知心、應以離念靈知心爲工具，去尋覓離見聞覺知的第八識如來藏。若滅除了見聞覺知的意識心，就無法尋覓離見聞覺知的第八識如來藏了；是故十餘年來不斷對大眾宣說正理：法離見聞覺知，然而不須滅卻見聞覺知也！

云何知天童禪師所弘默照禪非是離念靈知？而是六塵外之如來藏識本覺本知？別有其《坐禪箴》爲證：【**佛佛要機，祖祖機要，不觸事而知，不對緣而照。**

不觸事而知，其知自微；不對緣而照，其照自妙。其知自微，曾無分別之思；其照自妙，曾無毫忽之兆。曾無分別之思，其知無偶而奇；曾無毫忽之兆，其照無取而了。水清徹底兮魚行遲遲，空闊莫涯兮鳥飛杳杳。】（《宏智禪師廣錄》卷八）以天童老人所悟者爲六塵外之鑑機照用者，而非眾生六塵之中終日能知能覺之妄知妄覺，所以言「不觸事而知、不對緣而照」；經中亦說「法離見聞覺知」，正與天童老人同一鼻孔出氣也！

眞悟之法，不在滅卻見聞覺知等六識心自性，反而卻要保持六識心體的見聞覺知性，方能以之尋覓本來離見聞覺知性之如來藏也！是故大慧宗杲禪師法語開示曰：【晝三、夜三，孜孜矻矻；茶裏飯裏、喜時怒時，淨處穢處、妻兒聚頭處，與賓客相酬酢處，辨公家「職事」處，了私門婚嫁處，都是第一等做工夫提撕舉覺底時節。昔李文和都尉，在富貴叢中參得禪，大徹大悟；楊文公參得禪時，身居翰苑；張無盡參得禪時，作江西轉運使。只這三大老，便是箇不壞世間相而談實相底樣子也！又何曾須要去妻孥、休官罷職、咬菜根、苦形劣志、避喧求靜，然後入枯禪鬼窟裏作妄想，方得悟道來？】（《大慧普覺禪師法語》卷二十一）

大慧禪師會反對默照禪，是因爲默照之法很容易使人誤會而落入離念靈知意識心中，所以大慧禪師顧念學人的法身慧命因緣，不得不大聲疾呼，教人遠離默照禪；當他往訪天童宏智禪師之前的住在閩南時期，更是斥之爲默照邪禪，因爲他當時從錯悟的天童弟子處聽得的默照禪，都與天童的默照宗旨親證如來藏不同，所以責之爲邪。縱使天童所悟是如來藏，但是默照之法卻是極難證悟的；大慧總是喜歡以最直接的方法，幫助學人證悟，所以教人看住一個話頭，死抱不放，然後在一切境緣上面用心參究；這樣子最容易突然間一念相應到如來藏，那時深心之中才能確認祂確實存在，體驗到祂的眞實性，就可以永不退失。然後才去體驗及現觀祂的如如性，智慧便可如湧泉一般源源而生。

所以，大慧禪師特地舉出張無盡宰相……等人證悟的事情來，讓大家知道：眞正的參禪，並不是要：盤腿靜坐、避喧求靜、休妻去子獨住山林中，卻只是在保持一念不生的六塵中意識境界。這就是大慧宗杲禪師所提倡看話禪的意思與精神所在。從歷史事實以觀，天童宏智禪師捨壽以後，繼起無人，大慧雖然暫時指派天童弟子擔任天童山住持之位，但是終究不能助益天童弟子悟入，最後還是得由虎丘紹隆之弟子應菴曇華禪師前去住持，才能弘揚天童宏智之法；然而應菴曇華有時不免要顧及天童的默照之法，如是相續傳承久之，不過六、七十年，住持天童山的虎丘後人癡絕禪師就落入離念靈知心境界了，從此以後天童山的常住眾，再也不能親證第八識如來藏了。由此可知，默照之法，確實很難令人悟入。也由此證實：離念靈知本是一般誤會默照禪者所最易墮入的意識境界。非唯今時如此，古時已自如是！有智之人，何不思之？

落入離念靈知心境界者，方是背覺合塵，而皆自以爲是背塵合覺；其實唯有悟得如來藏者，方是背塵合覺。云何言離念靈知心是背覺合塵？謂離念靈知心一旦生起，則每一剎那都必定會以其妄知妄覺而與六塵相應，故名合塵；離念靈知心現行時，又從來都不曾與如來藏之眞覺、本覺境界相應，以後也不會與如來藏心六塵外之眞覺、本覺境界相應，故名背覺；以是緣故，若人返觀離念靈知心之靈明覺知自性，如是認以爲眞者，即是背覺合塵。悟得如來藏者則反之，絕對不認離念靈知心、有念靈知心爲眞心，了了而知離念靈知心之知覺性乃是妄覺之性，不離六塵，永遠合塵而住，決非如來藏的眞覺、本覺；唯有如來藏識之眞覺、本覺，能了知法界而隨緣任運，名爲鑑機照用，永遠不落入六塵中，方能說是本覺、眞覺、離塵。照用者謂如來藏識隨緣應物，於眾生心，靡所不應；如是永遠感應不輟者，方是眞覺、本覺之性也！此性本有，故名本覺；不是修行離念之後才生起的後覺、妄覺。如是眞覺之性，從來不與六塵和合相應，是故說爲背塵者；如是背塵而又常示現其眞覺之本覺性，方名眞實心；若人所悟是此心者，則能與眞覺相合，則能轉依如來藏背塵之清淨自性，故名背塵合覺。是故　馬鳴菩薩《起信論》云：「如凡夫人，前念不覺，起於煩惱；後念制伏，令不更生；此雖名覺，即是不覺。」即是斥責西天與中土古今凡夫諸人錯以覺知心離念而自以爲悟者。信哉斯言！諸方大師與諸禪和！何不取信　馬鳴大士之言？

又：佛說人間眾生心總共有八，參禪人務須辨明何者爲眞？何者爲妄？然後知所歸依、知所轉依，便得大自在。否則終究是說食數寶，只成個野狐禪。爾等修習默照禪而落入離念靈知境界者，當以默照禪鼻祖天童宏智正覺禪師之開示，作爲最後遵循之法語，且以天童禪師舉洞山禪師之開示爲證：【所以洞山和尚道：「若論此事，如人家養得三箇兒子相似：州裏須得一箇，縣裏須得一箇，村裏須得一箇。」爾且道：哪箇是州裏底人？哪箇是縣裏底人？哪箇是村裏底人？若一念淨盡去，廓落無依去，三世諸佛望爾頂相不及也！是箇做處，了了而明、靈靈而知，晃晃而耀、惺惺歷歷，分分曉曉也！是箇做處，隨高隨下、照青照黃，剎剎塵塵、心心法法也！是箇做處，爾若分曉，穿作一串，豈不是衲僧縱橫皆到底時節？便知道：「玄中玄，超毘盧、越釋迦；體中玄，一切處自然普遍；句中玄，哆哆和和出廣長舌。」豈不是衲僧具足受用底時節？是爾做處，是我做處，是諸佛、諸祖做處，更有甚麼僧、俗、男、女？】（《宏智禪師廣錄》卷五）

若沒有州裡兒子隨時供應一切，若沒有縣裡兒子隨時作主，村裡兒子縱使能了知家中欠缺個什麼，既作不得主、也無資材，能作得了什麼？州裡兒子譬如第八識如來藏，縣裡兒子譬如意根第七識，村裡兒子譬如前六識見聞覺知、離念靈知等六識心；換句話說，人必須得有八識心王具足，方好在人間生活做事；七識中若缺得一識，便成了個殘障人士。若沒有第八識如來藏，則前七識俱皆滅沒、不能存在，色身頓成屍體一具，即非有情生也。若缺第七識意根，可就無人作主，連最簡單的生活應對都不能了；若缺前六識的見聞覺知自性，可就連最簡單的青黃赤白、父母、子女、食物、糞便的分別都不會了，更遑論學佛！所以，一切人，在人間都得要八識心王具足了，方能正常的生活與學習，一識也缺不了。第八識即是唯識種智中說的第一種能變識，第七識意根即是第二種能變識，前六識即是第三種能變識；由有這三種能變識，才會有三界中的無量萬法，也才會有今天的飛機、輪船、核子彈等萬法，故說這三種兒子都是每一個人所必須；欠缺了一種，或成斷滅、或成白癡、或成無情。所以洞山良价禪師說得要有三個兒子才成。前六識的自性，是大眾所熟知的，也是學禪人能了知其虛妄的；只有錯認離念靈知的人才會認以為眞。第七識意根，則已是多數人所不能知的了；然而第七識意根之背後，另有萬法根源的第八識心供應一切，能出生離念靈知心，也能出生意根，這當然必須是眞實常住法，才能有這種殊勝的體性。既如是，當然應該尋覓第八識如來藏，才可能是眞悟之法；若有人教導一念不生之法，求證離念靈知心之境界，當然是背覺合塵的，正與佛法所說背塵合覺的正理相悖。

綜上所舉天童老人之開示，處處都指向離見聞覺知；他一生雖然倡弘默照之法，然而所悟卻不是離念靈知心，更不是六識心的見聞知覺性，而是想要以默照之法，教人認清意識覺知心的種種變相；遠離了意識心的種種變相以後，最後才有可能觸證到一向都離見聞覺知的如來藏。然而他的默照禪法，欲悟實難，只為此法只宜於親證如如不動之心體所在（也很不容易找到祂），但是卻無法在如如不動心體的無量神用中找到祂；而且學人修習默照禪之法，總多落入六識心之見聞知覺性中，同於自性見外道之所墮。禪宗多數祖師則不如是，每於平常日用中助人悟入，最為逕捷。是故有智之人，莫學默照之法，可免同墮離念靈知意識境界中，久後方有悟緣。

今以如是多篇天童老人之開示，證明天童老人之默照禪所悟者，仍非晚明、清朝及今時人所「悟」之離念靈知意識心也！然而求悟之人，千萬莫作惡想：想要把見聞覺知心滅除，或者想要把見聞覺知心處於離見聞覺知的狀態中。這都是邪見！一切大師與禪和子們，都應該保持著見聞覺知心——第六意識——以第六意識能見聞覺知的功能，來尋覓離見聞覺知性的第八識如來藏，因為第八識如來藏是與識陰等六識同時同處的，不是由識陰中的意識修行離念來轉變成如來藏的。找到如來藏以後，就能通透禪宗祖師機關，確實領解禪宗祖師的玄言妙語，漸漸就能具足中道觀、般若實智，乃至久後可以發起道種智。所以不論是三賢位的見道位，或是諸地的修道位，都是要由禪宗的明心開始，無人能自外於此，都是要親證離見聞覺知的如來藏。但是卻不可以滅掉見聞覺知，應該以見聞覺知來尋覓離見聞覺知的第八識如來藏。

第六章　似即似，是則不是

諸方錯悟大師總對徒眾私下說道：「蕭平實強移換人，明明離念靈知境界就是禪宗所悟境界。所以他的法有問題。」永遠都不肯認錯。然而彼諸大師之法若屬眞實者，平實終難強移換伊也！平實的法義也必定早就被諸方大師寫書破斥到體無完膚了，怎能至今完好無恙的繼續弘法？怎能令諸方大師至今都不能、不願、不樂寫書來破斥平實？所以，法若眞實，誰也不能強行移換他；法若虛假，則將難免被眞悟之師舉證及拈提分判。

今時如是，古時亦復如是，每有多人妄謂五祖　法演大師強移換人者，乃至先師　克勤大師悟前亦有此病，舉以爲證，彰其功德：【佛眼禪師在五祖時，圓悟舉臨濟云：「第一句下薦得，堪與佛祖爲師。第二句下薦得，堪與人天爲師。第三句下薦得，自救不了。」一日忽謂圓悟曰：「我舉三句向爾。」以手指屈曰：「此是第二句，第三句已說了。」便走。圓悟舉似五祖，祖曰：「也好呢？」眼乃辭五祖，參歸宗眞淨和尚去。後，祖謂圓悟曰：「歸宗波瀾闊，弄大旗手段；遠到彼，未必相契。」未數日，有書抵圓悟曰：「北到歸宗，偶然漏網。聞雲居清首座作晦堂眞贊曰：『聞時富貴，見後貧窮。』頗疑著他。及相見，果契合。」踰年，復還祖山；眾請秉拂，卻說心性禪。祖曰：「遠卻如此說禪也！莫管他。」圓悟和尚嘗參蘄州北烏牙方禪師，佛鑑和尚嘗參東林宣祕度禪師，皆得照覺平實之旨；**同到五祖室中，平生所得一句用不著**；久之，無契悟，皆謂五祖強移換他，出不遜語，忿然而去。祖云：「汝去遊浙中，著一頓熱病打時，方思量我在。」圓悟到金山，忽染傷寒，困極，移入重病閤；遂以平生參得底禪試之，無一句得力。追憶五祖之語，乃自誓曰：「我病稍間，即徑歸五祖。」佛鑑在定慧，亦患傷寒，極危；圓悟甦省，經由定慧，拉之同歸淮西；佛鑑尚固執，且令先行。圓悟亟歸祖山，演和尚喜曰：「汝復來耶？」即入參堂。便入侍者寮。經半月，偶陳提刑解印還蜀，過山中問道；因語話次，祖曰：「提刑少年曾讀小艷詩否？有兩句，頗相近：『頻呼小玉元無事，秖要檀郎認得聲。』」提刑應：「喏！喏！」祖曰：「且子細。」圓悟適自外歸，侍立次，問曰：「聞和尚舉小艷詩，提刑會麼？」祖曰：「他只認得聲。」圓悟曰：「『只要檀郎認得聲』，他既認得聲，爲什麼卻不是？」祖曰：「如何是祖師西來意？庭前柏樹子！呢？」圓悟忽有省，遽出去，見雞飛上欄干、鼓翅而鳴，復自謂曰：「此豈不是聲？」遂袖香入室，通所悟；祖曰：「佛祖大事，非小根劣器所能造詣。吾助汝喜！」祖復遍謂山中耆舊曰：「我侍者參得禪也！」佛鑑和尚自浙中歸祖山，躊躇不肯挂搭；圓悟曰：「我與汝相別纔踰月，比今相見時如何？」鑑曰：「我只疑爾這些子。」遂入參堂。一日同圓悟侍祖，因遊山話次，舉：「東寺和尚問仰山：『汝是甚處人？』仰山曰：『廣南人。』寺曰：『我聞廣南有鎮海明珠，曾收得否？』山曰：『收得。』寺曰：『珠作何色？』仰曰：『白月即現，黑月即隱。』寺曰：『何不呈似老僧？』仰山叉手近前曰：『慧寂昨到潙山，被索此珠，直得無言可對、無理可伸。』」顧謂佛鑑曰：「既曰收得，逮索此珠時，又曰無言可對、無理可伸。是如何？」佛鑑無語。忽一日謂圓悟曰：「仰山見東寺因緣，我有語也！東寺當時只索一顆珠，仰山當下傾出一栲栳。」圓悟深肯之。】（《大慧普覺禪師宗門武庫》）

自古以來，錯認意識心爲眞實心、涅槃心者，比比皆是，非唯現今也！然而，知錯能改，善莫大焉！所慮者，從來不知錯，或者知錯而堅執不改者。克勤先師苟非親遇大善知識五祖　法演大師，後又知錯即改，一生幾錯過。然而今時人，不知錯者居多，難可改之；設使偶有知錯者，則又死要照顧面子，不肯改之，豈有悟緣？知錯能改，善莫大焉！先師　克勤助其師兄弟回轉五祖　法演大師座下，佛鑑終能得度，即是現成例子，用以供養今時佛法禪和，庶幾此世眞悟有緣，終能不負此世受生之種種苦辛也！此是平實誠敬之供養。

貽誤自家子弟、人生男女，事非小可：【泐潭深和尚，河東人，眞淨之子。有悟侍者偶在知客寮，見掉下火柴頭，忽然有省，直上方丈通所悟，深和尚喝出；自爾失心，引繩於延壽堂東司自縊；夜後常在藏院、知客寮、東司三處出沒移鞋度瓶，一眾苦之。湛堂遊浙回，充首座；聞其事，中夜故入延壽堂東司抽脫，壁燈微明忽然撲滅；方脫衣，悟便提水瓶至；湛堂云：「未要，且待我脫衣。」脫衣罷，便接瓶子去。當時悟自縊間抽脫，須臾又送籌子來；及出，喚云：「接瓶去！」悟纔接，捉住，摸其手，或似軟或似硬。問曰：「汝是悟侍者麼？汝便是當時在知客寮，見掉下火柴頭有省處底麼？參禪學道，秖要知本命元辰下落處；汝在藏殿移端首座鞋履，豈不是汝當時悟得底？又在知客寮移枕子，豈不是汝當時悟得底？逐夜在此與人提瓶度水，豈不是汝當時悟得底？因甚不知落處？秖管在這裏惱亂大眾作麼？我明日勸大眾爲汝看藏經，裒錢設粥追悼汝，汝當別求出離，不得滯著於此。」言訖乃推一推，如瓦礫塔子倒，索然有聲，由是絕跡。湛堂一臂冷如冰，踰半月方平復，蓋非人附陰而至，冷氣侵人如此。】（《大慧普覺禪師宗門武庫》）

誰人不是父母之心肝寶貝？十月懷胎、乳哺長養、推乾就溼、殷勤教導，錢糧且暫不論，扶養到大，需得費卻多少心情與工夫？如是養大之後，心疼照顧之後，只因欲求實相，送他（她）出家受戒，交到和尚您的手裡，冀望能有解脫生死之因緣、證悟之時機；不料出得家，住到如來家以後，卻遇上了誤導眾生的大和尚，跟隨著大和尚您認定了意識覺知心以後，卻是死也不肯改了！如是養大送了出家以後，反而貽誤了一生的法身慧命，怎不教人一場氣悶？這卻是普天下僧人父母之一大冤枉事。

學人辭親出家，所爲何事？無非是想要了卻生死一段大事，這事兒得要從禪宗法門下悟去，方始易有省發處。然而宗門下事，切不可妄隨諸方大師言語；他們只解得籠罩他人，不知開悟之事應當如何省發。亦不可見了眞悟之師時，只管要伊開示，處處錯過言外之音；更不可錯悟了，卻要眞悟之師當眾印證。然而此等仍非大過，所謂大過者，乃眞善知識示以大義之時，竟然眼見如盲，耳聞如聾，坐失善知識爲他入水入泥之苦心，更道善知識不肯助伊證悟。如是之人，唯能尋言覓語，焉能成得大事？更道能利座下萬眾弟子乃至廣大眾生？

【師（大慧宗杲）在雲居作首座，一日到西積莊，遇一暫到，從圓通來云：「因

看首座（大慧宗杲）頌女子出定話，有箇悟處，特來求首座印證。」師云：「你去！不是！」僧云：「某甲未說見處，爲什麼道不是？」師再三搖手云：「你去！不是！不是！」僧懡㦬而退。圓悟一日到首座寮，因說密印長老：「四年前見他恁麼地，乃至來金山陞座，也秖恁麼地；打一箇回合了，又打一箇回合；秖管無收殺（收煞），如何爲得人？恰如載一車寶劍相似，將一柄出了，又將一柄出，秖要搬盡。若是本分手段，拈得一柄便殺人去，那裏秖管將出來弄？」時有僧聞得，謂師曰：「某前日因看他小參語錄，便知此人平日做得細膩工夫，所以對眾秖管要吐盡，一段了又一段，不肯休。」師曰：「事不如此。如龍得半盞水，便能興雲吐霧、降注大雨。哪裏秖管去大海裏輥，謂我有許多水也？又如會相殺人，持一條鎗，纔見賊馬，便知『那箇定是我底』，近前一鎗殺了賊，跳上馬背便殺人去。須是恁麼始得。」

（《大慧普覺禪師宗門武庫》）

所以說，眞正宗師家，但只一把劍，便殺得弟子四眾我見悉斷；弟子四眾命根都死盡了，反身卻又使出活人劍，只要眾人法身慧命活轉過來。這殺人刀亦正是活人劍，只是一劍雙刃，但解得使劍，既能殺人、也能活人，這才是本分宗師家。若是只管搬出祖師言語，背得語錄猶如流水源源不絕，一則公案背完了又是另一則公案，終究只是食人口沫，便如搬出一劍嚇卻人了，又搬出另一劍嚇人；如是搬出一車子長劍了，只管嚇人、不能殺人，當人終究不曾死得；久後便知那阿師原來只是搬劍嚇活人，殺不得人，自然漸漸識得他，都知他只是隻無牙老虎，誰都不畏懼他。如是阿師，卻儘佔著佛門重要地位，只管尸位素餐，無利佛教及與學人。所以當今學禪之人首要之務，便是識得宗師；若識不得宗師，隨學於野狐大師，縱使精進學到老、學到死，號稱學禪，終究只是笑鬧一場，便如小兒聚頭辦家家酒一般，雖然有模有樣，終究只是家家酒，於解脫道及佛菩提道二法中，永遠成不了什麼事，到老只成個學慘、參慘，可眞是慘。

今時一般禪和子，也不管悟得眞、悟得假，只管將情識思惟底，認作是本來面目，何嘗有人悟得本心？儘將意識家賊認作本來人，哀哉！可傷！然而此事非獨現今，古時已是所在多有，以此緣故，大慧宗杲曰：【湛堂和尚云：「禪和家，乍入眾時，初發心菩薩，與佛齊肩；一年之外，到佛腰邊。」恰如箇琉璃瓶子相似，元初空裸裸地、淨潔潔地，卻著了半瓶不淨潔底水，搖得來，在裏面丁丁當當只管響；忽然著本色人向他道：「爾這瓶子本自淨潔，卻被這些惡水在裏面；又不滿，秖管響。」要得不響，須是依前傾出颺卻，蕩洗了，卻滿著一瓶好水，便

不響。因甚不響？蓋謂滿了。】（《大慧普覺禪師宗門武庫》）

大慧此說，卻是古今不易底道理；若是眞實裝滿了淨水，一絲空隙也無時，出得世來爲人，方能所說悉皆符節相合，無一不合轍；若遇著一般人說禪時，他卻懶得開口；便如不懂禪底人一般，如愚似魯，正是個裝滿了淨水底人。如今看著，天下儘是黑漫漫地，總是半瓶酸醋搖得震天價響，猶道是美酒滿瓶；等候良久方始倒了出來，卻又只是半瓶酸腐不堪的敗醋。此事古今一個樣兒，總無改變，所以禪師道：「天下死人無數。」

祖師參禪，打定主意，不論如何苦辛，定要得個結果；如是之人，悟後欲退也難：【葉縣省和尚嚴冷枯淡，衲子敬畏之。浮山遠、天衣懷，在衆時，特往參扣；正値雪寒，省訶罵驅逐，以至將水潑；旦過，衣服皆濕。其他僧皆怒而去，惟遠、懷併疊，敷具整衣，復坐於旦。過中，省到，訶曰：「爾更不去，我打爾。」遠近前云：「某二人數千里，特來參和尚禪，豈以一杓水潑之便去？若打殺，也不去！」省笑曰：「爾兩箇要參禪，卻去挂搭。」續請遠充典座。衆苦其枯淡，省偶出莊，遠竊鑰匙，取油、麵，作五味粥；粥熟，省忽歸；赴堂粥罷，坐堂外，令請典座。遠至，首云：「實取油、麵煮粥，情願乞和尚責罰。」省令算所直，估衣缽還訖，打三十拄杖出院。遠舍於市中，託道友解免，省不允。又曰：「若不容歸，只乞隨眾入室。」亦不允。一日出街次，見遠獨於旅邸前立，乃云：「此是院門房廊，爾在此住許多時，曾還租錢否？」令計所欠，追取；遠無難色，持缽於市化錢還之。省又一日出街見之，持缽歸，爲眾曰：「遠眞有意參禪。」遂呼其歸。】（《大慧普覺禪師宗門武庫》）

想那省和尚，不輕易授人宗門密意，一至於此；浮山遠禪師卻是一心一意要入他室中，欲成爲他底入室弟子。縱使後來眞能入得他方丈室，被印證了也只是過得初關明心，要且不能眼見佛性，遑論牢關？然而浮山遠禪師，終究忍得種種苦楚，數年不易其心，久後方得悟去；這一悟去，倒也划得來！頓超凡夫地故，頓入初果地故，頓入七住菩薩僧數中故。非唯省和尚如是，古來一般宗師大多如是；皆爲防他密意輕洩於緣未熟者，或防輕洩於外道盜法者。都不似今時平實特是老婆，一一親送到諸人手中，只須諸人將手握住便得。乃至弘法早期，但見諸人不想求悟，特欲送與諸人；不料諸人心志尚未廣大，猶自不敢要、不想要；逼不得已，乃強行擘開諸人手掌，放到伊等手中，再使力硬合諸人手掌，冀不脫落。雖然如是，牛無吃草意，本分草料強行捅入牛肚裡，復又背地裡吐出，終究無益，故有前後三批退轉之人，至今猶令平實徒呼負負、無可奈何！今見此一公案，愍諸學人，乃藉機舉之以示學人，願大眾悉當珍惜一大因緣，以免後時自責也！

自古以來，將六識覺知心之見聞覺知自性妄認作眞心本性者，比比皆是，非獨現今末法時世也。是故古來眞悟者永遠是少數人，不可能是多數人也！由是緣故，古人往往作是說：世間靈龜少而鈍鳥多。有史實爲證：【佛鑑平時參平實禪（詳前所舉東林宣祕禪師墮於意識境界之平實禪），自負，不肯五祖，乃謂：「秖是硬移換人。」（五祖法演禪師不肯佛鑑所悟，都說是錯悟者；佛鑑心中不服，說五祖只是硬移換人）圓悟云：「不是這道理，有實處。爾看我從前，豈有恁麼說話來？」徐徐稍信。後來因舉「森羅及萬象，一法之所印」，驀然便道：「祖師西來，直指人心見性成佛；于今諸方，多是曲指人心說性成佛。」】（《大慧普覺禪師宗門武庫》）

觀乎佛鑑慧勤禪師悟前，被那東林宣祕禪師錯印證了，以後見到東山五祖　法演禪師時，猶自不肯信受；對於五祖　法演禪師加之於他的否定言語，都不信受之，總認爲五祖是把錯的移換他對的法；若不是後來先師　克勤大師先悟了，出語吐氣有別以前，又爲他提醒，方得漸漸的收拾傲慢之心，用心隨學五祖之法；若不是　勤大師的示現與前不同，以及眞誠勸告，豈有後來三佛之一的佛鑑慧勤禪師出世利人？可見當時號稱之三佛，其實亦唯有 克勤大師是靈龜爾，其餘二人，若非 勤大師靈龜之以己例而顯示之，豈有可能後來悟入？可見靈龜本是禪門稀有動物，不易遇見，自古即然。而今非唯靈龜難覓，即使鈍鳥亦不可得也！何故平實作是說耶？謂今時諸方以定為禪者，尚不能證得初禪粗淺境界，卻敢大膽自稱已得初禪，何況能是已證四禪之鈍鳥耶？平實欲待名誰鈍鳥耶？又有何處可以覓得一隻鈍鳥耶？

禪門多少機關，昧卻無量禪和，直得暈頭轉向，越讀越發不分東南西北。而今設或有個伶俐底禪和子，高聲唱言已經悟道入理；或者有人寫書講禪，道是禪門老宿；如今且舉似於伊，且道伊等俱皆懂得宗門機關麼：【師（大慧宗杲）一日云：「我平生好罵人，因看玄沙語錄，大喜他勘靈雲道：『諦當！甚諦當！敢保老兄未徹在。』可謂壁立萬仞。（玄沙禪師）後來與靈雲說話了，卻云：『爾恁麼，方始是徹。』後頭卻恁麼撒屎撒尿。卻問圓悟如何？悟笑云：『他後頭卻恁麼地，我也理會不得。』遂下來。歸到寮，方知玄沙大段作怪。遂舉似圓悟，悟笑云：『且喜爾知。』晦堂云：『今時諸方，多是無此藥頭。』」師云：「切忌外人聞此粗言。」】（《大慧普覺禪師宗門武庫》）

只如玄沙禪師，因見靈雲禪師見桃花「悟道」詩偈，便公開評論靈雲道：「諦當！甚諦當！敢保老兄未徹在。」說他未透徹，還是客氣話，其實是根本就未曾悟得。後來靈雲往去見玄沙，一頓話說完了，玄沙師備禪師末後卻向靈雲說道：「你這樣子，方始是透徹了。」當年大慧禪師見了這件公案，認爲玄沙既說靈雲未悟，爲何後來說了一頓話以後，卻又恁地說話？聽來似乎是印證靈雲悟了。對於玄沙禪師前後所說不一，疑他玄沙恐有心地不直之處，心中不以爲然，便提向 克勤大師說去。 克勤圓悟卻故意裝迷糊道：「他後來卻是那樣子講，我也理會不得。」大慧聽了，理會不得；回到自己寮房時，方才知道：玄沙這句話可眞是作怪，原來裡面別有文章，只是那靈雲禪師根本就會不了。所以就把他體會到玄沙在這件公案裡的用意，告訴他的師父 克勤圓悟禪師； 勤大師聽了，就笑著說：「你倒也不錯，終於知道玄沙的意思了。」所以禪門裡機關處處，絕非淺悟之人所知，何況是悟錯了的大師們，如何能知？

以前晦堂禪師針對玄沙禪師這件公案，就曾說道：「現在諸方大禪師們，大多是沒有玄沙這種智慧的。」如今非唯海峽兩岸，乃至全球的大師與禪和子們，號稱已悟者多如過江之鯽；然而，莫說這些人有誰懂得玄沙對靈雲弄了些什麼手腳，單說親證如來藏而得總相智一事，就已覓不著人了，何況能有禪門差別智可言？又豈能解得玄沙這一段作怪的文章？君若不信，且將此一公案，舉似諸方自道已悟之人，看伊欲待如何解得？看還有誰能有玄沙這種藥頭，舉似平實眼前？

亦如天童禪師之舉靈雲禪師錯悟公案而破斥與弟子知悉者：【聲色見聞鬧浩浩，恰似兒時鬥百草；兩家拈出一般般，相對無言點頭笑。好笑！好笑！人人盡道「香嚴擊竹響而明心，靈雲見桃花而悟道」，還端的也無？當時到即不點，而今點即不到。】（《宏智禪師廣錄》卷一）

《宏智禪師廣錄》卷四如是云：【溶溶曳曳山上雲，潺潺湲湲山下水；試問其間雲水人，更於何處求諸己？諸禪德！心無所住則法離見聞，智無所緣則道超情謂。靈雲只麼悟桃華，三十年癡今日慧。諸人分上又作麼生？眼裏無筋一世貧。參！】天童宏智禪師在此二處開示中，對於眾人所說「香嚴擊竹發出響聲而明心」的說法，以及眾人所說「靈雲看見桃花而悟道」的說法，都不肯之；所以道：「聲色見聞鬧浩浩，恰似兒時鬥百草。」說都如兒戲一般，認為香嚴擊竹作響而明心，其實不在聞聲；也認為靈雲眼見桃花時，其實仍不是悟道；因為這二種說法，都是落在覺知心中；直到三十年後方才是眞悟，故說「三十年癡今日慧」。認定靈雲是見桃華而悟道，如是為人說法者，正是未悟、錯悟之人為人解說公案，被天童看破他們的手腳，所以天童禪師不肯他們。然而其中淆訛所在，而今有誰知之？總覓不著一人也！豈能不唏噓？佛法宗門意旨，竟然會走到今天這個地步！這正是古來禪師所說的：「似即似，是則未是。」

今時禪和所墮，無非「有心」不死，無人能自外於此；云何謂「有心」？謂此心乃是**三界有**之心故，即是意識心也！意識心有種種變相，修習中國禪宗之般若禪者，多墮於離念靈知心中，而此心正是**三界有**之主要心；學人斷不了我見、常見者，都因此**有心**故。這個覺知心猢猻不死，法身慧命便永無活轉之時；死得這隻猢猻——認清祂的虛妄性及緣起性——方可謂為無心也！此時之無心境界，猶只是聲聞初果而未能明心也！只有親證了從來不落在三界有意識境界中的如來藏心，現觀祂從來都無意識心之心性，意識覺知心從此轉依之，方名禪宗之眞實無心境界也！然而如是無心之眞實義，如今有誰知？平實多年不斷剖析覺知心意識之三界有性、虛妄性，諸方大師及已被大師誤導之法師居士們，仍然堅執離念靈知意識心為眞實不壞心，都無改邪歸正之意。平實今日無奈，只得搬出當代大師們認定為「離念靈知心祖師爺」之天童禪師開示，讓大師們聽聞以後，從此願意下定決心觀行而死了這隻離念靈知猢猻子，縱使明心無望，至少也能取證通教菩薩初果。若能眞實悟得第八識如來藏，祖師們再來時，可不能再向汝道：「似即似，是則不是。」不亦樂哉！

天童宏智正覺禪師又開示道：【箇時正能來偏，偏能來正；於其中間，未曾應事。子能成其父，臣能奉其君；俱在門裏，未現相狀；便解向裏頭受用，平懷常實帶也。一切諸事，遍歷得盡，方能應事，自然堆堆地四稜塌地：在僧同僧，在俗同俗，在高同高，在下同下；隨緣赴感，逐浪隨波，更無特地，了不相礙；於不礙中，自然恰好。所以道：無心道者能如此，未得無心也大難。】（《宏智禪師廣錄》卷五）

天童之意，乃是明心後死得離念靈知意識妄心，方始名之爲無心，如是方可名爲無心禪和也。然而明心特難，唯除已曾親在眞善知識座下熏習禪宗正知正見之後。如今且先語譯天童之意，明得眞心與妄心並行運作之事，然後始能死得離念靈知猢猻也！天童說道：

【正當這個時候，正（眞心）也能來偏（也能來到妄心上面作用），偏（妄心）也能來正（也能來到眞心上面作用）；這仍然只是說眞心與妄心互知，但尚未在世間事上運作的時節。子（妄心）能成就其父（眞心）在人間的種種功德，臣（妄心）也能奉其君（眞心）爲眞正的主人翁；這時方才知道原來眞心父與妄心子，都只是同在自家門裏作種種事，並不曾在外法中顯現種種心相形狀；到了這個地步時，便懂得向裏頭受用，不再向外尋逐六塵萬法，恬靜地安住下來而無所求了，這也就是宗門裡面所講的平懷常實帶（平時的心境一直都是常常眞實的帶著眞心如來藏）也。就這樣子在一切世間的事相上面，一一遍歷過了，確實觀行到所取的六塵萬法與能取的見聞覺知心，都只是自家裡面的事，從來不是外面的事，這時方能在對應一切事緣之時，自然就安然不動心而成爲無心的境界了，此時猶如禪床四稜塌地一般的穩固，再也不動轉其心了，這時的心境是：出家時同於諸僧一般生活，在家時則同於俗人一般生活；與高官貴人相會時同於高官貴人，與下類民庶相聚時則又同於下類民庶一般。到這時，眞心只是隨著妄心的因緣而去感應，眞心與妄心都隨逐於六塵萬法波浪，卻不被六塵萬法的波浪所轉動，此外就再也沒什麼特別的境界了；這時的覺知心由內證智慧引領著，不會特地對六塵萬法起心動念了，這時就與六塵萬法了不相礙，這就是無心的境界了。於這種與六塵萬法都不相障礙之境界中，眞心與妄心又自然配合得恰恰好，都不會互相妨難。所以說：無心道者假使能夠如此觀行而安住下來的話，他若想要不住在無心的境界裡，那也眞是很

困難的事情。】

由天童禪師的「**正能來偏，偏能來正；於其中間，未曾應事。子能成其父，臣能奉其君；俱在門裏，未現相狀**」看來，正是妄心與眞心並行的境界，也正好符合唯識諸經中的教門所說：「**第八識是眞心、前七識是妄心。**」然而晚明以來的中原「禪師」及歷代皇帝，都被假禪師誤導了，都認爲意識猢猻一念不生時就是眞心，都誤認作君心；天竺密宗時也是如此，傳入中國以後仍然如是，其實都只是臣下事，不入君位；都只在偏中行，不曾向正中倚。依默照禪祖師爺天童宏智的標準來說，禪門所說之無心者，並非悟了就可說是無心道者，而是悟後必須觀行，現觀「**正能來偏，偏能來正；於其中間，未曾應事。子能成其父，臣能奉其君；俱在門裏，未現相狀。**」如是觀行確認無誤之後，方能在六塵中不動於心，只是隨緣而應，不會再主動去追逐六塵了，這時方才可說是無心道者、無心禪和。然而今時海峽兩岸自稱無心道人、無心禪和者，都是尚未找到君王眞心，都仍在臣下妄心上面用心，連入門都算不上，又怎能觀行「正偏、君臣、門裡相應」等事？又如何能確實住於悟後觀行所住境界中？故說今時自稱無心禪和、無心道者等人，都是大妄語人，根本就不懂宗門無心之眞義也！

由此一段天童禪師之開示，可知天童禪師除了離念靈知心這個猢猻以外，他還證得另外一個君王眞心；這個君王藏識與離念靈知臣下同時同處，正是平實十幾年前初出道時就已提出的證境與說法。如今諸方老宿們，不論是出世說禪的大師抑或隱居者，讀過默照禪祖師爺天童宏智此文之後，自當警醒其心，莫再自我陶醉、虛耗光陰了，應當奮起尋覓君王何在？覓得君王之後，方解得「正偏迴互、未曾應事，子奉其義、君成臣事」之義，便可解得禪師爲人入水入泥所說的「正中來、偏中來，正中去、偏中去，正中偏、偏中正」等禪法；一旦具足知此，便可成爲大禪師也！那時方可不再辜負座下二眾弟子之俗家父母也！

默照禪的祖師爺天童禪師又開示道：【師云：「絕後甦來，知音者準。」師乃云：「若論箇一般眞實底事，元離一切有象，離一切幻化，離一切浮虛，方名眞實事。實相是無相之相，眞心是無心之心，眞得是無得之得，眞用是無用之用。若如是也，卻是箇豁落做處，卻是箇眞實做處。一切法到底，其性如虛空；正恁麼時，卻空它不得：雖空而妙，雖虛而靈，雖靜而神，雖默而照。若能如此，先天地先一段事，後天地後一段事，生死是箇中影象，畢竟立生死不得，眞實到生死底。若不恁麼，隨夢幻而流，在一切境界殊無些小得力處。」】（《宏智禪師廣錄》卷五）

語譯如下：【天童禪師說：「死絕之後甦醒過來，得要以知音所說者為準。」天童禪師說了這句話以後，乃又開示云：「如果眞的要論究一個與眞悟祖師一樣眞實開悟的事情，原本就是離一切三界有之現象的，也是離一切幻化出來的六識心，更是離一切浮虛的六塵相，這樣子方可名為宗門眞實事。實相是無形相之相，眞心是無三界心之心，眞得是無所得之得，眞用是無妄心作用之用。如果能夠像這樣子無相、無心、無得、無用而空掉一切六塵的追逐了，反而是個開豁而能放下一切修行之處所，反而是個眞實修行之處所。一切法追究到底，其實本性都是猶如虛空一般；正當觀行到這個地步時，卻是空它不得：因為眞心君王雖然空無形色，卻是有種種妙用的；祂雖然猶如虛空一般，卻又靈感得很；雖然一直都離六塵中的見聞覺知，卻又有種種神妙作用；雖然一直都不曾表示過任何意見來顯現祂自己的存在，卻又能完全了知離念靈知的心想與欲求。若能清楚的觀行到如此地步，那麼宗門所說『先天地之先底一段大事，後天地之後底一段大事』，這個我們所想要了掉的生死，其實都只是眞心中的影像而已，終究是無法建立說生死是眞實有的；無始劫以來的無量世生死，都只是眞心中的影像而已，實際上並沒有眞的生死存在；這樣子確實證知了，才是已經眞實了掉生死的人。如果不能如此修證，依幻化的離念靈知心而隨著生死大夢中幻化出來的六塵境界流轉，這種人在一切境界中，其實根本就沒有一點點稍微可以得力的地方。」】

由天童禪師這一段開示看來，他所悟的，以及他指示給別人的，都不是離念靈知意識心，而是「雖靜而神」的君王心；靜者謂離六塵中的見聞覺知，神者謂祂能對妄心離念靈知給予時時刻刻感應，顯示出祂的種種神用，能被眞悟者所知。這種神用，在凡夫眾生與二乘聖人身中都有，然而凡夫與二乘聖人都無所知，是故禪門祖師說「眾生日用而不知」。這個君王之心，肚量之大，世俗凡夫與二乘四果愚人都無法想像；趕也趕不走，斷也斷不掉，罵也不起瞋，誘亦不生貪，祂才是眞正**常住**的**道人**。若是離念靈知，夜夜必斷：只需勞累困眠，隨即斷了；若欲趕走祂，亦復容易，只需忽然一記悶棍，當場昏厥，輕易便趕走伊；又常常無明起貪瞋，怎能當得君王、眞心？

只有眞心君王，吾人無法斷之、無法趕走，也從來不需管帶祂；需要管帶的，反而是悟後的妄心臣下離念靈知，要管帶我們自己時時刻刻轉依君王眞心一直無所住的解脫境界，所以天童宏智正覺恁麼道：【勿管帶，絕朕跡；要且靈靈地昧他不得，十成游踐到箇般田地，一切處穩、一切處閑。露地白牛，純純一色，趁也

趁不去，須是親證、親到始得。】（《宏智禪師廣錄》卷六）

離念靈知心，自凡夫眾生知見看之，似是眞心；然而，二乘聖人在大乘法中雖名爲愚，卻已經由觀行而證實離念靈知心的虛妄，所以成就解脫果。這個離念靈知心，固然一直都被錯悟者誤認爲眞；然若深究之，終非眞實心也，日日常起復又夜夜常斷故；以是緣故，大慧宗杲禪師向學人們開示道：**【又平生一大疑事至今未了：只如死後斷滅不斷滅？如何決定見得？】**（《大慧普覺禪師語錄》卷二十八）這是教人現前觀察所悟的眞心，在死後會不會斷滅？如何決定見到死後不會斷滅的君王之心？這才是參禪者觀行之時首要之務。現觀離念靈知意識心，夜夜眠熟即斷滅了，半夜作夢時又出現過來，卻在夢中被虛妄的夢境牽著走；夢過睡著了，又斷滅了，正是常起、常斷的心，怎會是常住而從來不曾斷滅過的眞心？以這種眠熟就會斷滅、悶絕就會斷滅的心作爲眞心，如何能抵敵生死與病痛？又如何能現觀生死只是眞心中幻化出來的虛妄事？又如何能了得生死？

以離念靈知爲眞心者，正當眠熟時、悶絕時，尚不知離念靈知的自己已經斷滅了，何況能有常住不滅的出世間證量？不但如此，悶絕位、無想定位、滅盡定位、入胎後之住胎位未滿四月之中、無想天中、無餘涅槃位中，離念靈知心都是不能生起的，都是斷滅或未生而不存在的。離念靈知心乃至在人間生起時，還得要依靠五色根、意根、法塵等緣之助，才可能從第八識如來藏中生起，怎會有人愚癡而認定祂是「常住」而了了「常」知的心？祂其實不能常住，而且是不能了了「常」知眾生心想的常間斷心；因爲「常」知眾生心想的君王如來藏識，祂是無始劫以來一直都「了了、常」知眾生心想的，始終不曾斷過一剎那，永不間斷的了知眾生心想，這才是常知；並且是從無始劫以來，都不曾錯誤的了知眾生離念靈知心的想法，這才是了了的常知。所以說：了了常知、默照離念靈知的如來藏心，才是宗門所說的無心之心，永無三界心之心行故。

離念靈知心從眞悟者的觀點來看，祂其實不甚靈光，並非眞悟祖師所說「靈」而照的心，因爲祂不能靈敏的照了六塵外之一切法故，六塵外尙有極多之法皆非離念靈知的意識心所知者，是故離念靈知心不靈、不照六塵外一切法。至於六塵外之一切法，都不是初悟三、五天者所能了知的；更不是未悟、錯悟之人所能了知的。離念靈知心對諸法所知有限，既不能了了而知六塵外一切法，當然就不是眞悟祖師所說的「了了」「常」知心：離念靈知心對於六塵外一切法皆不能絲毫了知，何況能「了了」而知？而且常常間斷，更非「常」知之心。

離念靈知心既然常常間斷，當然不可以說是「常」知的心。如是，錯悟者所執著之離念靈知心，只能依附於他法而生起、而存在，自己尚且不能單獨存在與運作，顯然是依他起性而又夜夜斷滅的生滅法，滅後就對諸法完全不能了知，如何可說是眞實「常住」心？又如何可說是「了了」而且常知的心？於凡夫位中，於三界法中，尚且還有如是常常斷滅之現象可以現前觀察證知：離念靈知心確實是常生、常滅之法，不可依怙，決定不是實相心。更何況諸多聲聞種性之阿羅漢，捨壽入無餘涅槃時，滅盡十八界法時，必須將意識離念靈知心滅盡了，方能進入無餘涅槃位中，由此即可證實離念靈知心虛妄不實。

離念靈知心正是十八界中之意識界所攝，其體性常與五別境、六根本煩惱、二十隨煩惱心所有法相應故；縱使努力修除六根本煩惱、二十隨煩惱之後，亦仍有五別境心所有法，於離念靈知存在的一切時中相應現起，故說離念靈知心永遠都是分別心，永遠是意識界所攝，永遠都無法脫離意識一界所攝，永遠都是第六識而無法轉變成第八識，都無法脫離意識界而轉變成眞心第八識如來藏。有智之人聞此而作現實中之觀察，自當知所檢擇，自應斷除我見而斷三縛結。

若能將此意識離念靈知心，經由修行靜念之法轉變成眞實心者，則有種種過失，粗舉大者數端，爲我宗門禪和子們說之：

一者，若第六意識可以經由修行除念而變成眞心者，則轉變後之意識覺知心應當如同眞心如來藏之離六塵，從此永遠不再覺知六塵諸法，則將永遠如同植物人而不能再於人間生活、生存，必須由他人服侍，此其大過之一。

二者，眞心將有二心：一爲原有之第八識如來藏，從來即已不了知六塵；第二個眞心則是意識變成之「眞心」，亦不了知六塵而同時存在，則彼「悟者」將不再成其爲正常人。此其大過之二。

三者，錯悟者所「悟」的境界，在意識轉變成「眞心」以後，事實上仍然是第六意識妄心；原有之第八識眞心仍然是第八識心，不可能把兩個識合併成爲一個識；因爲佛地仍然具足八識心王，諸佛並非有二個眞心而無意識分別了知六塵之功能，是故第六意識永遠都是第六意識，第八識如來藏永遠都是第八識如來藏，絕對無法將第六意識變成第八識眞心如來藏，此其過失之三。

四者，若第六意識離念靈知心，假使眞有一法可以使祂變成和第八識如來藏一樣的永遠離開六塵的了別，而且能像眞心如來藏一般了知意識所不能了知的種種法；假使眞能如此把意識離念靈知變成眞心，則此轉變成之眞心，既與原有的第八識眞心體性完全相同，則應合併入第八識心體中，則應八識心王少掉了一個識，成爲悟後只剩七識心王，則諸佛與證悟者應當都只有七識心：缺第六意識之六塵了別性。此其大過之四。

如是四過，展轉又將產生種種過失，其數無量；紙短義繁，暫不細言；有智之人聞之，自能漸次思惟、滋生智慧，此處無庸多所分析。故知離念靈知心強說爲眞心實相時，必當展轉出生無量過失，有智之人聞此而作現實中之觀察，自當知所檢擇。

所以天童禪師又云：【所以道：「聖人無己，靡所不己。」恁麼現前，恁麼明白，便知道收來放去、作一頭露地白牛，趁也趁不去。】（《宏智禪師廣錄》卷六）眞實心如來藏心體，乃是本已有之，非從修行轉變之後始得。眞心之涅槃寂滅體性，非由靜坐離念始成；其心其性乃是本已有之，非從他法修習而生；乃是本已離念，從無始劫來不曾暫起一念，何用吾人靜坐澄念、使之無念？此心從來就在，不須經由修行而增長祂、而維持祂。設或有個伶俐底禪和子，親自證得君王心如來藏時，起心想要趕走祂，起心想要暫時斷滅祂，終無其法可以暫時斷滅祂、趕走祂，不似離念靈知心在困累時就眠熟斷滅了；乃至只想要斷滅如來藏一刹那，都無任何一法可以成功，何況能永遠斷滅祂？

如是之言，乃眞誠語、不誑語、如實語，有事實爲證。譬如二〇〇三年初，楊、蔡、蓮……等人因私心不遂故，瞋於平實，轉而瞋於正法，乃思推翻眞心第八識法，公然倡言「阿賴耶識心體是生滅法」；然而平實立即著書立說而破斥之，於多冊書中明言「阿賴耶識心體是不可滅法，是從來無生之法」，時過三年，楊、蔡、蓮……等人雖在平實座下親證阿賴耶識心體，確認君王心的所在而能現前觀行之，終亦永遠無法滅除祂。平實亦已於書中預言：乃至過恆河沙數阿僧祇劫之後，彼等仍將無法滅除祂一剎那，仍將無法令阿賴耶識心體剎那斷滅，何況永遠滅之？如是之心，方可謂爲眞實常住之心也！眞實常住而不可壞之心，方可謂爲金剛之心也！金剛之心方可謂爲眞實心、常住心、實相心也！何以故？唯有眞實心、常住心方可作爲五色根、六塵、七識心及一切法之所依心也！

誠如教證之三乘聖教所說：十八界及萬法都從阿賴耶識心體（如來藏）中出生。於宗門理證中亦復如是現觀：十八界及萬法都從阿賴耶識心體（如來藏）中出生，都無異於教證聖言量。既然五色根、意根、六塵、六識及一切法，都從眞實心第八識如來藏心中出生，都依第八識心體之運作方能運轉，當知覺知心、離念靈知心所知之萬法，皆是由第八識自心如來之所生、所顯；都無第八識心外之任何一個外法，曾被覺知心、離念靈知心所觸所知，謂離念靈知心所觸六塵亦是第八識如來藏所出生故；是故離念靈知心所見山河大地、六塵等法，皆是妙明眞心如來藏中物，何曾有一外法曾被離念靈知心的自己所觸、所知？

由是緣故，僧肇大師說：「聖人無己，靡所不己。」其意在此。由是緣故，天童正覺禪師舉述僧肇大師之語，爲大眾開示：【所以道：「聖人無己，靡所不己。」恁麼現前，恁麼明白，便知道收來放去、作一頭露地白牛，趁也趁不去。】（《宏智禪師廣錄》卷六）唯有永遠都趕不走、永遠都無法斷滅一刹那的如來藏心，才是常住的眞實心；唯有能生萬法的阿賴耶識心體如來藏，才是眞實心；唯有常而不斷的如來藏心，才是眞實心，唯有能生萬法、能生六塵、能作萬法根源的如來藏心，才是眞實心。離念靈知心顯然不能出生六塵，只能在如來藏所出生的六塵中，誤以爲是眞的接觸到外六塵了；再將自己「了了」而不能「常」的「知」，執以爲常而作種種虛妄分別，自以爲是了了常知的正確了別。

宗門禪和出家辛苦修行，總因不了君王心之所在，無智慧現觀其本來清淨性、本來涅槃性、本來能生六塵之自性及種種神用，是故久當凡夫眾生，既不入聲聞僧數、亦不入菩薩僧數中。天童宏智正覺禪師亦如是言：【清淨妙明田地，是本所有者。多生不了，只爲疑礙昏翳，自作彰隔。廓然智游，內忘功勳，直下脫略去，擔荷去；轉身就位，借路著腳；靈機妙運，觸事皆眞；更無一毫一塵是外來物爾。】（《宏智禪師廣錄》卷六）如是之言，已然分明爲諸禪和說了也：清淨妙明的心田，是本來就已清淨、本來就已妙明，是本來所有的，不是經由修行淨除妄念之後才變成眞心的，而是本來就清淨無念無想的。但是古今禪和大多無明所障，或被錯悟大師的邪教導所誤，不能見此本來就清淨無念的君王心。亦有禪和因爲生性多疑，於眞善知識助其證悟之後，對善知識之教誨不肯虛心探討，以致昏昧於正知正見，不肯承認之，想要在眞心之外別求眞心，成爲標準的頭上安頭的心外求法者，《楞嚴經》中早已破斥。若是有智之人，但向水邊林下悟得此心，則能漸漸觀見法法皆從伊起，皆是伊生，何有一法而不是眞心如來藏？故知六塵皆是自心所生。

是故天童禪師隨即開示道：【法法自然，妙超語路，見成（現成）不間；乃至山林草木，未嘗不發揚此事。覷得破，方知廣長舌相，處處藏縮不得；說者即是聽者，聽者即是說者；根塵融理，智混自他，同心法一，更向甚麼處作分疏？雖然恁麼，透得目前，快須收拾歸來，作屋裏活計，始得穩坐。】（《宏智禪師廣錄》卷六）

誠如天童所言，若是眞悟之人，悟後則見六根、六塵、六識等十八界法，無一法非是妙明眞心如來藏中物。悟前聽聞及閱讀佛經而信受之，所以一向說六根、六塵、六識都是所生法，都是緣起法，都是生滅法；悟後卻現前觀見六塵等十八界法，一一莫非妙明眞心如來藏中所生、所現之法，本屬如來藏所有，更無如來藏心外之法也。

既然能觀的覺知心是如來藏所有，覺知心所觀之六塵也是如來藏所有，由是現觀之故，便道「說者即是聽者，聽者即是說者」，便道「能說、能聽莫非如來藏中妙眞如性所生法」，便道「所覺所知六塵皆是如來藏所生法」，乃至眞如法性也是如來藏心藉種種法而在三界中顯現之如來藏心體眞實清淨自性，何有一法而非如來藏法？到得如斯智慧境界、解脫境界，即是親證萬法唯心之自心如來境界；此時不妨和光同塵、舒手接眾，亦不妨略顯金剛相，破諸邪說以顯正理而救眾生。若未親證如來藏眞心者，終究不能如是現觀；縱能說得一大藏教，也只是說食數寶，終不得發起大乘般若、種智佛法，終不能眞入大乘別教諸地菩薩數中。如是，墮於離念靈知之人，不論如何能言善道，終究不是家裡人；如果遇著眞悟禪師時，不免被眞悟禪師賜下一言：「似即似，是則不是。」

由是緣故，大慧宗杲禪師不肯禪和子們以靜坐爲務、以離念爲悟：【然雖如是，莫見恁麼道，便向無作無爲處閉眉合眼做死模樣，謂之默而常照；硬捉住箇猢猻繩子，怕他勃跳。古德喚作「落空亡外道」、「魂不散底死人」。眞實要絕心生死、浣心垢濁、伐心稠林，須是把這猢猻子一棒打殺始得。若一向緊緊地把定繩頭、將心調伏，我說是人執之失度，眞可憐愍；正眼觀之，盡是天魔外道魍魎妖精，非吾眷屬。】（《大慧普覺禪師語錄》卷二十二）只緣默照之法極易落入離念靈知境界返觀默照之中，個個都打不死意識孫猴子，總是落在六塵中了了分明，不用語言文字而去分別種種法，永遠都識不得眞實離分別的第八識眞實心；所以大慧斥爲默照邪禪者，良有以也！

亦是以此緣故，大慧宗杲又開示云：【老僧常與衲子輩說：「要參妙喜禪，須是辦得**一生不會**始得。」】（《大慧普覺禪師語錄》卷二十二）若有個禪和子，修正了參禪知見以後，忽然一日緣熟，築著、磕著，一把便捉住那無始劫來本自不會六塵底，見得祂從來不會六塵、不會佛法，然後依著祂的不會，不妨自己從此以後什麼佛法都會，卻可以向一切人道：「**從此以後，我一生都不會佛法。**」如是住於眞心君王**一生不會**之後，卻好一把捉住妙喜老漢，猛放一掌與伊，管保妙喜宗杲笑呵呵！

自顧自地休去方丈，還有什麼事？更有什麼佛法可說？到此時，大德正可將無心禪和名號取來自用，誰都管不著大德！平實也只能隨喜讚歎，更輕嫌一句不得！若不能如此，値遇眞悟祖師再來時，莫怪他向汝道：「似即似，是則不是。」只如這個一生不會底君王心，當如何體會？且來相見平實。平實甫聞大德開口問時，卻向大德道：「若論這件事，平實永劫從來不會。」

第七章　天童正覺禪師所悟者其實不由默照而得

天童宏智禪師之悟處，其實不由默照之法而得。非唯如是，他為人開示時，也不全教人靜坐默照，往往教人於一切境緣中默照，以覓如來藏君王心：【趙州洗缽、喫茶，不著安排，從來現成。若如是具眼，一一覷得徹，方是箇衲僧做處。】（《宏智禪師廣錄》卷六）此豈是靜坐默照之所得者？正是直指趙州老人為人處，並非只教人靜坐默照也！所以天童默照禪之法，非唯應當靜坐默照，更當於一切時中、行來去止之中默照；默照何物？默照如來藏之所在也！所以默照禪之法，非唯靜坐默照而已，更有四威儀中之默照也！如是默照禪，則同於平實所倡離語言文字之思惟觀也，則與天童所言一般無二：於趙州洗缽、喫茶之中具眼覷得，不由靜坐離念而得。

天童有時教人必須靜坐默照者，特因當時禪法流行之後，時人聰明特甚，總不肯下功夫死掉覺知心，總不肯下功夫修得基礎定力，縱使有朝一日眞的悟了，也只是個狂禪宗徒，只能效顰古德訶佛罵祖之表相，卻又不知古德訶佛罵祖之本意也！由是緣故，天童宏智有時不得不提倡靜坐默照之法，藉以拘束學人身心，欲令學人狂心安歇，而後繼之以正知見之開示，令得入處；如是，則悟後不墮狂禪中，此是天童禪師倡導默照禪之一番苦心所在！然而如是默照之法、之名，極易使人滋生誤會，終非悟入之良方，是以大慧責之，良有以也！

匪特如此，由天童證悟之過程，亦可知天童默照之法，絕非教人坐入一念不生境界中而以為悟：【（宏智禪師）腰包徑至汝州，香山成枯木一見，深所器重。一日聞僧誦蓮經，至「父母所生眼，悉見三千界」，瞥然有省。急詣丈室，陳所悟，山指臺上香合曰：「裏面是甚麼物？」師曰：「是甚麼心行？」山曰：「汝悟處又作麼生？」師以手畫一圓相呈之，復拋向後。山曰：「弄泥團漢，有甚麼限？」師云：「錯！」山曰：「別見人始得。」師應喏喏。丹霞淳禪師，道價方盛，師乃造焉。霞問：「如何是空劫已前自己？」師曰：「井底蝦蟆吞卻月，三更不借夜明簾。」霞曰：「未在，更道。」師擬議，霞打一拂子云：「又道不借。」師忽悟，作禮。霞云：「何不道取一句子？」師云：「某甲今日失錢遭罪。」霞云：「未暇打得爾，且去。」時二十三歲矣。】（前後文，請詳書末附錄：〈天童宏智禪師行業記〉）

由其證悟之公案觀之，天童宏智正是於談話開示中一念相應而得證悟，非從靜坐中漸次遠離妄念而住於離念靈知境界也。此二法者，一是頓法，一是漸法。

頓法所得爲第八識如來藏從來離念、本來離念，不因悟後方始轉令如來藏離念，悟前與悟後悉皆如是，永無變易，然而卻不妨意識離念靈知或時起念、或時無念，而所悟之如來藏識仍然無始無終的永遠無念。漸法所得則爲第六識覺知心有時隨妄念，有時隨淨念，有時住於定中而不起念；乃是「悟」時離念，離「悟境」時有念；「悟」時起淨念而於六塵境界中了了分明，離「悟境」時則起虛妄想之種種念而與語言文字相應；「悟」前有妄念，「悟」後離妄念。如是「悟」前與「悟」後時時變易、日日變易、夜夜斷滅之法，焉得是眞悟？

是故，眞悟之法定是頓法，無有漸法；漸法者必定落入見聞覺知了了分明之意識心境界相中，必定永與天童宏智所悟相違。當知眞悟之法，所悟之實相心，必定「於六塵外之萬法了了」分明，而且「常」知離念靈知心之所思所欲，正是第八識實相心也！有智者，其誰不願於此措心？

由是緣故，天童所悟者絕非今時錯悟者之離念靈知意識心，確是第八識如來藏也！別有其頌可證：【默默有得，靈靈無依；妙窮出沒，照徹離微。萬像齊收一印，三昧遍在群機；而今恁麼相隨去，終日如愚不我違。】（《宏智禪師廣錄》卷九）實相心體在三界萬法中靈靈運運，然而卻又可以獨自存在而無所依，譬如處於無餘涅槃位中。實相心體如來藏，神出鬼沒，老趙州稱之爲偷偷摸摸的「販私鹽漢子」，非獨凡夫眾生不能了知，乃至二乘聖人亦不能猜測之，故天童云「妙窮出沒」，非如離念靈知心出沒之時凡愚都知也！實相心體照徹離微，對於離念靈知心所不能知之六塵以外極微細諸法，都能照徹；對於離念靈知心不墮語言文字中之想法與意欲，也都能了知，所以說「照徹離微」。

天童有時又說祂「如愚如魯」，在這一段開示中則說：「終日如愚不我違。」實相心體從來都不會有我想、他想，從來都不會特地想要眾人知道祂在勞碌，從來都不會邀功或自賞，然而卻對眾生有求必應，從不拒絕，也不會失去聯絡，所以天童說祂「終日如愚不我違」，這都是離念靈知心所作不到的，而且是永遠都作不到的。由此可見天童之所悟，絕非離念靈知意識心也！今時倡弘默照禪而墮於離念靈知心中者，何不細究默照禪鼻祖天童禪師之開示？

古今禪師與學人，其誤會默照禪之原因，咎在誤會禪師開示之法語也！譬如宋時妙喜宗杲禪師舉其師叔佛眼禪師之語曰：【佛眼曰：「學者不可泥於文字語言，蓋文字語言，依他作解、障自悟門，不能出言象之表。」昔達觀穎，初見石門聰和尚，室中馳騁口舌之辯；聰曰：「子之所說，乃紙上語；若其心之精微，則未睹其奧。當求妙悟，悟則超卓傑立，不乘言、不滯句；如師子王吼哮，百獸震駭；迴觀文字之學，何啻以什（十）較百、以千較萬也。」】（《禪林寶訓》卷二）可見拘執於文字之人，古今同有，然而卻是於今為烈；專作學術研究者，不能自外於此，今時禪和不可不察。

然而今時禪和亦如古時一般，大多錯會祖師如是語，每多如此誤認：覺知心不可以理會語言文字之意義，只要能不住在語言文字的意思中，常常了然分明而不了知語言文字意義，即是開悟境界。如是誤會，古今同有，於今為多。譬如有僧問：「如何是佛？」趙州禪師答：「六六三十六。」有時答：「水上踢毬子。」又如有僧問：「如何是佛？」雲門答：「花藥欄。」有時則答：「乾屎橛。」有時則答：「胡餅。」如是之言，皆是意在言外，若從語言文字上著眼，則皆錯會，是故佛眼清遠禪師教人不可泥於文字語言。然而學人不知其中眞義，便以為覺知心不落在語言文字之意思中，又能清楚了了而不昏沉，便是開悟。可是這樣子的開悟，究竟生起了智慧沒有？究竟能否確實了知般若諸經眞義？能否以第三轉法輪方廣諸經八識心王之理檢查之後一一合轍？這才是自我檢驗之重要依準。

如今，諸方大師與諸禪和們，已然都不能了知雲門胡餅之眞實義了；但這卻不只今天才如此，自古以來，能確實了知雲門胡餅之眞實義者，本來即已稀少，非獨今時方才如此。誠如雪竇重顯禪師頌曰：「胡餅𡎺來（筆直的擲過來）已千年，至今天下有淆訛。」可見雲門擲來的胡餅，在雪竇重顯禪師時已經一千年了，當時仍然少有了知雲門胡餅眞義者，何況是去聖更遙的現在當今？如今諸方大師與諸學人則又別生誤會，每以爲：禪師所說莫著語言文字者，即是教人保持覺知心於離念境界中，不可依文解義，所以都用答非所問的手段答覆學人，目的是塞斷學人語言文字思想；只要能離語言文字而一念不生，那就是開悟的境界了。豈僅今時如此，大慧宗杲滅後六十年時的南宋以來虎丘一脈後人，早已如此也！大慧一脈自從明朝之時已多轉生西藏地區，冀能從根本改變西藏佛法，令得回歸正法。所以中原地區已都是虎丘一脈後人之離念靈知心天下了，如此一直傳至民國以來，一直都是如此。在此時空背景下，中國禪宗便開始有人大力倡導默照禪，誤以爲覺知心默照一切境界、默照自己一念不生，這就是默照禪的主旨所在，完全違背默照禪鼻祖天童宏智正覺禪師本意，眞可謂去道遠矣！

大慧宗杲勸人不可落在離念靈知境界中，所以就有種種破斥與開示，如同前來所舉，今不重舉。

天童宏智禪師既非由默照而悟，現前亦可證見修習默照之法者多入岐途；古時明朝、清朝固如是，其實宋時更已如是，今時亦復如是，欲得悟入，豈止甚難而已？由是緣故，宏智禪師座下多有後來改習大慧之看話禪而悟入者，便成爲虎丘當時之傳人，紹繼虎丘禪師法脈。且舉其一爲證：【……，不容以心意識領會；縱引證得、摶量得、領會得，盡是髑髏前情識邊事，生死岸頭定不得力。而今普天之下，喚作禪師長老者，會得分曉底，不出左右（左右二字，乃是指稱王教授）書中寫來底消息耳；其餘種種邪解，不在言也。密首座，宗杲與渠同在平普融會中相聚，盡得普融要領；渠自以爲安樂，然所造者，亦不出左右書中消息；今始知非，別得箇安樂處，方知某（某字乃大慧自稱）無秋毫相欺。今特令去相見，無事時，試令渠吐露，看還契得左右意否？八十老翁入場屋，眞誠不是小兒戲；若生死到來不得力，縱說得分曉，和會得有下落，引證得無差別，盡是鬼家活計，都不干我一星事。禪門種種差別異解，唯識法者懼；大法不明者，往往多以病爲藥，不可不知。】（《大慧普覺禪師語錄》卷二十九〈答王教授〉書函）

語譯如下：【……若眞要談論禪宗開悟這件事，可就不許用過去心、未來意、現在識而領會爲眞實心；假使落在心、意、識中（同一意識覺知心，古時依過去、現在、未來而說爲心、意、識），縱使引證得、摶量得、領會得，盡都是白骨邊、死猶未透的死人情識邊事，生死到來時一定不得力。而今普天之下，喚作禪師、長老的那些人，他們自稱體會得很眞確的東西，其實也都逃不出你的書信中所寫出來的東西；至於他們其餘的種種邪解，也就不必多說了。密首座這個人，我宗杲與他同在普融禪師座下一起學禪時，我們二人都已盡得普融禪師的要領了，（我宗杲不肯普融禪師的說法，所以就另外學法去了）可是密首座卻自以爲是證得安樂境界了，但是他所說、所教出來的法要，仍然不出你寫的書信中所說的內涵；到如今，密首座方始知非，終於（在虎丘禪師那裡）另外得到個安樂處，方才知道我宗杲對他沒有秋毫相欺。如今特令你就近去見他，閑著沒事時，不妨試著令他爲你吐露一些，看能不能契合你求悟的心思？你的歲數不小了，八十歲的老翁入闈場考試，眞的不是小兒遊戲，千萬得愼重小心；假使生死到來時使不上力，縱使說得清楚明白，與祖師公案相和時也能說得好像確實有下落了，能把公案取來引證到一點兒差別都沒有，那也都是死人家裡作的活兒，都與我一點兒也不相干。在禪門裡面，與祖師眞意有所不同的種種解釋與說法，將來都要負起因果的，這只有眞正識得佛法的人才會懂得懼怕，所以都不敢胡亂說法；但是那些不明宗門大法的人們，則往往大多是把病當作是藥，這種事情，你不可不知。】由此可知，落入意識心中，以病爲藥，誤人子弟者，古今皆然，所在多有。

大慧宗杲曾開示道：【若向這裡識得渠面目，方識得修山主道：「具足凡夫法，凡夫不知；具足聖人法，聖人不會。聖人若會，即是凡夫；凡夫若知，即是聖人。」還有識得者麼？若識得去，凡夫聖人孤峰頂上，十字街頭只在這裏。」】（《五燈全書》卷四十三）

語譯如下：【如果能向這裡認得祂的眞面目來，這時才會懂得紹修山主這麼說：「具足了凡夫法，可是凡夫卻不知道自己具足了凡夫法；具足了聖人法，可是聖人卻不會聖人法。聖人假使會了聖人法，這位聖人可就成了凡夫；凡夫假使知道了凡夫法，那可就是聖人了。」還有人知道紹修山主這些話的意思嗎？如果眞正懂得了去，其實凡夫與聖人眞心同住的孤峰頂上，以及「十字街頭解開布袋」的境界，都只在這裡面。】

且道：這裡又是哪裡？且仔細！

禪門之中多有淆訛，一不小心，就會自以爲悟；一不小心，就會被假名大師籠罩、欺瞞。若是自以爲眞的悟了，將來遇見眞悟之師時，難免被眞悟之師劈臉一掌，當禪師轉身走開之時，不免會丟下一句話：「似即似，是則不是。」

爾等諸方大師及諸禪和子們！若欲證取這裏、識得這裏，萬望速聽平實苦勸，莫再鎭日以覺知心爲眞，莫再鎭日赤裸裸地坐在離念寂靜境界中；何妨走向十字街頭，與眾生同光和塵去，方有悟緣。

亦呼籲弘揚默照禪的大師及學習默照禪的學人們：默照禪鼻祖天童宏智禪師的悟入，不是在靜坐中悟入的，而是在丹霞禪師的開示中悟入的；天童正覺禪師所悟的心，也正是第八識如來藏眞心，不是離念靈知；千萬不要錯會天童老人默照禪之眞義，趕快超越離念靈知的境界，以離念靈知心作爲工具而求覓第八識如來藏吧！平實且再舉大慧宗杲的懇切開示偈語，供養當代大師及諸禪和：

正月十四十五，雙徑椎鑼打鼓；
要識祖意西來，看取村歌社舞。

第八章　破邪顯正乃中國佛教宗門傳統家風

【眞淨和尚退洞山，遊浙至滁州瑯琊起和尚處；因衆請小參，眞淨貶剝諸方異見邪解，無所忌憚。下座，見起和尚，云：「堂頭在此，賴是別無甚言語。」起云：「爾也得也！」二人相顧大笑而去。】（《大慧普覺禪師宗門武庫》）

語譯如下：【眞淨克文禪師退掉洞山住持之位，遊行來到滁州瑯琊山起和尚處；有一天，因大衆請求與他小參，眞淨克文禪師在小參時，分析諸方大師對佛法之異見邪解，並且大力貶斥之，一點兒忌諱也沒有。小參後下座時，方才看見起和尚也隨同大衆一起在聽，眞淨克文禪師就向起和尚說：「原來堂頭和尚也在這裡聽講，好在你沒有站出來說什麼話（否則也會被我破斥）。」起和尚說道：「你倒是說得好啊！（言外之意爲：你說到這裡也就夠了，何必再多舌。）」兩個人就相顧大笑的走了。】（平實案：寶峰雲庵　眞淨克文禪師，名氣雖然不大，卻是先師　克勤圓悟極爲敬佩之大師，他曾頌華嚴事事圓融法界：「事事無礙如意自在，手把豬頭口誦淨戒；趁出淫坊來還酒債，十字街頭解開布袋。」（《釋氏稽古略》卷四））

由　眞淨克文大師的作略以觀，當知藉著摧破邪說來顯示正法，即是中國佛教宗門之傳統家風也！眞淨克文禪師雖是客人，一旦進得小參室主持小參，則絕對不賣人情，乃至對住持和尚（堂頭和尚）也一視同仁的看待；假使堂頭和尚出來說話時，說法有誤，眞淨克文禪師一樣會加以當面破斥、不留情面。這就是中國傳統佛教的禪門家風：只觀法義對與不對，不論人情與面子。中國佛教禪宗之所以能夠代代相傳不絕，一直都有正法久住，正因爲有此良善門風，所以使得錯悟之大師們不能永遠誤導學人，禪門才能永遠保持清淨純眞之家風，維繫禪宗千餘年不墜。

這就像台灣各級政府單位都設有政風處一樣，如果政風處的人員不肯確實行使他的職權與責任，或與貪污者同流合污，那個單位就會滋生腐敗；禪門也一樣，如果眞悟之師不肯依照禪門宗風來踐履破邪顯正以救學人的義務，禪宗正法就會被錯悟之師魚目混珠，漸漸轉變爲常見外道法了。因爲錯悟之人在任何時代中，一定都是多數人；因爲開悟很難的緣故，所以眞悟之師永遠都是少數人；所以歷朝各代一定都是眞悟之師少，而錯悟之師多；眞悟之師又因實證無我性、涅槃性的證量，所以都不求名聞與利養，不想大肆宣傳求名、聚徒，勢力一定都很小；這時就只有一個方法可以維持宗門正法純淨了，那就是破斥邪說，提出來與正法眞理作比較，學人才能夠分辨了義正法與表相正法的差異所在，所以 玄奘大師說：「若不摧邪，難以顯正。」道理就在這裡。

表相正法往往誤導學人落入離念靈知心中，不能斷除常見外道所墮的我見；表相正法弘傳者，若不是自以爲悟，若不是爲學人大膽的作錯誤的印證，而表示尚不能稱之爲悟，則表相正法的住世是有益的。若是以意識心作爲眞心如來藏而爲人印證，堅持離念靈知心即是眞心，則已成爲破壞正法的邪法，學人對此不可不知。

佛門之內只有二種人：第一種人是一直都被誤導的人，第二種人則是一直在誤導別人的大師。這二種人都會不斷的破斥眞悟者所弘正法。若能跳脫於這二種人以外，則見道之期不遠，或三、五年，或三、五生，必定見道，就不在這二種人之中了。然而第一種人，大多不承認自己是被誤導的人；他們迷信有名氣的大師，對正法之師所說正理書籍，永遠都拒絕閱讀，甚至於要求他們詳細閱讀以便找出眞悟者之毛病來，他們也是不肯的；這一類人永遠對大師的誤導言語絕對信受奉行，一生都不改易，可謂救度無門者。未悟之人，或已被大師誤作印證之錯悟者，都已成就大妄語業；然而這些人大多不肯正視這個事實，極力迴避所應作的補救行爲，只願繼續陶醉在已被印證後的「開悟聖者」虛假身分中，可憐極了！

平實語重心長的提示這個道理，願大眾都能醒覺：自身悟錯而又將冬瓜印錯予他人印證之大師們，在平實諸書出版流通之後，其實心中早已知道自己悟錯了，只是嘴上不方便承認；但是午夜夢迴時，何嘗不是悲恨交加？然而爲欲保持名聞與利養故，爲免信眾大量流失故，不得不繼續公開宣稱自己所悟眞實，藉以籠罩座下弟子及諸學人。這是依於他們眼前的身分與立場上，不能不作這樣的行爲。畢竟：古時遇上盧行者的印宗法師，在人間確實是很難得的；而且盧行者當時雖是居士身，但是他有五祖弘忍的印證，也有達摩大師代代相傳下來的法衣爲憑，更有他來到南方已十五年的傳說流傳著，印宗法師就比較容易信受他。至於平實個人，既無大師印證，也無法衣爲憑，又現居士身，大法師們又很看重面子與眷屬，當然平實更難獲得大法師們的信任，此是可以想見的事，所以信者必須有久學菩薩之智慧，方能相應。

然而爲諸學人、爲諸已被大師錯予印證的佛弟子大眾設想，則不能不說：大師們爲了自己的身分、道場的生存，所以不得不繼續籠罩四眾弟子。然而學禪者、求悟者、求證佛法般若者，爲了大師們在名聞利養考慮下而說的話，生信不疑而繼續被誤導、繼續追隨大師們抵制正法，對自己此世的道業、對自身未來世的前途，究竟有何利益？又對廣大的學佛人有何利益？是否會因為自己繼續大力護持錯悟的大師們，而使得廣大學佛人的佛法利益受到更大的傷害？這個因果是不是都會由未來世的自己來承擔？大師們捨壽後能為您承擔嗎？這是當代學禪者很現實的大問題，是一切禪宗學人必須面對的首要課題，也是一切護持大師們把佛法常見外道化的人們都應該早日思惟的課題。不知佛門四眾能否聽進心中去？為自己此世道業設想，為佛教的未來設想，也為廣大學佛人的今世與來世設想，更為自己的今世與來世設想，是否應該加以檢討與思惟？難道您願意此世及來世繼續被大師們的常見外道見耽誤法身慧命嗎？難道您願意繼續被大師們錯誤印證而犯下大妄語業嗎？難道您對此都不想加以補救嗎？

誤人法身慧命之假名大師，古今比比皆是，非獨現今末法時世也！且舉千年前大慧宗杲所說為證：【此輩名為可憐愍者，教中謂之謗大般若、斷佛慧命人，千佛出世不通懺悔；雖是善因，返招惡果。寧以此身碎如微塵，終不以佛法當人情。決要敵生死，須是打破這漆桶始得；切忌被邪師順摩捋，將冬瓜印子印定，便謂我千了百當。如此之輩，如稻麻竹簽。】（《大慧普覺禪師語錄》卷三十）所以說，古時被錯悟大師亂印證的事情，也是如同稻麻竹篾一般多，非唯現今也！由此可知此事之嚴重性。

多聞多解之人，只得上座說法而作經師，只名說食數寶者，終不能眞入經中宗旨住地，是故宗門之中毫釐昧卻不得，昧得即須招棒也：【大愚芝和尚會中有僧，日誦金剛經一百遍。芝聞得，令侍者請至，問曰：「聞汝日誦金剛經一百遍，是否？」僧云：「是。」芝云：「汝曾究經意否？」僧云：「不曾。」芝云：「汝但日誦一遍，參究佛意。若一句下悟去，如飲海水一滴，便知百川之味。」僧如教，一日誦至「應如是知、如是見、如是信解，不生法相」處，驀然有省，遂以白芝。芝遽指床前狗子云：「狗子呢？」僧無語，芝便打出。】（《大慧普覺禪師宗門武庫》）

此僧原以爲眞悟了，來求大愚禪師印證；一見之下，原來還是錯悟，大愚禪師便當場打出，可惜此僧仍然錯過。所以讀經而悟者，仍須別見眞悟之師始得；切不可就自以爲悟，否則恐將招來大妄語之罪，亦恐難免妄說佛法、誤導眾生之大罪也。此謂宗門之法深細難會，所以古今經師雖然難計其數，眞能悟入者卻是寥寥無幾；是故針對經教而作研究者，乃是學術研究，是作學問者誤會佛法後的一己觀點，絕非學法正途，讀經者當以大愚欲度之僧人爲鑑，當以今時印順法師爲鑑，亦當以追隨印順的星雲、證嚴、昭慧法師等人爲鑑。雖說讀經而悟者，應當親見善知識以求印證，以免錯會之後卻自以爲悟，成就大妄語罪，所以不鼓勵悟前廣讀經論；然而破參之後，卻又無妨讀經學論，此謂經論中所說者，盡是汝所悟之家裡事，無一能離所悟之心也。

中國佛教宗門傳統破邪顯正救護眾生之事，非唯現今當代惹人厭惡，古時已然，欲求不招錯悟諸師之非議與抵制者極難可得，是故今時平實爲救學人而破斥邪說以顯正法者，必招眾多錯悟大師居士之非議者，殆亦勢所必然者。如斯破邪顯正以救學人而被誹謗之事類，古已有之，非唯現今；有文爲證，今且舉與諸方共知。譬如嘉興府興聖禪寺虛堂和尚妄謗楊岐宗五祖法演禪師云：【五祖演和尚。師之道兮不可得而稱，師之德兮不可得而述，師之行兮不可得而聞，師之業兮不可得而見。道、德、行、業，聞見稱述，世人昭昭然；若其荷佛祖慧命於將仆之際，轉凡夫於賢聖之域，是謂之東山老人，吾不得而知焉！】（《虛堂和尚語錄》卷第六）

他對於佛門中公推東山老人五祖　法演禪師爲荷佛祖慧命於將仆者，心中不以爲然，更言東山老人無道可稱、無德可述、無行可聞、無慧可見；認爲五祖　法演之「道、德、行、業」都無可稱述者；所以眾人認爲「東山老人荷佛慧命於將仆之際」的說法，他不肯認同，所以說「吾不得而知焉」；意謂不知五祖法演有何續佛慧命之貢獻，其意極明：不認同別人對五祖法演續佛慧命之評價也！

然而考據宋時、宋後之宗門正法，曹洞門下宗門正法只傳至天童宏智正覺，宏智之師丹霞淳禪師之其餘弟子，後來也都失傳正法，只餘法脈表相流傳。據《百丈叢林清規證義記》卷七云：【「第五卷至第七卷，辯洞宗世次備考：洞山至芙蓉楷，楷傳鹿門覺，覺傳青州辯，辯傳磁州寶。寶下一派相傳至今，又楷傳丹霞淳。」】丹霞淳座下出了一個天童宏智廣傳曹洞宗正法，然而宏智雖然名震一時，曹洞宗門正法卻因爲他主張默照之法來參禪，因此而未延續下來；自從天童宏智入滅後，曹洞一宗正法亦隨之而滅，中原漸漸只有臨濟一脈尚有宗門密意續傳，此後都是五祖法演禪所傳下來的克勤、大慧等後人賡續傳之；如是以觀，若無五祖法演大師之傳克勤大師，又豈有延續至今之宗門正法可言？東山法演之前已是如絲如縷，幾欲中斷；直至東山法演時，度了克勤佛果等三人之時，方始漸有中興氣象，而至大慧之時大振宗風。此爲禪宗歷史事實，則古人之言「東山老人荷佛慧命於將仆之際」的說法，確屬正眞之言也！然而虛堂和尚心中不服，更爲文否定之。由是故說：自以爲悟之師，必對眞悟之師加以抵制；非唯今時如是，古時已然。

虛堂法師又謗　克勤圓悟大師云：【尸碧岩，謗乳竇；擊高庵，據甌阜；此皆人所議論不到，說甚麼減竈法、無文印。盡情約下，置而勿論。或曰毀譽不在乎兩端之間，蕘苴翁別有長處。咄！】（《虛堂和尚語錄》卷第六）乳竇者，乳峰雪竇重顯禪師也。虛堂法師此說仍是誣謗，蓋　克勤大師曾專舉雪竇頌古一百則，細加開示、大力讚歎，以示學人，正可謂對雪竇禪師讚譽有加，絕非謗雪竇之人，今仍有《碧巖錄》行世爲證；復次，既於碧巖大弘宗門，留有《碧巖錄》妙語可稽，焉可稱之爲尸位素餐而謗爲「尸碧巖」？可知虛堂「禪師」妄謗聖位菩薩，其過非輕也！至於「擊高庵、據甌阜」等說，亦是虛妄之言，篇幅所限，且置勿言。

克勤先師紹承　法演禪師，上溯楊岐方會一脈，法之正眞與深廣奧妙，平實所曾親聞而未記錄之者，絕非世人所能臆想也！又豈虛堂凡夫所知者哉！而妄謗之。又：　勤大師在世時，亦曾私對數人力讚雪竇，並留有諸頌，頌中曾謂自身再參四十年，亦到不得雪竇之境界。焉可誣之爲誹謗乳峰雪竇者？故知虛堂所言皆虛，唯因自宗所悟非眞，代代續傳之後仍墮意識境界，常被眞悟之大慧後人破斥，其心不能安忍，乃作虛謗之言也！虛堂餘評，由此可知，即不需一一枚舉也！

虛堂又謗大慧宗杲禪師云：【前無釋迦，後無達磨；罵雨罵風，祇要做大；黑漆竹篦，胡打亂打；是佛是魔，劈面便唾。因茲天降其咎（「天」字是高推宋高宗），衡陽、梅陽十七年，呑飢忍餓；將謂萬里生還知非，元來一星子不曾改過。者般瞎禿得人憎，天上人間無兩箇。咄！】（《虛堂和尚語錄》卷第六）更是痛罵大慧宗杲爲瞎眼的禿子，說是他所痛恨、憎惡之人，最後還向大慧吐口水：咄！

虛堂之謗 克勤、大慧者，時在南宋理宗紹定二年之後，距大慧入滅，不過大約七十年而已。由是古時所載史實觀之，今時平實顯示正理而未曾評論星雲、證嚴等人，卻已先被星雲、證嚴……等人誣謗爲邪魔、爲外道、爲法義有毒，以致不得不寫入書中加以回應者，亦是勢所必然者也！復被大陸徐恆志、劉東亮、上平居士（黃明堯）……諸多同墮離念靈知意識境界者，在網站上貼文誣謗爲十大外道之一，而又不能如實舉證平實眞是外道，只能以誤會平實眞義之說法，以誣平實；凡此等事，殆屬五濁惡世所必然者，誠不足奇也！然而破斥邪說以顯正法之異於邪說者，乃是中國禪宗自古以來之門風，不論宗門中誤會正法者如何誹謗，各代正法之師皆必繼續傳承此一良善門風，繼續破邪顯正以救學人、以續宗門正法之流傳。至於因此必定在生前死後遭謗之事，皆非眞悟之師所掛心者。

非獨五祖法演、克勤圓悟、大慧宗杲極力破邪顯正，天童宏智正覺禪師亦復如是，同一破之：【師乃云：「馬祖與百丈行次，聞野鴨子聲，祖云：『是什麼？』丈云：『野鴨子。』祖云：『什麼處去也？』丈云：『飛過去也。』祖扭百丈鼻頭，丈作痛聲，祖云：『何曾飛去？』丈脫然有省。次日，祖陞堂，丈卷席。你看他相見底時節在什麼處？如今有般漢，杜杜撰撰便道『你纔陞堂，我便卷席』，有甚麼用處？直是千里、萬里。百丈後來再參馬祖，被祖一喝，三日耳聾。只如馬祖一喝，還分外著得事麼？還分外有做道理處麼？若也箇時承當不下，草草地，又是業識流注。若是坐得斷、幹得開，一絲一糝立不得，喚甚麼作『再參馬祖』？其間毫髮不容，若分外著得些子，不喚作三日耳聾。不見雪竇道：『大冶精金，應無變色。』而今有般漢，體不到、見不徹，使鉤、使錐作道作理，埋沒自己，帶累先宗。若是洗不淨潔，脫不了當，又向這裏添一重去也，喚作泥裏洗土塊。後來黃檗問道：『從上宗乘，如何指示？』百丈良久，蘗云：『不可教後人斷絕去也。』丈云：『將謂汝是箇人。』古人也有恁麼時節，雖離語言而語言具足，雖出音響而音響分明，爲甚麼百丈卻道『我將謂汝是箇人』？有底道：『默處是。』豈不見外道問佛：『不問有言，不問無言。』世尊良久，外道贊歎：『大慈大悲，開我迷雲，令我得入。』阿難問云：『外道有何所證？便道令我得入？』世尊云：『如世良馬，見鞭影而行。』」】（《宏智禪師廣錄》卷五）所以天童宏智禪師也是常常破斥邪說、以顯正法者，證知破邪顯正以救學人之宗風，乃是中國禪宗傳統佛教宗門之古風也，非獨今時平實方始爲之也。

眞禪師者不拘小節，一般禪人則多村婦之仁，不事究明大義，不貴救護眾生離於邪見，每墮村婦之仁而以小節要我，將平實破邪顯正以護正法、以救學人之義行，顚倒說爲誹謗僧寶。然而，有大師專以常見外道法來取代 佛陀正法，有大師專以大妄語惡業加諸於學人，令學人於多後世生於惡趣者，豈非罪大惡極者？可言平實大力破邪以救眾生爲惡行乎？如斯大師豈非佛門獅子身中蟲？而今平實據實舉證、據理析之、據教剖之，如是護教救人，可以謗僧之名誣之乎？然而學人迷昧，隨於表相大師不分是非之言而轉，寧可繼續被大師們所害，寧可佛教繼續被大師們易以外道法，如是心態與邪想，誠難知之，唯可謂之爲愚癡昏昧爾。

今舉五祖 法演禪師眞實典故，以明古時禪門中之俗人如何攀誣賢聖之事，有智學人讀此，其誰不知今時攀誣證悟者之私心乎：【五祖演和尚，依舒州白雲海會端和尚，咨決大事，深徹骨髓。端令山前作磨頭，演逐年磨下收糠麩錢，解典出息，雇人工及開供外，剩錢入常住；每被人於端處鬥諜是非云：「演逐日磨下飲酒食肉，及養莊客婦女。」一院紛紜。演聞之，故意買肉沽酒，懸于磨院；及買坯粉，與莊客婦女搽畫；每有禪和來遊磨院，演以手與婦女揶揄語笑，全無忌憚（故意如此，方有機會使住持和尚辭掉他的磨頭職務）。端一日喚至方丈問其故，演喏喏，無他語；端劈面掌之，演顏色不動，遂作禮而去；端咄云：「急退卻（趕快退掉你的職事）！」演云：「俟某算計了，請人交割。」一日（法演）白端曰：「某在磨下，除沽酒買肉之餘，剩錢三百千（餘錢共有三十萬），入常住（已繳入常住庫房）。」端大驚駭，方知小人嫉妒。時秀圓通爲座元，受四面請，即請祖（五祖法演）爲第一座。】

《大慧普覺禪師宗門武庫》

五祖　法演禪師之師兄弟，尚且因爲俗事而誣謗之，何況錯悟大師之法由於平實之妙義而間接顯示其錯悟，間接影響了他們的名聞與利養，又怎能不否定平實、誹謗平實？是故平實橫遭妄謗者，亦是勢所必然也！除非平實所悟與諸大師一般落入意識心中，方能相安無事。是故，參須眞參，悟應眞悟；叢林宗門之中一向容不得沙子，從來不許魚目混珠，是故悟者相見之時，必須釐清，不許絲毫打混。有宗門眞實典故爲證，今時宗門禪和，理當正視此一宗風而遵循之：

【師（大慧禪師）一日云：「我這裏無逐日長進底禪（我這裡沒有漸漸悟入的禪）。」遂彈指一下云：「若會去，便罷參。」乃云：「今時一般宗師爲人，入室三、五遍，辨白他不出，卻教他說悟處；更問：『爾見處如何？』學人云：『某見處說不得。』卻云：『爾說不得，我如何見得爾去？』若恁麼地，如何爲人？不見泉大道到慈明，明云：『片雲生谷口，遊人何處來？』泉云：『夜來何處火，燒出古人墳？』明云：『未在，更道。』泉便作虎聲，明便打一坐具；泉推明向禪床上，明卻作虎聲；泉云：『我見八十四人善知識，惟師繼得臨濟宗風。』看他恁麼問答數句子，哪裏便是見他處。須是如此始得。】（《大慧普覺禪師宗門武庫》）是故禪宗有一句名言：「入門須辨主，當面分緇素。」

大慧一生所弘宗門法教，都不是一念不生的境界，不由靜坐而一日一日漸漸長進離念靈知境界，故說「我這裏無逐日長進底禪。」後來雍正皇帝對大慧最不滿之處，即是在此。此謂雍正以覺知心離念爲悟，必須長時間觀察當人覺知心是否常常離念，逐日長進離念境界，以之作爲是否證悟之勘驗處也！然而大慧之法即不如是，都不以覺知心是否無念作爲勘驗證悟之準繩，單於對答及宗門機鋒之中，便可勘驗之也！而此一法，雍正所墮之離念靈知心境界，絕對無法想像與運用，由是緣故，雍正對大慧禪師深惡痛絕。然而「逐日長進底禪」亦正是當今諸方大師之所墮，與雍正無異，由是而必痛恨平實同以大慧之法及公案勘驗悟者，是故往往謗余；其心行，思亦可知矣！

今時諸方自道開悟之大師，或有至今仍不改其陷害他人入大妄語罪之言行者；他時異日若得空閑時，平實則當親歷諸山長老，一一勘過；屆時莫如福長老當場推辭或者遁去！且舉福長老故事以饗諸方誤人男女、誤己子弟之大師們：【長蘆福長老，道眼不明；常將所得施利，往上江齋僧。圓通秀禪師聞之，往驗其虛實。適至，見福上堂云：「入荒田不揀，可殺顢頇。信手拈來草，猶較些子。」便下座，秀大驚曰：「說禪如此，誰道不會？乃謂諸方生滅。」遂躬造方丈禮謁，具說前事，仍請益提唱之語；福依文解義，秀曰：「若如此，諸方不謾道『爾不會禪』。」福不肯，秀曰：「請打鐘集眾，有法秀上座在此，與和尚理會。」福休去（福長老不肯依請上堂議論宗門下事而離去）。】（《大慧普覺禪師宗門武庫》）所以，裝模作樣之事，只需讀多了祖師公案語錄，誰不能好好的演幾場禪戲？不怕天下禪子們不被籠罩；然而終究過不了眞悟菩薩法眼鑑照，免不得菩薩手裡痛棒。近代學得最像的禪師，即是月溪法師也！然而後來依舊不免平實處處破之，令其「台灣後人」難堪無已。

今借祖師語，普勸當代諸方大師：【照覺禪師，自泐潭移虎谿，乃赴王子淳觀文所請；開堂後，百廢並舉。陞堂小參，入室無虛日，嘗言：「晦堂、眞淨同門諸老，秖參得先師禪，不得先師道。」大慧宗杲禪師曰：「蓋照覺以『平常無事、不立知見解會』爲道，更不求妙悟；卻將諸佛、諸祖、德山、臨濟、曹洞、雲門眞實頓悟見性法門爲建立（卻認爲諸佛、諸祖、德山、臨濟、曹洞、雲門眞實親見成佛之性的法門，認爲都只是方便建立之法，不是眞實法），楞嚴經中所說『山河大地皆是妙明眞心中所現物』爲膈上語，亦是建立（又認爲楞嚴經中所說「山河大地皆是妙明眞心中所現物」的聖教，是粗淺的說法，也是建立之法）；以古人談玄說妙爲禪，誣枉先聖、聾瞽後昆。眼裏無筋、皮下無血之流，隨例顚倒，恬然不覺，眞可憐憫。圓覺經云：『末世眾生希望成道，無令求悟，**唯益多聞，增長我見**。』又云：『末世眾生雖求善友，遇邪見者未得正悟，是則名爲外道種性；**邪師過謬，非眾生咎**。』豈虛語哉？所以眞淨和尚小參云：『今時有一般漢，執箇平常心是道，以爲極則。』天是天、地是地，山是山、水是水，僧是僧、俗是俗；大盡三十日，小盡二十九，並是依草附木，不知不覺，一向迷將去。忽若問他：『我手何似佛手？』便道是和尚手。『我腳何似驢腳？』便道是和尚腳。『人人有箇生緣，哪箇是上座生緣？』便道某是某州人氏。是何言歟？且莫錯會！凡百施爲，秖要平常一路子以爲穩當，定將去，合將去，更不敢別移一步，怕墮落坑塹；長時一似生盲底人行路一條杖子，寸步拋不得，緊把著憑將去。晦堂和尚謂學者曰：『爾去廬山無事甲裏坐地去，而今子孫門如死灰。』良可歎也！」（《大慧普覺禪師宗門武庫》）此豈不是古時錯悟大師誤人之具體事例？豈僅今時有之？是故今時錯悟大師誤人者，亦是平常事爾；只因諸方大師各個都陷學人於大妄語業中，然而大眾悉皆習以爲常，不知已墮大過中；平實見之，不能忍人之忍，是故發心救之，以此爲大事也！

宗門之內，稍有淆訛，一切悟者即不見肯，古即有例，舉以爲證：【宣州興教坦禪師，溫州牛氏子，世業打銀；因磨洗銀瓶次，忽有省，遂出家受具；遊方，爲瑯琊廣照之嗣。懷禪師住興教，坦爲第一座。及懷受別請，欲舉坦繼住持；時刁景純守宛陵，懷恐刁涉外議，乃於觀音前祝曰：「若坦首座道眼明白，堪任住持，願示夢於刁學士。」刁夜夢牛在興教法座上。懷凌晨辭州，刁舉夜所夢，懷大笑。刁問其故，懷曰：「坦首座姓牛，又屬牛。」刁就座，出帖請之，坦受請陞座。有雪竇化主省宗，出問：「諸佛未出世，人人鼻孔遼天；出世後，爲什麼杳無消息？」坦云：「雞足峰前風悄然。」宗云：「未在！更道。」坦云：「大雪滿長安。」宗云：

「誰人知此意，令我憶南泉？」拂袖歸眾，更不禮拜。坦云：「新興教，今日失利。」便歸方丈，坦令人請宗至云：「適來錯祇對一轉語，人天眾前，何不禮拜蓋覆卻？」宗云：「大丈夫膝下有黃金，爭肯禮拜無眼長老？」坦云：「我別有語在。」宗乃理前語，至「未在！更道」處，坦云：「我有三十棒，寄爾打雪竇。」宗乃禮拜。】（《大慧普覺禪師宗門武庫》）是故眞悟之人，不禮未悟凡夫也！即使名聞公卿之大法師，亦不禮之，何況奉之爲師？此乃是禪門自古以來之規矩也！與慢抑無慢無關，皆爲崇隆宗門正法故，皆爲遵循大乘別教之尊卑佯序故。

又如天童宏智正覺禪師，對於錯悟之人，亦不可之：【舉：水潦和尚問馬大師：「如何是佛法大意？」馬祖與一踏倒，水潦豁然大悟，起來呵呵大笑云：「百千法門，無量妙義，祇向一毫頭上識得根源去。」師云：「馬大師不合放過，待伊起來恁麼道，但問：『祇這一毫，從什麼處得來？』待伊擬議，更與一踏。」】（《宏智禪師廣錄》卷三）必須確實勘驗過了，方許認可；所以天童宏智禪師對於水潦和尙之悟，認爲尙待勘驗，不肯馬大師之粗略認可水潦。此非天童有慢而輕於馬大師，乃因馬大師初出道時，便如平實初出道時一般，驗人太過寬鬆，唯以一次機鋒驗之，有時錯勘，故有大梅法常、汾州無業二人之錯悟後一世誤導眾人。

又如牛頭法融禪師之未悟，而時人誤以爲悟，天童亦不肯之，如其《四祖大醫道信禪師贊》云：【授屈眴衣，秉毘盧印；師坐西山，名稱東震。蜂服之粉兮春蜜之滋，蚌腸之珠兮夜蟾之孕。遠氣呈祥靈枝發旁，牛頭接得融居士，華鳥不來庵外忙。】（《宏智禪師廣錄》卷九）牛頭山法融雖然身爲具足大戒、三衣一鉢、草衣木食之住山獨修苦行法師，天童仍以居士觀之、稱之，謂其尚未眞入佛門，知見同於未曾出家之居士故；殆以心出家爲眞出家，非以身出家爲眞出家也！所以天童對於牛頭之未悟而被認定爲悟一事，不能同意，故意以居士稱之，故說：「四祖在牛頭山只是接引到一個融居士。」（關於「花鳥不來庵外忙」一句之意，詳見公案拈提《宗門正眼》第九十九則，此處略而不述。）

乃至靈雲禪師之見桃花也，實猶未在，是故天童亦不肯之；亦如當時人每倡言香嚴禪師是聞擊竹之聲而悟道，天童亦不肯之，故有如是言語：【上堂云：「聲色見聞鬧浩浩，恰似兒時鬥百草；兩家拈出一般般，相對無言點頭笑。好笑！好笑！人人盡道香嚴擊竹『響』而明心，靈雲『見』桃花而悟道，還端的也無？當時到即不點，而今點即不到。」】（《宏智禪師廣錄》卷一）香嚴本非聽聞擊竹之聲而見道，其聞聲也，亦只表相，人莫之知也！此中關節，唯有眞悟之人方知，是故天童舉以評論，不肯一般禪和所說。靈雲「見」桃花而自以爲悟，卻是當時及後代眾多眞悟之師多所評論者，天童亦自不肯靈雲。如是二事，天童頌出了，後頭更加上「好笑！好笑！」二句，顯示他對世人誤認此二件公案之事，大爲不滿。

天童又舉靈雲之錯悟示眾云：【示眾，舉：靈雲道：「三十年來尋劍客，幾回葉落又抽枝；自從一見桃華後，直至而今更不疑。」玄沙云：「諦當！甚諦當！敢保老兄未徹在。」師云：「靈雲悟桃華，玄沙旁不肯；昭昭然，此心分明；隱隱也，放身未穩。放得穩，八兩元來是半斤，鉤頭秤尾能平等。」】（《宏智禪師廣錄》卷四）

又評論云：【是他道：「三十年來尋劍客，幾迴葉落又抽枝；自從一見桃花後，直至如今更不疑。」諸兄弟！是渠三十年恁麼做爾，若今日肯休肯歇、肯放肯捨，常教豁豁地，第一莫將來，將來不相似；便能騎聲跨色，超見越聞，一切處自在，一切處透脫，一切處應現，一切處圓成，何處更有一絲毫隔礙來？】（《宏智禪師廣錄》卷五）所以天童之意謂：靈雲所見底，還需放捨休歇，方能無隔礙（靈雲落在識陰的見聞覺知性中，自誤誤人三十年）。縱使當時諸方大師認定靈雲已悟，天童依舊不肯，數度提出來評論，只爲破邪顯正一事本是宗門家風故。

天童又對靈雲提出評論云：【青桑柳暗山前路，麥腳含滋一鋤雨；陽林桃是舊家春，冷眼靈雲合頭語。】（《宏智禪師廣錄》卷八）合頭語，是指學人抱著一句話頭，始終參不破；天童說靈雲死抱著一句話頭，至今未曾參破，卻自以爲悟了，所以他以悟者身分冷眼看待靈雲，要看他能說出什麼家裡人的話來？這又是另一次的公開評論靈雲禪師，勸人不要像靈雲一般落入見聞覺知心中，否則即與靈雲一般，同認意識心去也！

然而靈雲禪師當年遭受諸方檢點，後來苦參，三十餘年後終於悟入，此後說法爲人時便大異於前，譬如天童後來亦舉靈雲悟後開示之公案云：【舉：（鏡清問靈雲：「混沌未分時如何？」雲曰：「露柱懷胎。」清云：「分後如何？」雲曰：「如片雲點太清。」清云：「祇如太清還受點也無？」雲不對；清云：「恁麼即含生不來也。」雲亦不對；清云：「直得純清絕點時如何？」雲曰：「猶是眞常流注。」清云：「如何是眞常流注？」雲曰：「似鏡常明。」清云：「向上更有事否？」雲曰：「有。」清云：「如何是向上事？」雲曰：「打破鏡來，與子相見。」）師（天童禪師）云：「分與未分，玉機夜動；點與不點，金梭暗拋。直是一色純清，未得十成安穩。且道：打破鏡來，向什麼處相見？還會麼？清秋老兔吞光後，湛水蒼龍蛻骨時。」】（《宏智禪師廣錄》卷三）

這回可是認定靈雲已經悟了！所以他後來舉示靈雲與鏡清禪師的對話（鏡清道怤禪師當時還在參學階段，尚未悟入），作爲開示學人悟入的機緣。此時天童舉出靈雲悟後的開示：【清云：「直得純清絕點時如何？」雲曰：「猶是眞常流注。」清云：「如何是眞常流注？」雲曰：「似鏡常明。」】看他靈雲悟後，不再以能見能知之心爲常住法，所以鏡清當時問：「靜坐到完全純清絕點時，是不是已經悟了？」靈雲答道：「那仍然是眞常心的流注——眞常心如來藏所收藏的覺知心種子流注不絕，才會有純清絕點的離念靈知境界。」鏡清禪師至此，知道離念靈知心仍是眞常流注所生的虛妄境界；但心中仍有疑問，想要弄清楚，所以再度問云：「如何是眞常流注？」靈雲答道：「就好像鏡子一直都很明亮一般。」鏡清聽了，確定自己沒有誤會靈雲禪師的意思，知道自己靜坐所得的離念靈知境界虛妄，所以把以前的證境給丟開了，便問：「從純清絕點的境界中，是否還有再往上進修的事情呢？」靈雲禪師指示說：「有。」鏡清就問：「如何是從純清絕點的境界中再向上進修的事？」靈雲答說：「等你把鏡子打破了再來，我那時再與你家裡人相見。」

天童禪師舉出靈雲後來證悟的這件公案以後，接著就講出他的開示：「眞心妄心已經分清楚，或者尚未分清楚的人，其實眞心都是尊貴的在暗裡運作的；禪師爲人點出來，或是不爲人點出來，其實也都是把尊貴的金梭（眞心）在暗中一直在拋來拋去的，只看學人瞧不瞧得見罷了。就算是坐到一色純清的迥無雜念境界中，也還是尚未十成安穩的。你們倒說說看：靈雲要鏡清打破了鏡子再來，究竟是要與鏡清在什麼處相見呢？你們還能體會嗎？我告訴你們：在秋天節氣清明的月亮把光明隱沒了以後，那就是清純澄湛水中的蒼龍到了該脫胎換骨的時節了。」

由此一公案看來，天童是絕對不承認靈雲悟前的見聞覺知境界的；但是到後來，靈雲在許多禪師檢點他以後，努力攝取正知見、努力參究以後，終於悟了，天童對他的證悟也是一本初衷的依照「正邪分明」原則而加以舉示，公開爲他證明。所以後來就對靈雲加以認同，並且針對靈雲指示鏡清道怤的正中來開示言語加以肯定、加以認同，才會說：「在秋天節氣清明的月亮把光明隱沒了以後，那就是清純澄湛水中的蒼龍到了該脫胎換骨的時節了。」也就是說，學禪人修到純清絕點的離念靈知境界時，仍然還有向上一路等著他去突破，所以說：湛水澄清時節，正是向上突破而親證如來藏之時；證得如來藏之後，才算是脫胎換骨的金龍，可以在天界四處飛行，再也不是沈滯水中、不能飛行於天界的蒼龍了。

所以摧邪顯正一事，本是宗門古風，眞悟之師從來都不作縮頭烏龜；但見大師誤導學人、將佛法常見化，必定不顧自身利害，出面指正，救護學人與佛教宗門正法，不被常見外道法取代，天童宏智正覺禪師亦復如是；但是拈提錯悟之人以後，假使錯悟者有朝一日眞悟了，有證據顯示他確實開悟了，眞悟之師也必不吝追補讚歎之語，這便是平實所效法者。然而至今仍無一人肯自我檢點，都不肯退下大寺名山大位、努力參究，總是繼續努力弘揚意識境界；乃至被平實拈提之後，變本加厲，更出書公開指稱意識是常住不滅的，這就是慈濟證嚴法師的愚行。

當時，除了天童宏智禪師以外，最努力破斥邪說、以顯正法的祖師，就是大慧宗杲。因此，大慧宗杲一定不可避免的會被他人捏造事實誣謗。此是後話，且暫置之。誤導宗門禪和的事，古今如出一轍，代有其人，是故破邪顯正之事，必須代代都有人去做；對於每一個時期誤導眾生的大師們，當代都必須有人一一加以破斥，否則學人終有一時會被錯悟的大師們集體導向常見外道法中，宗門正法也就滅沒了。此事非唯現今，古已有之，有文爲證：【萬菴顏和尚曰：「比見叢林絕無老成之士，所至三百、五百，一人爲主，多人爲伴；據法王位，拈槌豎拂互相欺誑。縱有談說，不涉典章，宜其無老成人也。夫出世利生、代佛揚化，非明心達本、行解相應，詎敢爲之？譬如有人妄號帝王，自取誅滅；況復法王，如何妄竊？嗚呼！去聖逾遠，水潦鶴之屬又復縱橫，使先聖化門，日就淪溺，吾欲無言，可乎？屬菴居無事，條陳傷風敗教爲害甚者一二，流布叢林；俾後生晚進，知前輩兢兢業業以荷負大法爲心，如冰凌上行、劍刃上走，非苟名利也。知我、罪我，吾無辭焉。」（智林集）】（《禪林寶訓》卷三）（註：萬菴禪師，大慧之弟子也。）

萬菴禪師又說：【古人上堂，先提大法綱要，審問大眾；學者出來請益，遂行問答。今人杜撰四句落韻詩，喚作釣話；一人突出眾前，高吟古詩一聯，喚作罵陣。俗惡、俗惡！可悲、可痛！前輩念生死事大，對眾決疑；既以發明，未起生滅心也。】（《禪林寶訓》卷三）

由以上所舉二文中，已可證實二件事情：一者，大慧宗杲一世努力破斥邪說、以顯正法，卻仍然不能除盡邪說之士；彼等邪說之士，仍然極力推廣其邪說，自以爲正在弘揚正法、護持正法。所以才會有大慧的徒弟萬菴禪師以上一段話，不但說給當時人聽，也說給後世的我們一起來聽，證實了一件事情：邪說是永遠都會繼續存在人間的。所以，歷代眞悟祖師對邪說極力破斥之後，都只能使其氣焰消滅而不可能使其滅絕的。所以必須每一代眞悟之師都出來破斥邪說，藉著破斥邪說，才能使大眾瞭解邪說與正法之分際，否則大眾是無法瞭解邪說與正法的些微差異所在的，那就會使得身穿僧衣的部分表相正法弘傳者，可以有機會冒充為證悟者，繼續誤導眾生而無停止之時。而諸錯以意識為常住心的邪說弘揚者，仍將會為了維護其名聞與利養，繼續堅持其邪說，至死都不肯改變，並且都會捏造假事實，誣謗眞悟之師。所以，破邪顯正一事，是永無止盡的事業，雖是吃力而又不討好的事情，但為了眾生的法身慧命，為了佛教的未來，還是得有人發願生生世世的努力去做。

二者，假裝已經證悟，學祖師公案手段，施設一些表演的語句與機鋒，用來籠罩天下人的事情，是自古就有的，不是後來才有的；所以近代會有香港的月溪法師學模學樣的使用言語及機鋒，用來籠罩學人；所以後代如果仍有如是人出現，也是正常的；除非是平實……等人未來世再來此娑婆人間，否則這種野狐大師，還是會一再猖狂的，後世學人都得要有心理準備才好。

【妙喜謂超然居士曰：「〈天下為公〉論不可廢，縱抑之不行，其如公論何？所以叢林舉一有道之士，聞見必欣然稱賀；或舉一不諦當者，眾人必感然嗟嘆。其實無他，以公論行與不行也！嗚呼！用此可以卜叢林之盛衰矣。（可菴集）」】（《禪林寶訓》卷三）古來禪宗叢林，常以眞悟之師是否廣被叢林稱讚，作為判斷叢林盛衰之依據，不依錯悟之師廣被稱讚而說爲興盛，故有如上大慧宗杲之言語流傳。若眞悟之師廣被叢林稱讚之時，即知是叢林興盛之時期；若眞悟之師不被叢林廣爲稱讚，只在死後才被稱讚者，當知彼時叢林並不興盛，以此爲鑑。今時中國叢林是否興盛，要待佛法宗門弘揚狀況之演變結果，然後始能定奪也！由是可知：誤導禪和之事，自古已然，非唯今時也！禪和皆應有以知之。

非唯今時默照邪禪誤人不淺，古時已然，是故未得天童禪師眞傳者，每墮離念靈知意識境界中，自以爲悟，更大膽出世誤導廣大禪和，更妄稱天童之默照禪所悟爲離念靈知心。由是緣故，古時大慧曾有是言：【近年已來，禪道佛法衰弊之甚；有般杜撰長老，根本自無所悟，業識茫茫無本可據；無實頭伎倆收攝學者，教一切人如渠相似，黑漆漆地緊閉卻眼，喚作默而常照。彥沖被此輩教壞了！苦哉！苦哉！】（《大慧普覺禪師語錄》卷二十七）

如是誤會默照禪之人，代代皆有，耽誤法身慧命，甚可憐憫！是故有慈有悲之悟者，應當廣破之，令時人了知天童默照之旨，免得同墮其中只成個冷水泡石頭，泡到驢年來時，依舊只是個不開眼底石頭，有何般若智慧可生？有何法道可成？有何種智現前？是故普勸當代大師放下虛名執著，速尋眞實有奶之娘，長養自家法身慧命。衡之於未來無量世，此一世短短三、五十年之大師身分與名聞利養，有何可貴之處？亦普勸宗門廣大禪和：若是不能出生汝法身慧命者，復又無奶可以長養汝法身之慧命者，何可認作娘親？何可大力護持而造共業？共業者何？謂以三界有法之常見外道法，替代佛門出三界法之如來藏正法。

大慧禪師力破離念靈知，因為當時學人聽聞到默照禪之法時，都是誤會了天童宏智默照禪意旨，說離念靈知的默照就是天童宏智所弘揚的默照禪，大慧在尚未面見天童討論之前，以為天童默照禪眞的是大眾所流傳的落在離念靈知心中，所以在寫給王教授的信中破之：【近年叢林有一種邪禪，以閉目藏睛、嘴盧都地作妄想，謂之不思議事，亦謂之威音那畔空劫已前事；纔開口，便喚作「落今時」；亦謂之根本上事，亦謂之淨極光通達，以「悟爲落在第二頭」，以「悟爲枝葉邊事」。蓋渠初發步時便錯了，亦不知是錯，以悟爲建立；既自無悟門，亦不信有悟者。這般底，謂之謗大般若、斷佛慧命，千佛出世不通懺悔。左右（王教授）具驗人眼久矣！似此等輩，披卻師子皮作野干鳴，不可不知。】（《大慧普覺禪師語錄》卷二十九）

天童宏智的默照禪修法，極易誤會，常使一般人誤以爲覺知心默照離念境界而不失去，便是眞實悟境。若有人說到悟境時，便因爲已有言語出現，就指責說：

「你已經離開悟境了，這時再怎麼說開悟的事，都是不在悟境中了。」這種人，古今都有，平實往年也曾經親遇，被當面指責說：「當你正在說悟的時候，你就已經離開悟境了，還說什麼開悟？」殊不知一悟之後永悟無失，豈有悟後又離開悟境的事？只有落在離念靈知境界的人，誤以無念爲悟的人，才會因爲心中有了語言文字而說是已經離開悟境。

天童默照禪之行門，極易使人誤會；若非默照之法極難證悟，而又極易誤會其內容，天童道場後來焉能後繼無人？不得不由　勤大師指派大慧師兄虎丘紹隆之徒弟密菴禪師前往住持而弘化之？自家之禪法尚且後繼無人，何況能廣弘揚？如是默照一法之難悟，非唯當時，乃至後時數百年間亦皆如是：既已落入離念靈知心而誤會天童之默照禪，若不施以抑壓臨濟禪、楊岐禪、東山禪之說，若不冤抑曾責默照禪之大慧禪師，又何助於自己所弘揚之離念靈知默照禪？是故，天童山虎丘一脈數百年後弘傳默照禪之圓悟法師……等人，既已墮於離念靈知心之默照境界中，欲與大慧一脈傳人抗衡者，豈有可能？由是緣故，不得不編造大慧罹患背疽嚴重而亡之故事，藉以抑他揚己、冀能取信於世人；如斯心態，思亦可知矣！

編造大慧患背疽而亡之故事者，絕非宋時天童山虎丘傳人已有是事，謂宋時虎丘一脈傳人，於南宋理宗淳祐年前（約公元 1241 年），皆尚未落入離念靈知心中故，有文為證：【自非有明眼宗師見處分明、行處穩實，則何以倒用横拈、得大總持、爐鞴後學皆成法器耶？近世卓然傑出了此事者，則天童密菴師也。密菴得法於應菴華，華得法於虎丘隆，隆得法於圓悟勤，蓋臨濟之正宗，叢林之巨擘也。師諱咸傑，俗姓鄭，福州福清人，密菴其自號也。】（《密菴和尚語錄》〈塔銘〉）大慧亦大力推崇密菴之師父應菴曇華禪師，不單是造偈大力推崇之，乃至將他得自 勤大師的祖傳 楊岐方會寶衣，轉贈給密菴之師父應菴禪師。大慧全無私心，大力護持虎丘一脈，故與虎丘一脈一直相處融洽，虎丘當時傳人感恩尚且不及，何況誣之？所以當時虎丘一脈傳人，絕無可能編造大慧患背疽之事。

而當時虎丘一脈傳人，都不曾落入離念靈知心中，其法無異大慧，又何必編造不實事實以誣大慧？若使當時虎丘一脈傳人已落入離念靈知心者，大慧豈不加以廣破？焉肯再造偈大力推崇之？焉肯再以 勤大師所賜之祖師寶衣轉贈之？絕無是理也！可見當時之天童山虎丘一脈傳人，都仍是如來藏正法之弘傳道場，尚未如淳祐年後的天童山虎丘傳人癡絕禪師一般落入離念靈知心中，更未如晚明天童山之虎丘後人圓悟法師一般落入離念靈知心中而謗大慧也！

然而，由大慧及其後人之力破邪師者，可見破斥邪說、以顯正法，正是宗門古風，宗門規矩一向如是，爲諸老參所認同，但卻一直不可能被錯悟之師所認同。非唯大慧一脈如此，大慧以前眞悟之師亦復一向如此，與大慧同時之天童宏智正覺禪師亦復如此。如是事證，不勝枚舉，可以想見古時眞悟之師，對於錯悟大師誤導當代多數學人一事，都不會坐視不管，必定會出而指正，以救學人。

豈唯如此？且觀　世尊以人天至尊之高貴身分，爲救眾生、爲利學人，乃至不辭勞苦，足履步行而踵隨六師外道身後，一一遍歷當時天竺各大城，舉示六師外道邪說而破斥之，藉破邪法以顯正法；　世尊乃人天至尊，尚且如此，以是緣故，眞悟之師見聖思齊，代代皆有眞悟之師起而破邪顯正、以救眾生、以利學人。故說摧邪顯正乃是宗門古風，亦是救護被誤導之無辜學人最好方法；學人對此，應有所知。

第九章　離念靈知之非

離念靈知心本非天童禪師默照禪之宗旨，大慧宗杲在尚未與天童宏智面談之時，唯斥責默照之法令人難以證悟，都不破斥天童所悟之意旨也；復因天童宏智禪師推廣之默照禪，仍以如來藏爲歸，非以離念靈知意識心爲宗旨；故其默照禪法雖然難悟如來藏，仍非完全有過。眞實有過失者，乃是當時人及後人誤會天童所悟之旨，錯以離念靈知心取代天童所悟之法，而以默照禪之名，行於離念靈知之法；是故此章命名爲「離念靈知之非」，不稱爲「默照禪之非」。然而默照之法極易使人錯會爲覺知心默照妄想不起之境界，此亦是事實，學人於此應知。

釋儀潤舉百丈門規說云：【夫**參話頭**之法，**自黃蘗肇端**，諸師遵承，而大慧尤主張之。大慧中興濟北之道，豈其機用弗具？而開示來學，以一句話頭塞其咽喉、消其伎倆，然後顯大機大用、激其精進，而獲證者四十餘人。蓋師家機用、學者工夫，必兩相宜而有成也。若不益進其工夫，唯機用接人，則上根利機當下知歸，能有幾人？中下之流永失法利；而掠虛者乘風接響，達磨一宗掃地盡矣夫。……《禪宗秘要》云：「西域崛多法師遊五臺，至定襄縣，見一僧結菴而坐。法師問曰：『汝孤坐奚爲？』曰：『觀靜。』師曰：『汝出誰門耶？』曰：『神秀大師。』法師

曰：『我西域異道最下根者，不墮此見。兀然空坐，於道何益？』」（《百丈叢林清規證義記》卷八）

是知打坐求靜以定其心，常處於離念靈知境界中，乃西域異道中最下根人也不會墮入的邪見，云何號稱至高無上佛門大法之宗門正法大師，卻猶墮在執身打坐求靜之最下境界中，以求一念不生？是故，天童默照之法，當如天童禪師所示：默照有念靈知之非，默照離念靈知之非，默照處處作主之意根非眞，默照意識覺知心之種種變相境界虛妄；如是默照觀察，一一默覺其非已，豈非唯有如來藏一心方始眞正？其悟也，不在久矣！惜乎天童當時學人悉皆錯會天童之意，又因天童三寸甚緊，不輕易放人悟入，是故終其一生，無人悟入承其衣缽。今人無智，更向誤會天童之邪見中久坐，更認天童所破之離念靈知心爲眞，欲待何時可悟？

又如《禪門鍛鍊說》云：【是故從上古錐，論悟道者必貴乎機下也。馬祖、百丈、黃檗、臨濟，以至汾陽、慈明，東山圓悟、大慧諸老，皆大機大用，電閃雷奔，不可近傍：一鎚、一擲、一捱、一拶、一回換，命根頓斷，正眼洞明；大龍大象雲興霧擁，宗門斯鼎盛矣。至元代以後（註：詳見下一段之說明），列祖鍛鍊之法不行，止貴死坐冷禪：寒灰枯木、古廟香爐，冷啾啾地不動不搖，以爲得力；反詆諸祖機用以爲門庭施設，黜五家綱宗爲奇名異相牢籠學者，而宗風遂大壞矣。】所以自古以來，眞悟之師若論悟道之法者，都看重在機鋒下悟入者；所以馬祖、百丈……東山圓悟、大慧等人，都是大機大用，都以禪門機鋒助人悟入，由此而得光大宗門。初不以靜坐求一念不生爲貴，謂之爲「**死坐冷禪、寒灰枯木、古廟香爐、冷水泡石頭、鬼家活計**」，所以五家綱宗都很重視機鋒施設，從不教人死坐冷禪、求一念不生，所以五家綱宗都破斥離念靈知心境界。

但是元朝歷代皇帝，都信受從家鄉蒙古帶來的怛特羅「佛教」（天竺晚期密教，與西藏喇嘛教相同），故都崇尚雙身法的樂空雙運；由於樂空雙運之法，以淫樂中的覺知心一心受樂而一念不生爲其宗旨，於淫觸樂受中領會受樂之覺知心空無形色而名爲空性，所以必然都認定意識覺知心離念時即是眞實心，落入常見外道見中。由此緣故，必然要破斥及抵制離見聞覺知的如來藏妙義，所以對「**馬祖、百丈、黃檗、臨濟以至汾陽、慈明、東山圓悟、大慧諸老**」，不以靜坐修證一念不生境界，「**皆大機大用，電閃雷奔**」之機用助人證悟如來藏一事，助人親證絕對寂靜涅槃的如來藏，都不能接受，當然要大力加以打擊。清朝雍正亦因如是，所以親自撰寫《御製揀魔辨異錄》，以邪魔外道之知見，而破斥親證如來藏之賢聖爲魔。

然而打坐修靜的一念不生，或是密宗樂空雙運的一念不生，都只是意識覺知心相應於定境之境界，不可能悟得般若實智，只能獲得定境的世間境界受用；大慧的看話禪則不以修習一念不生境界爲務，一念不生只是參禪所應具有的前方便功夫而已，還得用一念不生的功夫，不起妄想雜念而專心參禪——尋覓第八識如來藏。然而學人欲以己力參出如來藏所在，其實甚難，是故眞悟之師觀察因緣，施以種種手段，或以話頭、或以機鋒、或以棒打、或以大喝……等，助益學人當下觸證如來藏，便可現觀如來藏的本來眞實性、本來如如性、本來清淨性、本來涅槃性、本來離念性、本來無我性、本來中道性……等，由是而得親證如來藏所顯之眞如自性，通達般若，即成賢聖大師。

元朝時起之皇帝既都崇尚雙身法的受樂時離念靈知心，誤認此一意識心爲眞實心，何能忍受眞悟之師公開破斥離念靈知心？由是緣故，對於古今諸師破斥離念靈知之典籍，都極爲厭惡；同理，墮入離念靈知心之錯悟禪師們，本已不滿眞悟之師破邪顯正，既見皇帝崇尚雙身法中的離念靈知心，心中覺有皇朝勢力依靠，便對五家綱宗公開大表不滿，大力誣衊五家綱宗，故有「止貴死坐冷禪：寒灰枯木、古廟香爐，冷啾啾地不動不搖，以爲得力；反詆諸祖機用以爲門庭施設，黜五家綱宗爲奇名異相牢籠學者」之事生焉！

《禪門鍛鍊說》又云：【直須以殺活聖箭、迅雷一擊，緊峭言句頂門一劄，桶底自脱、命根立斷矣！此猶推人於萬丈之崖而不能停也，轉圓石於千仞之上而不可留也，亦如金鍼之撥轉瞳神而立使光明也，豈不異矣哉！馬祖之接水潦，睦州之接雲門，大愚之接臨濟，巖頭之接雪峰，船子之接夾山，汾陽之接慈明，慈明之接黃龍，大慧之接教忠、西禪，非用此道耶？其餘見之燈錄、載之傳記，諸祖機用霆崩電激，鳳翥龍騰、烈烈轟轟，照耀古今不可悉數，何常教人止休去歇去、坐死禪、守冷竈，不起疑情而將心待悟者為是耶？】

所以學人不應死坐冷禪，不應唯求一念不生，而是應以一念不生時之覺知心，進求如來藏之所在；一念不生、純清絕點時，正是宗門所謂百尺竿頭境界，仍須再進一步，方得謂悟；所以長沙招賢大師曾作頌云：「百尺竿頭坐底人，雖然得入未為眞；百尺竿頭須進步，十方世界是全身。」（《宏智禪師廣錄》卷二）正謂一念不生、清純絕點之際也！此時正是進無可進之時，若能再求向上一路，只要忽然向上進得一步，便可悟得如來藏常住心，此時便可現觀如來藏的中道性、涅槃性、眞如性，即是證眞如也！從此以後，去到十方世界，永遠都是這個如來藏法身，不需保任意識覺知心的離念境界，又何需專貴一念不生之粗俗境界、錯以為悟？故知離念境界只是中途之樂，並非究竟。

又如《列祖提綱錄》卷十六，大慧禪師曾有開示：【大慧杲禪師。錢計議請普說，師云：『法不可見聞覺知，若行見聞覺知，是則見聞覺知，非求法也。』既離見聞覺知外，卻喚甚麼作法？到者裏，如人飲水冷煖自知，除非親證親悟，方可見得。若實曾證悟底人，拈起一絲毫頭，盡大地一時明得。今時不但禪和子，便是士大夫聰明靈利博極群書底人，箇箇有兩般病：若不**著意**，便是**忘懷**。**忘懷**，則墮在黑山下鬼窟裏，教中謂之昏沉；**著意**，則心識紛飛，一念續一念，前念未止、後念相續，教中謂之掉舉。不知有人人脚跟下不沉不掉底一段大事因緣，如天普蓋、似地普擎；未有世界，早有此段大事因緣，世界壞時此段大事因緣不曾動著一絲毫頭。往往士大夫多是掉舉，而今諸方有一般默照邪禪，見士大夫爲塵勞所障，方寸不寧怗，便教他寒灰枯木去、一條白練去、古廟香爐去、冷湫湫地去、將者箇休歇人；你道還休歇得麼？殊不知者箇猢猻子（平實註：意識靈知心）不死，如何休歇得？來爲先鋒、去爲殿後底不死，如何休歇得？此風往年福建路極盛，妙喜紹興初入閩住庵時，便力排之，謂之斷佛慧命，千佛出世不通懺悔。」】

又如：【大慧云：「默照邪禪，自不證悟，而以悟爲建立、爲接引之詞，以悟爲落第二頭、爲枝葉邊事。自既不曾有證悟處，亦不信他有證悟者，一味以『空寂頑然無知，爲威音那畔空劫已前事』，遇善知識與說本分話，反以爲非，此即『說道理、認光影』之輩。」】（《宗範》卷上）這就是誤會天童默照禪之凡夫禪師等人，誤以爲天童默照禪所示的證悟境界就是離念靈知的清純絕點境界，就說大慧禪師所說的悟是建立、是接引學人之方便說，不信離念靈知之上更有證悟之事，所以大慧禪師大力訶斥為「默照邪禪」，卻不是指天童宏智自身的默照禪也！

大慧禪師隨後又開示道：【「絕此二途，死抱話頭，不使有第二念分歧。一切時單提此『無夢想主公』一句，結成疑團；打又打不破，捨又捨不得，正是得力時，切勿放鬆改轍；這便是吞栗棘蓬、跳金剛圈、銅牆鐵壁。忽然囫地一聲，不覺死中得活，慶快平生，便能與從上佛祖把手並肩、同一鼻孔出氣：『雪峰毬、道吾笏、石鞏箭、祕魔叉，是甚麼閑家具？』到者裏，方說得**有夢無夢不二，睡時醒時不二，未生與已生不二，未死與死後不二**；指東瓜、畫葫蘆，懸羊頭、賣狗肉，說鹿為馬、證龜成鼈，作家相見、你坐我立，勘驗初機應時及節，逆行順行天地莫測，可謂『我為法王，於法自在』者矣！」】（《宗範》卷上）

大慧禪師此段開示，特別明示悟後境界：「有夢無夢不二，睡時醒時不二，未生與已生不二，未死與死後不二。」然而離念靈知心顯然是有夢與無夢時不同，睡時與醒時也不同，未生與已生大不同，未死與死後更是大不同，都不是大慧宗杲所講的不二。由此檢查之，可知離念靈知心不可恃，抵不得生死時節到來，抵不得眠熟無夢時必然消失之事實；抵不得未生之前必定昏昧而不靈覺的事實，與已生之後大不相同；也抵不得死後斷滅的事實，與未死之前的靈明覺了大不相同。

是故有智之人聞此一說，應當進求第八識如來藏，方能實證「有夢無夢不二，睡時醒時不二，未生與已生不二，未死與死後不二」的般若實智境界。

墮入離念靈知心者，必於眞悟祖師公案不能通達，只能意識知解爾。然而悟之眞假，一眼即得明鑑，不待語言文字之明說也！更非雍正所說必須入室三、五遍，觀察其一念不生境界是否不墮昏沉、不墮掉舉而得穩定之後方能認定之。今有史實爲證，《續傳燈錄》卷三十二：【……。師（開善道謙禪師）於言下領旨，不覺手舞足蹈。元曰：「爾此回方可通書，宜前進，吾先歸矣。」元即回徑山。師半載方返，**妙喜一見而喜曰：「建州子！爾這回別也。」**】你看開善道謙禪師，在奉大慧之命送書之路途中悟得，不是在靜坐時以一念不生爲悟；元侍者助道謙證悟後，半途折回寺中，也不曾先向大慧禪師稟告（因爲那是侵犯和尚職權的重大違規事情，不宜言之），然而開善道謙方才回到寺中，初見之時，妙喜一見就知他已經開悟了，就說他這次回來不同於以前了；何嘗須要入室三、五遍而長時間檢視一念不生境界之穩定與否？當知宗門之悟，絕非離念靈知境界也！故說倡導離念靈知境界者，有過失也！

又如《續傳燈錄》卷三十二：【既而有聞師入室者，故謂師曰：「本侍者參禪許多年，逐日只道得箇不會。」師詬之曰：「這小鬼！爾未生時，我已三度霍山廟裏退牙了，好教爾知。」由是益銳志，以「狗子無佛性」話，舉「無」字而提撕；一夕將三鼓，倚殿柱昏寐間，不覺「無」字出口吻，忽爾頓悟。後三日，妙喜歸自郡城；**師趨丈室，足纔越閫，未及吐詞，妙喜曰：「本鬍子！這回方是徹頭也。」】**若是離念靈知之意識心，焉得如此動中一覷便得明鑑？故知離念靈知心絕非宗門證悟之旨，墮於其中而自以為悟、說向他人者，即成大妄語罪，有大過焉！

然而大慧對於大力支持默照禪之人，並無排斥之心，反而一心想要救度他們。是故昔年大力支持默照禪而反對大慧之人，反而有人被大慧之智慧與無私、無我悲心所度，終能遠離大妄語業，得入菩薩數中；苟非大慧看話禪之幫助，一生支持默照禪而大力反對大慧看話禪之鄭昂尚書，即無可能得度。今錄鄭昂尚書經由大慧之助，在看話禪中得悟的事實如下：

大慧禪師有一次上堂普說：【彼中（謂天童會下）有箇士人鄭尚明，極聰明，教乘也理會得，道藏也理會得，儒教則故是也。一日，持一片香，來妙喜室中，怒氣可掬、聲色俱厲曰：「昂有一片香，未燒在，欲與和尚理會一件事。只如默然無言，是法門中第一等休歇處；和尚肆意詆訶，昂心疑和尚不到者田地，所以信不及。且如釋迦老子在摩竭提國三七日中掩室不作聲，豈不是佛默然？毗耶離城三十二菩薩各說不二法門，末後維摩詰無語，文殊讚善，豈不是菩薩默然？須菩提在巖中宴坐無言無說，豈不是聲聞默然？天帝釋見須菩提在巖中宴坐，乃雨華供養，亦無言說，豈不是凡夫默然？達磨游梁歷魏，少林冷坐九年，豈不是祖師默然？魯祖見僧便面壁，豈不是宗師默然？和尚因甚麼卻力排默照以爲邪非？」妙喜曰：「尚明！你問得我也是，待我與你說。我若說不行，卻燒一炷香，禮你三拜；我若說得行，卻受你燒香禮拜。我也不與你說釋迦老子及先德言句，我即就你屋裏說，所謂借婆帔子拜婆年。」乃問：「你曾讀莊子麼？」曰：「是何不讀？」妙喜曰：「莊子云：『言而足，終日言而盡道。言而不足，終日言而盡物。』道、物之極，言默不足以載，非言非默，義有所極。我也不曾看郭象解并諸家解註，只據我杜撰，說破你這默然。豈不見孔夫子一日大驚小怪曰：『參乎！吾道一以貫之。』曾子曰：『唯。』你措大家，纔聞箇唯字，便來這裏惡口，卻云：『這一唯，與天地同根、萬物一體，致君於堯舜之上，成家立國出將入相，以至啓手足時不出這一唯。』且喜沒交涉！殊不知，這箇道理便是曾子言而足，孔子言而足；其徒不會，卻問曰：『何謂也？』曾子見他理會不得，卻向第二頭答他話，謂『夫子之道不可無言，所以云：夫子之道，忠恕而已矣。』要之，道與物，至極處不在言語上，不在默然處；言也載不得，默也載不得。公之所說，尚不契莊子意，何況要契釋迦老子、達磨大師意耶？你要理會得莊子『非言非默、義有所極』麼？便是雲門大師拈起扇子云：『扇子跳上三十三天，築著帝釋鼻孔；東海鯉魚打一棒，雨似傾盆。』你若會得雲門這箇說話，便是莊子說底、曾子說底、孔子說底一般。」渠遂不作聲。妙喜曰：「你雖不語，心未伏在。然古人決定不在默然處坐地，明矣！你適來舉『釋迦掩室、維摩默然』，且看舊時有箇座主，喚作肇法師，把那無言說處說出來與人，云『釋迦掩室於摩竭，淨名杜口於毗耶』，須菩提唱無說以顯道，釋梵絕聽而雨華，斯皆『理為神御』，故口以之而默，豈曰無辯？辯所不能言也！這箇是理與神忽然相撞著，不覺到說不得處；雖然不語，其聲如雷，故云：『豈曰無辯？蓋辯所不能言也。』這裏，世間聰明辯才，用一點不得。到得恁麼田地，方始是放身捨命處。這般境界，須是當人自證自悟始得。所以《華嚴經》云：『如來宮殿無有邊，自然覺者處其中。』此是從上諸聖大解脫法門，無邊無量無得無失，無默無語無去無來，塵塵爾、剎剎爾、念念爾、法法爾。只為眾生根性狹劣，不到三教聖人境界，所以分彼分此。殊不知境界如此廣大，卻向黑山下鬼窟裏默然坐地，故先聖訶為解脫深坑，是可怖畏之處；以神通道眼觀之，則是刀山劍樹、鑊湯爐炭裏坐地。一般座主家，尚不滯在默然處，況祖師門下客，卻道『纔開口便落今時』，且喜沒交涉！」尚明不覺作禮。妙喜曰：「公雖作禮，然更有事在。」

至晚間，來入室，乃問他：「今年幾歲？」曰：「六十四。」又問：「你六十四前從甚麼處來？」渠開口不得，被我將竹篦劈脊打出去。

次日又來室中曰：「六十四年前，尚未有昂在，如何和尚卻問昂從甚麼處來？」妙喜曰：「你六十四年前，不可元在福州鄭家。只今這聽法說法一段歷歷孤明底，未生已前畢竟在甚麼處？」曰：「不知。」妙喜曰：「你若不知，便是**生大**。今生且限百歲，百歲後，你待飛出三千大千世界外去，須是與他入棺材始得；當爾之時，四大五蘊一時解散，有眼不見物，有耳不聞聲，有箇肉團心、分別不行，有箇身、火燒刀斫都不覺痛，到這裏，歷歷孤明底，卻向甚麼處去？」曰：「昂也不知。」妙喜曰：「你既不知，便是**死大**，故曰：『無常迅速，生死事大。』便是這箇道理。這裏，使聰明也不得，記持也不得。我更問你：『平生做許多之乎者也（寫了許多禪書），臘月三十日，將哪一句敵他生死？』須是知得『生來、死去處』分曉始得。若不知，即是愚人。」渠方心伏，從此遂救他不坐在無言無說處，肯來這下做工夫；今日一會，同此聽法。」（《列祖提綱錄》卷十六）

崇尚默照禪而自以爲悟的鄭昂，指責大慧說：「只如默然無言，是法門中第一等休歇處；和尚肆意詆訶，昂心疑和尚不到者田地，所以信不及。」這就像上平居士（黃明堯）一般，往年曾經指責平實，謂平實不知不證離念靈知境界，所以才會誹謗離念靈知境界。然而，離念靈知境界甚易證得，只需將無相念佛之淨念捨棄，即成離念靈知境界，這是平實未會無相念佛之前即已證得的境界，而且是時時離念，不是短暫的離念；這也是一切已會無相念佛之人都能輕易轉入之境界，因為無相念佛境界遠超離念靈知境界甚多。然而證得離念靈知境界者，想要在離念靈知境界中生起憶佛之無相淨念，卻非易事，往往需人教導之後，努力修習數月乃至經年以後，方能得入；何況密宗元音上師及黃明堯的「前念已過、後念未起中間時分極短暫離念靈知」，連無相念佛者長時間離念靈知的境界都無，更別說是無相念佛了。鄭昂亦復如是，以己之凡境以度大慧智慧境界，焉是有智之人？

鄭尙明初見大慧之時，正是誤會天童默照禪意旨之人，乃以誤會經教、誤會祖師之典故，舉以證實自己所入為眞；然而經過大慧一番剖析與開示之後，方始知非。次日，大慧禪師又問他：「你六十四年前（鄭昂當時六十四歲），不可元在福州鄭家。**只今這聽法、說法一段歷歷孤明底，未生已前畢竟在甚麼處？**」被這一問，方省得覺知心的自己在六十四年前本不存在，是後來出生以後才有的，這時方知錯了。大慧又追著問：「**百歲後，……，四大五蘊一時解散，有眼不見物，有耳不聞聲，有箇肉團心、分別不行，有箇身、火燒刀斫都不覺痛，到這裏，歷歷孤明底**（離念靈知心）**卻向甚麼處去？**」證實離念靈知心眞是虛妄生滅之法，方才徹底心服於大慧禪師。後來終於還是在大慧的指導下，悟入如來藏實相境界了。這是一個鼎力支持默照禪而墮入離念靈知境界中，自以爲悟而前往指斥大慧，卻反而被大慧所度而悟的人。

默照禪之學者，若前往面見大慧、當面斥責大慧禪師者，莫不得悟；唯除背後大力詆譭，卻不肯前去與大慧論辯者。舉凡當面斥責大慧禪師者，大慧非唯不曾因其斥責之語而計較之、輕嫌之，反而攝受其人悟入，此事非唯鄭昂一人而已，尚有他人也！有文爲證，《嘉泰普燈錄》卷二十三載云：【參政李邴居士，字漢老，醉心祖道有年。聞大慧排默照爲邪，公疑怒相半。及見慧示眾，舉趙州庭栢，垂語曰：「庭前栢樹子，今日重新舉；打破趙州關，特地尋言語。敢問大眾：既是打破趙州關，爲甚麼卻特地尋言語？」良久，曰：「當初只道茆長短，燒了方知地不平。」公領悟，謂慧曰：「無老師後語，幾蹉過。」後以書咨決曰：「某近扣籌室，伏蒙激發蒙滯，忽有省入。顧惟根識暗鈍，平生學解盡落情見，一取一捨如衣壞絮，行草棘中、適自纏繞；今一笑，頓釋所疑，欣幸可量。非大宗匠委曲垂慈，何以致此？」】以此二例，可見大慧無我、無瞋、無嫌之大悲心性也！亦可見、可知離念靈知心之過失也！所以者何？最爲信受奉行之鄭昂與李邴二人，原都質疑、破斥大慧之法，卻不料反被大慧之悲心及見地降伏，又能悟入，豈非大慧之悲心及不計仇之個性所使而致？

又：默照之法有何弊？謂般若眞實智慧不生也！學禪之人於此不可不知也！默照之結果，都墮一念不生離念靈知境界中，坐至極果，就是非非想定；然而古今默照禪之行者，多難坐入初禪之中，何況能坐入非非想定中？縱使眞實有人力能坐入非非想定中，既不能取證涅槃，復不能證知眞如實相，智慧終究不生，宗門謂之爲「**澄澄湛湛、冷水泡石頭、黑山鬼窟、鬼家活計**」，謂都無法使人出生般若實智故，亦謂彼等諸人必以離開一念不生境界爲離開悟境故，則與經中、論中、宗門公案中菩薩、祖師大異；謂經中、論中、宗門公案中菩薩與祖師，離開一念不生境界時，仍然都無妨礙悟境故，仍然都不離悟境故。豈不聞六祖名偈曰：「慧能無伎倆，**不斷百思想；對境心數起**，菩提作麼長。」從來不以一念不生作爲開悟之境界也！

又，天童宏智禪師也曾破斥一念不生之離念靈知境界：【舉臥輪云：「臥輪有伎倆，**能斷百思想；對境心不起**，菩提日日長。」六祖聞云：「慧能無伎倆，**不斷百思想；對境心數起**，菩提作麼長。」師云：「葵花向日，柳絮隨風。」】（《宏智禪師廣錄》卷三）所以天童之默照禪宗旨，其實不是求證一念不生的離念靈知境界，因爲這只是意識覺知心的境界，脫離不了生死的，所以天童禪師要常常破斥之。宗門證悟者既能生般若，又名之爲般若禪，則當以出生般若實相智慧爲其首要；乃竟靜坐終日、一念不生，智慧不起，是故自以爲悟之後，閱讀經藏時總是斷章取義、誤會佛菩薩悟後所說之宗門意旨，如是離念靈知境界，何可謂之爲宗門禪？

古昔又有一種人，每因眞悟禪師不肯他，便生怨懟，謂禪師把定他、不肯放過他：**【大慧云：「近來衲子，不肯向省力處做工夫，只管熱忙來呈見解、作頌古。雲門向他道：『不是者箇道理。』便道把定他，不肯放過。我且問你：『你還自放得過也未？』」】**（《長慶宗寶道獨禪師語錄》卷三）

近年台海兩岸學人亦復如是，往往有人來函要求印證；然而彼等所悟仍屬離念靈知心，或爲離念靈知心之變相，平實即不得爲之印證；又因遵 佛所囑、護持宗門密意故，以及會中規矩不得在禪三以外場合爲人印證，乃婉言不得印證之緣由。多數學人都能體諒而接受之，然而間有不服者，見平實不能爲之印證，便生怨懟之心，開始以化名在網路上對平實大肆誹謗，謂平實把定他而不肯放過他。不唯會外有如是人，歷年亦都有如是會內學員，以此緣故而對平實生怨懟心者。以此徵知此界學人具足五濁者不在少數也！

《鼓山爲霖和尚禪師餐香錄》卷下：**【杲大慧，禪中傑也！於大悟之際，乃爲渠曰：「正好參禪。」又云：「一切但祇細和合，先防自犯三業。」提向上那一著子，教兄弟日有趣向。至於虎丘隆、佛智裕、華藏民，皆一代偉人；其教之修己**

之方、接人之要，亦靡不委曲周至，不致滲漏。而後已今之學者，資稟志氣較大慧輩，不啻霄壤之隔；而又弁髦參悟操履之功，妄欲荷擔佛祖重任，是奚異跛鱉而逐飛龍，凡庸而希梵位哉！】

如是記載，顯示一項事實：自古以來，錯悟者多、眞悟者少；錯悟者亦廣著書籍藉以求名，便使自宗意識境界之禪法，得以住世廣弘，求後世名。若見眞悟者爲救學人故破邪顯正，便自不甘，起而編造種種莫須有之事實，藉以誣衊眞悟之師。如是錯悟者之著作，若當代眞悟者爲求教界和諧而不破之，則其謬著便得廣爲流行，結集成書，甚至後來收入大藏經中，成爲指導後人之著作語錄，亦成爲後人錯悟而可舉以印證自己「所悟」之根據，遺害非僅當代而已。如是錯悟者之開示，一旦載入大藏經之中，後世眞悟者若無種智及膽氣，即無力破之，便使其錯誤知見得以繼續誤導學人，造成學人因此自作印證而成就大妄語之罪業，亦造成後世錯悟之師據以取代眞悟者之憑藉，則令眞悟之妙法不得正當傳世，普被錯悟後人奮力抵制。由是緣故，從今以後，凡有錯悟者寫書流通而自稱爲悟，眞悟者皆當奮力而起，揭其落處以示時人，方免佛門當代及後世學人再被廣作誤導，共成大妄語罪。

古人與時人總同二病：都不知天童之悟處即是如來藏，亦不知天童證悟之機緣實由公案機鋒而入。天童自身既非由默照之法而悟，卻倡議默照之禪，又未詳實而且常常明說其默照之義，其開示都以公案以教學人，學人依其默照之法而修，焉有悟緣？天童座下幾無悟入之人，然而由其眞悟如來藏之事實以觀，復由其開示公案等語錄以觀，皆可證實其所傳與入門弟子者亦是如來藏；然而天童弘倡默照之法者，意在何處？都非當時及後世今人之所知也！唯除已得其旨者。

後世今時專弘離念靈知心者，努力提倡默照禪，引天童默照之禪以爲己證，皆由時人之世智辯聰，思欲對治眞悟之師所弘正法所致。是故天童默照之法者，乃其表相所弘者，欲以之而息滅當時人之世智辯聰也！至於座下弟子，則擇其有緣者，施以機鋒、令悟如來藏識，紹繼法脈。然而此事不便公開宣揚之，致使世人同皆錯認默照靈知之法即是天童教人證悟之法；今時世人復無實智，執以爲實，不免同皆墮入默照離念靈知境界中，同指離念靈知意識心爲證悟之標的，焉是有智之人？天童亦因是故，非唯因此能接受大慧之隱名指責；後時大慧往訪，相談甚歡，皆因同一所悟故。大慧當時若知其宣揚默照之旨者乃爲對治時人世智辯聰之病，則必定不再責其默照之說爲邪，而必單斥墮入離念靈知者之邪謬也！

雖然如是，天童之所悟者，於其舉示祖師證悟之極多公案開示以觀，即可知也！然而天童之所悟，其旨安在？如今究竟有誰知之？何妨再以大慧之開示以示時人？若能識得，無妨即與天童把手共行，方知天童老人常在眼前也！大慧宗杲禪師開示云：

【昔志道禪師問六祖：「學人自出家，覽涅槃經近十餘載，未明大意，願師垂誨。」祖曰：「汝何處未了？」對曰：『諸行無常，是生滅法；生滅滅已，寂滅爲樂。』於此疑惑。」祖曰：「汝作麼生疑？」對曰：「一切眾生皆有二身，謂色身、法身也。色身無常，有生有滅；法身有常，無知無覺。經云『生滅滅已寂滅爲樂』者，未審是何身寂滅？何身受樂？若色身者，色身滅時四大分散，全是苦，苦不可言樂。若法身寂滅，即同草木瓦石，誰當受樂？又法性是生滅之體，五蘊是生滅之用，一體五用，生滅是常；生則從體起用，滅則攝用歸體，若聽更生，即有情之類不斷不滅；若不聽更生，即永歸寂滅，同於無情之物。如是，則一切諸法被涅槃之所禁伏，尚不得生，何樂之有？」】（《大慧普覺禪師語錄》卷二十八）

如是之疑，亦是今時一切大師與錯悟學人之疑，當先語譯之，然後再舉大慧之開示，以解群疑：【以前志道禪師問六祖：「學人自從出家以後，閱覽涅槃經將近十餘年了，一直未明經中大意，願師垂誨。」六祖問說：「你是什麼地方不能瞭解？」志道禪師答說：「『諸行無常，是生滅法；生滅滅已，寂滅爲樂。』我在這裡有疑惑。」六祖說：「你爲什麼生起疑惑？」回答說：「一切眾生都有二身，也就是色身與法身。色身無常，有生有滅；法身有常，無知無覺。既然如此，經中又說『生滅滅已寂滅爲樂』的話，那麼究竟是何身寂滅？何身受樂？若是色身受樂的話，色身壞滅之時，四大分散無常，全都是苦，苦不可說是快樂。若是說法身寂滅、無知無覺，那就同於草木瓦石一般，又該是誰在受寂滅之樂？而且，法性既然是生滅之體，五蘊又只是法身生滅法上的作用，這樣一來，可說是一體五用而成爲生滅是常了；所以，有生則是從體起用，滅了則是攝用歸體，若是讓它這樣滅了再生，這就成爲有情眾生都永遠不斷也不滅了；若是不讓五蘊萬法再度出生，這就永遠都攝歸寂滅，可就等同於無情之物了。像這樣子，就會使得一切諸法都被涅槃所禁伏；到這時，一切諸法尚且不可能出生了，無覺也無知了，又怎能像經中所說的享受寂滅之樂呢？」

這眞是許多人心中的疑問，所以大慧禪師接著又舉六祖開示之言而開示曰：

【「佛愍此故，乃示涅槃眞樂：刹那無有生相，刹那無有滅相，更無生滅可滅，是則寂滅現前。當現前時，亦無現前之量，乃謂常樂。此樂無有受者，亦無有不受者，豈有一體五用之名？何況更言『涅槃禁伏諸法令永不生』？此乃謗佛毀法！聽吾偈曰：『無上大涅槃，圓明常寂照；凡愚謂之死，外道執爲斷。諸求二乘人，目以爲無作；盡屬情所計，六十二見本；妄立虛假名，何爲眞實義？（居仁要見實處，但看此一句子）〔編案：（）符號內字，是大慧禪師覆呂郎中之書信中原註文字，以下皆同。居仁乃是呂郎中之兄〕，唯有過量人（未見其人），通達無取捨（居仁更疑三十年）；以知五蘊法，及以蘊中我（居仁在裏許求出無門），外現眾色像（莫眼花），一一音聲相（賺殺人），平等如夢幻（救得一半），不起凡聖見；不作涅槃解（亦未見其人），二邊三際斷；常應諸根用，而不起用想；分別一切法，不起分別想。劫火燒海底，風鼓山相擊；眞常寂滅樂，涅槃相如是。吾今彊言說，令汝捨邪見（只是居仁不肯捨）；汝勿隨言解（居仁記此），許汝知少分（只這少分也不消得）。』志道聞偈，忽然大悟（葛藤不少）。】

大慧禪師舉了六祖的開示言語，隨即又開示道：【只這一絡索，便是直截分明指示居仁底指頭子也！居仁見此，若道猶是經論所說，尚指古人公案；若尚作如此見，入地獄如箭射。】時人皆與錯悟古人一般，總道無餘涅槃之中有一覺知心受諸寂靜之樂，或如藏密外道一向主張「無餘涅槃之中，有一覺知心常受人間淫樂中最高層次之第四喜淫觸樂受，就是報身佛所擁有的快樂常樂果報」，皆是不解涅槃常樂之理者。所以大慧禪師接著開示道：【祖師（六祖）到這裏，不能臨濟德山用事，遂放些氣息還他云：「汝是釋子，何習外道斷常邪見而議最上乘法？據汝所解，即色身外別有法身，離生滅求於寂滅；又推涅槃常樂，言有身受者；斯乃執吝生死，耽著世樂。」】（以上皆錄自《大慧普覺禪師語錄》卷二十八）學人於此中義理，務必審細思惟、詳盡知之，爾後方有悟緣也！否則假饒再參三十大劫，只成個宗門野狐，於宗門下事終究無分。

非獨錯以邪見教人者應當破之，乃至以密意爲他人明說者，亦須誡之，以免誤人，免令面聞者之智慧難以泉湧勃發也！書末且舉大慧宗杲之開示，與一切已悟者及諸方求悟者共勉：【……若使老漢初爲渠拖泥帶水說老婆禪，眼開後，定罵我無疑；所以古人（譬如香嚴智閑禪師）云：「我不重先師道德，只重先師不爲我說破。若爲我說破，豈有今日？」便是這箇道理也！】（《大慧普覺禪師語錄》卷三十）是故一切眞悟之人，度眾數年之後皆知此中道理；謂從人明聞密意者，不獨無有功德受用，智慧難以泉湧而出，並且「悟」後起修宛如龜步，冀如自參自悟者之悟後一日千里，決定難可得之也！有智之人當以自參自悟爲要，莫因貪求一時之「悟」解，遮障悟後進修之道業。已悟之人，亦宜善護密意，莫爲人明說；否則，聽聞密意之人，當時雖然感激之情溢於言表，久後終究不免私下大罵法身慧命葬送於明言之人也！又爲人明言密意者，皆是虧損如來、虧損法事之地獄罪，違 佛所誡，眞悟之人於此都宜戒之也！

由是再以前人之言，呼籲一切眞悟之人，當效大慧宗杲禪師一生破斥邪見以顯正法之事跡：【昭覺門下得法者眾，獨著〈臨濟正宗記〉付大慧禪師者，以其能徹法源底，又能赤身擔荷從上佛祖慧命，不少假借。故當分座之日，即炷香為誓曰：「寧以此身代眾生受地獄苦，終不以佛法當人情。」乃以一「竹篦子」、一「狗子無佛性」話，普接群機。天下翕然歸重，法席之盛、得人之多，號為臨濟再出。〈正宗〉之付，豈徒然哉？】（《為霖道霈禪師還山錄》卷四）

誠如聖　玄奘菩薩所言：「若不摧邪，難以顯正。」邪法聽來總似正法，然而似是而非，學人極難辨白之，則邪法終究不免一再誤導學人，令諸學人或者求悟無門，或者錯入岐路而自以為悟，成就大妄語罪；甚者廣而弘之，則將陷墮廣大學人共成大妄語罪，其數眾多，其罪不可謂小也！是故呼籲一切眞悟之人，為救學人免被錯悟之師所陷墮，皆當出世摧破邪說以顯正法。

然而如是呼籲之言，今時後世亦恐將有誤會之者；謂自古以來，常有錯悟之人同墮離念靈知心中，或墮六識心之見性、聞性……知覺性等自性中，成為佛門中的自性見外道，卻反而不服眞悟祖師之言，乃至造書刻梓，對大慧禪師等人恣意月旦之；如是情事，廣見於〈續藏〉收藏之禪師語錄中，時人若無慧眼、法眼，恐將同墮彼等心病之中，同入離念靈知外道常見境界中；是故明、清年代宗門有言：「至於近代法門流弊，尤有不可勝言者；即欲言，無從啓齒。有心者，不過閉門塞兌，唯將一『嘿』仰答佛心而已，奈之何哉！」（《鼓山爲霖禪師還山錄》卷四）如是，諸師錯悟而言悟，復又妄評大慧宗杲禪師者，其數非寡；又如晚明之天童山圓悟法師一脈傳人，更編造大慧患背疽而亡，乃至編造背疽痛極、晝夜呼叫之故事以誣大慧；如是無根誹謗正法及證悟菩薩，果報可知。今時墮於離念靈知境界而自以爲悟之人，當取以爲鑑，莫因所墮意識境界被眞悟之師所破，心中不服，重墮覆轍；捨壽時至，庶幾無過。

默照禪難悟之事實非唯現今，古有如是記載：【系曰：北宋三佛（二勤一遠：克勤佛果、佛鑑慧懃、佛眼清遠三人）並唱演公之道，惟佛果（克勤佛果圜悟禪師）得其髓也。而入佛果之室、坐無畏床師子吼者，又不下十餘人。獨後法嗣之繩繩直至我明（我明朝）嘉（嘉靖）、隆（隆慶）猶有臭氣觸人巴鼻者，妙喜與瞌睡虎之裔耳，他則三、四傳便乃寂然無聲。然此二老可謂源遠流長者也！當時稱二甘露門，不亦宜乎！】（《大明高僧傳》卷五）

語譯如下：【系曰：「北宋時期的三位佛字開頭的佛果、佛鑑、佛眼三位禪師，同時演述唱弘五祖法演禪師之法道，其實只有佛果圓悟禪師得到法演禪師的全部眞髓。但是已經成爲佛果禪師的入室弟子，並且已經安坐於無畏床而作獅子吼（破邪顯正）的人，不止十餘人。後來代代相傳法嗣，如同繩繩不斷而一直傳到我明朝嘉靖、隆慶年間，而仍然有禪門的味道可以觸人鼻孔、嘴吧的，也就只有大慧宗杲與瞌睡虎的後人罷了！其餘的宗派，都是三傳、四傳之後就消失了。所以說，大慧與虎丘二老的法脈，眞可說是源遠而流長啊！大慧在世時，時人稱呼大慧與虎丘二門爲甘露門，不正是說得很恰當嗎！〉

由是史實記載可知，除 克勤圓悟大師傳下來之大慧宗杲與虎丘紹隆禪師之苗裔以外，諸師所傳法脈，率多中斷不繼；復由虎丘一脈傳至南宋理宗時，已經落在離念靈知意識心境界中了，晚明時之天童山圓悟法師時更是極力提倡離念靈知，虎丘紹隆之正法眞旨早已失傳了，只剩下表相的法脈繼承與弘傳了；這都是因爲想要兼弘天童默照禪法，所以後來天童山的虎丘後人，全落在離念靈知心中，不再有人能悟得第八識如來藏了。觀察虎丘一脈正法傳承之衰落，都是咎在禪悟之法門不妙所致，是故數代以後即告失去正法妙旨，唯餘法脈傳承表相，所以南宋末葉及元、明時的東山禪，仍由 克勤、大慧師徒一系繼續發揚光大，天童宏智禪師則是後繼無人，由虎丘弟子應菴主持正法，而虎丘一脈四、五傳後亦落入離念靈知意識心中，由此可徵默照之法確實令人極難悟入也！看話禪則源遠流長，由是緣故， 克勤、大慧一宗苗裔流傳不墜，代有其人證悟而出，弘揚宗門正法。天童山在大慧住世時，傳至南宋理宗以前，仍然都有宗門正法，遂有稱譽 克勤門下之大慧與虎丘二門爲當時二大甘露門者。舉凡崇尚默照禪法者，後來都不免落入離念靈知意識心中。學人由此史實記載及分析，當知默照之法絕非禪門宗旨證悟之妙法也！離念靈知則是錯悟者之所墮，有智禪和與諸大師，自當知所簡擇。

由於離念靈知是宗門大過失故，所以古時大慧宗杲提倡看話禪，這就是大慧話頭禪之倡弘原由：據《永覺和尚廣錄》卷十一載云：【至於話頭上一步死工夫，則實非吾之臆說也！昔者黃蘗肇端，諸師遵承，而大慧尤主張之。夫大慧中興濟北之道，豈其機用弗具？而開示來學，一一例以一句話頭塞斷其咽喉，消磨其伎倆，然後顯大機大用，以激發其精光，故依而獲證者四十餘人。】

又《雲門麥浪懷禪師宗門設難》卷一如是說：【其奈情與世異，道隨物遷，學者不以生死大事爲重任，惟期明會機緣，向古人舌頭上安身立命、望空穿鑿；人我是非逾高逾大，生死牢關逾深逾固。嗚呼！欲求禪道之興，其可得耶？所以大慧、高峰，一味教人看話頭、下疑情；孜孜密密，苦口叮嚀；如貓捕鼠，如雞抱卵；至於用力之久，一旦豁然開悟，可謂慶快平生者矣！覩彼死坐蒲團、一念不動者，乃告子之弗求、無想之異熟，佛、祖叱此輩爲外道，孔孟拒此輩爲異端；污辱宗門，無過於是。】有智之人，當速遠離一念不生、離念靈知境界，依大慧看話頭之方法參之，久後始有悟緣也！彼時豈不暢快平生？

本章總結：欲求明心之人，應以看話頭之禪法修之爲佳，默照禪之行法極易落入定境中，難脫離念靈知意識境界，實難明心；明心之理，實以看話頭之禪法而在行住坐臥之中參究最爲易悟；是故平實此世雖在靜坐中悟入，其實只是捨棄此世誤我之師所說邪見，經由體究而發起往世所修之智慧而已，並非眞實經由靜坐而悟入也！是故自身雖在坐中悟入，卻不樂眾人坐中悟入，皆因坐中欲悟極難故；除非乘願再來之人，因靜坐參禪而激發往世所悟般若種子。復次，平實此世之悟，雖在坐中得入，然而仍非默照之法，仍是以話頭禪之法而運用思惟觀之方式得悟，絕非默照之法也！謹將自身之經驗提供一切有心於禪悟之禪和參酌。

（出版時補說：默照禪之意旨，以默照五陰、十八界法悉皆虛妄，作爲默照之標的，非以默照識陰意識有無語言妄念爲主旨。已如實默照陰界入之一一陰、一一界、一一入皆全部虛妄以後，再於離念境界之中時時尋覓不屬於陰界入所攝之空性如來藏，要覓得如來藏之所在而通達般若，生起實相智慧，方是天童山宏智正覺禪師所弘默照禪之眞義。）

第十章　眼見佛性

藍吉富先生言：【我之所以對宏智所撰的這首〈鈍鳥〉偈印象深刻，是因爲該偈，常使我在腦子裡浮起宏智對大慧的無嗔風範，以及其對死亡一事所顯現的平常心，更使我感受到他的「生死一如」的境界。】此說誠然，藍先生勸誡大眾共同心儀於天童的無瞋風範，共同嚮往天童生死一如境界，其心也善，誠應讚歎之。

然而藍先生接著說：【這一事例，使人覺察到即使像大慧那樣曾經大悟的禪師，也並非必能完全通曉其他開悟者的境界。法海浩瀚，所悟唯見一滴。對於不同法門的容忍，其實是對全體眞理的尊重，並非祇是尋常的禮貌而已。】這一段話可就値得探究了！所以者何？謂明心者皆互知所悟內容故；而藍先生以天童之悟境而欲與大慧相較者，殊不類也！絕對不可相提並論之。此謂大慧非唯明心而已，復又從學於　勤大師眼見佛性之境界，復依　勤大師之指示而參究，已過牢關，並已親受　勤大師之教導而開始修習種智及華嚴現觀境界。眼見佛性及修習種智、華嚴現觀，此三種境界之任何一種，都是天童到老仍望塵莫及者；天童既是心性淳善之人，而又已經明心，焉有可能不知大慧證境遠超自己？又焉有可能妄謗大慧之法及人？然而藍先生於此關鍵都無所知，便作如上一段言語，誠有大過也！如是輕啓評論大慧言語之端，於自己此世後世絕無所利也！

關於眼見佛性者，古來公案極少見，難可蒐羅，較著名者爲 克勤大師之明心及見性二關同時完成者，白雲守端、五祖法演之見性部分，都無文字記錄留下，唯有勤大師留下記錄；其入室弟子雖眾，未有得此者，唯有大慧宗杲禪師一人得之，今舉其開示爲證；《列祖提綱錄》卷二云：【大慧杲禪師，今上皇帝（宋孝宗）在建邸，遣內知客入山供養羅漢祝聖，請陞座，（大慧禪師陞座開示曰：）「欲識佛性義，當觀時節因緣；時節若至，其理自彰。敢問大眾：作麼生是自彰底理？」舉起拂子云：「還見麼？」又擊禪床云：「還聞麼？聞、見分明，是箇什麼？若向者裏提得去，皇恩、佛恩一時報足。其或未然，徑山打葛藤去也！……。」】

語譯如下：【大慧宗杲禪師，當今皇帝尚在建邸普安郡王位時，曾經派遣內知客入山供養羅漢，藉以祝禱宋高宗皇帝福德綿延；因此緣故而請大慧禪師陞座說法，大慧禪師陞座開示道：「假使想要識得佛性的眞實義，應當觀察時節因緣；時節因緣如果到了，佛性的眞實義理就會自然的彰顯出來了。敢問大眾：怎麼樣是佛性自己彰顯出來的道理？」說完就舉起拂子說道：「還看見了沒有？」又拍禪床說道：「還聽聞到了沒有？聞、見之中極爲分明的，那是個什麼？如果向這裡提得去，皇恩與佛恩就一時報答完了。如果看不見，我徑山老人就爲大家打葛藤去了！」〕

大慧禪師既然一向都言「法不可見聞覺知」，此時爲何又問見或不見、聞或不聞？似乎有自相違背之處。這就像是平實開示如來藏眞心離見聞覺知；如是幫助大眾明心而證得離見聞覺知的如來藏以後，卻又引導同修們眼見佛性；見性以後，便以搖手示之，問伊看見了沒有？又指花兒、山河大地，問伊看見了沒有？又令於五塵中觀之，問伊看見了沒有？若道是明心與見性完全相同，則平實指示在山河大地事物上觀看佛性，豈非等於在山河大地上欲求眼見如來藏？豈可得之？是故，大慧所言見否？聞否？都非見聞如來藏也，正與平實同一作略。佛性不等於如來藏，但亦非如來藏，與如來藏不一亦不異，但亦一直不離六識心的見聞覺知性，但是眾生都看不見，二乘聖人也都看不見；所以錯會見性境界者，都是在六識心的見聞知覺等虛妄自性上面用心，佛名之爲**凡夫**隨順佛性。這公案，是大慧特地舉出來教大家：除了明心以外，還得要在眼見佛性上面用心，不可單以明心開悟爲滿足，但這不是天童宏智禪師所證的境界。

再舉一則大慧宗杲禪師已得眼見佛性證境之開示證明如下：【師一日云：「菩薩人**眼見佛性**，須是**眼見**始得。」】（《大慧普覺禪師宗門武庫》）此即證明大慧禪師眼見佛性的開示語句。大慧禪師既然時時都說明心就是親證藏識，又常常說藏識離見聞覺知，如今卻又公開的問大家：**聽見**了沒有？看見了沒有？顯然不是在說**聽見如**來藏、看見**如來藏**，當然是說**眼見佛性**、**聞見佛性**；如今這二句話又說佛性得要**眼見**才算數，又不許學人落在六識見聞覺知的虛妄自性上面，那就顯示大慧所謂的眼見佛性，與平實今日舉揚《大般涅槃經》的眼見佛性，是一般無二的。這個證境，自古以來少人能證，非唯天童宏智不能證得而已。

亦如《指月錄》卷三十二載云：【師（大慧宗杲）云：「我平生好罵人，因看玄沙語錄，大喜他勘靈雲道：『諦當！甚諦當！敢保老兄未徹在。』可謂壁立萬仞。後來與靈雲說話了，卻云：『你恁麼，方始是徹。』後頭卻恁麼撒屎、撒尿。卻問圓悟：『如何？』悟笑云：『他後頭卻恁麼地，我也理會不得。』遂下來。歸到寮，方知玄沙大段作怪，遂舉似圓悟；悟笑云：『且喜你知。』晦堂云：『今時諸方，多是無此藥頭。』」師云：「切忌外人聞此粗言。菩薩人**眼見**佛性，須是**眼見**始得。」】非唯《指月錄》，《嘉泰普燈錄》卷十五中，亦如是記載之。

語譯如下：【大慧禪師說：「我平生常常罵人，有一天因爲看到玄沙語錄，很喜歡他勘驗靈雲禪師時說：『很好啊！非常的好啊！我敢保證靈雲老兄還沒徹底弄通開悟境界呢！』這話眞可說是壁立萬仞。可是玄沙後來與靈雲說過話了以後，卻又說道：『你這樣子，才算是透徹了。』他後來卻是這樣子撒屎、撒尿。後來我就去問圓悟大師：『這事兒究竟如何？』圓悟笑著說：『他後頭卻是這麼作，我也理會不得。』我問不到答案，就退下來。回到寮房時，方才知道玄沙這句話裡，眞是大有文章，他眞是作怪；我想通了，就去舉說給圓悟聽；圓悟大師笑著說：『我倒很喜歡你已經知道了。』晦堂後來聽到了，就說：『現在諸方大師，大多是沒有這種助人手段的妙法。』」大慧禪師接著又交待說：「千萬要小心，別讓外人聽到這種粗俗言語。眞正行菩薩道的人所說的**眼見佛性**，必須是**眼見了**才算數。」】

如是眼見佛性境界，古來少人證之，天童亦未曾證之，何能知之？當然不敢自居於大慧證境之上；天童宏智正覺禪師設使今時在世，亦不能免除平實此語也！何謂耶？謂其明心及證牢關而不曾眼見佛性故。即此一著，不免語怯，何況能評論於大慧耶？昔時天童之所以心服大慧禪師者，非唯同是明心、同是徹悟之人故，實因大慧禪師之眼見佛性者，絕非天童之所能知，作夢亦難臆測也！復以大慧禪師不畏強權，敢言宋高宗之昏庸、之識人不明、之重用奸相秦檜，視生死為無物而敢向秦檜當面直言其謬，由是緣故雖然被貶，然而時人無不重之；以此二故，天童禪師傾心服膺。後來大慧因此被貶閩南十五年後，宋高宗命歸育王山住持，大慧禪師甫抵育王山，首要之務並非上堂說法，而是主動先往天童山會見正覺禪師，想要溝通默照禪之事，兩人從此便成莫逆之交。以是緣故，後來天童自知捨壽時至，乃遺言座下弟子，並親寫遺書：奉請大慧宗杲為其主持後事。大慧亦於傍晚接獲天童遺書後，當夜兼程趕到天童山，為他主持後事，不違所請。

綜觀天童正覺禪師之開示語錄、著作，迄未見有任何證據可以證明其已證得眼見佛性之證境。反觀大慧宗杲，始從其師祖 白雲守端之明心與見性，次由其師克勤圓悟之證悟同時見性，及其自身對眼見佛性之證境與開示，皆非天童宏智之所能知、之所能證；天童乃是質直之人，心無諂曲，實事求是，並非心傲而喜於狡辯之人，是故對於大慧之證境，從無一語貶之；復更深心傾仰，引為道友至交。此都是禪門史實所載者。

後時誤會默照禪而墮離念靈知意識心之凡夫等人，為建立彼等誤會天童默照禪之離念靈知弘法根基，乃編造大慧前往天童探望病情、當場送終之故事，誣枉天童多害了一場病；並且直到今時仍在宣揚如是荒謬之假故事，致令天童直至如今已經千年，然而此病猶未痊癒，何等可笑？如今天童早已捨壽無病，時人卻仍將此病久抱不放，正是：天童不病、時人俱病。

復次，欲求眼見佛性者，更不宜以默照之法行之，仍應以話頭禪之方法行之，最為易入；是故默照之法，不論古今皆同一難：欲悟無門。由是緣故，天童禪師滅後不久，即已後繼無人，須由 克勤、虎丘、大慧一脈派人前往天童山弘法利眾、住持其寺務，令不敗落；譬如天童應庵曇華禪師之得法於大慧之師兄虎丘紹隆法脈：【隆興元年，是年六月十三日，天童應庵禪師曇華遷寂。（應庵禪師）姓江氏，蘄之黃梅人；生而奇傑，骨目聳秀。童稚便厭世故，具決定志津濟群品。年十七出家於邑之東禪，明年為大僧，又明年杖錫參方，首謁隨州水南遂和上，染指法味。迺上雲居，圓悟禪師一見拊勞，痛與提策；以為法故服勞難事，趨走唯恐居後。會（正好遇到）悟（克勤圓悟禪師）入蜀（返鄉進入四川），指似往見彰教隆于宣（指示應庵往見住在彰教之紹隆禪師於宣地），隆（紹隆禪師），其（圓悟禪師之）子也。隆移虎丘，師實為先馳；未半載間通徹大法，頓明圓悟為人處。未幾，禮辭遊諸方，初分座於處之連雲，處守遂以妙嚴請師出世。繼住衢之明果、蘄之德章、饒之報恩

薦福、婺之寶林、報恩江之東林、建康之蔣山、平江之萬壽；兩住南康歸宗，末乃住今天童。】（《佛祖歷代通載》卷第二十）

亦如天童山密庵和尚之出身於虎丘禪法：【釋咸傑，字密庵，福州鄭氏子也。其母夢廬山老僧入舍，遂舉師。自幼穎異過人，及壯剃髮進具；遍參知識，最後謁應庵華和尚（克勤大師之法孫、虎丘紹隆之法子）於衢州明果庵。一日問曰：「如何是正法眼？」答曰：「破沙盆。」應庵頷之，說偈曰：「大徹投機句，當陽廓頂門；相從今四載，徵詰洞無痕。雖未付衣鉢，氣宇吞乾坤；卻把正法眼，喚作破沙盆。」後出住衢州烏巨庵，次遷祥符、蔣山、華藏，未幾，奉詔主徑山及靈隱。】（《大明高僧傳》卷八〈明州天童寺沙門釋咸傑傳〉）

天童正覺禪師捨壽之時，雖有第二代弟子受大慧指派一人住持天童山，但終無法助益天童大眾悟入；後來改由 克勤大師之法孫應菴禪師住持，其眾改以 勤大師之禪法修行方得悟入，而 克勤與虎丘、大慧皆許天童弟子紹繼天童山法脈，繼續住持天童道場，並不收為己徒（但是天童山後人凡是親得正法者，皆主動紹繼 勤大師、虎丘紹隆法脈）。由是故知默照禪之行法，欲悟極難，非是大慧空口故謗之言也！

乃竟有近代禪人欲效天童正覺禪師之法，以默照之法修之，復不能知天童默照禪之私意，是故同墮離念靈知意識心境界中，又無方法可以成就看話頭功夫，便編造「鈍鳥與靈龜」假公案，藉以誣衊天童禪師捨壽時大病而亡，進而編造大慧來探及當場親自送終，以便編造大慧禪師之被預記患瘡而亡故事；再以如是誣衊大慧之言，藉以反徵看話禪不能凌駕默照禪之上，以便廣弘其離念靈知之默照禪也！然而如是離念靈知之默照禪，其實並不是天童宏智禪師的默照禪眞義。

復次，明心與見性二關，迥然大異；明心者，找到如來藏眞實心，現觀如來藏之常住性、無生性、涅槃性、眞如性、中道性、離言性、離覺觀性，此名明心。然而明心之人，不能於山河大地上面看見自己的如來藏，不能於他人身上看見自己的如來藏；眼見佛性者，則悉能於山河大地上眼見自己之佛性。又觀我會中十餘人，亦能在平實教導之下，如平實一般，在山河大地上、在有情身上看見自己的佛性，並非明心親證如來藏者所能眼見，因爲並不是在山河大地上面看見自己的如來藏；是故，明心不同於眼見佛性，是故方有我會中學員於明心時撰寫見道報告後，再於後來眼見佛性之時，又復寫作眼見佛性之報告以呈。由當代明心之後又復眼見佛性之事實，證明眼見佛性之異於明心者，二關之差異極大矣！

復次，明心者，悟後不論是否信受所悟之如來藏，乃至退失信心而否定所悟之如來藏以後，名之爲退失者，然而彼所親證之如來藏都不會消失不見；但眼見佛性者即不然，不論其信或不信，乃至完全具足信心者，當他的定力退失時，其所眼見的佛性，即無法眼見分明而漸漸消失不見。但若再度補修定力之後，則於定力回復之時，其眼見佛性之境界及受用，隨即又回復如初。換句話說：明心後所證之如來藏證境永遠不會消失，與定力之退失與否無關；但眼見佛性之親證者，一旦定力退失時，則一定會失去眼見佛性的境界，僅餘者爲仍然了知佛性之名義爾。由此可以證實明心與見性，是截然不同的二種證境，不可混爲一譚。

復次，若人強言明心即是眼見佛性者，則有過失，與事實不符：眼見佛性者，能於他人親見他人之佛性，但也能於他人身上親見自己之佛性。明心者則唯能於他人身上親見他人之如來藏，不能於他人身上親見自己之如來藏；若明心即是見性者，則明心之人應都能於他人身上親見自己之如來藏；然而事實不然，是故明心不即是見性，大異於眼見佛性。至於其他更深細之差別，牽涉到未入地菩薩隨順佛性異於已入地菩薩隨順佛性之密意，事涉種智，不宜於書中明言，暫且略之。是故，明心與見性二關是截然不同的，而未入地菩薩的隨順佛性與已入地菩薩的隨順佛性，也是截然不同的；眼見佛性爲何又異於明心而能夠在山河大地上親見之？親見佛性遍滿山河大地、虛空之中，卻又爲何不在山河大地、虛空之中？這其中的道理，都不是天童宏智未見之人所能得知者，更不是今時連明心證境都不懂的凡夫與阿羅漢、辟支佛所能知之。所以未入地的十住菩薩眼見佛性境界，大異於七住菩薩的明心，更異於凡夫所隨順的六識見聞知覺性；此一境界已非眞正明心之人所能知之，更非凡夫與二乘愚癡聖人所能知之。

若人想要眼見佛性，看話頭是眼見佛性的唯一親證法門；捨此一門，則無門可入、無法可證、不能眼見分明（當然還得要依循佛之聖教，同時具足大福德與正確的慧力，才有可能眼見分明，不是只靠看話頭的功夫）。至於默照有無妄念之法，或求離念靈知境界者，都無法眼見佛性了了分明；如是之人，縱使有朝一日參出佛性名義時，則將成爲解悟，一生之中永與眼見佛性絕緣，永與六識的見聞覺知虛妄自性相應。由是緣故，欲求明心及眼見佛性者，皆應速捨離念靈知境界，改以看話頭之法：既可鍛鍊眼見佛性之功夫，亦可早日觸證如來藏而明心。天童既然是明心而未眼見佛性，大慧則是明心且又眼見佛性者，並且親隨 勤大師修學種智，當然天童無法臆測大慧之證境，而其明心境界則是大慧都已全知者；大慧對默照禪之評論亦屬正確，天童又如何能加以反駁？而天童之心性又從來純一，更不會反駁，是故藍先生認爲大慧不明天童悟境的評論，是不明事實的無根之說。

第十一章　大慧禪師之心性

如前所舉，大慧禪師除了無我、無私以外，其慈悲助人之心行，乃至兼及反對大慧者，一切都加以助益；譬如大力反對及攻擊大慧宗杲之李邴、鄭昂尚書，都在大慧幫助下悟入如來藏明心境界，即是現成事證。復次，大慧禪師亦是知恩而且平等之人，對於世俗利益，他總不想與人計較；譬如他的弟子萬菴禪師，曾經述說大慧宗杲破斥邪說不遺餘力，但是對私人利害之爭，卻是無所計較；乃至座下弟子對他作了不當的勸言，他也沒有抱怨責怪。有文為證：

【萬菴顏和尚曰：「妙喜先師初住徑山，因夜參，持論諸方及曹洞宗旨不已（評論當代的諸方禪師及曹洞宗旨的錯誤而不曾停止）。次日音首座（大慧之弟子）謂先師（大慧）曰：『夫出世利生，素非細事；必欲扶振宗教，當隨時以救弊，不必取目前之快（音首座以自己境界來衡量大慧，認為大慧評論諸方錯悟之師，是逞口舌之快而不是在幫助諸方大師改邪歸正）。和尚前日作禪和子，持論諸方猶不可妄，況今登寶華王座、稱善知識耶？』先師曰：『夜來一時之說焉（我只是在那個夜晚一時想到而說）。』首座曰：『聖賢之學本於天性，豈可率然？』先師稽首謝之（大慧向弟子音首座稽首謝罪），首座猶說之不已（音首座仍然不停的指說大慧這個過失）。」萬菴曰：「先師竄衡陽，賢侍者錄貶詞，揭示僧堂前，衲子如失父母、涕泗愁歎，居不遑處。音首座詣眾寮白之，曰：『人生禍患不可苟免，使妙喜平生如婦人女子，陸沈下板緘默不言，故無（當然不會有）今日之事。況先聖所應爲者不止於是，爾等何苦自傷？昔慈明、瑯琊、谷泉、大愚，結伴參汾陽；適當西北用兵，遂易衣，混火隊中往。今徑山衡陽相去不遠，道路絕間關，山川無險阻，要見妙喜，復何難乎？』由是一眾寂然，翌日相繼而去。」〈廬山智林集〉】（《禪林寶訓》卷三）如是，妙喜宗杲禪師評論諸方禪師及當時曹洞宗傳人的法義錯誤之處，雖受座下弟子音首座婦人之見所責，然而卻不覺得首座逾越弟子之分際，亦不當面置辯，反而稽首感謝音首座之規勸；卻於破邪顯正以救禪人一事，仍然終生行之不倦，其心性之淳善，由此一公案可爲明證也！對於音首座在大慧稽首謝罪之後仍然不斷指說大慧一事，大慧都沒有不悅之情。

不久以後，大慧被秦檜奏請宋高宗貶往閩南衡州，諸方曾被大慧指說法義有誤的大師們，就開始對大慧作種種人身攻擊；侍者了賢法師將諸方對大慧貶斥之詞，錄貼於僧堂前，大眾如失父母一般的愁歎；後來，曾經勸止大慧破斥錯悟大師的音首座，一反以前處處干預大慧師父的作爲，來到各堂僧寮勸解：「人生禍患是不能以苟且之心而求免除的，縱使妙喜師父一生都能像婦人之仁一般，猶如大地陸沈、忠臣揚棄奏板一樣，都不對錯誤的事情提出他的看法，也就不會有今天被貶閩南的事情；可是先聖所應作的事情，其實還不止是師父今天所作的事而已（其實是應該更加大力的破斥邪說），你們又何苦如此的難過呢？以前慈明、瑯琊、谷泉、大愚四人，結伴往參汾陽善昭的時候，正好遇上西北正在戰爭，他們就改穿俗人的衣服，混在軍隊的伙夫中，這樣前往汾陽參學。如今我們住在徑山，與閩南的衡陽相去不遠，往來的道路上也沒有設立檢查關哨，山川道路都沒有阻隔，想要前去面見妙喜師父，又有何難呢？」說過這些話以後，大眾就停止了愁嘆之聲；第二天以後，眾人就相繼前往閩南衡陽親近大慧妙喜禪師了。所以大慧禪師是見義勇爲、不顧己利、不圖私利，而且是肯接受諫言、不計較別人私德上的過失。

後來大慧被奸相秦檜貶到閩南之時，當時錯悟之人便藉機大力撻伐大慧宗杲。後世更有人寫書揑造事實，誣責大慧曾經毀罵 勤大師，此事是否屬實？抑或仍是虎丘數傳之後人揑造誣衊之詞？無妨再來考證一番，以明大慧之心性。

繼承虎丘禪師法脈之後人，既因住持天童山道場之故，每每舉提天童禪師之默照禪而同時弘揚之；然而續傳數代大約六十年以後的癡絕禪師，漸漸專以默照禪弘揚之，卻又誤會天童禪師默照之意，漸漸墮於離念靈知心中，已非天童當年默照禪所弘揚之如來藏了。墮於離念靈知之故，每多不服大慧一宗以如來藏妙義而廣爲禪門所推崇，故常編造大慧心性不佳之故事以誣之，非獨近代所編造的大慧探病於天童乃至罹瘡而亡一事也！有文爲證，大慧入滅後約七十年間的《癡絕和尚語錄》卷上有云：

【昔日圓悟在京師天寧，忽罹丙午之變，虜人欲招二十禪講名僧，時妙喜亦預其選。妙喜是箇通身是眼底人，遂**以計而脫歸**（事實是妙喜親赴胡人之會，以法降伏胡帥）。時圓悟移住金山，大慧至金山且過，極口罵圓悟云：「這老畜生！是什麼心行？卻令我從虜而去！」罵之不已。時知事頭首，白圓悟云：「杲兄在下面罵和尚，和尚也須作箇行遣。」圓悟遂削一條竹篦，集知事頭首，請大慧來。大慧至，圓悟云：「我教你去外國流通一支佛法，有甚不得處？卻只管罵我？你肚裏少我五百箇活馬騮在。」妙喜一聞此語，許多惡發當下冰釋。是知圓悟老人凡爲學者，一動靜、一舉措，如善射者箭不虛發，若非妙喜點眼知人意，未免蕩而不反。時妙喜便欲謀住，圓悟云：「汝且去，恐有人不利於汝。」妙喜於是往臨川見韓子蒼，然妙喜不爲圓悟之所留，因與子蒼夜話，尤極口罵圓悟。子蒼曰：「莫罵老和尚，我與老和尚相處一平生，莫知老和尚底蘊。汝與我相聚不多時，傾蓋已盡，如何罵得老和尚？」妙喜云：「你俗漢，理會甚底？」遂珍重歇去。妙喜被子蒼一拶，一夜不安，千思萬慮揣摩胸中，遂乃歎服，自料不知圓悟之底蘊；於是夜起，扣子蒼堂門，子蒼云：「誰？」妙喜云：「某甲。」子蒼云：「你作什麼？」妙喜云：「我一夜思量，非特子蒼不知老和尚底蘊，我實不知老和尚底蘊。」子蒼云：「且去睡休，明日理會。」看他韓子蒼雖是箇俗漢，然他曾見作家來，便有解粘去縛底手段，使妙喜倒戈卸甲，不坐在是非得失裏，終欲窮圓悟之底蘊。來日子蒼云：「圓悟已住雲居，凡可歸雲居去。」然是時圓悟道尊一代，子蒼先遣書探圓悟口氣，然後津發。妙喜歸雲居，圓悟遂以第一座處之。】

此是虎丘一脈後人，傳到南宋理宗皇帝淳祐十一年（公元1215年）時，開始對大慧捏造事實加以誣衊的第一個事件，捏造後隨即載入癡絕禪師的語錄中大力廣爲流傳。然此中有種種不符史實之處，據《佛祖歷代通載》卷二十載云：【虜人犯順，欲名僧十數北去；師爲所挾，會天竺密三藏（與從天竺來的密三藏會遇），日與論義（每日與密三藏議論法義），密尤敬服（密三藏對大慧宗杲特別的敬重、心服）；尋得自便，趨吳門虎丘；聞圓悟遷雲居，欲往省覲。道金陵，待制韓公子蒼與語，喜之，以書聞樞密徐公師川曰：「頃見妙喜辯惠出流輩，又能道諸公之事業，亹亹不輟，實僧中杞梓也。」抵雲居，爲眾第一座。】

又據《僧寶正續傳》卷六，亦同樣如是記載：【虜人犯順，欲名僧十數北去，師爲所挾；會天竺密三藏，日與論義，密尤敬服；尋得自便，趨吳門虎丘。聞圜悟遷雲居，欲往省覲；道金陵，待制韓公子蒼與語，喜之；以書聞樞密徐公師川曰：「頃見妙喜辯慧出流輩，又能道諸公之事業，亹亹不倦，實僧中杞梓也！」抵雲居，爲眾第一座。】二部禪史所載完全相同。這是禪門正史所載者，非如虎丘一脈後人癡絕禪師僅以一己之語錄，而對大慧加以捏造誣衊，都只是一家之說也。所以，事實上是：一、大慧是被胡人指定即將送往胡地的禪師，不是由　勤大師指派大慧作爲彼寺前往應赴之禪師。癡絕法師既言「虜人欲招二十禪講名僧，時妙喜亦預其選」，則是胡人指定大慧爲所選定之禪僧，不是由　勤大師指定大慧前往的，就不可能會有大慧回來以後，不服　勤大師指派他去，所以大罵　勤大師的事情。所以癡絕法師其實癡猶未絕也！其言自相顛倒故。

二、韓子蒼一生都執弟子之禮以事大慧宗杲，決無可能如同癡絕法師所說而訓示大慧宗杲，何況能如癡絕所言「有解粘去縛底手段，使妙喜倒戈卸甲，不坐在是非得失裏」的手段與見地？須知當時待制韓子蒼尚未得悟，乃是日後在大慧幫助下方始得悟者；是故韓子蒼雖與大慧誼屬　勤大師座下師兄弟身分，然而一生都視大慧如師，都與李商老一樣以師兄弟之身分而對大慧執弟子禮。既然韓子蒼當時尚未悟入，豈可能有解粘去縛底手段而幫助大慧悟入？更何況當時大慧禪師早已是悟入之後分座說法而名聞諸方之大師，才會被胡帥指定為金人所要之禪師；被胡帥放回時，又何須未悟的韓子蒼來幫他去粘解縛？所以癡絕法師眞是愚癡，導致說話顚倒不實。

三、大慧宗杲因為與天竺僧人詳論佛法之後，被大大的尊崇；後來又與胡帥義正詞嚴的對談以後，胡帥信受大慧所說因果之理，所以就被放歸了，不是癡絕法師所說的以計策謀略而脫歸；放歸之時，　克勤圓悟大師已離開京師而前往雲居山了；但是大慧並不知道大師何往，所以在一年餘之後前往虎丘紹隆禪師處暫住時，才得知　克勤圓悟大師已在雲居山住持正法，並不是癡絕法師所說的先在金山與　勤大師相見而辱罵　勤大師；而是被放回之後經過年餘之久，因為前往虎丘紹隆處暫住，方由師兄紹隆禪師處得悉　勤大師移住雲居山，這已是一年餘以後的事情了！此時大慧方才得知 勤大師在雲居山，因此由虎丘直接前往雲居山相助及服侍，並未先在金山與 勤大師相見，何有可能發生大慧在金山辱罵 勤大師之事？

四、至於前往雲居的中途，路過金陵而見到待制韓子蒼共話一事，已是在虎丘時決定前往雲居晉謁 克勤大師之後，中路經過金陵時之事，不是先與韓子蒼在金山見面、誹謗 克勤大師之後，被韓子蒼教訓、知過悔改而勸服，才轉爲前往雲居山的；更不是他被金人放回時， 勤大師仍在京師或在金山與大慧相見，而有辱罵斥責 勤大師之事；因爲他被金人放回時， 勤大師已離開京師而前往雲居山住持正法了，二人並未在金山相會，怎會有在金山罵辱 克勤大師之事？大慧既是先決定前往雲居山奉侍 勤大師，才在啓程前往雲居山的半路經過金陵而與待制韓子蒼相見，不是等到韓子蒼教訓以後才決定前往雲居山的，怎會有癡絕所說的被韓子蒼教訓而後起意前往雲居山的事？

五、據史實所載，大慧初抵雲居山時， 勤大師早已虛其首座之位，以待大慧宗杲；大慧從虎丘出發，初抵雲居山時因爲日頭已晚，所以次日隨即被 勤大師任爲首座，雲居山大眾因此大爲喧嘩，對大慧都不服氣，這是禪門老參眾所週知之事。所以大慧被放回之後，**初見** 勤大師時是在雲居山，這是他被胡帥放回之後首

次見到　勤大師，並不是癡絕所說的先在金山相見。大慧當晚草草暫住下來，次日隨即被任命爲雲居山首座，何曾有先在金山辱罵　勤大師之事？假使初見時有辱罵勤大師之事，焉有可能是在雲居山首次相見而次日隨即被任命爲首座之事？

六、大慧離虎丘，路過金陵而到雲居山時，日頭已晚，次日隨即被任命爲雲居山首座；以初來乍到之生分僧人，竟被委以住持以下、衆人之上之首座職務，可以行使法主和尙的度人職權；當時雲居山僧衆數百人悉皆不服，乃至大慧以首座職責而秉拂上堂開示時，出現了昭覺道元禪師大爲不服而上前質問，所以才會有禪門膾炙人口的公案流傳至今。道元上前逼問：「眉間掛劍時如何？」大慧大聲回道：「血濺梵天！」勤大師恐怕雙方繼續爭執下去，便以手約住雙方，說：「住！住！問得極好！答得更奇！」這是禪門老參衆皆熟知的歷史典故。可見大慧並未如同虎丘後人癡絕法師所說的「在金山相會時辱罵克勤大師」，所以這只是虎丘後人想要貶抑大慧而揑造的事相罷了！

上來所說，並非平實所編造者，除了上來所舉禪門正史的二則記錄以外，別有史實記載爲據；《五燈全書》卷四十三云：【師（大慧）往省覲，至山次日即請爲第一座。時會中多龍象，以悟久虛座，元侯師之來，頗有不平之心。及冬至秉拂，昭覺元出問：「眉間挂劍時如何？」師曰：「血濺梵天！」悟於座下以手約曰：「住！住！問得極好，答得更奇。」元乃歸眾，叢林由是改觀。悟歸蜀，師於雲居山後古雲門舊址，創庵以居，學者雲集。

語譯如下：【大慧禪師前往雲居山省覲　勤大師，到山的第二天就被聘請為首座。當時雲居山中其實還有很多龍象之輩，因為　克勤圓悟大師到雲居山很久以來，一直都虛其首座之位而沒有任命誰為首座，道元法師等到大慧禪師一到就立即被任命為首座，心中就有不平之心。等到冬至那天大慧行使首座職務而秉拂上堂說禪時，道元法師就上前質問：「眉間掛劍時如何？」大慧答道：「血濺梵天！」圓悟大師在座下伸手出來約住雙方都不要再說話，他說：「停住！停住！問得非常好，答覆更是奇妙。」道元這才沒有繼續質問而回座；叢林聽聞到這個公案以及　勤大師的評語，從此就對大慧極為推崇。後來　圓悟回四川故鄉養老，大慧不肯接受圓悟派給他的雲居山住持位子，寧可讓與道元禪師，所以他送走　圓悟大師以後，就收拾行囊去後山古時雲門禪師住的舊址大磐石上，誅茅建庵而居；後來學人聽到他在古雲門築庵而居，就又聚集到那裡與大慧禪師相聚學禪。】

以上都是禪門正史的記載，而非單屬某一祖師的語錄所言。所以大慧被胡帥放歸之後，並不是隨即在汴京與 勤大師相見，也不曾在金山與 勤大師相見，而是年餘之後方在虎丘得知 勤大師住雲居山，才由虎丘直接前往雲居山首度相見的，怎會有被放回不久就在金山責罵 勤大師之事？可見是虎丘後人癡絕法師想要貶抑大慧而編造出來的假故事，目的是藉著使人誤信大慧人格低下而不信大慧的看話禪，學人就會相信癡絕法師所弘傳的天童山默照而離念的意識境界禪法。

七、 勤大師是在大慧往赴胡帥之命時，就已離開汴京，不是在汴京等待大慧回來，也不是在金山等待大慧回來，有 勤大師親寫的文章爲證：【……宗杲首座……（我克勤圓悟）因至誠語之（「之」字謂大慧）：「昔佛鑑與予，正起如是謗；但更絕意探賾，當不較多。」後來驀然猛省，盡脫去機籌，知見玄妙，因謂渠云（我克勤禪師因此而告訴大慧說）：「正好參禪也！」即踊躍向前，從頭一加箴錐，始浩然大徹。予不喜得人，但喜此正法眼藏有覷得透徹底，可以起臨濟正宗（我不是歡喜度得某人證悟了，而是歡喜在這正法眼藏中有一個能夠看得透底人，可以大力發揚臨濟正宗的宗旨）；遂於稠眾指出，令分座訓徒（所以就在大眾中指出大慧宗杲，分我半座，命他代替我來訓示徒眾）。久之，會都下擾攘，相與謀出汨（分座度眾久了，正好遇到京都擾攘不安，我就與大慧互相討論應該離開汨江流域），臨分書此（即將分離之時，我特別寫了這篇

文章），以作別（用來作爲和大慧別離時的紀念）。】（以上是〈臨濟正宗記〉中的部分文句）

胡人金朝攻佔京師以後，欲選著名禪僧十餘人回金國弘法，當時由於大慧已經名聞諸方之故，亦在胡人選錄的名單中，並非癡絕法師所說由 勤大師指定大慧去赴胡帥之約。當時 勤大師眼見京師已非善地，正法於京師不能再有良好的作爲了，所以大慧被金國選中而即將前去報到之時，勤大師即與他討論到離開京師（汩江流域）之事，便寫了這篇文章讚歎大慧，文後才會說「臨分書此、以作別」，可見大慧赴胡帥之約時，勤大師也同時離開汴京了，並沒有等待大慧被放回來時再相見。所以大慧被金朝選中而即將前往報到之時，克勤大師已與大慧商量離開京師的事情了，勤大師不可能還在金山、京師等待大慧回來而被大慧辱罵；既決定在大慧應赴時就離開京師，與大慧再見之時遙遙無期（不曾料到大慧會被放回），當然會有文字相贈，所以 克勤大師寫了這篇短文附在〈臨濟正宗記〉內，送給大慧，以便大慧在他處可以作爲已被 勤大師印證之證明。後來這篇文章在雲居山相聚時，克勤大師又作了增補，把最後增補的文字作爲〈臨濟正宗記〉後面的跋文了。這是有史實記錄的，也是 勤大師的親筆所寫史實；癡絕法師卻一心一意要貶低大慧，以便自宗可以繼續弘揚離念靈知的默照禪法，所以就違背史實而加以改說，用捏造的假事情來誣衊大慧。但是他沒有想到的是：勤大師已在給大慧的〈臨濟正宗記〉後面加上了補載文字，無意之間已經預先為七十年後的大慧被誣事件證明清白了。如今平實舉以為證，益發證明天童山的虎丘後人爭法統正宗之手段，已到了無所不用其極的地步。

由此可見，大慧被金人放回之後，克勤大師早已離開汴京了，大慧當時根本就不知道勤大師到何方去了，又怎能與勤大師理論及辱罵大師呢？大慧是因為去平江虎丘拜訪師兄紹隆禪師時，才知道勤大師已在雲居住山，成為雲居山昭覺寺的住持方丈了，這時才動身前往雲居山，但這已是被胡人放回後年餘的事情了。大慧到雲居山時日頭已晚，所以次日才再度被勤大師任命為首座。所以癡絕法師上文所謗者，都與史實所載不符，由此可見天童山的虎丘一脈三、四傳之後，到了南宋理宗淳祐十一年時，雖距大慧入滅不過六、七十年，卻已經是居心叵測了；他們為了力爭勤大師的法脈正統，所以無所不用其極。

平實上述之言絕無虛妄，何以故？仍有勤大師親寫之〈臨濟正宗記〉後面跋文為證：【間年餘，乃自平江虎丘，得得（心中歡喜得意之狀）上歐阜；再集主山之次日，入首座寮，合山數百衲聳動。屢作師子吼，揭示室中，金捲、栗蓬、大鉗鍵本色，久參之流靡不欽服；而德性愈恬，穩洪無諍之風，怗怗不較勝負，只欲入深山幽谷，效古老火種刀耕，向钁頭邊收拾、攻苦食淡。兄弟木餐澗飲，艸衣茅舍避世；俟時清平，即不廢悲願，眞大丈夫；慷慨英靈奇傑之人，所跂步也！因再爲細書，仍作此跋云。建炎三年四月十七日　住雲居山　圜悟禪師。】（《禪門諸祖師偈頌》卷二）

語譯如下：【我與宗杲離別之後，相隔一年多，宗杲才自平江虎丘知道我在雲居山住持，所以就歡喜得意的來到雲居歐阜；我們師徒再度集合於雲居主山的第二天，我就宣令宗杲住入首座寮，任命他爲首座；當時全山數百僧眾都不服氣，大聲議論了起來：爲什麼任命一個初到的人作首座，而不是任命久在雲居山的道元禪師？接著宗杲好幾次作獅子吼、破邪顯正，並且把他所作破邪顯正的內容，張貼在小參室中，不怕他人抄去檢查評論。像他這種捲毛金獅、栗蕀蓬、大鉗鎚的宗匠本色，凡是叢林久參之輩，沒有一個人不欽服他的。但是宗杲並不因此而生慢心，他的德性反而越來越恬靜，保持著沉穩寬洪而無諍的風格，安靜恬然的不與別人比較勝負，一心只想要進入深山幽谷中，效法古時長老的火種刀耕，想要向钁頭邊收拾道業，專攻苦行、飲食清淡。我這個兄弟，喜歡吃水果、喝山溪裡的水，穿著草衣、住在茅草搭建的房舍中隱避世人；等到時節清平安定之時，就又不廢悲願而出來弘揚佛法，又來到我這裡，擔當起首座的辛苦工作來，眞是大丈夫的行爲；這正是慷慨英靈奇傑之人，所走的步伐也。因爲再度相聚了，所以就再爲他詳細的寫了這些話，仍然附在〈臨濟正宗記〉的後面，作爲這篇記文後面的跋文。時間是在建炎三年四月十七日 住雲居山的圜悟禪師寫。】

這可是 勤大師與大慧在汴京離別一年餘以後，在雲居山**初度再見**大慧時親筆寫在〈臨濟正宗記〉後面跋文的證據。由此可知大慧被金朝胡人放回之後，並沒有在金山與 克勤圓悟大師相見過，而是時隔年餘之後，才從平江虎丘知道了 勤大師的去處，才前往雲居山初次相見的，怎會在此之前先於金山相見而當眾辱罵 勤大師？而且， 勤大師在文中不但說是時隔年餘才初次於雲居山相見，更說大慧是「得得」歡喜得意之狀來見 勤大師的，可見大慧被金人放回之後，根本就沒有對 勤大師生起過不滿之意；是故七十年後的虎丘後人癡絕法師之言，都屬捏造誣衊之言也！由此可見虎丘數傳之後的傳人，其居心所在了。

以上是癡絕法師捏詞誣衊大慧禪師的事故，此時尚無大慧患背疽之傳說出現。大慧患背疽之事，始傳於明末崇禎年間。然而捏造事實以貶大慧之事相，則是始肇於虎丘後人癡絕法師，其時間更早：這件大慧辱罵　勤大師的假故事，是在南宋理宗嘉熙及淳祐年間（大約公元一二四〇年到一二五一年間）由虎丘傳人癡絕法師編造出來的；所以捏造假事件以謗大慧的事情，在南宋期間就已經開始了。可見虎丘一脈後人，感受到大慧一脈後人廣大聲勢的壓力，是始於南宋大慧入滅後六、七十年之間的事。不過短短六、七十年間，虎丘後人就開始編造不實事件而誣衊大慧宗杲，則更後住持天童山之虎丘後人繼編患背、探病於天童、斥天童侍者爲鈍鳥、被天童指爲靈龜而預記患背死亡等事，其事眞假也就可想而知了！

今由禪門史實考證之結果，證實了大慧之「患背捨報」故事，乃是虛假言語；若是無智之人，往往因爲聽聞他人編造妄說大慧虛假事實之故事，轉而不信大慧之看話禪，就可能因不信看話禪而失去證悟之機會，反而因此墮入虎丘後人所傳的離念靈知默照禪法之中，永遠不離凡夫意識境界，誠爲可憐之人。若是佛教研究者，在未深入研究考據之前，就先以道聽塗說、一面之詞而信以爲眞，並且落實於文字上而梓行流通，就不是負責任的學術研究者應有的行爲了。

又據李乃龍先生的考證：**【有一天，胡帥發下命令，要「召請」京城各寺的名僧大德，而且指名要請天寧寺的宗杲禪師，前去切磋請教佛門大道。表面上是邀**

請，其實是要綁架一批中原名僧，爲其掃滅中原文化做準備。克勤大師聽到消息後，便對著眾僧說道：「是福不是禍，是禍躲不過。宗杲禪師年輕，是天寧根本，不可輕出。老衲這一把朽骨頭了，正好去超度這群屠夫。」然後又神情莊重地對宗杲禪師說道：「天寧寺往後就靠你了！」克勤大師讓侍者備好了行李，拿起禪杖就要往外走。宗杲禪師一把將他拉住：「師父請安坐。宗杲蒙大師栽培，今日正是報恩之時。再說，宗杲禪師大事已了，也是報答師父和天寧寺的時候了。就讓宗杲走一趟吧！」克勤大師搖了搖頭。宗杲禪師跪了下來，僧眾也齊刷刷地跪了一地，紛紛要求捨身飼虎狼，以求得佛門清淨。克勤大師無奈，只得答應讓宗杲禪師前往。但宗杲禪師一人去，他委實放心不下，便又指派淳上人同行。多一個人，多少能相互照應一下。

十餘位汴京有名的禪師，被強行集中到金明池館。禪師們都明白當下的處境，他們被當成俘虜了。平日裡痛罵胡虜，今日卻爲胡所擄。有人苦笑了。他們倒不擔心有性命之危，佛子並不是金人屠殺的對象，但卻極有可能被擄到遙遠的冰天雪地。一想到從今別卻汴京路，一想到從此只能化作啼鵑帶血歸，有人便潸然了。但宗杲禪師卻無所畏懼，整天與同擄的有名禪僧密三藏探究佛理禪趣，議論風發。

大眾都深深敬服宗杲禪師，推舉他爲宗主。宗杲禪師勸慰大家：「諸位老宿，且莫傷心，還沒到山窮水盡處。再說，這金明池館是個牢獄，外面的世界何嘗又不是個牢獄，不同的只是一小一大而已。」眾禪師一聽，說得也是。人生何處不可修行？於是大家都參禪打坐，各自入定去了。

次日早上，眾禪師被叫到一間屋裡席地坐下。對面是一張八仙桌，桌上沒有他們所習見的香爐，代替裊裊香煙的是騰騰殺氣。桌後沒有身披袈裟的方丈，而是身著甲冑的酋帥，酋帥兩邊各站著四名虎背熊腰的胡兵。面對一群虎狼，禪師們心地非常坦然，何憂何懼，順其自然吧。

「眾位方丈稍安毋驚，本帥把大家請來，別無他意。據說大家都是汴京一流的禪師，本帥今日只想領教佛法如何高深，不知諸位肯不肯賜教？」酋帥一口勉強能聽懂意思的漢話，那屬詞造句卻出人意外地雅。眾禪師既不點頭也不搖頭，都看著胡帥，等著他的下文，一時間冷了場。「據說佛光普照閻浮提（世界），爲什麼佛法卻不能在我大金朝裡流行呢？」眾方丈一聽，面露猶疑之色。大家平時都只是宣講佛法奧義，指示修持路徑，無人注意到這個問題，一時不知從何答起。於是都把目光投向以辯才名聞叢林的佛日大師。宗杲禪師也讀懂了大家目光裡的意思，遂起立道：「衲僧生性直率，望大帥聽後勿發雷霆之怒。」胡帥忙伸手一指宗杲禪師，道：「請講、請講。」宗杲禪師眼睛直視對方，緩緩說道：「我西天佛祖當年慧眼普觀天下，見我東土慧光隱隱，是個可以弘法傳教的方域，於是便派達摩祖師東來傳佛心印，直指本元心地。貴國人民喜歡披堅執銳，樂於刀劍弓馬，善於勇力搏鬥，食肉寢皮，殺氣太重，怎能明白佛法心印，所以暫時還難以得度。」

宗杲禪師的聲音不大，眾僧聽來卻字字如雷，大家的臉上都露出了自豪的氣象。胡帥的臉卻不白，也看不出紅來——他的臉原本就是紅的。聽了這話，他呵呵笑了：「你就是佛日大師吧？」得到肯定的回答後，胡帥又道：「果然名不虛傳，本帥開眼了。我平生白刀子進，紅刀子出，殺人如麻。在佛的眼裡，我恐怕算得上是十惡不赦的人了吧，不知你如何看我？如果我要皈依佛門，佛還要不要我？」「佛門清淨，佛法無邊，什麼人超度不了？善人來了也超度，惡魔來了也超度。」宗杲禪師說到這裡，話鋒一轉，毫不客氣地答道：「恕我直言，大帥如此氣焰，還是一個惡人，難登佛界，必下地獄。」幾句話如獅子怒吼，石破天驚，震得滿屋子嗡嗡作響，這回連胡帥的臉都白了。

不等胡帥發作，宗杲禪師又話鋒一轉，娓娓而談：「只是我佛慈悲，護佑善人，不念舊惡。昔日的廣額屠兒，正是個殺人不眨眼的混世魔王，聽聞佛法後，放下屠刀，便證阿羅漢果。大師只要誠心懺悔，放下屠刀，消除殺氣，喚醒生機，便可認清本來面目，投進我佛懷抱！」這一席話，讓所有的人臉上又都有了血色。

「佛能普度眾生，也能護國保民嗎？」胡帥面帶誠懇地問。「能！」宗杲禪師信心十足地答道。「宋朝佛寺如林，僧尼如蟻，香客如潮，算得上是禮佛心誠了吧，為什麼不能得到佛祖的護佑？為什麼不敵我大金皇朝？」（註）胡帥覺得自己終於得了先籌，得意洋洋地問。胡帥的衛兵也咧開嘴笑起來。宗杲禪師和眾方丈覺得臉上火辣辣的，愛國豪情驟然而生，氣壯山河：「消息盈虛，因果相續；冤冤相報，何時可了！大宋朝之今日，誰能說不是你國之明日？天作孽，猶可活；自作孽，不可活。大師好自珍重！」（平實註：宋朝重用奸相秦檜，殘害忠良；後來更逼迫大慧宗杲，又抵制正法，當然無法獲得佛祐。）

胡帥聽罷，恍然若有所失。這些得道高僧早已將生死置之度外，殺之無益，反而更會激起民憤，倒不如放了，也許會收絡一些民心的。於是，便斯文起來，對著大眾說道：「大師所論，不無道理。日後有緣，再行請教。請眾位方丈各回本寺去吧。本帥這裡就不送了。」半晌，眾方丈才回過神來，一場大厄就這麼解除了嗎？是的，佛門大厄就這樣被宗杲禪師的廣長舌輕輕地化解了。眾方丈不約而同地合掌稱念：「南無本師釋迦牟尼佛，南無阿彌陀佛……」

大家都記住了佛日大師。天寧寺記住了，叢林也記住了，士林也記住了。多年以後，淳上人前往江西看望宗杲禪師，呂居仁在送別詩中對此還念念不忘，詩云：杲公昔踏胡馬塵，城中草木凍不春；胡兒卻立不敢問，其誰從者淳上人。袖手歸來兩無語，而今且向江西住；雲居老人費精神，送往高安灘頭去。】（李乃龍著《宗杲大師傳》頁 117～122。佛光，2004.11 版）

由種種史實紀錄，可知 克勤與大慧師徒之間，從來不曾有過任何不悅；而 勤大師歸鄉返蜀時，吩咐大慧主持雲居山，但大慧只願追隨奉侍 克勤年老，對於雲居山名剎住持之位並無意願，不肯就職； 勤大師欲逼他就職，故意不讓他追隨返蜀；但是大慧早已知悉道元禪師一心想當雲居山住持、法主之位，無心與他爭執；所以大慧送走 勤大師以後，反而主動收拾行李，退居後山已經破敗了的古雲門舊址，以茅草搭建陋屋安身，不與道元禪師爭奪住持大位。所以，虎丘後人編造歷史事故，妄說大慧心性惡劣爭奪大位，藉以詆毀大慧宗杲，其實都不符歷史事實。編造故事以抑大慧者，非僅如是一件，所在多有；然而因係編造，故其中互相矛盾者極多，不煩一一枚舉也！今復別以李商老身歷之故事，證明妙喜宗杲絕非忘恩負義之人，怎有可能辱罵根本上師之 勤大師？據《禪林寶訓》卷三載云：【山堂曰：「李商老言：『妙喜器度凝遠，節義過人，好學不倦；與老夫相從寶峰僅四、五載，十日不見，必遣人致問。老夫舉家病腫，妙喜過舍，躬自煎煮，如子弟事父兄禮。既歸，元首座責之（指責大慧以僧寶之身而服侍在家人），妙喜唯唯受教。識者知其大器。』」湛堂嘗曰：「杲侍者，再來人也！」山僧惜不及見。湛堂遷化，妙喜繭足千里，訪無盡居士於渚宮，求塔銘。湛堂末後一段光明，妙喜之力也。】如是心性之大慧宗杲，對與其熟識的老師兄在家居士，都能如事父兄一般的對待，又豈有可能對法身慧命父母而且是出家身分的 勤大師，作出忘恩負義、人神共憤的事情來？

又據《禪苑蒙求拾遺》載曰：【《大慧武庫》曰：師（大慧）每歲得時新，必先供佛及圓悟，然後敢嚐。謂左右曰：「非佛與老和尚，我安得如此？」】此文明載：大慧每年凡有信眾供養新出產的果品等物時，一定都先供佛，供佛之後隨即送往 勤大師處，不預留己分； 勤大師若見量少以致大慧未留己分時，則必分半賜與大慧，由此可見大慧心性之一斑。然而大慧心性淳良之故事記錄，其實非僅如此；凡有供養大慧僧衣者，大慧皆先供 佛；撤下之後則皆送往 克勤圓悟方丈室中，若其不用，賜下與大慧之後，則又往往分與諸人，少有據爲己用者。如是心性，世所難見，豈有可能是毀罵其恩師 克勤圓悟之忘恩負義者？作是誣罵之人，心行不可謂之爲端正也。

又如《禪林寶訓》卷三載云：【萬菴曰：「先師移梅、陽，衲子間有竊議者。音首座曰：『大凡評論於人，當於有過中求無過，詎可於無過中求有過？夫不察其心而疑其跡，誠何以慰叢林公論？且妙喜道德才器出於天性，立身行事惟義是從，其量度固過於人，今造物抑之，必有道矣！安得不知其爲法門異時之福耶？』聞者自此不復議論矣。」】由此可知：舉凡破邪顯正而得罪錯悟大師之人，不必等待捨壽以後，當時之世即已必定被錯悟之人造謠無根誹謗也！如今平實豈非現成事例？何況大慧當年極力破斥邪說以顯正法之異於邪說者，何待入滅方才遭謗？

又如《禪林寶訓》卷四載曰：【拙菴謂野菴曰：「丞相紫巖居士言：『妙喜先師，平生以道德節義勇敢爲先，可親不可疏，可近不可迫，可殺不可辱；居處不淫，飲食不溽；臨生死禍患，視之如無；正所謂干將鏌邪難與爭鋒，但虞傷闕耳（只恐怕會被人傷害而已）。』後如紫巖之言（而得罪了秦檜，被貶到閩南衡州、梅州）。」】可見大慧之心性，威武不能逼，利誘不能降。如是正義凜然而又不貪私利之人，報恩於 勤大師尚且不及，怎有可能辱罵有大恩於他的 勤大師？

又如《禪林寶訓》卷四記載：【侍郎尤公謂拙菴曰：「昔妙喜中興臨濟之道於凋零之秋，而性尚謙虛，未嘗馳騁見理。平生不趨權勢、不苟利養。嘗曰：『萬事不可佚豫為，不可奢態持。蓋有利於時而便於物者，有其過而無其功者，若縱之奢佚，則不濟矣。』不肖佩服斯言，遂為終身之戒。」】大慧禪師之為人，心性本淨，雖然一世斥責錯悟之師，私心之中實則欲以之幫助錯悟之師得以證悟也！所以他的破邪顯正，並不是像有些禪師一樣的到處去踢館，讓錯悟大師很沒面子；他只是作評論，期望錯悟大師聽了以後能夠自行改正，不會使錯悟的大師當眾沒面子，這其實都是悲心運行之大作為也！只有對錯悟而又不肯改正的師兄弟，才會比較激烈的破斥，但也都只是藉此幫助他們證悟的手段。大慧宗杲心性之淳良者，本已如是；而心性之改變，絕非數十年間所能轉易，當知皆是多劫所修方能轉易至此也！如是性尚謙虛、不趨權勢、不苟利養之心性者，怎有可能一時忽然之間就變成忘恩負義而罵辱大恩師之人？

大慧禪師悟後之心性，廣為時人所知，而其悟前之心性如何？且觀此一歷史記載，《南石和尚語錄》卷四云：【妙喜老祖在湛堂會中，持茅、書雲峰語，以自警。湛堂曰：「此子，他日必任重致遠。」】語譯如下：【妙喜老祖宗，他以前在湛堂文準禪師會中，當時尚在求悟階段，他就取了茅草作筆，書寫雲峰禪師之訓誡學人話語，用來警醒自己不犯。他的師父湛堂文準禪師說：「這個人，以後必定是任重致遠的人。」】由是可見其時時自警之心性也！焉得是虎丘一脈後人所責之忘恩負義而當眾斥罵有大恩於他的 勤大師之人？

又大慧禪師心性，素來不爭，史有明文記載，譬如《佛果克勤禪師心要》卷下終記載 克勤大師〈與耿龍學書批〉：【妙喜示來教見，矻矻於此，意況甚濃，眞不忘悲願也！而以宗正眼照破義路情解，透見肝膽，何明眼如此！正宗久寂寥，後昆習窠臼、守箕裘，轉相鈍致，舉世莫覺其非，大家隨語生解，祖道或幾乎息矣！……杲佛日（大慧禪師）一夏遣參徒踏逐山後古雲門高頂，欲誅茆（斬茅）隱遁，其志甚可尚。今令謙（開善道謙）去，山叟爲書數語及疏頭，亦與輟長財成之，可取一覩也！渠欲奉鋤，正在高栽也。克勤啓上。】可見大慧宗杲心性不喜夤緣，好樂隱居，豈是性好與人相爭者哉！如是之人，而謗他爲辱罵 勤大師之惡人，豈有公理？

虎丘一脈後人對大慧之無根誹謗，實已到了令人覺得匪夷所思的地步；然而傳說之事，都不可隨便相信而轉言之，否則即成無根誹謗賢聖，其業果皆須後世自受，無人能代之也！如是妄謗之事，古已有之，不但是對證量極高之大慧宗杲生謗，而且是極嚴重的無根誹謗，譬如明初天台山釋無慍法師著《山菴雜錄》卷上載云：**【叢林中，道聽之說皆不足徵。後世傳：「大恵**（大慧）**與佛智，同參圓悟；悟偏愛佛智，而大恵常不平。後佛智住育王，**（佛智死後）**大恵踵其席；託以沙水不利**（託言佛智墓地之沙龍與地下水流不利於佛智），**發其塔而**（佛智）**眞身不壞，**（大慧）**以钁钁破其腦，灌油而焚之。」果爾**（設使果然如此），**可謂慘戚之甚；常人尚不忍爲，而大恵忍爲之哉？嘗讀佛智塔銘，乃「闍維，葬舍利」，未嘗有全身入塔事。】**

佛智禪師的〈塔銘〉明明記載著：佛智死後是經過火化，將其舍利子入塔供奉，並不是全身入塔安葬，怎會有後來大慧禪師發掘其墓，再以尖嘴鋤敲破佛智屍身頭腦而灌油焚燒之事？虎丘後人編造如是假事以誣大慧，世人若未先加以考證者，便受其瞞；大慧名聲當時即受損害，由此緣故，禪和便將因爲輕視大慧其人而同時輕視大慧之看話禪法，坐失證悟之機會。

此一捏造之事實，推斷是在元朝時開始流傳，其實是虎丘後人張冠李戴而編成的假故事，有文爲證：【大陽平侍者，預明安之室有年，雖盡得其旨，惟以生滅爲己任，擠陷同列（排擠、陷害同修們），忌出其右者（忌諱別人地位比他高）。瑯琊廣照公安圓鑒，居眾時，汾陽禪師令其探明安宗旨；在大陽，因平密授。明安嘗云：「興洞上一宗，非遠即覺也。」二師云：「有平侍者在（還有平侍者呢）。」明安以手指胸云：「平此處不佳（平侍者的心地不好）。」又捏拇指叉中（作出三叉路形狀）示之云：「平向去（平侍者以後），當死於此耳。」暨明安遷寂，遺囑云：「葬全身，十年無難；當爲大陽山打供。」入塔時，門人恐平將不利於師，遂作「李和文都尉所施黃白器物」書於塔銘（故意作「李和文都尉所施黃金、白銀等器物同葬」等字樣寫在塔銘中），而實無也。平後住大陽，忽云：「先師靈塔風水不利，取而焚之。」山中耆宿切諫平，平云：「於我有妨。」遂發塔，顏貌如生；薪盡儼然（放火焚之，柴薪已盡而屍身仍然完好如初），眾皆驚異。平乃钁破其腦，益油薪，俄成灰燼（不久即燒成灰燼）。眾以其事聞于官，坐平「謀塔中物不孝，還俗。」（判定平侍者圖謀墓中的金銀，不孝順，勒令還俗）平自稱黃秀才，謁瑯琊；瑯云：「昔日平侍者，今朝黃秀才。我在大陽時，見爾做處。」遂不納。又謁公安，安亦不顧。平流浪無所依，後於三叉路口遭大蟲食之，竟不免大陽丫叉之記。悲哉！」】（《大慧普覺禪師宗門武庫》）編造大慧鑁破佛智禪師屍身頭腦加以焚燒之事相而無根誹謗賢聖者，應是出現於元朝而被舉示破斥於明朝洪武年間，其實正是虎丘一脈後人故意張冠李戴而說者，與上載大陽平侍者之故事一模脫出，目的無非誣衊大慧之人格，令人從此不信大慧的看話禪行門，改依天童山的默照禪所證離念靈知方法而修行之。事實上是將大慧所說的大陽平侍者掘屍、鑁破屍首、灌油焚燒以取其財的事，套於大慧頭上，是故其說不實。

復次，大慧一生始終都受　勤大師之青睞，不曾受過冷落；乃至終生都以大慧爲首座，而大慧又始終都對名山大院住持之位不感興趣，只想要分擔　勤大師的辛勞而任首座，乃至被任命爲雲居山住持之後尚且棄之而去，隱遁於後山古雲門舊址，怎有可能因爲與佛智相爭育王山住持之位而有生恨破壞佛智屍身的事？更何況大慧當時已被秦檜貶至閩南，焉能有相爭於佛智的事情？乃至被放回之後，諸方名山邀之，大慧同樣都推辭不就，後來是宋高宗以詔命強制他前往育王山住持，方才不得不應命住持育王山；所以大慧從來不曾與佛智相爭過，怎會有掘佛智屍身焚燒及破腦灌油再燒等事？假使眞有此事，只能說編造這個故事的虎丘後人瘋了：因爲佛智死時是先火化以後，再以舍利子入塔供奉的，焉有屍身可供大慧挖掘、破腦、焚燒？

至於大慧羅患背疾腐爛破洞、塞以棉花而死之事，也是套用大慧禪師《宗門武庫》中之典故，用以誣衊大慧禪師：【和州開聖覺老，初參長蘆夫鐵腳，久無所得。聞東山五祖法道，逕造席下。一日室中垂問云：「釋迦彌勒猶是他奴，且道：他是阿誰？」覺云：「胡張三，黑李四。」祖然其語。時圓悟和尚為座元，祖舉此語似之，悟云：「好則好，恐未實。不可放過，更於語下搜看。」次日入室，垂問如前，覺云：「昨日向和尚道了。」祖云：「道什麼？」覺云：「胡張三，黑李四。」祖云：「不是！不是！」覺云：「和尚為甚昨日道是？」祖云：「昨日是，今日不是。」覺於言下大悟。覺後出世住開聖，見長蘆法席大盛，乃嗣夫（乃拋棄五祖的法脈，改為繼承長蘆夫鐵腳的法脈），不原所得（不承認以前在五祖法演座下所得到的如來藏是正法）。拈香時忽覺胸前如擣，遂於痛處發癰成竅；以乳香作餅塞之，久而不愈，竟卒。】（《大慧普覺禪師宗門武庫》）這和前一謗中所說的「大慧掘屍、破腦、火焚」等情節，都同樣出於《大慧禪師宗門武庫》，只是將人名與細節改換為大慧禪師而已。

因為私心、嫉妒而誹謗賢聖之事，古已有之，不勝枚舉，正謂此界是娑婆，多有五濁之惡世眾生也！今再舉一例以小證之，智者以故得辨眞偽也！譬如古時錯悟者，極厭惡玄沙禪師大力破邪顯正，便捏造事相以謗玄沙師備禪師，非僅誣謗大慧而已；據《石門洪覺範林間錄》卷下載曰：【又曰：「玄沙欲出家，懼其父不從；方同捕魚，因覆舟溺死之。」玄沙天資高妙，必不爾。獨不知何所據？便爾不疑！此直不情者記之以自藏，安知誣毀先德爲罪逆，必有任其咎者？不可不慎也！】譯曰：【又有人說：「玄沙師備禪師想要出家，恐怕他的父親不允許；不久就在一起捕魚時，以翻船的手段溺死父親。」玄沙的天分資質高超而勝妙，必定不會如此。眞想不通毀謗的人究竟有什麼根據？竟然對這種說法如此不疑！這都是不與玄沙同一情分的人私下記錄而自己藏了起來（以便後時流通之），難道不知誣毀以前大德爲罪逆之人者，必定會有人承受其罪過嗎？不可以不謹愼啊！】

玄沙師備乃是一代大師，證量極深；然而錯悟者都不思量自己錯悟及誤導眾生之過失，但見玄沙拈提其師或自己之錯悟，便捏造虛假之事，謗曰：玄沙想要出家，其父不許，所以與其父一同捕魚時，故意翻船溺死其父。如是捏造無根誹謗之言，後來落實於文字者已有如斯之鉅，其未落實於文字者，當知不計其數。如是之事，同於藏密掘藏之手法一般無二：都是先代寫好之後，故意藏於岩洞之中、或藏之於民間，以俟後世忽然有人閱之，便據以爲實而廣爲流傳。是故天童山之虎丘紹隆後世傳承弟子，揑造大慧虛假事實，故意以文筆記之，再由後世弟子據以流傳之，如同誹謗玄沙禪師殺父之故事，如出一轍，並無二致；智者聞已，即知虛假；唯有愚人信之、引之、說之、謗之，愚豈可及哉！

大慧心性一向與人無爭，喜愛隱居，怎有可能因為爭位奪權而造惡事？又如《僧寶正續傳》卷六載云：【師平居，絕無應世意。圜悟在蜀聞之，囑丞相張公德遠曰：「杲首座不出，無可支臨濟法道者。」】又如《佛祖綱目》卷三十八載云：【道顏，號萬菴，久參克勤，微有省發。洎勤還蜀，囑令依杲。仍以書教曰：「顏川彩繪已畢，但欠點眼耳。他日嗣其後，未可量也。」杲居雲門及洋嶼，顏皆在焉；朝夕質疑，方大悟。丙子，杲過九江，守請住圓通，三辭不獲（太守請大慧宗杲住持圓通寺，三度推辭而不被太守接受），因舉顏補其處（因此而舉薦道顏遞補圓通寺住持之位）。】如是不求世法利得、不求名聞諸方、不求住持之位、不想在人間出頭之人，其心性當屬淳良德厚之人；心性淳良德厚者，感師助悟之恩，尚思無以回報，而願一世應命擔任　勤大師之首座，從來不謀住持之大位。乃至　勤大師返蜀歸隱時，指定大慧住持雲居山大道場，大慧尚且在　勤大師離去之後，隨即收拾衣物登上後山古雲門舊址，誅茅隱居而主動放棄雲居山住持大位，讓與久已垂涎住持大位的道元禪師；如是心性無爭之人，焉有可能是故意誹謗其大恩師者？

今者平實多所考證之原因，非爲大慧求取平反；因爲大慧既已捨壽千年，對他而言，平反並無實義，亦對大慧禪師的證量無所增損；而且大慧之心性對於名聲都不在意，故此考證者實有別因：謂若有人誤信種種無根誹謗之言者，則必於大慧之妙法不生信樂；不生信樂故，則或排拒之、或踵隨誹謗之；前者則失證悟之因緣，後者則成無根誹謗賢聖之罪；二者皆不利於學人。以是緣故，不惜耗費時間與精力，作種種考證與辨白，欲令大眾復生大信於大慧宗杲，如是豈唯免除口業？進而更可修習看話禪功夫，求覓宗門之悟，庶幾一念相應而入菩薩七住位及聲聞初果位中，頓超菩薩道第一大阿僧祇劫三十分而有其七。苟能如此，快慰平生，其慶也何如？

大慧中年初住徑山時，他心中牽掛的又是什麼事情呢？據《大慧普覺禪師再住徑山能仁禪院語錄》卷六記載他的事跡：【晚，自徑山來秣陵，見浚，垂涕言：「先人不幸無後，某之責；家貧，何所仰？願乞一給使，名藉公重，庶有肯就者。」浚爲惻然、興歎，遂奏其族弟道源奉師親。後既退居明月堂，冒暑走其鄉，上塚葺治，所存蓋如此。】

語譯如下：【晚間，大慧宗杲從徑山來到秣陵，看見丞相張浚時，他掉下眼淚來說道：「先祖不幸而沒有後人傳承香火、隨時上供，這是我的責任（大慧是奚家之獨子）；如今我的俗家父母親也變得貧窮了，如何有所仰賴存活？（大慧從來不積蓄錢財，亦不向人求財轉供父母）只得向您乞求一個人，供作俗家父母的供給走使之用，卻須要藉丞相的世間名聲德望，才容易得到世人看重而願意服侍我的老父母。」丞相張浚聽了以後，心中也感到難過，也對大慧的孝心及清廉興起讚歎之心，所以就奏請皇帝恩准：以大慧的堂兄弟道源，來奉侍大慧禪師的父母親。後來大慧年老而退居明月堂時，也不顧夏天的暑氣逼人，仍然遠走家鄉，親自為先父母上墳除草掃墓，他的孝順心中所存想的事情，竟然到這個地步。】

大慧既是心性如是淳厚之人，豈有可能是忘恩負義之人，而對有大恩於他的根本上師　勤大師加以當眾辱罵耶？有智之人思之即知也！所以住持天童山的虎丘一脈後人之造謠無根誹謗大慧者，不可信也！

第十二章　有奶便是娘、知恩與感恩

數百年來，宗門寂寥、人師與徒資，俱皆難得一時之選；是故師、資二者之缺，決非今時方始如此；是故大慧宗杲乘願中興宗門，若遇法將滅時，即出人間奮力指路；然而識者少而昧者多，古今同調，由是緣故，大慧有言曰：【古來尊宿以法求人，師勝、資彊；動絃別曲，一言一句、一語一默，並不虛施，可謂心眼相照、膠漆相投也！今即不然：爲人師者，卒歲窮年與學者打葛藤，終不知其到不到、明不明？學者亦不別其師是邪、是正？蓋緣初學心粗，師授莽鹵，以故正宗淡泊、邪法橫生。如此等輩，欲報先德莫大之恩，所謂明道眼、繼眞乘者，不亦難乎！參禪學道不爲別事，只要臘月三十日眼光落地時，這一片田地四至界分、著實分明，非同資談柄、作戲論也！近世此道寂寥，師、資不相信，須假一片故紙上放些惡毒，不材不淨付與學者，謂之禪會子。苦哉！苦哉！吾道喪矣！】（《大慧普覺禪師法語》卷二十四）

千年前之大慧禪師時代，大慧已有如是之言，對於眞悟之師與能證之徒俱皆缺乏，憂心忡忡；由此證實禪悟之人古來即已極少，古今都難得一遇眞悟之人；

何況今時末法之人，世智辯聰，人根益形淺劣，焉能有「一切大法師皆悉證悟」之事也？是故，今時證悟之人極少者，方是正常之事；假使諸大法師悉是證悟者，唯有平實一人是錯悟者，則成爲違背禪門古今以來一直都是眞悟者少的反常之事也！於今法末之季，更不可能是眞悟者極多而錯悟者唯有平實一人也！

有智之人當思：辭親出家落髮披衣而學佛法之人，出家爲僧之後，於僧衣底下一件大事，應當以何爲事？出家者如是，眾多在家之人不樂措心於家業，卻專事禪理者又爲何事？豈得不以道業爲重耶？豈得不究諸佛妙義耶？又諸出家者食如來食、住如來家、穿如來衣，怎可不以振興祖庭宗旨爲願耶？既如是，何不究取諸佛眞旨妙義而畢生戮力於此？假使自究不得，始終墮於離念靈知意識境界中，我見不斷，尚且證不了聲聞初果，何況能證菩提實相而生般若實智？如是之人，又何能荷擔如來家業？若使自究不得，何不覓取眞善知識而從之，以爲悟道之資？嗣後則可進爲弘法之資。此皆今時佛門在家出家四眾所當深思簡擇者也！

佛法學人當效大慧宗杲禪師：有法乳者便是我眞正娘親；吸吮娘親法乳、得以長養法身慧命已，則當知恩與感恩。切莫恩將仇報，失於菩薩人子之道，此是妙喜老人（大慧宗杲）一生所奉持者：【湛堂謂妙喜曰：「像季比丘，外多狗物，內不明心；縱有弘爲，皆非究竟，蓋所附卑猥而使然。如搏牛之虻，飛止數步；若附驥尾，便有追風逐日之能，乃**依托之勝**也！是故學者居必擇處、遊必就士，遂能絕邪僻、近中正、聞正言也！昔福嚴雅和尚，每愛眞如喆標致可尚，但未知所附者何人；一日見與大寧寬、蔣山元、翠巖眞偕行，雅喜不自勝，從容謂喆曰：『諸大士，法門龍象；子得從之遊，異日支吾道之傾頹，彰祖教之利濟，固不在予多囑也。』」（日涉記）】（《禪林寶訓》卷二）

大慧之師湛堂文準此一開示之意，謂學人修習禪理者，應當先擇明師，不當選擇名師；大慧特地記之，以自激勵。名師教導出來的弘法者：外多循物，內不明心；縱有弘爲，皆非究竟。湛堂禪師說：「這不是被作了錯誤印證而出來弘法者的過失，而是『所附卑猥而使然』。」意思是說：弘法之人，若是出世弘法以前，所依附修習的是名師而非明師，則其所附之師證量狹淺，學人隨從修習之後，所說之法就會隨之狹淺，這就是名師之過失，不是學人的過失了。又說：假使依托於明師，因爲**依托之勝**，所以證量就高廣，不會如同牛虻自己飛行只能數步之遙，而可如同攀附驥尾的牛虻，隨神驥飛奔千里之遠。

是故眞正修學佛法者，當如大慧悟前之師湛堂文準禪師所言：居必擇處、遊

必就士。學法者唯法是尚，萬勿事事矜屑、拘於僧衣表相，務當事事以法之親證爲尚。若人無法，縱使其傳承顯赫於當代，名聲洞達於諸天，以致天人競相供養者，亦莫貪緣攀附之，不利於自身之道業法事故。出家抑或學法者，心心念念皆應在道眼是否開明上面著眼，目之爲一生之要務，豈在人天有爲之虛名、身分上著眼哉！云何出家之後反而著眼於道場興建之大小、名聲是否增廣上面？豈不成了**外多循物、內不明心**之輩？

誠如儒家所言：「**禮失，求諸野**。」若當朝之士已然失於禮法，則於野老中求之，仍可得禮法也！大乘之法特別如是，故有華嚴　善財大士五十三參之六位聲聞相的菩薩證量較低而排列前面三賢位中，餘皆示現在家相的菩薩而證量特高，參序在後，如是顯示與吾人。亦有　維摩詰大士之降伏須菩提等十大聲聞出家弟子等事，以教末法後學諸人；而今末法時人，何其無智而不能記取？大乘法別教五十二階位成佛之道，乃是學習佛道而非學阿羅漢道者唯一之路途，而此佛菩提道中，不依聲聞出家身分爲歸，純以菩薩證量爲歸，如是定其五十二層級位次，以顯自身證境與佛地之距離，從不以出家、在家身分判定之；是故，居必擇處、遊必就士，乃是一切正法、像法、末法時期修學成佛之道的大乘學人特應具備之正見也！

大慧宗杲禪師以具如是正見故，於千年前，身雖出家，然對一切在家、出家菩薩皆等視之，一同奉侍而無異心，不以自己出家身分而輕慢一切在家已證者，亦不以其出家證悟後之高貴身分而輕慢有恩於己之在家菩薩們，此乃其法上證量突飛猛進之緣由所在也；由是緣故，特舉大慧宗杲禪師奉侍在家、出家師父之眞實典故，明其心性以供效法，用饗一切眞正禪和。

心性正直之大慧宗杲，直言直語，若欲求其不受心地委曲者誹謗，豈可得乎？有文爲證：【萬菴曰：「先師移梅、陽（因爲直言而被秦檜奏請宋高宗剝奪僧人身分，貶謫至閩南衡陽與梅州二地），衲子間有竊議者。音首座曰：『大凡評論於人，當於有過中求無過，詎可於無過中求有過？夫不察其心而疑其跡，誠何以慰叢林公論？且妙喜道德才器，出於天性；立身行事惟義是從，其量度固過於人；今造物抑之，必有道矣！安得不知其爲法門異時之福耶？』聞者自此，不復議論矣。」（智林集）】

（《禪林寶訓》卷三）

大慧宗杲的心性，是直心往來、道德才器之高尚者，乃是天性如此，不是故意裝點門面而裝出來的；所以不擇利害，敢於直言；乃至對於專權的奸相秦檜，亦敢當面說其行爲之非；終至被謫遣於閩南衡州時，亦仍保持其心性不變。在衡州居住十年，因爲太直心而又度人不倦故，又被譖言而再徙居梅州五年，這都是因爲隨同張九成看不慣秦檜專權腐敗，評論了國家時事所致。大慧後來被宋高宗放回中原，於路途之中得遇張九成也被赦歸，亦都只是談論佛法，都不怪罪張九成牽連之事。這就是大慧不計較得失，不怪罪於人的心性。

大慧宗杲禪師學法時，從不簡擇善知識的表相身分，若有正法證量者即認定爲善知識，從來不分別善知識是何種身分差別，都是以法爲歸而視之爲師，謹守其師湛堂文準之開示。有文爲證：【佛鑑（佛鑑慧勤禪師）曰：「先師（五祖法演禪師）言：『白雲師翁（白雲守端禪師）平生疏通、無城府；顧義，有可爲者，踴躍以身先之。好引拔賢能，不喜附離苟合。一榻翛然，危坐終日。』嘗謂凝侍者曰：『守道安貧，衲子素分；以窮達得喪，移其所守者，未可語道也。』」（日錄）】（《禪林寶訓》卷二）湛堂文準禪師轉述佛鑑慧勤禪師所說的法演禪師之眞實故事，如是開示：「守道安貧，衲子素分；以窮達得喪，移其所守者，未可語道也。」大慧妙喜宗杲禪師聞之，一生奉持其言不捨，終生知恩、感恩，不違一切受學之師，終不論隨學之師父身分爲在家抑或出家也！此乃其世世增長法身慧命及平等心之因緣所在。

大慧行誼非只如此，悟後亦知感恩圖報；乃至對於曾助其親近善知識之居士，亦視同父兄而奉侍之；如是禪師，方是吾人所當效法者，何況尚未證悟之時，即已執著於自身出家相之凡夫身分，而輕視諸多在家相、出家相之證悟眞善知識？何其愚哉！有文爲證：【山堂曰：「李商老言：『妙喜器度凝遠、節義過人，好學不倦。與老夫相從寶峰僅四、五載，十日不見，必遣人致問。老夫舉家病腫，妙喜過舍，躬自煎煮，如子弟事父兄禮；既歸，元首座責之，妙喜唯唯受教，識者知其大器。』湛堂嘗曰：『杲侍者，再來人也！』山僧惜不及見。湛堂遷化，妙喜躉足千里，訪無盡居士於渚宮，求塔銘；湛堂末後一段光明，妙喜之力也。」（日涉記）】（《禪林寶訓》卷三）

如是，大慧禪師一生，珍視已被宋高宗貶斥之張商英（無盡居士）如同父輩，以證悟僧寶身分，而執弟子之禮事之；非但如此，對於同在湛堂文準座下修學的李商老，因其年紀已長，亦視如父執輩，親以證悟聖僧身分而執子弟之禮，躬爲李商老一家煎煮藥草服侍之，以迄疾癒。後來回寺，被道元法師知之，認爲有辱僧寶崇高之身分，當眾責之，妙喜亦只是「唯！唯！」表示受教而不作任何抗辯，可見妙喜心性之淳厚知恩及不自尊崇也。

又如妙喜（大慧）初從受學禪法之湛堂文準捨壽後，雖乏盤纏，仍著草鞋托缽行乞，行走千里之遠而到四川拜訪素不相識的前宰相張商英，爲其師求取塔銘，發揚其師功德。湛堂文準死時，仍未幫助大慧悟入，大慧已能如此，又豈有可能當眾辱罵助其證悟的法身慧命父母 勤大師？反觀今時出家禪和，能有幾人具此超然而知恩之氣概與行誼乎？以大慧當年開悟聖僧、並且是天下聞名的雲居山首座之身分，而肯下心執子弟之禮，躬爲李商老一家煎藥服侍直至病癒，何況未悟之晚學後人而不能效法乎？是故吾人當效學之，莫再以未悟之身所著僧衣身分自高，當求有法之師而親證之，方契當年出家學法之初衷，亦符大乘別教諸位、諸地菩薩之證量也！

今再普勸一切求悟之禪和：莫再以坐爲禪，莫墮入離念靈知心中。當思禪之一法，既名爲悟，則是一念相應慧，決非以坐禪求靜爲務，決非以一念不生之離念靈知爲悟境也。且再舉大慧宗杲禪師開示爲證：【昔婆修盤頭，常一食不臥、六時禮佛，清淨無欲，爲眾所歸。二十祖闍夜多，將欲度之，問其徒曰：「此遍行頭陀，能修梵行，可得佛道乎？」其徒曰：「我師精進如此，何故不可？」闍夜多曰：「汝師與道遠矣！設苦行歷於塵劫，皆虛妄之本也！」其徒不憤，皆作色厲聲，謂闍夜多曰：「尊者蘊何德行，而譏我師？」闍夜多曰：「我不求道，亦不顛倒；

我不禮佛，亦不輕慢；我不長坐，亦不懈怠；我不一食，亦不雜食；我不知足，亦不貪欲；心無所希，名之曰道。」婆修聞已，發無漏智，所謂先以定動、後以智拔也。**杜撰長老輩，教左右靜坐，等作佛，豈非虛妄之本乎！**又言：「靜處無失，鬧處有失。」豈非壞世間相而求實相乎？若如此修行，如何契得懶融所謂「今說無心處，不與有心殊」？請公於此諦當思量看。婆修初亦將謂「長坐不臥可以成佛」，纔被闍夜多點破，便於言下知歸，發無漏智，眞是良馬見鞭影而行也。】（《大慧普覺禪師語錄》卷二十七）

既然禪宗西天第二十一祖所悟乃是因二十祖之開示而入，非從一念不生中證得，非以一念不生境界爲悟，非以覺知心離念爲悟，故在値遇二十祖以前，窮其精力坐禪而除妄念，等著成佛，終不能悟，終與佛道無關；一切禪和讀此，當知宗門之所以謂悟者，在於親證法界實相——由證得如來藏而現觀法界都由如來藏出生；都不是在所生法、常滅法、可滅法之覺知心有念或離念上面而可得悟也！

又如：【拙菴謂野菴曰：「丞相紫巖居士言：『妙喜先師平生，以道德節義勇敢爲先；可親不可疎，可近不可迫，可殺不可辱。居處不淫，飲食不溽，臨生死禍患視之如無，正所謂干將鏌鋣難與爭鋒，但虞傷闕耳。』後如紫巖之言。（幻菴記聞）」】

古人珍惜善知識者如是，今人更學佛法以來已增千年，又何劣於古人焉？而不知珍惜善知識因緣？（《禪林寶訓》卷四）

今有愚人，誤會宗門與經教宗旨，教人以「覺知心處於萬事不會處」，以此爲禪，說爲證悟，即是大陸自稱無心禪和之傳聖法師也！然而如斯之言，傳聖法師可知古來早已被禪師所破了也！傳聖自稱無心禪和，既然自稱純以宗門爲歸，當知摒斥意識心行也！何不體取天童密菴禪師之意？密菴云：【天童得力句，不搖三寸舌；父母未生前，令已行摩竭；直下便承當，敢保猶未徹。**放下百不知，腦門重著楔**；唯是過量人，一拳無二說。】（《密菴和尚語錄》）

語譯如下：【天童宏智禪師最得力的一句，其實用不著搖動三寸舌頭來說東說西的；佛陀在父母尚未出生祂以前，祂對佛子向上全提的正令早已行使於摩竭陀國了；假使能夠像這樣直下便承當了的人，我敢保證他其實也還是沒有透徹的。更何況是**放下一切思想妄念**、**百事不知**的人，這個人的腦門還是必須重新再度被人箭上一針的；只有超過一般眾生心量的人，只需給他一拳就夠了，以後他就再也不會有第二種說法來妄說佛法的。】盼望傳聖法師讀此以後自知其非，早日棄捨邪知邪見，迴入正知見，爾後斯有悟門。

妙喜老人一心爲人，度衆時不計身分與嫌隙，妙喜宗杲禪師如是開示：【昔嘗侍圜悟老師於蔣山，與祥雲、曇懿長老爲道伴；二人（曇懿與祥雲）俱在老師（克勤大師）處，得少爲足，點胸自許，鼻孔遼天，以謂世莫有過之者。甲寅春，予自江左來閩，懿已開法於莆中，浩浩談禪，衲子輻輳；璞亦從其行，相爲表裏。予知其未穩當，恐誤學者；以書致懿，令告假暫來。懿以畏得失，遲遲其行；遂因小參，痛斥其非；揭牓于門，以告四衆。懿聞之，不得已，乃破夏來；詰其所證，只如舊時，無少異者。至誠以語之曰：「汝恁麼見解，何敢嗣圜悟老人？果欲究竟此事，便退卻院來。」懿曰：「然！」夏末歸菴，懿果不食言，與璞繼至。二人同到室中，久之，皆未造其實。一日問璞：「三聖、興化『出不出、爲人不爲人』話，爾道：這兩箇老漢還有出身處也無？」璞於予膝上打一拳，予曰：「只爾這一拳，爲三聖出氣？爲興化出氣？速道！速道！」璞擬議，予劈脊與一棒，乃謂之曰：「爾第一不得忘了這一棒。」久未之入。一日因聽別僧入室，予問僧曰：「德山見僧入門便棒，臨濟見僧入門便喝，雪峰見僧入門便道『是甚麼？』睦州見僧入門便道『現成公案、放爾三十棒』，爾道這四箇老漢還有爲人處也無？」僧曰：「有。」予曰：「劄。」僧擬議，予便喝出；璞聞之，忽然脫去從前許多惡知解，今遂成箇灑灑地衲僧；雖向上眼未開徹，而了知從上來事、果無限量。茲可喜耳！懿亦相繼於一言之下腳蹋實地，今皆勇銳向前，方知予平昔用心不在世諦也。】(《大慧普覺禪師語錄》卷二十四)

平實今世仍仿其行，欲利此世學法之人及諸傳法之師，亦欲有以利益此世三歸之師；然而不止大慧揭榜攻之於曇懿而助悟之，平實更以書籍梓行之，雖施如是之計，並無作用；彼師至今仍不能稍體平實之意，徒計世俗名聲、眷屬，不樂食法乳，良可浩嘆！

牛雖無意吃草，平實卻不得不努力按壓牛頭，欲冀牛聞草香，忽生食意，便可飽食以存法身慧命也！如是，欲冀諸方大師與諸禪和皆聞法香故，強舉大慧宗杲之開示如下，以爲聞香之資云：【老瞿曇云：「唯此一事實，餘二則非眞。」請著鞭，不可忽；世間事，只這是。先聖豈不云乎「朝聞道，夕死可矣」？不知聞底是何道？到這裏，豈容眨眼？不可更引「吾道一以貫之」去也！須自信自悟，說得底，終是無憑據。自見得，自悟得，自信得及了；說不得，形容不出，卻不妨；只怕說得似、形容得似，卻不見、卻不悟者，老瞿曇指爲增上慢人，亦謂之謗般若人，亦謂之大妄語人，亦謂之斷佛慧命人；千佛出世，不通懺悔。若透得

「狗子無佛性」話，這般說話卻成妄語矣！而今不可便作妄語會。……近世，貴公子似渠（如同他）者，如優曇鉢華時一現耳；頃在山頭每與公說這般話，見公眼目定動，領覽得九分九氂，只欠噻地一下爾。若得噻地一下了：儒即釋、釋即儒，僧即俗、俗即僧，凡即聖、聖即凡，我即爾、爾即我，天即地、地即天，波即水、水即波，酥酪醍醐攪成一味，缾盤釵釧鎔成一金，在我不在人。得到這箇田地，由我指揮，所謂「我爲法王，於法自在」，得失是非焉有罣礙，不是彊爲法如是故也。此箇境界，除無垢老子，他人如何信得及？縱信得及，如何得入手？】（《大慧普覺禪師語錄》卷二十八）

如是，一般大師與禪和，公案解得九分九，禪理說得九分九，俗人信士總認伊等即是大悟大徹了也！然而，從眞悟者看來，也都只是依文解義，只從文字上領解祖師法語，終究只成個知解宗徒，於解脫生死分上，終無相干，何利自身？又何利隨學禪和？要須眞參實究，忽然一念相應之際，覓得從來無生死者，方知諸佛、菩薩、三明六通辟支佛、諸大阿羅漢、一切凡夫眾生、三界六道一切法界有情，莫不是此眞心如來藏。至於如何一念相應？都得依諸禪和累世及今世所修福德、正知正見與淨念相續功夫之圓缺而定，未有外於如是基礎而得一念相應者。

設或有人曾於往世與善知識結有微小因緣，今世偶逢，便蒙指授而得悟入；然若證悟之基礎不足者，後來往往生疑退失，不信如來藏如斯現成、平實，難免生疑謗法。

由是退失乃至否定故，不能深入現觀如來藏之出生萬法，不能深入現觀如來藏中一切種子之深妙功德，便與唯一佛乘妙法無緣也！只得更待未來無量世勤修福德與信心，待得福德圓滿、信力發起時，方得再次相應而得不退；除此以外，不得重新得悟。若有謗法及謗賢聖者，捨壽之後再得人身，已是百劫之後，道業則須從頭再來；復又不免遮障重重，求悟無期也！願我佛門諸禪和，於此切切著心。至於著手之法及與正知正見，詳閱平實諸書已，進求思惟理解之後，欲求粗淺之悟亦可得入，唯難進修一切種智以入諸地爾。然而福德欠缺、性障深重、疑根未斷、淨念相繼功夫未修得者，終究難可悟入。

眞悟者自古以來一向都是極少數人，從來不曾是多數人皆悟而唯有少數人不悟。若眞悟之人在法義宗旨失傳之後乘願再來，人間已無可以爲之印證者，斯時欲求住世眞悟者印證，已不可得；偏偏又以在家身相示現，便很難獲得教界大眾、特別是出家眾的承認與隨學，所以此人出世弘法而其所說迥異當代錯悟大法師時，欲冀其人不被謗爲邪魔外道者亦難矣！即如三、四十年來的台灣，佛法中的開悟明心，都一直是離念靈知意識心，諸大法師總認爲：覺知心若能長時間離念而得穩定時，即是佛門禪宗之眞實證悟者。

佛弟子四眾隨學諸大法師如是知見已四十年，根深柢固難可轉易之際，不料出來一個平實居士，獨自高唱曰：「佛教宗門的開悟境界，只有一個內涵，就是親證第八識如來藏。」如是說法，迥異一切示人以悟之諸大法師，已成現代禪宗之宗門異類，如是大異諸方大法師、大居士離念靈知意識之如來藏正理，縱然處處都與正法教典完全無異，亦與宗門眞悟祖師公案所悟完全相同，但仍然不免要被心有成見的大法師們誣賴爲邪魔外道。所幸近年來經過一再的考驗以後，除了某些維護自身名聞利養的錯悟法師以外，台灣佛教界多數人已經認清楚正覺同修會的如來藏妙法確屬正法、而且是佛門中最勝妙的正法；然而大陸地區在佛法資訊仍非完全自由流通的情況下，也正處在藏密與錯悟大法師們龐大勢力結合籠罩的情況下，欲求大陸地區多數佛弟子理解眞相者，仍極困難。

然而錯悟者誹謗眞悟者之事，並非今天末法時世才有，其實古已有之；此謂錯悟者若是已出世弘法，一者爲維護名聞與利養，二者因自身之見取見未斷，欲使其不謗說法與其大不相同之眞悟者，終無可能。今舉實例爲證，我佛門學人正可以藉古鑑今，避免再犯其過。譬如南宋末年理宗皇帝紹定二年（公元一二二九年，大慧歿後六十六年）出世弘法之虛堂法師，已開始極力誹謗大慧宗杲禪師，即是現成事例。虛堂法師於所造《佛、祖讚》中，如是以頌誹謗大慧云：

「前無釋迦，後無達磨，罵雨罵風，祇要做大。

黑漆竹篦，胡打亂打；是佛是魔，劈面便唾，因茲天降其咎。

衡陽、梅陽，十七年吞飢忍餓；

將謂萬里生還知非，元來一星子不曾改過。

者（這）般瞎禿得人憎，天上人間無兩箇。咄！」（《虛堂和尙語錄》卷六）

虛堂禪師墮在意識心上，自以爲悟，更將大慧妙喜禪師欲救虛堂一類人而說之正法妙語，視作事相上苛責之語，乃更作偈，誣責大慧妙喜禪師，將大慧度人之機鋒竹篦，說爲「黑漆竹篦、胡打亂打」；便將宋高宗厭惡大慧評論秦檜而貶向閩南一事，說爲「天降其咎」（將「天子」皇帝高抬爲天），心中因大慧被昏庸的宋高宗貶到當時閩南瘴癘之處受苦而心中竊喜。更因大慧得旨回到北方時，仍然不畏得罪當代錯悟之師，仍然一心救人而指斥邪說，一生不改其行；虛堂禪師以此緣故心中不服，乃於偈中謗言：「將謂萬里生還知非，原來一星子不曾改過。」心中痛恨大慧宗杲從衡陽、梅州回到中原之後，仍繼續對錯悟禪師之直言苦諫，使得虛堂的離念靈知禪法仍然難以廣弘，所以虛堂在偈中罵道：「這般瞎禿得人憎，天上人間無兩箇。」意謂大慧是瞎了眼的禿頭假僧人，也是他最憎惡的人。如斯但重世間名聞利養之人，今時豈又少之乎？但觀慧廣、傳聖、上平（黃明堯）、徐恆志、星雲、證嚴……等人，無一莫非如是，令人不免感嘆：正是末法根機。

書末且勸有智慧之禪和子們：有奶便是娘。一切人甫出生已，其實都不認得誰是眞正生伊的娘親，只認得誰爲他餵奶，那個餵奶的女人才是眞正的娘親；假使生你的親娘，生後便作種種使你不能生存成長的事，那個人一定不會被你認作娘親，反而一定會被你認定爲怨家，這是誰都承認的事實與心態。世間法中如是，出世間法中亦當如是；在佛法中，能苦心孤詣餵食法乳，使你法身慧命成就、成長的人，才可能是你佛法中眞正的娘親，而不是出生你僧身的剃度師，更不是阻止你學法、耽誤你法身慧命的依止師；更不是引導你走向岐途、錯認離念靈知而謀殺你法身慧命的大法師，他正是謀害你法身慧命的大怨家，讓你生生世世執著離念靈知心，保任常見外道邪見；他雖然送了個冬瓜印給你，對你法身慧命非但無益，反而斷送了你的法身慧命。

所以，幫助你出家而不遮障你修學正法的剃度師、傳戒師，讓你可以在佛教中生存並且不遮障你修學正法的依止師，才是幫助你法身慧命成長的娘親，他才是你法身慧命的生娘。因爲：生娘若沒有法乳可以餵你時，一定會爲你尋覓一位有法乳的乳娘，在出生了你的僧身之後，再幫助你法身慧命的出生與成長，這才是對你有善心的生娘。當他爲你找到有法乳的乳娘，使你法身慧命出生而且成長了，你便須永生永世的感念他：**感謝他爲你尋得佛法乳娘，使你能夠出生了法身慧命而不只是出生了僧身。你應當終生感恩他，應當猶如大慧宗杲禪師之侍奉張商英、李商老如父執輩一般，感恩終世，不可對這樣的生娘**（剃度師、依止師或傳戒師）**稍有忘恩負義之舉，否則即是人神共憤的惡人。**

苟能如是，從此以後你就有二位娘親了：一位是生娘、一位是乳娘。這就是今天佛教中所有出家人應有的正確觀念。可惜的是，能夠建立這種正確觀念的出家人，現在仍然是極少數；也許經由長時間的說明、熏習與思惟之後，情況會有改變，佛教的未來方有光明的前景，學人的未來方有眞實歸依處，但這也只能期之於未來了。

但是，有奶的才是乳娘：誰能助我法身慧命出生與成長？這卻是很值得大家注意的重點。否則，師父剃度我出家了，我出家之目的難道只是爲了衣食與名聞、利養嗎？難道只是爲了獲取別人的恭敬、禮拜嗎？

今天，平實願作乳娘，不奪諸方生娘身分法恩，謹提供大量法乳，印在書中到處流通；只是能食、願食法乳的法師，究竟能有幾人？可能得等平實很有名氣而且走了以後，才會有很多出家法師感嘆自己無緣親近修學吧！然而這種貴古賤今的心態，也是自古以來就一直存在的常態，多數人都難以改變它。牛雖無吃草意，平實今天卻不斷的把本分草料放到牛嘴邊，等待眾牛忽然餓了願意吃一口。於此書末，又何妨再放一把本分草料於眾牛嘴邊？便舉一件 世尊公案云：

【世尊一日於涅槃會上，以手摩胸，告大眾云：「汝等善觀吾紫磨金色之身，瞻仰取足，勿令後悔。若謂吾滅度，非吾弟子；若謂吾不滅度，亦非吾弟子。」時百萬億眾，悉皆悟道。】（《聯燈會要》卷一）

最後再舉更多 世尊傳心公案相贈，《指月錄》卷一云：【世尊一日敕阿難：「食時將至，汝當入城、持鉢。」阿難應諾，世尊曰：「汝既持鉢，須依過去七佛儀式。」阿難便問：「如何是七佛儀式？」世尊召阿難，阿難應諾，世尊曰：「持鉢去！」

世尊因有比丘問：「我於世尊法中，見處即有，證處未是。世尊當何所示？」世尊曰：「『比丘某甲，當何所示？』是汝此問。」

世尊因耆婆善別音響，至一塚間，見五髑髏，乃敲一髑髏，問耆婆：「此生何處？」曰：「此生人道。」又敲一曰：「此生何處？」曰：「此生天道。」又別敲一，問耆婆：「此生何處？」耆婆罔知生處。

世尊因七賢女遊尸陀林，一女指尸曰：「尸在這裏，人在甚處去？」一女曰：「作麼！作麼！諸姊諦觀。」各各契悟。感帝釋散花曰：「惟願聖姊！有何所須？我當終身供給。」女曰：「我家四事、七珍悉具足，惟要三般物：一要無根樹子一株，二要無陰陽地一片，三要叫不響山谷一所。」帝釋曰：「一切所須，我悉有之；若三般物，我實無有。」女曰：「汝若無此，爭解濟人？」帝釋罔措。遂同往白佛，佛曰：「憍尸迦！我諸弟子大阿羅漢不解此義，唯有諸大菩薩乃解此義。」

世尊因地，布髮掩泥，獻花於然燈佛。然燈見布髮處，遂約退眾，乃指地曰：「此一方地，宜建一梵刹。」時眾中有一賢于長者，持標於指處插曰：「建梵刹竟。」時諸天散花相讚。

世尊嘗於阿難行次，見一古佛塔，世尊便作禮。阿難曰：「此是甚麼人塔？」

世尊曰：「過去諸佛塔。」阿難曰：「過去諸佛是甚麼人弟子？」世尊曰：「是吾弟子。」阿難曰：「應當如是。」

世尊因自恣日，文殊三處過夏（文殊菩薩於皇宮等三處與諸女人等共同過夏），迦葉欲白椎擯出；纔拈椎，乃見百千萬億文殊；迦葉盡其神力，椎不能舉。世尊遂問迦葉：「汝擬擯哪個文殊？」迦葉無對。（昭覺寺克勤禪師云：「可惜放過一著。待釋迦老子道『你欲擯哪個文殊？』便與一椎，看他作麼合殺？」）】

如是處處直指之公案，若能在其中某一公案中著得一隻眼，便入菩薩數中，離諸聲聞僧數，從此眞入內門廣修六度萬行，成眞佛子也！萬勿忽之！諸位大牛之子們！於此何妨留心參詳？且思索一番：世尊如是開示之目的，是要大家觀察祂的紫磨金身；然而哪個才是祂的紫磨金身呢？且立限三年參之，萬勿中途罷廢，更莫墮於離念靈知無事境界中唐費寶貴光陰；平實佇候佳音，冀得把手共行！

第十三章　天童與大慧禪師之行誼

天童宏智禪師略傳：

《敕謚宏智禪師行業記》全文：【宣和六年，向公子諲，使發運事；夢僧導至古寺，金其牓曰隰州，莫測也。秋九月，泗洲普照王寺闕住持者，向公聞長蘆第一座僧正覺倡曹洞宗，衲子信嚮；具疏與帖，請補其處。既至，問其鄉里，曰隰州；始悟昨夢，愈加敬禮。師蓋自此七坐道場，名振天下。嗚乎！達人大士出應於世，爲人天師，夫豈偶然也哉！

師姓李氏，母趙，誕師之夕，光出於屋，人皆異之。七歲誦書，日數千言，少日遂通五經。祖寂，父宗道，久參積翠老南之子佛陀遜禪師，嘗指師，謂其父曰：「此子超邁不群，非塵埃中人。宜令出家，異日必爲大法器。」十一歲得度於同郡淨明寺本宗，十四歲得戒於晉州慈雲寺智瓊，十八歲出游諸方，訣其祖曰：「若不發明大事，誓不歸矣！」至晉絳間，或以無憑沮師；邑尹見師英拔，因以所執扇示之曰：「爲我下一轉語。」師應聲援筆書偈其上，尹大喜爲請憑以行。

渡河之洛，坐夏於少室山；日擷蔬茹供給病僧，蔬且盡，則採藥苗繼之。游龍門，遇鄉僧，挽師同歸，師曰：「出家行腳，本爲參尋知識，了生死事。鄉關非所懷也。」

腰包徑至汝州，香山成枯木一見，深所器重。一日聞僧誦蓮經，至「父母所生眼，悉見三千界」，瞥然有省。急詣丈室，陳所悟，山指臺上香合曰：「裏面是甚麼物？」師曰：「是甚麼心行？」山曰：「汝悟處又作麼生？」師以手畫一圓相呈之，復拋向後。山曰：「弄泥團漢，有甚麼限？」師云：「錯！」山曰：「別見人始得。」師應喏、喏。

丹霞淳禪師，道價方盛，師乃造焉。霞問：「如何是空劫已前自己？」師曰：「井底蝦蟆吞卻月，三更不借夜明簾。」霞曰：「未在，更道。」師擬議，霞打一拂子云：「又道不借。」師忽悟，作禮。霞云：「何不道取一句子？」師云：「某甲今日失錢遭罪。」霞云：「未暇得打爾，且去。」時二十三歲矣。霞退居唐州大乘，師從焉。住山昇和尚，亦淳之嗣子，舉師立僧。

霞住大洪，師掌記室。宣和三年，遷首座。時金粟智、雪竇宗、保福悟、鳳山釗，皆參隨之，明年分座於廬山圓通照闡提席下。眞歇住長蘆，聞師名，遣書招之；撞鍾出迎，大眾聳觀。師須眉奇古，傾然而黑；衣襟破弊，履襪皆穿；眞歇遣侍者易以新履，師卻之曰：「吾豈爲鞋而來耶？」眞歇與眾懇請，居第一座。時眾踰千七百，見師年少，初亦易之；至秉拂，老於參請者，無不心服。又二年，住泗洲普照；實始出世，嗣法淳和尙。前此，分寺之半爲神霄宮；而又兩淮荐饑，齊廚空乏；二時所須，雜以菽麥。師至，命純以秔，庫僧辭不給；師命如初，已而檀施塡委。

徽宗皇帝南幸，師領眾起居；上見寺僧千餘，塡擁道左，方袍整肅，威儀可觀，異之；有旨召師，面受聖語，還其故寺之半。師之受請，而未至也，僧伽塔相輪中，香煙騰空，直亙東南，師入寺乃止。建炎元年，住舒州太平；又住江州圓通能仁，自能仁謝事，游雲居。時圓悟勤禪師住山，會長蘆虛席，大眾必欲得師，圓悟與安定郡王令覺，力勉、共行入寺。未幾，知事以乏糧告，師不答；時大寇李在，抄界境上，領兵入寺，無不惶駭；師安坐堂上，待其來，以善言誘之；在稽首信服，揮其眾輦金穀以供眾，一方亦賴以安。

建炎三年秋，渡江至明州，欲泛海禮補陀觀音，道由天童山之景德寺；適闕主者，眾見師來，密以告郡。師微聞，即遁去；大眾圍繞，通夕不得行，不得已而受請。未幾，虜人侵犯境內，諸寺皆謝遣雲游，師獨來者不拒；或以爲不可，師喻之曰：「明日寇至，寺將一空。即今幸其尚爲我有，可不與衆共之乎？」已而寇至，登塔嶺以望，若有所見，遂斂兵而退，秋毫無所犯；人皆歎服，以爲神助。

伯庠聞師名舊矣，歲在戊午，教授州學始識其面；嘗訪師，自小白捨舟道，松陰二十餘里，雄樓傑閣突出萬山之中固已，駭所未見；入門，禪毳萬指，默座禪床，無謦欬者。（伯庠）頃侍老先參政，遍歷襄漢江西南嶽，未有如是盛也；聞之長老尊宿，皆云：「天童舊衆不滿二百，師之來，四方學者爭先奔湊，如飛走之宗鳳麟、百川之赴滄海。今踰千二百衆矣！」來者益多，甑釜將槁，主者惶懼，不知所以爲計，白師以僧糧垂盡。師笑曰：「人各有口，非汝憂也。」言未既，閽者告：「嘉禾錢氏，航米千斛，艤於岸矣。」

紹興八年九月，被旨住鹽安府靈隱寺；將行，大衆悲號；有鳥萬數，亦哀鳴隨師，踰數時乃散。十月，有旨還天童，前後垂三十年；寺屋幾千間，無不新者。異時，長蘆、雪峰僧方盛時，各居一堂，別爲四五。天童衲子既多，師以己意指授匠者爲一堂，以處衆，千二百人悉皆容受；雄麗深穩，實所創見。即兩山間，障海潮而田之，歲入三倍於前，凡衆所須無不畢具。此雖有爲事，然他人睥睨不敢措手者，師優游其間，即日趣辨。

二十七年秋九月，忽來城中，謁郡僚及素所往來者；又之越上，謁帥守趙公令訳，因遍詣諸檀越家，若與之別。十月七日還山，飯客如常。八日辰巳間，沐浴更衣，端坐告眾；顧侍者索筆，作書遺大慧禪師，屬以後事。又書偈曰：「**夢幻空花，六十七年；白鳥煙沒，秋水天連。**」擲筆而逝。龕留七日，顏貌如生。壽六十七，僧臘五十三。大慧夜得書，即至山中；以十四日奉師全身、葬東谷塔。道俗送者增山盈谷，無不涕慕。自師之逝，風雨連日；及葬開霽，事畢如初。

師具大慈悲，誘接不倦；投籌入室，潛符密證者，不可勝紀。師於受施無貪，行施無厭；歲饑艱食，竭己之長，兼輟贍眾，之餘賴以全活者，亡慮數千、萬人。居常，施者金帛滿前，悉歸於眾；丈室蕭然，弊衣糲食；不破中餐，以終其身。

每薙髮聚之，必生舍利五色；或髮貫其中，有得墮齒者。舍利生生不已，葬後人祈禱之，或得於茵蓆，或得於衣履，不常其處。寺去水遠，師鑿石為畎，子母相銜；齋廚浴室，無不周遍。官家婦人有入寺者，欲盥手畎中，忽陀躍而出，婦人驚倒，久之乃蘇。貴人子，館法堂西，酒肉自隨；或止之，不從；俄而法鼓雷震墮地，貴人子惶懼而去，今有震跡存焉。一日，小行者僵仆於地，言曰：「**我護伽藍神也，與太白神角力，可令僧眾誦咒助我。**」或曰：「**何不以告堂頭？**」神曰：「我聞覺和尚住此十餘年矣！每至寢堂欲見之，即戰慄不能前，竟未之識也。」其爲文，初不經意，下筆即成；中書舍人潘公良貴，請銘「大用菴」，親爲書石，歎曰：「與三祖信心銘相後先矣。」師去世，之五月，詔諡宏智禪師，塔曰妙光；參知政事周公葵，爲之銘。凡師應世之跡，見於塔銘者，茲不復敘。嗚乎此特師之事業，可形於言者爾；若乃妙用縱橫，不痕不跡，全超空劫之前，洞徹威音之外；不可得而擬議者，又非文字之所能載也。乾道二年六月日，左朝奉大夫侍御史王伯庠記。】（《宏智禪師廣錄》卷九）

語譯如下：【在宋朝宣和六年時，向子諲因爲朝廷的派遣而掌理發配貨物運輸之事；有一天忽然夢到一位僧人引導他到一古寺，大殿上有一金牓，牓上所題字爲隰州，向子諲對此夢之意不能了知。到了秋天九月時，泗洲的普照王寺因爲仍闕大師前來住持，向子諲聽說長蘆寺的第一座僧人正覺禪師，正在提倡曹洞宗，多數的出家人都很信受和嚮往他，所以就寫好疏與帖，呈報朝廷，請正覺禪師實補普照寺住持之位。正覺禪師既已到達，向子諲詢問他的故鄉，回答說是隰州；向子諲才知道以前所夢的意思，所以就愈加敬禮。正覺禪師其實正是因爲自此普照寺住持以後，連著七處受請而坐道場弘法，所以就名振天下了。嗚乎！達人大士出現應化於世，成爲人天之師，豈是偶然的事呢！

正覺禪師俗姓李氏，母親是趙氏；誕生正覺禪師的那一晚，光明從房間裡映照到屋外來，看見的人都覺得很驚異。他從七歲開始誦讀書本，每日可以誦讀幾千字，沒有多少時日就通達五經了。他的祖父很早就死了，父親是宗道居士，曾經有很長一段時間參問積翠老南之子佛陀遜禪師；禪師曾經指著兒童時的正覺禪師，向他父親說：「**這個孩子超邁不群，一定不是在六塵中打滾的人。應該讓他出家，以後必定會成爲大法器。**」所以在十一歲時就於同郡的淨明寺本宗出家，十四歲時於晉州慈雲寺智瓊法師獲得具足戒，十八歲就出遊參訪諸方大師，出發時告別其本宗祖師說：「**如果不能眞正得悟的話，發誓不再歸來！**」到了晉絳等地，往往因爲沒有名師的介紹信爲憑，所以總是無法親近大禪師；好在城鎭中的官員邑尹，看見正覺禪師很英明而且挺拔，因此就以手中所執的扇子給他，說道：「**爲我寫一句轉語看看。**」正覺禪師一聽就立即提筆寫了一首偈在扇子上，邑尹看了大爲歡喜，就幫他寫了封介紹信，讓他憑著介紹信去參見名師。

後來宏智正覺禪師渡河而到洛陽，在少室山結夏坐禪；並且每天採擷蔬茹來供給病僧，到後來蔬菜即將完全採盡了，就採藥苗繼續供養病僧。後來遊行到龍門時，遇到故鄉來的僧人，那僧人挽著正覺禪師的手，想要和他一起回歸故鄉，宏智正覺禪師說：「出家行脚的目的本是爲了參尋善知識，了卻生死大事。故鄉的生活並非我所關懷的事。」

又帶著行李直接到汝州，香山成的枯木禪師一見到正覺禪師，深深的器重他。有一天，聽到僧人課誦《蓮經》，到「父母所生眼，悉見三千界」一句時，忽然有所省悟；就趕快前往方丈室，表陳自己所悟的內容，香山禪師卻指著案臺上的香盒子說：「裏面是甚麼東西？」宏智正覺禪師說：「這是什麼意思？」香山禪師說：「那你的悟處又是什麼？」正覺禪師就以手畫了一圓相呈給香山禪師，隨即又拋向身後。香山說：「你這個弄泥團的漢子，這與禪有什麼關係？」正覺禪師說：「錯了！」香山說：「你可得另外再去覲見別的眞悟禪師才可以。」正覺禪師答應說：「是！是！」

後來因爲聽到丹霞山的淳禪師，諸方對他的法道評價是當時最高的，正覺禪師因此就去造訪。丹霞禪師問：「如何是空劫以前的你自己？」正覺禪師回答說：「井底的癩蝦蟆吞掉了明月以後，晚上三更就不須向人借用夜明珠編成的簾子來照明了。」丹霞禪師說：「這還不能算是眞的悟了，更深入的再說一說。」正覺禪師準備開口細說，丹霞禪師卻忽然打了他一拂子說：「你還說不借！」正覺禪師這時忽然悟入了，就向丹霞禪師禮拜。丹霞就說：「你何不說一句看看？」宏智正覺回答說：「我宏智正覺今天遺失了錢財，卻反而被安上了罪名。」丹霞禪師說：「我今天沒空打你，暫且下去吧。」那時正覺禪師已經二十三歲了。後來丹霞禪師退居唐州大乘，正覺禪師隨從前往。後來自己住山建寺時才昇爲和尚，也是丹霞淳禪師之嗣子等人，共舉正覺禪師而開始建立僧團。

丹霞禪師住持大洪時，正覺禪師掌管書記室的工作。宣和三年時升遷爲首座，當時金粟智、雪竇宗、保福悟、鳳山釗等四人都參隨於他；次年分座於廬山圓通照闡提席下，接引學人。後來眞歇和尚住在長蘆時，聽到正覺禪師的大名，寫了書信派人送來邀請他去住持；又擊鐘出迎他的到來，大眾都聳踴而觀。正覺禪師鬚眉奇特而且有古人的風味，就好像墨水傾倒一般的黑；所穿的衣服袖子都已經破舊，鞋子和襪子的腳趾處都已經穿孔了；眞歇和尚派遣侍者換了新的鞋襪給他，他卻推辭掉，說：「我難道是爲了好的鞋襪而來的嗎？」眞歇和尚與眾人懇請他當首座。當時參學之眾超過一千七百人，他們看見正覺禪師年紀輕輕的，剛開始時也是看輕他的；等到他秉拂上堂說法時，那些老參的學人們，沒有一人不心服於他。又過了二年，住持泗洲的普照寺；但是正覺禪師在當初開始出世弘法時，其實是繼承丹霞淳和尚的法脈。在他來住持普照寺以前，官府就已分割普照寺的一半作爲道教的神霄宮，等他來住持以後，僧人的數目大爲增加；可是當時又因爲兩淮流域災荒饑饉，整個廚房裡都空無一物，每天二齋所須食物，只好夾雜著菽麥一類的粗食來吃。正覺禪師到來住持以後，下令都以純米供食，但是掌庫房的僧人推辭而不肯給與；正覺禪師卻仍然一直堅持他的指令而不改變，不久之後，信徒們布施的米就塞滿了整個庫房。

宋徽宗避難到江南時，正覺禪師領眾起居；皇帝看見寺僧千餘人，塡塞擁立在道旁，方袍整肅，威儀可觀，覺得很驚異；隨即有旨召請宏智正覺禪師，當面領受皇帝的話語，將原來普照寺被神霄宮佔用的半寺歸還正覺禪師。正覺禪師受請住持之時，當他正要到寺之前，僧伽塔的法相輪中，香煙騰空，直貫東南方，直到正覺禪師入寺以後才停止。建炎元年，住持於舒州太平；又住持江州圓通的能仁寺，又從能仁寺的法務上辭謝下來，遊歷到雲居山去。當時克勤圓悟禪師住持雲居山，正好長蘆寺沒有住持弘法，長蘆的大眾們都想要得到正覺禪師去弘法住持，所以克勤圓悟與安定郡王令覺，二人極力勸他，與他共行進入長蘆寺。住持長蘆不久之後，知事以糧食欠缺的事情稟告他，他並不回答；當時有個大強盜名為李在，在地境上面抄掠財物，所以領著兵眾進入寺中，寺中大眾無不惶駭；正覺禪師安坐於法堂上，等待大強盜的到來，再以善言勸化他們；李在聽了以後低頭禮敬而信服他，就指揮兵眾以車子載來黃金米穀，以此供養眾僧，長蘆這一帶也就因此而賴以安定下來。

建炎三年秋天，正覺禪師渡江來到明州，想要乘船到海上普陀山禮拜觀音大士，行經天童山的景德寺；當時景德寺正好缺住持禪師，大眾看見正覺禪師來到，就私下告訴郡中太守。正覺禪師稍有所聞，隨即隱遁想要離開；可是卻被大眾圍繞著，整個晚上都無法離開，不得已就受請當上了景德寺的住持。沒多久，海寇常常侵犯境內，諸寺都辭謝住在寺中的僧人，遣他們到各方雲遊去，可是獨有正覺禪師卻是來者不拒，凡是有人來掛單就接受；有些人認為這樣作不好，正覺禪師卻以譬喻而告訴他們說：「明天賊寇來到時，寺裡將會全部被搶劫一空。在今天，這些財物幸好仍然是我們所有的，豈可不與大眾共同享有呢？」說完不久之後，賊寇到達時，登上塔嶺觀望景德寺時，似乎看見了什麼，就收兵退去了，對景德寺秋毫無犯；眾人無不歎服，都認為是神助。

伯庠曾聽聞正覺禪師大名很久了，可是一直到戊午年，教授州學堂時才認識了正覺禪師本人。他曾經參訪正覺禪師，他是從小白捨棄了船路，改走陸路，路上松陰二十餘里，雄樓傑閣很明顯的突出於萬山之中，看來是很堅固的建築，他很驚駭這前所未見的的壯觀景象。當他進入山門以後，看見上萬的參禪人，默坐在禪床上，都沒有人敢咳嗽一聲。(伯庠)在不久之前服侍老先參政時，曾遍歷襄漢、江西、南嶽，不曾看見過禪席有如此盛大規模的；就把這事說給長老尊宿們聽，他們都說：「天童山舊時住眾不滿二百人，正覺禪師來了以後，四方學禪的人都爭先奔來湊和，猶如飛禽走獸宗事於鳳凰天龍一般，又好像是百川的同赴滄海一般。如今已經超過一千二百人了！」因為來參學的僧人越來越多，甑釜即將枯槁、無米可炊了，主事者心中惶然恐懼，不知應該如何應付，就稟白於正覺禪師說：「僧糧已經快要用完了。」正覺禪師笑著說：「每一個人各有一分口糧在，這不須你來擔憂啊！」話還沒有說完，掌管門禁的僧人前來報告說：「嘉禾錢氏善人，以船運送米糧一千斛，如今已經到達靠岸了。」

紹興八年九月，因披皇旨即將改住鹽安府靈隱寺；臨行之時大眾悲號；有上萬隻烏鴉也一起哀鳴跟隨正覺禪師，經過幾個時辰才散去。到了十月時又有皇旨命他還歸天童住持，從以前初到天童時，到現在還歸天童，算來已有三十年了；這時天童寺房屋已有幾千間，都是正覺禪師一一換新的。後來，長蘆、雪峰的僧人正當興盛時，各居一堂，分別有四、五百人。天童寺中的僧人既然已經很多了，正覺禪師就以自己的意思而指授工匠另造一大僧堂，用以安住眾僧，就算是多到一千二百人，也都可以全部住下來；這僧堂的雄麗深穩，眞是前所未有，是正覺禪師的創見。然後就在兩山之間，築堤遮障海潮而圍起來種田，每年收穫的糧食三倍於往年，凡是眾僧所須的用物無不具足。這些雖然都是有爲法上的事項，然而他人看來看去而都不敢動手去作的事情者，正覺禪師優游其間，往往沒幾天就完成了。

紹興二十七年秋天九月，正覺禪師忽然來到城鎮中，面見州郡各位官僚以及平常曾經多所往來的人們；一一面見了以後，又親到越州地面上，面見元帥守將趙令詪；又因爲已經到了越上地區，所以也就前往護持他的每一位居士家中一一說話，看來似乎是和大家告別一般。到了十月七日才回到山上，吃飯與見客都如往常一樣沒什麼異狀。第二天是十月八日，在早上八點到十點鐘之間，正覺禪師沐浴更衣以後，正身端坐而告訴眾人說他要捨壽了；然後就看向侍者，索求筆墨，寫了書信遺給大慧宗杲禪師，拜託大慧禪師爲他處理後事。又寫了偈說：「夢幻空花，六十七年；白鳥煙沒，秋水天連。」寫完就擲筆而逝世了。眾人就爲他裝龕保留七日而不敢隨便動他，正覺禪師這七日中仍然顏貌如生。他的壽命共有六十七歲，出家年歲共有五十三年。大慧宗杲禪師在晚上才得到書信，連夜出發趕到山中；在十月十四日將正覺禪師的全身下葬於東谷塔中。出家和在家人士相送下葬者遍滿山谷，沒有人不垂涕仰慕的。自從正覺禪師逝世之日起，就一直風雨連日不停；等到下葬完畢了，天也跟著晴朗了，如同他未入滅之前一樣的清明了。

正覺禪師具有大慈悲心，勸誘接引學人從來都不厭倦；投籌（投籌：計算數目之意）成爲他的入室弟子而潛符密證、沒有公開出來的人數很多，難以計算（編案：此爲後人溢美之詞。由天童一脈後人尙須克勤、虎丘、大慧之助悟一事可知）。正覺禪師在受人布施上，從來沒有起過貪心，但是法施與財施上面，他卻從來沒有厭倦之心；荒年歲饑而艱難於糧食之時，也是竭盡自己所有而同時兼顧寺中僧眾與寺外民眾，從來不曾停止過；以他自己所餘之糧食而獲得活命的人，不下數千人、數萬人。平常居停之時，縱使來寺中布施的人擺滿了金銀錦帛在他面前，他也不顧念，而都全部歸於公眾所有；他自己方丈室裡的物品很少，又以粗弊衣服及粗糙的飲食過活，不求享受；一生持午，從來都不過午而食，這樣過一生。

往往在他剃髮而聚集起來以後，都會生出五色舍利來；或者頭髮貫穿在舍利中，也有人得到他所落下的牙齒。他的舍利生生不已，下葬以後有人向他祈禱，往往在茵蓆中得到，或者在衣履中得到，並不一定在固定的地方出現。天童寺離水源很遠，正覺禪師引導衆僧鑿石頭成爲引水之溝，大小互相銜接，引到齋堂、廚房、浴室，沒有一處無水。大官的家眷婦女入寺上香時，在半路上想要從引水渠道中洗手，渠中的水忽然激躍出渠外，婦人因此受驚而暈倒，很久以後才甦醒過來。有一貴人之兒子，借宿於法堂之西廂，每天飲酒吃肉；有人勸止他，但是他不聽從，繼續飲酒吃肉；沒多久，天雷聲響很大的打落在他旁邊的土地上，那貴人的兒子因此就驚惶恐懼的離去，現在仍有雷震的痕跡存在。有一天，有個尚未剃度的未成年小行者忽然僵仆於地，口中說道：「我是護持本寺的伽藍神，現在正與太白神角力，你們可以請衆僧誦咒幫助我。」有人就說：「您爲何不以這件事情稟告堂頭和尚？」伽藍神說：「我聽聞正覺和尚住在此寺已有十幾年了！我每一次到方丈室想拜見他的時候，就顫抖恐懼而不能前往，到現在竟然還不曾認識他，所以就不能直接稟告他。」

正覺禪師寫文章時，從來都不必經過思考，下筆直接書寫就完成了；中書舍人潘良貴，請正覺禪師寫一幅「大用菴」的牌匾，正覺禪師就親自爲他寫在石頭上，潘良貴感歎的說：「**這幅牌匾可以和三祖的信心銘相互爲先了。**」正覺禪師去世，到了隔年五月時，皇帝下詔追諡爲宏智禪師，命其下葬之塔名爲妙光；參知政事周葵，爲他寫銘而又彫刻於石頭上。舉凡正覺禪師應世度人的種種行跡，已經在塔銘中可以看見的事項，這文章之中就不再重複的敘述了。嗚乎！這些都屬於正覺禪師的事與業，而可形諸於語言的；如果是弘法接人的妙用縱橫，不著痕跡，完全是超乎空劫之前的，也是洞徹於威音王佛之外的，這卻是無法得知加以評議的，也不是文字所能記載的。乾道二年六月日，左朝奉大夫侍御史王伯庠記錄。】

大慧宗杲禪師略傳：

《佛祖綱目》卷三十七載云：【宗杲，寧國奚氏子。母夢一僧黑頰隆鼻，神人衛之，造臥室。問所居，曰：「**嶽北。**」覺而有娠。生時白光透屋，舉邑稱異。年十三，入鄉校，嘆曰：「**讀世間書，曷若究出世法？**」崇寧三年，年十六，禮慧齊爲師。先是院塑釋迦佛像，有異人曰：「**今日立像，後當出一導師，大興宗教，照**

明濁世，去此一紀方生。若像有難，是人始至。」是年果有盜，穴像腹、取其藏，而杲適至。因名宗杲。】

《佛祖歷代通載》卷二十載云：【宣州寧國奚氏子，幼警敏，有英氣。年十三始入鄉校，一日與同窗戲謔，以硯投之，誤中先生帽；償金而去，乃曰：「讀世書，曷若究出世法乎？」即詣東山惠雲院出家。先是元豐戊午，院塑釋迦像；有異人丁生者，語寺僧曰：「立像一紀，當生一導師，大興宗教。若像有難，是人方來。像毀，則是人亦有難。」崇寧甲申，有盜，穴像腹，取其所藏。師以是歲適至，事惠齊爲師，明年落髮受具，繇是智辯自將凌跨流輩。閱古雲門錄，恍若舊習。

聞老宿紹珵久依天衣懷公，亟往上謁，與聞雪竇奧旨。趨寶峰，湛堂準禪師見師風神爽邁，特加器重，使之執侍，指以入道捷徑。師橫機，無所讓，準訶之曰：「汝未曾悟，病在意識領解，則爲所知障。」時李彭商老，參道於準，師適有語曰：「道須神悟，妙在心空體之，不假於聰明。得之，頓超於聞見。」李歎賞曰：「何必讀四庫書，然後爲學哉？」因此爲方外交。準將入滅，師問：「孰可依從？」準以圓悟勤公語之。

已而重趼荊渚，謁無盡居士張公，請銘準塔；公道望傾天下，師登其門承顏接辭，綽有餘裕；公稱譽之，爲名庵曰妙喜，字以曇晦。歸寶峰，訖其事；復見無盡，從容問曰：「居士謂我禪何如？」公曰：「子禪逸格矣！」師曰：「宗杲實未自肯在。」公曰：「行見川勤可也。」於是佩服其言，放浪襄漢；會大陽微禪師，密授曹洞宗旨，尋游東都。宣和六年圓悟禪師被旨，都下天寧；師自慶曰：「天賜我得見此老，不孤湛堂、張公指南之意。」遂造天寧。及聆其陞堂法要，迴異平日所聞，即傾心依附。

閱四旬，圓悟舉：「僧問雲門：『如何是諸佛出身處？』門云：『東山水上行。』若有人問，天寧只向道：『薰風自南來，殿閣生微涼』。」師於言下豁然頓悟，圓悟大喜，遷師擇木堂，以古今差別因緣密加研練。一日，圓悟飯超然居士趙公；師預坐，忽忘舉箸，圓悟顧師而語超然曰：「是子參得黃楊木禪也！」師既爲所激，乘間扣曰：「聞和上嘗問五祖話，不知記其答否？」圜悟曰：「向問：『有句無句，如藤倚樹。作麼生？』五祖云：『描也描不成，畫也畫不就。』又問：『樹倒藤枯時如何？』五祖云：『相隨來也。』」師廓然脫去，知見玄妙。圜悟深可之，使掌記室，著〈臨濟正宗記〉，俾焉分座，令接納。繇是，以竹篦應機施設，電閃星飛，不容擬議，叢林浩然歸重。右丞呂公舜徒，奏錫佛日之號。】

以上另據《佛祖綱目》卷三十七別載云：【宗杲至京，館於太宰府第後菴中。甲辰九月，克勤有天寧之命，杲自慶曰：「此老實天賜我也。」遂預往天寧以待，乃自惟曰：「當以九夏為期。**其禪若不異諸方，妄以余為是，我則造〈無禪論〉去也！枉費精神，蹉跎歲月，不若弘一經一論、把本修行，庶他生後世，不失為佛法中人**。」遂讀《清涼疏鈔》一部，齎之天寧。及勤至，開法，杲日夕參扣。勤令看「僧問雲門『如何是諸佛出身處？』門云『東山水上行』」語。杲凡呈四十九轉語，勤皆不肯。一日陞座，舉雲門語，云：「天寧即不然！若有人問：『如何是諸佛出身處？』但向他道：『薰風自南來，殿閣生微涼。』」杲聞豁然，去卻礙膺之物，遂白勤。勤曰：「也不易！你到這箇田地。可惜死了不能得活，不疑言句是為大病。不見道『懸崖撒手、自肯承當，絕後再蘇、欺君不得』？須知有這箇道理。」乃令杲居擇木堂，為不釐務侍者。每舉「有句無句如藤倚樹」問之，杲纔開口，便道不是。經半載，忽問勤曰：「聞和尚當時曾問五祖這話，不知五祖道甚麼？」曰：「我問『有句無句如藤倚樹，意旨如何？』祖曰：『描也描不成，畫也畫不就。』又問：『樹倒藤枯時如何？』祖曰：『相隨來也。』」杲乃抗聲曰：「我會也！」勤遂舉數淆訛因緣詰之，杲酬對無滯。勤曰：「今日方知吾不汝欺。」遂著〈臨濟正宗記〉付之曰：

「臨濟正宗自馬師、黃檗，闡大機大用，脫羅籠，出窠臼；虎驟龍馳星飛電激，卷舒擒縱、皆據本分綿綿的的。到興化、風穴，唱愈高，機愈峻。西河弄師子，霜華奮金剛王，非深入閫奧，親受印記，皆莫知端倪。徒自名邈，只益戲論。大抵負沖天氣宇格外提持，不戰屈人兵，殺人不眨眼，尚未彷彿其趨向；況移星換斗、轉天輪、迴地軸耶？是故示三玄三要、四料簡、四主賓；金剛王寶劍，踞地師子，一喝不作一喝用；探竿影草，一喝分賓主，照用一時行。許多落索，多少學家摶量注解；殊不知我王庫內無如是刀，弄將出來看底，只眨得眼，須是他上流契證驗認。正按旁提，須還本分種草，豈假梯媒？只如寶壽開堂，三聖推出一僧，壽便打，聖云：『你恁麼爲人，非獨瞎卻這僧眼，瞎卻鎭州一城人眼去在。』壽擲下拄杖，便歸方丈。興化見同參來，便喝；僧亦喝，化又喝，僧復喝；化云：『你看這瞎漢。』僧擬議，直打出法堂。侍者問：『有何相觸忤？』化云：『是他也有權、也有實。我將手向伊面前橫兩遭，卻不會，似此瞎漢，不打更待何時？』看他本色宗風，迥然殊絕；不貴作略，只欽他眼正。要扶荷正宗，提持宗眼，須是透頂透底、徹骨徹髓、不涉廉纖、迥然獨脫，然後的的相承，可以起此大法幢，

燃此大法炬，繼他馬祖、百丈、首山、楊岐，不爲忝竊爾。」】

《佛祖歷代通載》卷二十載云：【虜人犯順，欲名僧十數北去，師爲所挾；會天竺密三藏，日與論義，密尤敬服。尋得自便，趨吳門虎丘，聞圓悟遷雲居，欲往省覲；道金陵，待制韓公子蒼與語，喜之，以書聞樞密徐公師川曰：「頃見妙喜辯惠出流輩，又能道諸公之事業，亹亹不倦，實僧中杞梓也。」抵雲居，爲眾第一座；譏訶佛祖，辯搏無礙，圜悟亦讓其雄。會世擾攘，入雲居之西，結庵于古雲門寺基，因以爲名。閱二十年，辟地湖湘，轉仰山，邂逅竹庵珪禪師，相與還雲門，著頌古百餘篇。

久之，游七閩，居海上洋嶼。師憫諸方學者困於默照，作《辯邪正說》以救其弊。泉南給事江公，創庵小溪，延請師居，緇素篤於道者畢集；未半年，發明大事者數十人，鼎需、思岳、彌光、道謙、遵璞、悟本等皆在焉。一日，參政李公漢老，聞舉庭柏話，有省，師可之；及公疾革，作偈寄彌光，有「深將法力荷雲門」之句。師平居絕無應世意，圜悟在蜀聞之，囑丞相張公德遠曰：「杲首座不出，無可支臨濟法道者。」公尋還朝，適徑山虛席，必欲致師；師幡然起赴，開法于臨安府治，唱圜悟之道。說法竟，侍郎馮公濟川問曰：「師嘗言『不作這蟲豸』，今日爲什麼敗闕？」師曰：「盡大地是箇呆上座，爾作麼生見？」公無語。

及居徑山，四方佳衲子，靡然坌集，至一千七百；師無他約束，容其自律；發明己見，率常有之。上堂問答（具在本錄）。時，惠雲院忘丁生之讖，毀釋迦故像而新之，實紹興辛酉、夏五月也！師於是月，坐與張（張九成）厚善，著逢掖編置衡州；廖通直李繹，爲結茅圃中。師既拘文（大慧禪師既被皇帝文書所拘繫而不許度眾），不與眾俱，率令散處。花藥（芍藥）開福伊山時，容其受道，門庭益峻；乃褒先德機緣，間與拈提；離爲三帙，目曰《正法眼藏》。前參政李公大發，時居鐔津，翰林汪公彥章稅駕零陵，數通書問道；當軸者，滋不悅，移師梅州。其地荒僻瘴癘，藥物不具；學徒百餘，羸糧從之；閱六稔，斃者過半；師以道，處之怡然；由是居民向化，至繪師像，飲食必祀焉者有之。

乙亥冬，蒙恩北還。明年春，復僧伽黎；尋領朝命，住明州育王山。逾年有旨，改住徑山，天下宿衲復集如初。時上潛藩，雅聞師名，遣內都監詣山，問佛法大意；師陞堂，有偈云：「豁開頂門眼，照徹大千界；既爲法中王，於法得自在。」乃作頌獻曰：「大根大器大力量，荷擔大事不尋常；一毛頭上通消息，遍界明明不覆藏。」上嘉美久之。

建邸立，復遣內知客入山供養五百應眞，請師說法，親書「妙喜庵」大字，并製贊寵寄曰：「生滅不滅，常住不住；圓覺空明，隨物現處。」師陞堂，有偈曰：「十方法界至人口，法界所有即其舌；只憑此口與舌頭，祝吾君壽無間歇。億萬斯年注福源，如海滉漾永不竭；師子窟內產狻猊，鸑鷟定出丹山穴。爲瑞爲祥遍九垓，草木昆蟲皆歡悅。稽首不可思議事，喻如眾星拱明月；故今宣揚妙伽陀，第一義中眞實說。」

師春秋高，求解寺任；辛巳春得旨，退居院之明月堂；然弘法爲人，老而不倦。上即位，特賜號大惠（大慧）禪師。隆興建元自恣前一夕（七月十四日晚上），有星殞于院之西，流光赫然，有聲如雷，師示微疾；八月九日學徒問候，師勉以弘道，徐遣之曰：「吾翌日始行。」至五鼓，親書遺奏。侍僧固請留頌，爲寫四句，擲筆就寢，湛然而逝。壽七十有五，塔全身於堂之後。」

語譯如下：【宗杲禪師乃是宣州寧國奚氏人家所生的兒子，幼時警醒而敏銳，具有英明之氣度。十三歲才入鄉校中讀書，有一天，因爲同學常常戲謔他，他氣不過，就以硯台投過去，結果卻誤中教學先生的帽子；家人前來補償了金錢之後，宗杲就離開學堂而去，他就說：「讀世間的書，難道可以比得上探究出世間法嗎？」

不久就去東山的惠雲院出家了。

在這之前的元豐戊午年，惠雲院彫塑了釋迦牟尼佛聖像；當時有一位很奇特的人，名字叫作丁生，他向寺中的僧人說：「這佛像造成之後的第十二年，將會出生一位導師，將來會大大的復興宗門與教門。如果這尊佛像有難的時候，這個人才會來到此寺。以後佛像被人損毀時，則這位導師也將會遭遇磨難。」崇寧甲申年，有竊盜挖壞佛像的腹部，竊取佛像腹中所藏的七寶。而大慧禪師正好在這一年來到，奉事惠齊法師爲師父，第二年落髮而受具足戒；因爲受了具足戒，從此以後他的智慧與辯才就自己流露出來而凌跨於一般說法的人了。他曾閱讀古時雲門禪師的語錄，覺得似乎是往世早就曾經研習過的了。

又聽說有一位說法很久的善知識紹珵法師的名號，他是依止天衣懷公法師學法很久的人，所以大慧禪師急著前往面謁，想要聽聞他宣講雪竇山的奧妙玄旨。後來又前趨寶峰山學法，寶峰山的住持是湛堂文準禪師，他看見大慧禪師風神爽邁，特別加以器重，命他執持侍者的職務，以便指授入道的捷徑。大慧禪師面對湛堂文準禪師時，機鋒横出，無所退讓，文準禪師訶責他說：「你其實還沒有悟入，你的禪病正是落在意識心境界上，以思惟領解的方法來領會、理解禪理，就會落在所知障中。」當時李彭商（李商老）這位老修行人正好參訪禪道於文準禪師，大慧禪師剛好有這麼一段話向他說：「佛道必須是親自悟入，奧妙處就在於覺知心要否定掉，不可認定覺知心是眞心，以這種知見來體究宗門禪，不可假藉聰明思惟而得。像這樣子得到悟入的話，就可以頓時超越於見聞覺知心之上了。」李商老聽了就歎賞說：「從您的話看來，何必先讀四庫全書，然後才來禪門治學呢？」從此以後，二人就成爲方外之交了。文準禪師即將入滅了，大慧禪師請問說：「您走了以後，有誰可以讓我依從修學呢？」文準禪師就以圓悟勤公的名號告訴他。

文準禪師捨壽以後，大慧禪師就穿著草鞋長途跋涉，在路上行乞飲食，終於來到四川，歷經許多荊棘林和泥淖之苦，拜謁了被秦檜譖害罷黜的前宰相無盡居士張商英，請求張商英爲師父文準禪師寫塔銘。張公的法道名聲很大，天下禪子沒有不知道他的；大慧禪師親登他的家門，爲了師父的塔銘而奉承他的顏色、承接他的言辭，可是大慧禪師的口才其實是綽有餘裕的；張公和他說話以後，很稱譽他，就把他住的小庵命名爲妙喜庵，又賜給他一個名號：曇晦。

大慧禪師求得張無盡居士給他師父的塔銘全文，又額外得到庵名題字以後，就回到寶峰山，辦完了湛堂文準師父的後事；然後又爲了道業而重新再去見張無盡居士，從容的問說：「居士！您看我學的禪怎麼樣？」張公說：「你的禪已經超越一般人的格局了！」大慧禪師卻說道：「我宗杲其實還不曾肯定自己。」張無盡居士就說：「你可以去見四川的克勤禪師，大事就可以決定了。」大慧禪師於是心中記著他的話，就到襄漢之間四處遊歷，不管自己的身體，只想訪求克勤禪師；那時正好是大陽微禪師，在秘授曹洞宗旨之時，大慧就前往修學，盡得曹洞宗旨。

不久之後大慧禪師就遊歷到東都南京來，宣和六年， 克勤圓悟禪師被皇帝下旨，與皇帝南下，他住到浙江天寧寺來了；大慧禪師聽到消息就自己慶喜說：「眞是天賜我也！能夠見到這位老宿，我就不會辜負湛堂文準和張宰相指示我門路的好意了。」因此就前往天寧寺。等到聽聞 克勤圓悟禪師升堂宣說參禪的法要時，完全不同於往日在諸方大師處聽聞到的禪理，所以就傾心依附於 克勤禪師座下。

依止 克勤圓悟禪師而經過二個月時，有一天 圓悟禪師舉出一個公案：「有僧人請問雲門禪師：『如何是諸佛出身處？』雲門答說：『東山在水面上行走。』如果有人這麼問我，我天寧圓悟禪師就不這樣答，我只向他說：『和煦的微風從南方吹來，大殿與樓閣就感覺有微微的涼意了。』」大慧禪師於此開示之下，豁然頓悟了， 圓悟禪師大喜，就把大慧禪師改爲擇木堂的職務，每天以古今禪師開示的差別因緣，暗中再加以研鍊。

有一天，圓悟禪師請超然居士趙公吃飯；大慧禪師也參與飯局而在座中，參到忽然忘了舉起筷子，圓悟禪師看著大慧禪師而向超然居士說：「這個禪和子，參成黃楊木禪了！」（平實案：黃楊木在夏天生長迅速，到了冬天就向內緊縮而變得很堅硬）大慧禪師既被圓悟禪師所激勵，找了個說話的空檔，就請問圓悟禪師說：「弟子聽說和尚您曾經請問五祖，那些請問禪理的言語，不知師父您還記得嗎？」圓悟禪師說：「我以前這樣問：『有句無句，如藤倚樹。是什麼意思？』五祖回答說：『描也描不成，畫也畫不就。』我又問：『到了樹倒藤枯時又是什麼意思呢？』五祖說：『那就相隨來了呀！』」大慧禪師聽了，當下心中很開明的脫去意識境界了，對實相的所知所見就變得很玄妙了。圓悟禪師深深的印可他，就命他掌管書記室，掌管入室弟子記入宗譜之要事；又著〈臨濟正宗記〉賜給大慧，公開宣示大慧為入室弟子，方便他即將開始的分座說法，隨即又命他開始上座接納諸方來參學的禪和子們。由於這個緣故，大慧禪師就以首山竹篦的機鋒，因應諸方來學者根機而施設方便，種種機鋒就如電閃星飛一般，不容學人心中臆想猜測而說，禪宗叢林就都知道他的名號而大大的歸命他、看重他。右丞相呂舜徒，向皇帝上奏，皇帝

隨即錫封大慧宗杲「佛日禪師」的名號。】

《佛祖歷代通載》第二十卷的記載則是這樣的：【韃虜人南犯，侵佔了京城，想要把當時有名望的僧人十餘人帶回北方去，大慧禪師也一樣被挾持；正好韃虜人隨軍帶著一位他們極崇信的天竺密三藏，大慧禪師每日與密三藏議論法義，密三藏對大慧禪師特別的恭敬與信服。不久大慧就被韃虜人釋放而可以隨意居留或離去，大慧禪師後來就前往吳門虎丘；那時又聽說　克勤圓悟大師已經遷往雲居山住持佛法，大慧禪師想要前往省覲，路經金陵時，待制韓子蒼親遇大慧禪師，來與大慧禪師交談；他心裡非常歡喜大慧禪師，就以書信告訴樞密徐師川：「我方才遇見妙喜禪師，他的辯才與智慧超過一般的禪師，又能宣揚禪門諸師之事與業，度人哀哀不倦，眞的是僧中所想望隨學的人啊！」大慧禪師終於來到雲居山，成爲僧眾中的首座；他譏訶佛、祖，辯才搏鬥之智慧完全沒有障礙，　圜悟老禪師有時也要讓一讓他的雄辯。

當時正好世間擾攘不安，大慧禪師就又進入雲居山的西邊，在破敗的古雲門寺的石基上搭建了一個草庵，所以就因此又名爲雲峰。這樣前後經過了二十年之久，大慧禪師又避居到湖、湘等地，又轉到仰山居住，因此而認識了竹庵的珪禪師；後來又與竹庵珪禪師一同回到雲門古寺草庵同住，那時寫了頌古百餘篇。時間久了，他又遊行到七閩（被秦檜、宋高宗貶到閩南梅州、衡州等地），住在海邊小島上。大慧禪師當時憐憫諸方學者困於默照禪，始終悟不了，就寫了〈辯邪正說〉一文，用來補救默照禪的流弊。泉南給事江公，創庵於小溪，延請大慧禪師去居住，出家與在家的學禪人聽到這個消息，凡是篤信禪道的人都前來參學；不到半年，悟入般若實相的人已有數十人，鼎需、思岳、彌光、道謙、遵璞、悟本等人都在這些數目裡面。

有一天，參政李漢老，面聞大慧禪師舉說「庭前柏樹子」的開示，有了省悟處，大慧禪師也就印可了他；後來李漢老的疾病好了，曾作一首讚歎大慧的偈，寄給彌光禪師，偈中有「深將法力荷雲門」之句。大慧禪師平時安居自樂，絕無出世當大禪師之意圖；他的師父 克勤圜悟禪師在四川聽到這個消息，就吩咐丞相張德遠說：「宗杲首座若不出來世間弘揚宗門正法，世間就沒有人能支持臨濟法道於不墜。」丞相張公隨即還朝稟告皇帝，剛好徑山沒有大悟的禪師住持法席，聽到消息就一心想要獲得大慧禪師前去住持；大慧禪師接到皇帝的詔令，就振奮精神起程赴任，所以就先開法于臨安府治下的徑山道場，提唱圜悟禪師的法道。有一天說法完畢時，侍郎馮濟川問道：「大師曾經說『不想作禪師來與眾生廝混』，今天爲什麼又當起禪師來了？這豈不是您的敗闕？」大慧禪師回答說：「整個大地都是我宗杲上座，你又如何看得見我？」侍郎無語回答。

後來住於徑山時，四方有智慧的出家人，就像塵土聚集一般的紛紛來到徑山依止，人數多到一千七百人；大慧禪師並沒有因爲人多就作許多的約束，都是由他們自律；這些人來依止以後而發明心地獲得己見的事情，是常常發生的。大慧禪師住於徑山上堂問答（原註：都記在本錄中）的時節，他原來出家掛單依止的惠雲院眾僧，忘了當年異人丁生的預記，就毀壞了原來所造的釋迦牟尼佛舊像而另造新像，這是紹興辛酉年夏季五月的事；大慧禪師正好就在那個月，被奸臣秦檜羅織罪名，只因爲大慧禪師與忠臣張子韶親近相善，所以就奏請皇帝把大慧禪師編入罪犯名冊中，流徙到偏遠的衡州去；衡州的廖通直李繹，爲他結了一個茅屋在花圃之中，讓他居住。當時大慧禪師既然是皇帝文書所列管的罪犯，所以就不與大眾同住教禪；雖然也有聞風而來的人，大慧總是教他們散居各處，以免又被奸臣知道而再度加害眾人。

後來等到芍藥花開於福伊山時，才允許他接見前來求證法道的人們，當時情勢所逼，所以他的門庭就更加的高峻了。那時他就藉著讚歎已過世禪師大德們的證悟機緣，有時爲大眾作了許多的公案拈提；後來分編爲三章，就稱之爲《正法眼藏》。在此之前，參政李大發，當時住在鐔津，翰林汪彥章因爲稅務的緣故，車駕來到零陵時，曾經幾次以書信問道於大慧禪師；朝廷當權的奸臣們，因爲看見大慧禪師被貶之後卻仍然被眾人崇信而問道，心裡很不喜悅，就又把大慧禪師遷移到梅州去。梅州那個地方是很荒涼偏僻而又溼熱的蠻瘴之處，很容易生病，卻又沒有具足治病的藥物；在這期間，跟隨他去到梅州的學人共有百餘人，雖然大家糧食短缺，卻仍然跟隨著學法；這樣子經過六年，染病而死者超過一半；大慧禪師則是依止於道，所以不掛念生死而處之怡然；也因爲這個緣故，所以當地居民都心向著他而被他度化，甚至於有些人描繪大慧禪師的像，凡是有飲食時，必定先供祀大慧禪師的畫像以後才食用，這種事情也是有的。

到了乙亥年的冬天，大慧禪師才被皇帝放還而得以北上。第二年春天，恢復他的僧籍、僧衣；不久又接到朝廷的命令，改住明州的育王山寺院。隔年又有皇旨，令他改住徑山名寺，天下未破參的老宿與僧人們又再度聚集，如同未離開徑山時一樣。當時，孝宗皇帝尚在潛藩，尚未登基，聽聞到大慧禪師的大名，派遣了宮內的都監來到徑山請問佛法的大意；大慧禪師因此而陞堂說法，他作了一首偈說：「豁開了腦門上的法眼，照徹了大千世界；既然是佛法中之聖王，當然是於佛法得到大自在的。」唸了這首偈以後，就又作了一頌獻給普安郡王說：「大根大器大力量，荷擔大事不尋常；一毛頭上通消息，遍界明明不覆藏。」當時的普安郡王——現今的皇上——一直嘉美這一首偈與頌。

後來當今皇上登基而建邸，又派遣宮內知客入山供養五百應眞（供養五百阿羅漢），請求大慧禪師說法，新皇帝宋孝宗又親書「妙喜庵」大字，并製了一首贊，寵惠大慧禪師，寄來的贊是這麼說的：「生滅不滅，常住不住；圓覺空明，隨物現處。」大慧禪師陞堂時，有一首偈這麼說：「十方法界至人口，法界所有即其舌；只憑此口與舌頭，祝吾君壽無間歇。億萬斯年注福源，如海滉漾永不竭；師子窟內產狻猊，鸑鷟定出丹山穴。爲瑞爲祥遍九垓，草木昆蟲盡歡悅。稽首不可思議事，喻若眾星拱明月；故今宣暢妙伽陀，第一義中眞實說。」（文白、不譯，以免失去偈之原韻）

大慧禪師此時年紀已經很大了，向新皇帝宋孝宗請求解除徑山寺院住持的職務；辛巳年的春天獲得皇帝同意的旨意，就退居後院的明月堂；然而弘法利益學人的事情，卻是老而不倦的繼續在作。新的皇上即位時，特地賜給名號而稱爲大惠（大慧）禪師，大慧禪師的稱號就是這樣來的。新皇帝登基改元爲隆興元年的那一年，在結夏安居結束的自恣日前一晚，有流星殞落于寺院之西邊大慧寮房近處，流光極爲明亮，聲音就好比打雷一般，這時大慧禪師就開始示現捨報前的徵狀。八月九日，學徒們都來問候他，大慧禪師勉勵大家都要以弘揚佛道作爲自己的職責，又向大家搖手，表示今晚不會離開，口氣和緩的遣回大家去休息，說道：「我到明天才會離開。」到明天五鼓天亮時，親自寫了遺書向新皇帝奏別；當時服侍的僧人堅持請求大慧禪師留下一首頌，所以大慧禪師就爲他們寫了四句，然後擲筆就寢，安靜的走了。他的壽命總共是七十五歲，以全身葬於明月堂的後面而起塔供養紀念。】

大慧宗杲佛日妙喜禪師，生平及行狀略輯：【侍郎尤公謂拙菴（禪師）曰：「昔妙喜中興臨濟之道於凋零之秋，而性尚謙虛，未嘗馳騁見理；平生不趨權勢，不苟利養。嘗曰：『萬事不可佚豫爲，不可奢態持。蓋有利於時而便於物者，有其過而無其功者，若縱之奢佚，則不濟矣！』不肖佩服斯言，遂爲終身之戒。老師（拙菴禪師）昨者遭遇主上留宿觀堂，實爲佛法之幸；切冀不倦悲願，使進善之途開明，

任眾之道益大；庶幾後生晚輩，不謀近習、各懷遠圖，豈不爲叢林之利濟乎！」（然侍者記聞）】（《禪林寶訓》卷四）

語譯如下：【尤侍郎向拙菴禪師說：「以前妙喜禪師中興臨濟之道於凋零的年代，然而他的心性崇尚謙虛，不曾以自己的理證到處馳騁去當面破斥別人；他平生不趨走於權勢之門，也不輕易接受別人的財利與供養。他曾經說過：『凡事都不可預先謀一己之利，也不可因爲身上有大財利就顯現奢侈的心態來生活。因爲有的人雖然能對當時的學人產生利益而又能便利施物於人，但是也有人是有過失而無其功德的，如果有道之人縱情五欲上的奢侈與放逸，那就無法濟度有過而無德的人了！』我非常的佩服這些話，所以就取作終身之戒。老師您（拙菴禪師）昨天遭遇主上留宿於觀堂共論佛法，這實在是佛法之幸；學生懇切的盼望老師永遠不厭倦於悲願，使學人進入善法的路途可以打開而且明朗，任持大眾的法道也就更加的廣大；期望會有一些後生晚輩，不會急著謀求眼前所習的世間利益，而能各自心懷長遠的佛道規劃，這豈不是對叢林學人的廣大利益與救濟嗎！」（以上是然侍者親聞而記下來的）】

【妙喜曰：「節儉放下，乃修身之基、入道之要。歷觀古人，鮮有不節儉放下者。年來衲子遊荊楚、買毛褥，過浙右、求紡絲，得不愧古人乎？」】（《禪林寶訓》卷三）語譯如下：【妙喜宗杲禪師說：「節儉的生活而放下一切貪著，就是修身的基礎、進入佛道的重要事情。一一的觀察古時證道的人，很少有人是不節儉、不放下的。近年以來我看見出家人遊歷荊楚一帶，去買羊毛做成的蓋被與墊被，又去浙江一帶購買絲織的衣物與被套，能夠覺得不愧對於古人嗎？」】所以大慧禪師的一生，是節儉自持而不奢華的；並且不喜歡攀緣權貴富人，不想求得權位與供養。

克勤圓悟禪師與耿龍學書曰：【妙喜示來教見，矻矻於此，意況甚濃，眞不忘悲願也！而以宗正眼，照破義路情解，透見肝膽，何明眼如此？正宗久寂寥，後昆習窠臼、守箕裘，轉相鈍致，舉世莫覺其非。大家隨語生解，祖道或幾乎息矣！不有超卓穎悟之士，何以規正哉？此眞正念，乃眞外護也！時節擾擾，山居領眾亦未可保全，尚未有可乘之便爲轉身之計爾。杲佛日，一夏遣參徒，踏逐山後古雲門高頂，欲誅茅隱遁，其志甚可尚。今令謙去，山叟爲書數語及疏頭，亦與輟長財成之，可取一觀也。渠欲奉鋤，正在高栽也。】（《圓悟佛果禪師語錄》卷十六）

語譯如下：【妙喜出示你寫來的教法見解，這樣努力於佛法，這樣用心的把精神全放在這上面，眞是不忘悲願的人啊！而又能夠以宗門正眼，照破一般人的法義思路與依情作解，由此而通透的看見你的肝膽，爲何你能夠眼明到這個地步？佛法眞正的宗旨，很久以來就一直都是寂寥的；後輩學法的兄弟們，習慣於禪法窠臼、也守著祖師傳下來的參禪方法而不知道眞意，就這樣大家互相的鈍置在錯誤的禪法中，普天下的學禪者，沒有一個人知道其中的錯誤。大家都是這樣隨著錯悟禪師的說法，自己各自生起理解的意思來，祖師傳下來的法道可能幾乎都要息滅了！若沒有超格卓越聰穎眞悟的人，如何能夠規正敗落了的禪法呢？所以你所說的是眞正好的念頭，你眞的是佛法宗門的外護也！現今時節擾擾紛亂，即使住在山裡面領眾修行，也不一定能保全性命，但是到如今，我也仍然還沒有可以運用的方便法來作爲轉身之計。宗杲佛日禪師，整整一個夏天派遣跟他參學的徒眾們，踏逐雲居山後古雲門高頂地址，想要在那高山上割茅草築庵而隱遁起來，他的志性是令人非常可以取法的。如今我命令道謙前去見他，我又寫信以幾句話來勸他，並且寫了個疏頭，又送些盤纏給他，你可以迎取他來看一看啊！他現在正想在钁頭上隱居用心，在這個擾亂不安的時節，正是高明的裁決啊！】

大慧宗杲禪師略傳：【隆興元年八月十日，大慧禪師宗杲，示寂于徑山明月堂；皇帝聞之嗟惜，詔以明月堂爲妙喜菴，賜謚普覺，塔曰寶光，用寵賁之。其徒以師全身，葬於菴之後，使了賢來請銘；先是上爲普安郡王時，聞師名，嘗遣內都監至徑山謁師；師作偈以獻上，上甚嘉之。及在建邸，復遣內知客，請師山中爲眾說法，親書「妙喜菴」大字及製眞讚寄師。又二年，而上即位，始賜號大慧禪師。明年復取向所賜宸翰，以御寶識之，恩寵加厚，而師亡矣！仰惟主上神聖英武，資不世出，而惠顧一方外之士如此。蓋師於釋氏，所謂卓然傑出於當世者，忠誠感格得之天理，是以上動宸心，眷知特異。吁其盛哉！自昔聖賢以傳心爲學，誠明合體，變化興焉；西方之教，指心空爲解脫究竟，蓋得一而不見諸用；而悟入要處，或幾於盡性者所爲。後世三宗並行，臨濟正傳，號爲得人：超出聲塵不立一法，根源直截以證爲極；焜燿震動卷舒無礙，如師子兒游戲自在，獲大無畏，此固不可「以智知、識識」也。臨濟六傳至楊岐，楊岐再世，而圜悟禪師克勤得法于五祖演，被遇兩朝，其道蓋盛行矣。師實嗣圜悟，益光明焉。

師諱宗杲，宣州寧國人，姓奚氏；年十七爲浮圖，不欲居鄉里；從經論師，即出行四方。始從曹洞諸老宿游，既得其說，歎曰：「是果佛、祖意耶？」去之，謁準湛堂。準識師眉睫間久，謂之曰：「子談說皆通暢，特未可以敵生死。吾今疾革，他日見川勤，當能辦子事。」勤即圜悟師也。湛堂死，師謁丞相張公無盡，求準塔銘；無盡門庭高於天下士，亦小許可見。師一言而契，即下榻，朝夕與語；名其菴曰妙喜，字之曰曇晦。且謂：「子必見圜悟師，吾助子往。」遂津致行李。

來京師，見勤于天寧。一日勤陞堂，師豁然神悟，以語勤；勤曰：「未也！子雖有得矣！而大法故未明。」又一日，勤舉演和尚有句無句語，師言下得大安樂法，勤拊掌曰：「始知吾不汝欺耶？」自是縱橫踔厲，無所疑於心；大肆其說，如蘇張之雄辯、孫吳之用兵；如建瓴水，轉圓石於千仞之阪，諸老歛衽莫當其鋒。于時，賢士大夫往往爭與之游，雅爲右丞呂公舜徒所重奏，賜紫衣，號佛日大師。

會女眞之變，其酋欲取禪僧十輩，師在選中；已而得免，蓋若有相之者。渡江而南，圜悟方主雲居席，命師居第一座，爲衆授道，譽望蔚然。已而去，入雲居山，居古雲門，學者雲集；復避亂走湖南，轉江右入閩，築菴長樂洋嶼。時從之者纔五十有三人，未五十日，得法者十三輩，前此蓋未始有也。後皆角立，始應給事江公少明之請，住小谿雲門菴。而浚在蜀時，勤親以師囑，謂眞得法髓。浚造朝，遂以臨安徑山延之，道法之盛冠于一時。百舍重趼往赴，惟恐後拜其門，惟恐不得見。至無所容，敞千僧大閣以居之，凡二千餘衆。所交皆俊艾，當時名卿，如侍郎張公子韶，爲莫逆友，而師亦竟以此遇禍；蓋當軸者，恐其議己，惡之也；毀衣焚牒，屛居衡州。凡十年，徙梅州。

梅州瘴癘寂寞之地，其徒裹糧從之，雖死不悔。噫！是非有以眞服其心而然耶！又五年，太上皇帝特恩放還，明年復僧服；四方虛席以邀，率不就。最後以朝命住育王，聚眾多，食或不繼，築涂田凡數千頃，詔賜其莊名般若。又二年移徑山，師之再住此山，道俗歆慕，如見其所親；雖老，接引後進不少倦。居明月堂凡一年，以終將示寂，親書遺奏，及寄聲別右相湯公，又貽書於浚。了賢請偈，復取筆大書，不少亂。

師雖爲方外士，而義篤君親，每及時事；愛君憂時，見之詞氣，其論甚正確。晚自徑山來秣陵，見浚，垂涕言：「先人不幸無後，某之責。家貧何所仰，願乞一給使，名藉公重，庶有肯就者。」浚爲惻然興歎，遂奏其族弟道源奉師親後。既退居明月堂，蓐暑走其鄉，上塚葺治，所存蓋如此。使爲吾儒，豈不爲名士？而其學佛，亦卓然自立於當世，非豪傑丈夫哉！卒被光寵，表之無窮，誠有以自致也。所賜御書，建閣藏於妙喜菴，與茲山不磨矣。師壽七十有五，坐夏五十八年，僧俗從師得法悟徹者，不啻數十人，皆有聞于時。鼎需、思嶽、彌光、悟本、守淨、道謙、遵璞、祖元、沖密，先師而卒；我秦國太夫人，亦嘗於師問道焉。嗚呼！我識師之早，此心默契，未言先同；從容酬接，達旦不倦；人間至樂，孰與等擬。蓋惜其淪沒山林，惠利之不博加于人也；然而以道觀之，安可以隱顯去來、索師於形骸之內哉！我實知師，宜爲之銘。銘曰：

死生爲一　非想非說　證徹了悟　一息千劫
嗟師何爲　拳拳忠孝　欲迪群迷　俾趨正教
嘻笑怒罵　佛事熾然　情生智隔　疑謗興焉
天目巍巍　終古莫移　師兮道德　此山與齊】（《大慧普覺禪師語錄》卷六）

大慧宗杲禪師別傳：

【臨安府徑山妙喜大慧宗杲禪師，生於宣州寧國奚氏，年十三方從學發蒙，未半月棄去出家。十七落髮受具，雖年少已知有宗門中事，遍閱諸家語錄，尤喜雲門、睦州語。嘗疑：「五家宗派，元初只是一箇達磨，甚處有許多門庭？」然性俊逸不羈，父母勉之，令遊方。

時宣州有明教紹珵禪師者，興教坦之嗣琅邪覺之孫也。師聞其飽參，倒心事之，常請益雪竇拈古、頌古及古宿因緣。珵指示：「惟要直下自見自說。」不少假其言語。師洞達先德微旨，珵異之，每歎云：「杲，再來人也。」

復游郢州，見大陽元首座、洞山微和尚、堅侍者。微在芙容首眾，堅爲侍者十年，師參三人甚久，盡得曹洞宗旨。一日見其臂香傳授，以表不妄付囑，心非之曰：「禪有傳授，豈佛祖自證自悟之法？」遂去之，至眞如喆座下，入慶藏主、賢蓬頭之室，又與慶同往黃龍見晦堂、東林參照覺，俱不合。

又謁心印珣禪師，珣，秀鐵面之高第；與師語，大奇之，欲留會下，而師不樂，珣因指令往寶峰參準禪師，準即湛堂也（湛堂文準禪師）。師始至，機辯縱橫，準云：「汝鼻孔因甚無半邊？」師曰：「寶峰門下。」準云：「杜撰禪和。」又因彩粧十王次，準指問師：「這官人，姓什麼？」師曰：「姓梁。」湛堂姓梁。準摩頭云：「爭奈姓梁底少箇幞頭。」師曰：「頭雖不同，鼻孔彷彿。」準云：「杜撰禪和。」又因看金剛經，問師云：「是法平等無有高下，爲甚雲居山高、寶峰山低？」師曰：「是法平等無有高下。」準云：「爾做得座主奴。」

又一日，語師云：「杲上座！我這些子禪，爾一一理會得耶？」師曰：「理會得。」準云：「教爾說也說得，教爾做也做得，拈古、頌古、小參、普說總得，只是有一件事不是，爾還知麼？」師曰：「未審是什麼事？」準云：「爾只欠嗶地一下，所以說時有，不說時便無；入方丈時有，出方丈時便無；惺惺時有，睡著便無（離念靈知心，眠熟就間斷了；尚未證得永不斷滅的如來藏故）。如何敵得生死？」師曰：「正是某甲疑處。」準病，師問曰：「某甲嚮後當見誰人？」準云：「有箇勤巴子，我不識渠，汝可見之，當能辦子事。若了不下，便可脩行看一大藏經，後身出來參禪，決是箇善知識也。」

湛堂歿，師謁張天覺丞相，求塔銘。天覺門庭高，於衲子少許可；見師，一言而契，即下榻，朝夕與語；名其菴曰妙喜，字之曰曇晦。且言：「子必見川勤，吾助子往。」遂津其行。勤即圓悟也，時方自蔣山奉詔住東京天寧；未至，師先到寺挂搭。參堂畢，勤方入院，師晨夕參請。勤舉：「僧問雲門：『如何是諸佛出身處？』答云：『東山水上行。』」令師下語。師參及一年，凡下四十九轉語，皆不契。一日，勤赴一達官宅陞坐，舉：「僧問雲門：『如何是諸佛出身處？』雲門云：『東山水上行。』若是天寧即不然，若有人問：『如何是諸佛出身處？』只向道：『薰風自南來，殿閣生微涼。』」師聞舉，豁然省悟，遂以所悟告勤。勤察師雖得前後際斷、動相不生，然卻坐在淨裸裸處，語師云：「未也！子雖有得矣！而大法未明。」

一日入室，勤云：「也不易，爾到這裏田地。但可惜死了不能得活，不疑言句，是爲大病。不見道『懸崖撒手，自肯承當；絕後再甦，欺君不得』？須知有這箇道理。」師言：「某甲只據如今得處，已是快活，更不能理會得也。」勤不肯，因令師在擇木寮作不釐務侍者，每日同士大夫閑話，入室日不下三四。勤因舉「有句無句如藤倚樹」詰師，師纔開口，勤便云：「不是！不是！」如此者半載，未蒙印可，念念不忘于心。一日同諸官客飯，師把箸在手，都忘下口。勤笑云：「這漢參黃楊木禪，卻倒縮去。」師遂說譬喻曰：「和尚這箇道理，恰似狗看熱油鐺相似：要舐又舐不得，要捨又捨不得。」勤云：「爾喻得極好，只這箇，便是金剛圈、栗棘蓬也。」

又一日問曰：「見說和尚當時在五祖亦曾問此話，不知五祖如何答？乞師垂示。」勤默不應。師曰：「和尚當時不可獨自問，須對大眾前問。如今說又何妨？」勤遂云：「我問：『有句無句如藤倚樹時如何？』五祖云：『描也描不成，畫也畫不就。』又問：『忽遇樹倒藤枯時如何？』五祖云：『相隨來也。』」師聞舉，當下大悟，乃曰：「某甲會也。」勤云：「只恐爾又透這公案未得。」師曰：「請和尚舉。」勤遂連舉前輩一絡索誵訛語話徵詰之，師隨聲酬對，了無滯礙。勤拊掌稱善，又對眾稱賞云：「杲非一生、兩生爲善知識來。」師自是縱橫踔厲，大肆其說如建瓴水，如轉圓石於千仞之坂，諸老斂衽、莫嬰其鋒矣！

初，師既大徹，反於數禪客有疑，乃以問勤。勤云：「我這箇禪，如大海相似，爾將得箇大海來傾取去始得。若只將缽盂來，盛得些子去便休，是爾器量只如此，教我怎奈何？能有幾箇得到爾田地？舊時只有箇璟上坐與爾一般，卻已死了也。」未幾，遂舉師首眾。于時士大夫往往爭與之遊，雅爲右丞呂公舜徒所重，奏賜紫衣，號佛日大師。

女眞難作，虜酋欲取禪僧十輩，師在選中；既而獲免，蓋若有相之者。遂渡江而南，時勤賜號圓悟禪師，主雲居法席，命師居第一坐；常與諸衲子入室，圓悟每來聽其語。師一日入室罷，卻上方丈與圓悟同坐。圓悟云：「或有箇禪和子得似老僧，汝又如何支遣？」師曰：「何幸如之！正如東坡說：『作劊子手，一生得遇一箇肥漢剮。』」圓悟呵呵大笑云：「爾倒與我入室，撈得我上壁也。」

圓悟常言：「近來諸方盡成窠窟，五祖下，我與佛鑑佛眼三人結社參禪，如今早見漏逗出來：佛鑑下有一種作狗子叫、鵓鳩鳴，取笑人；佛眼下有一種覷燈籠露柱，指東畫西，如眼見鬼一般。我這裏且無此兩般病痛。」師曰：「大好無病痛。」

圓悟云：「何謂也？」師曰：「擊石火、閃電光，引得無限人弄業識。舉了便會了，豈不是佛法大窠窟？」圓悟不覺吐舌，乃云：「休管他！休管他！我只以契證爲期。若不契證，斷定不放過。」師曰：「說契證即得，第恐後來只恁麼傳將去。舉了便會了，硬主張擊石火、閃電光，業識茫茫，未有了日。」圓悟深以爲然。

未幾圓悟還蜀，師始辭居古雲門，學者雲集。復避亂，走湖南，轉江右入閩，築菴長樂洋嶼；時從之者纔五十三人，未五十日，得法者十三人，前此蓋未始有也。後皆角立，始應給事江公少明之請，住小谿雲門菴。丞相張魏公在蜀時，圓悟爲言師眞得法髓；及造朝，遂以臨安徑山延之；法席之盛冠于一時，百舍重趼，往赴惟恐其後至無所容，乃建千僧大閣以居之，凡二千餘眾。

初開法，陞坐問答未已，復有數僧競出爭問，師乃約住曰：「止！止！假使大地草木盡抹爲塵，一一塵有一口，一一口具無礙廣長舌相，一一舌相出無量差別音聲，一一音聲發無量差別言詞，一一言詞有無量差別妙義，如上塵數衲僧各各具如是口、如是舌、如是音聲、如是言詞、如是妙義，同時致百千問難，問問各別，不消徑山長老咳嗽一聲，一時答了。乘時，於其中間作無量無邊廣大佛事，一一佛事周遍法界。所謂『一毛現神變，一切佛同說，經於無量劫不得其邊際。』

便恁麼去，鬧熱門庭即得；若以正眼觀之，正是業識茫茫無本可據，祖師門下一點也用不著。況復鉤章棘句、展露言鋒，非唯埋沒從上宗乘，亦乃笑破衲僧鼻孔。所以道：『毫釐繫念三塗業因，瞥爾情生萬劫羈鎖；聖名凡號盡是虛聲，殊相劣形皆爲幻色。汝欲求之，得無累乎？及其厭之，又成大患。』看他先德恁麼告報，如國家兵器，不得已而用之，本分事上亦無這箇消息。山僧今日如斯舉唱，大似無夢說夢、好肉剜瘡；點撿將來，合喫拄杖。只今莫有下得毒手者麼？若有，堪報不報之恩，共助無爲之化。如無，倒行此令去也！」驀拈拄杖曰：「橫按鏌邪全正令，太平寰宇斬癡頑。」卓一下，喝一喝，示眾曰：「顛倒想生生死續，顛倒想滅生死絕；生死絕處涅槃空，涅槃空處眼中眉。涅槃既空，喚什麼作眼中眉？白雲乍可來青嶂，明月難教下碧天。」又曰：「摩竭提國猶在半途，少室峰前全無巴鼻；談玄說妙好肉剜瘡，舉古明今抛沙撒土。爭似飢飡渴飲、閑坐困眠，從教四序推移，都不干預我事。雖然如是，也須實到這箇田地始得。只如實到這箇田地底，如何親近？」喝一喝曰：「灸瘡瘢上，更著艾炷去也。」又曰：「『我宗無語句，實無一法與人。』早是通身浸在屎窖裏了也，哪堪踏步向前、如之若何、問『向上向下三玄三要、銀盌裏盛雪、北斗裏藏身意旨如何？』豈不是屎窖邊更掘屎窖？

雖然如是，若於屎窖中知些氣息，方知三世諸佛、歷代祖師、天下老和尚、古往今來一切善知識，盡在屎窖裏轉大法輪。其或未然，切忌向屎窖裏作活計。」

又：上堂問答罷，乃曰：「問得亦好，不問更親。何故？聲前一路千聖不傳，學者勞形如猿捉影。可中有箇英靈漢，恁麼、不恁麼，聊聞舉著，剔起便行，猶在葛藤窠裏。直得內無所證、外無所修、似地擎山、如石含玉，亦未是衲僧放身命處。敢問大眾：作麼生是衲僧放身命處？若也知得，塵塵念念皆無空闕，折旋俯仰盡在其中。正恁麼時，畢竟是誰家風月？還委悉麼？千聖不知何處去，倚天長劍逼人寒。」下座。

師說法，不立窠臼、不守規轍，大率如此，不可概舉。嘗垂語問學者：「我這裏無法與人，只是據款結案。恰如爾將箇琉璃瓶子來護惜似箇什麼？我一見，便與爾打破了。爾又將箇摩尼珠來，我又與爾奪了。待爾只恁麼來，我又和爾兩手截了。所以臨濟和尚道：『逢佛殺佛，逢祖殺祖，逢羅漢殺羅漢。』既稱善知識，爲什麼卻要殺人去？且道是什麼道理？」又嘗語僧俗言：「參得禪了，凡讀經看文字，如去自家屋裏行一遭相似，又如與舊時相識底人相見一般。若欲以文字語言糟粕求，無有是處。」

參禪人，請師子細（仔細）說禪病，師言：「禪有什麼病可說？禪又不曾患頭痛，又不曾患腳痛，又不曾患耳聾，又不曾患眼暗；只是參禪底人參得差別，證得差別，用心差別，依師差別；因此差別故，說名爲病，非謂禪有病也！『如何是佛？』即心是佛！有什麼病？『狗子還有佛性也無？』『無！』有什麼病？『喚作竹篦則觸，不喚作竹篦則背』，有什麼病？『如何是佛？麻三斤。』有什麼病？『如何是佛？乾屎橛。』有什麼病？爾不透了，纔作道理要透，便千里萬里沒交涉也！擬心湊泊他，擬心思量他，向舉起處領略，擊石火、閃電光處會，這箇方始是病，世醫拱手，然究竟不干禪事。趙州云：『要與空王爲弟子，莫教心病最難醫。』」

嘗舉：「南院問風穴：『南方一棒，作麼生商量？』風穴云：『作奇特商量。』風穴卻問：『此間一棒，作麼生商量？』南院橫拄杖云：『棒下無生忍，臨機不見師。』」師舉了曰：「風穴當時好大展坐具，禮他三拜；不然，與他掀倒繩床。」乃回顧衲子沖密云：「爾道風穴當時禮拜是？掀倒繩床是？」沖密云：「草賊大敗。」師曰：「爾看！這瞎漢！」便打。又舉：「睦州凡見僧來便云：『見成公案，放爾三十棒。』雲峰悅云：『作賊人心虛。』」師曰：「又添得一箇道了。」問沖密云：「爾道我恁麼道，還有過也無？」沖密云：「作賊人心虛。」師曰：「三箇也。」又舉：「僧問大龍：『色身敗壞，如何是堅固法身？』大龍（長沙招賢禪師又名岑大蟲，故名大龍）云：『山花開似錦，澗水湛如藍。作麼生會？』僧云：『不會。』」師舉了，指拜席問旁僧曰：「見麼？」云見，師曰：「又道不會。」復曰：「太近也！因什麼不會？」僧罔措，師曰：「只為分明極，翻令所得遲。」

師室中多問衲子：「『喚作竹篦即觸，不喚作竹篦即背。』不得下語，不得無語，不得思量，不得擬議，不得於意根下卜度，不得於舉起處承當。速道！速道！」僧擬進語，師便打趁出，于時罕有善其機者。

又曰：「『喚作竹篦即觸，不喚作竹篦即背。』不得下語，不得無語，不得良久，不得卜度，不得作女人拜、遶禪床，不得拂袖便行；一切總不得，爾便奪卻竹篦，我且許爾奪卻。我『喚作拳頭則觸，不喚作拳頭則背』，爾又如何奪？更饒爾道箇『請和尚放下著』，我且放下著，我『喚作露柱則觸，不喚作露柱則背』，爾又如何奪？我『喚作山河大地則觸，不喚作山河大地則背』，爾又如何奪？」

時有舟峰長老云：「某甲看和尚竹篦子話，如籍沒卻人家財產了，更要人納物事。」師曰：「爾譬喻得極妙，我真箇要爾納物事。爾無所從出，便須討死路去也！

或投河，或赴火，拚得命，方始死；得死了，卻緩緩地再活起來，喚爾作菩薩便歡喜，喚爾作賊漢便惡發，依前只是舊時人。所以古人道：『懸崖撒手自肯承當，絕後再蘇欺君不得。』到這裏，始契得竹篦子話。」復說偈曰：「佛之一字尚不喜，有何生死可相關？當機覿面無回互，說甚楞嚴義八還？」

師闡揚宗、教時，有同時號稱宗師說法，以寂照靜默爲本者，見士大夫爲塵勞所障、方寸不寧，便爲言：「令寒灰枯木去，一條白練去，古廟香爐去，冷湫湫地去，謂此法門可休歇人身心。」師以爲：「如此見解，墮在黑山下、鬼窟裏，教中謂之昏沈；殊不知這箇猢猻子不死，如何得休歇？來爲先鋒、去爲殿後底不死，如何得休歇？」故師每力排之，謂之「邪師寂照禪，斷佛慧命，千佛出世不通懺悔。」

一日，室中坐，有鄭昂尚明者，持一瓣香來，怒氣可掬，聲色俱厲云：「昂有一片香未燒在，欲與和尚理會一件事。只如『默然無言，是法門中第一等休歇處。』和尚肆意詆訶，昂心疑和尚不到這田地，所以信不及。且如釋迦老子在摩竭提國，三七日中掩室不作聲，豈不是佛默然？毘耶離城三十二菩薩各說不二法門，末後維摩無語，文殊讚善，豈不是菩薩默然？須菩提在巖中宴坐無言無說，豈不是聲聞默然？天帝釋見須菩提在巖中宴坐，乃雨花供養，亦無言說，豈不是凡夫默然？達磨游梁歷魏，少林冷坐九年，豈不是祖師默然？魯祖見僧便面壁，豈不是宗師默然？和尚因什麼卻力排默照、以爲邪非？」師曰：「爾曾讀莊子麼？」云：「是何不讀？」師曰：「莊子云：『言而足，終日言而盡道；言而不足，終日言而盡物。道、物之極，言默，不足以載；非言非默，義有所極。』我也不曾看郭象解、并諸家注解，只據我杜撰，說破爾這默然。豈不見孔子一日大驚小怪道：『參乎！吾道一以貫之。』曾子曰：『唯。』爾措大家，纔聞箇唯字，便來這裏惡口；卻云『這一唯與天地同根、萬物一體，致君於堯舜之上，成家立國、出將入相，以至啓手足時不出這一唯。』且喜沒交涉！殊不知，這箇道理便是曾子言而足，孔子言而足，其徒不會，卻問『何謂也？』曾子見他理會不得，卻向第二頭答他話，謂『夫子之道不可無言，所以云：夫子之道忠恕而已矣。』要之，道與物，至極處不在言語上，不在默然處，言也載不得，默也載不得。公之所說，尚不契莊子意，何況要契釋迦老子、達磨大師意耶？爾要理會得莊子『非言非默義有所極』麼？便是雲門大師拈起扇子云：『扇子勝，跳上三十三天，築著帝釋鼻孔；東海鯉魚打一棒，雨似傾盆。』爾若會得，雲門這箇說話便是莊子說底、曾子說底、孔子說底一般。」昂遂無語。

師曰：「爾雖不語，心猶未伏在。然古人決定不在默然處坐地，明矣！爾適來舉釋迦掩室、維摩默然，且看舊時有箇坐主喚作肇法師，把那無言說處，說出來與人云：『釋迦掩室於摩竭，淨名杜口於毘耶，須菩提唱無說以顯道，釋梵絕聽而雨花，斯皆理爲神御，故口以之而默，豈曰無辯？辯所不能言也。』這箇是理與神忽然相撞著，不覺到說不得處；雖然不語，其聲如雷。故曰：『豈曰無辯？辯所不能言也。』這裏，世間聰明辯才，用一點不得；到得恁麼田地，方始是放身捨命處。這般境界，須是當人自證自悟始得，所以《華嚴經》云：『如來宮殿無有邊，自然覺者處其中。』此是從上諸聖大解脫法門，無邊無量、無得無失、無默無語、無去無來，塵塵爾、剎剎爾，念念爾、法法爾。只爲眾生根性狹劣，不到三教聖人境界，所以分彼分此。殊不知境界如此廣大，卻向黑山下鬼窟裏默然坐地，故先聖訶爲解脫深坑，是可怖畏之處。以道眼觀之，則是刀山劍樹、鑊湯鑪炭裏坐地。一般坐主家，尚不滯在默然處，況祖師門下客？卻道『纔開口，便落今時』，且喜沒交涉！」昂不覺作禮。師曰：「公雖作禮，然更有事在。」

至晚來入室，師問曰：「今年幾歲？」云：「六十四。」又問：「爾六十四前，從什麼處來？」昂又無語，師遂以竹篦打出。

次日又來室中云：「六十四年前，尚未有昂在，如何和尚卻問昂從什麼處來？」師曰：「爾六十四年前，不可元在福州鄭家。只今這聽法說法一段歷歷孤明底，未生已前畢竟在什麼處？」云：「不知。」師曰：「爾若不知，便是生大。今生且限百歲，百歲後，爾待要飛出三千大千世界外去，須是與他入棺材始得。當爾之時，四大五蘊一時解散，有眼，不見物；有耳，不聞聲；有箇肉團心，分別不行；有箇身，火燒刀斫都不覺痛；到這裏，歷歷孤明底，卻向什麼處去？」云：「昂也不知。」師曰：「爾既不知，便是死大。故曰：『無常迅速，生死事大。』便是這箇道理。這裏使聰明也不得，記持也不得，我更問：『爾平生做許多之乎者也，臘月三十日，將哪一句敵他生死？』須是知得生來死去處、分曉始得，若不知，即是愚人。」昂方心伏，始知無言無說處，一切非是（一念不生、純清絕點時仍然是意識心，仍非第八識眞心）。因別參請，未幾，頓有所得（終於突然悟得如來藏了）。

時有祥雲長老曇懿與禪者遵璞，二人爲同伴；初侍圓悟於蔣山，已有入處；後又隸眞歇了坐下，點胸自許，謂世莫有過之者。師知其未徹，業已開法；慮其誤後學，以書致懿，令告假暫來。懿恥之，遲遲其行。師遂由小參，痛詆其非；

揭榜于門，以告四眾。懿聞之，不得已，乃破夏來，抵師會下。師詰其所證，語之曰：「汝恁麼見解，何嘗夢見圓悟老人？果欲究竟此事，且退卻院子來。」懿從之，遂歸。

既散夏，果與璞偕至，二人同到室中。師問璞：「三聖道：『我逢人則出，出則不爲人。』興化道：『我逢人則不出，出則便爲人。』爾道這兩箇老漢，還有出身處也無？」璞於師膝上打一拳，師曰：「汝這一拳，爲三聖出氣？爲興化出氣？速道！速道！」璞擬議，師劈脊便打，乃謂之曰：「汝第一不得忘了這一棒。」遂出。久之，未得入門。一日因別僧入室，二人聽之；師問僧曰：「德山見僧入門，便棒；臨濟見僧入門，便喝；雪峰見僧入門，便道『是什麼？』睦州見僧入門，便道『見成公案，放爾三十棒。』爾道這四箇老漢，還有爲人處也無？」僧云：「有。」師曰：「箚。」僧擬議，師便喝出。璞聞之，忽然有省；懿亦相繼於一言之下，大有省發；從前惡知惡解，當下冰消，後皆承嗣師。

師嘗爲眾入室，見僧才入門，便問：「諸佛菩薩、畜生、驢馬、庭前柏樹子、麻三斤、乾屎橛，爾是一枚無狀賊漢。」僧云：「久知和尚有此機要。」師曰：「我已無端入荒草，是爾屎臭氣也不知。」僧拂袖便出，師曰：「苦哉！佛陀耶！」

又僧才入門，師便曰：「不是，出去。」僧便出，師曰：「沒量大人，被語脈裏轉卻。」次一僧入，師曰：「不是，出去。」僧卻近前，師曰：「向爾道不是，又卻近前覓箇什麼？」便打出。又一僧入云：「適來兩僧不會和尚意。」師低頭噓一聲，僧罔措，師便打曰：「卻是爾會老僧意。」

又僧才入，師曰：「爾不會，出去。」僧亦出。復一僧入，師曰：「適來兩箇上坐，一人解收不解放，一人解放不解收。爾還辨得麼？」僧云：「一狀領過。」師曰：「領過後，別有甚好消息？」僧拍手一下便出，師曰：「三十年後悟去在。」

又問僧云：「『道不用修，但莫染污。』如何是不染污底道？」僧云：「某甲不敢道。」師曰：「爾爲什麼不敢道？」僧云：「恐染污。」師高聲叫曰：「行者，將糞箕掃箒來。」僧茫然，師便打出。

又僧才入，師曰：「釋迦老子來也。」僧近前，師曰：「元來不是。」便打。次一僧入，師亦曰：「釋迦老子來也。」僧當面問訊便出，師曰：「卻似眞箇。」

又問僧：「不是心，不是佛，不是物，爾作麼生？」僧云：「領。」師曰：「領爾屋裏七代先靈。」僧便喝，師曰：「適來領，如今喝，干他『不是心、不是佛、不是物』什麼事？」僧無語，師便打。

又問僧：「『路逢達道人，不將語默對』時如何？」僧珍重便行，師呵呵大笑。次一僧來，師曰：「我適來問這僧：『路逢達道人，不將語默對時如何？』他珍重便行，爾道他會不會？」僧擬問訊，師便打出。

又問僧：「不與萬法爲侶者是什麼人？」云：「無面目漢。」師曰：「適來有箇師僧如此道，打出去也。」僧擬議，師便打。

又問僧：「馬大師道：『自從胡亂後，三十年不曾少鹽醬。』意作麼？」云：「隨家豐儉。」師曰：「好箇隨家豐儉，只是爾不會。」僧擬議，師便喝出。

又問僧：「『香嚴上樹』話，爾作麼生？」僧云：「好對春風唱鷓鴣。」師曰：「虎頭上座道：『樹上即不問，未上樹，請和尚道。』又作麼生？」僧云：「適來向和尚道了也。」師曰：「『好對春風唱鷓鴣』，是樹上語？樹下語？」僧無對，師便打。

又問侍者曰：「許多人入室，幾人道得著？幾人道不著？」侍者云：「某甲只管看。」師忽展手曰：「我手何似佛手？」侍者云：「天寒，且請和尚通袖行。」師打一竹篦曰：「且道是賞爾？是罰爾？」侍者無對。

有僧請益：「不知某甲死向什麼處去？」師曰：「爾只今，是生耶、死耶？」

僧云：「生也不道，死也不道。」師曰：「爾做得漸源奴。」僧擬議，師便打出。又一僧來，師曰：「適來這僧衲一場敗闕，爾還知麼？」僧云知，師亦打出。

又僧請益夾山境話，聲未絕，師便喝；僧茫然，師曰：「爾問什麼？」僧擬舉，師連打，喝出。又僧請益：「某甲參禪不得，病在什麼處？」師曰：「病在這裏。」云：「某甲爲什麼參不得？」師曰：「開眼尿床漢，我打爾去。」

師室中機緣渦旋辨肆，不可把翫；自非上上根器，不可湊泊。師住徑山時，名重一時；如侍郎張公子韶、狀元汪公、聖錫少卿、憑公濟川，俱問道，自餘皆一時名士大夫；師隨機開悟，無所回互。而當時秉鈞軸者（宰相秦檜），以其議己，惡之。遂遭捃拾毀衣，屏去衡州凡十年；又徙梅州，梅州瘴癘寂莫之地，而衲子裹糧從之，雖死不悔。又八年，高宗特恩放還；明年復僧衣，四方虛席以邀，率不就。最後以朝旨住育王，聚衆多，食不繼，築塗田凡數十頃，詔賜其庄名般若。又二年，詔復移徑山。師之再住徑山，道俗歆慕，如見其所親；雖老，接引後學不少倦，退居明月堂。

先是孝宗皇帝爲普安郡王時，聞師名，嘗遣內都監至徑山謁師；師作偈以獻曰：「大根大器大力量，荷擔大事不尋常；一毛頭上通消息，遍界明明不覆藏。」

王甚悅。及在建邸，復遣內知客，請師山中為眾說法；親書『妙喜庵』大字，及製眞讚賜師曰：「生滅不滅，常住不住；圓覺空明，隨物現處。」師演成四偈以獻，王覽之尤喜。又二年，王即位，遂賜號大慧禪師；復取向所賜宸翰，以御寶識之。恩寵加厚，欲召對，而師已病矣，以隆興元年八月十日，於徑山明月堂示寂。上聞之，歎惜不已，詔以明月堂為『妙喜庵』，賜謚普覺。

將示寂，親書遺奏，封畢；侍僧請留頌，師厲聲曰：「無頌便死不得也？」索筆大書曰：「生也只恁麼，死也只恁麼；有偈與無偈，是什麼熱大？」投筆而逝。俗壽七十五，坐五十八夏，諸弟子以師全身葬於庵之後，賜塔名寶光。僧俗從師得法悟徹者，不啻數十人，皆有名于世；鼎需、思嶽、彌光、悟本、守淨、道謙、遵璞、祖元、沖密等九人，皆契悟廣大。先師而歿，其餘皆道化一方，臨濟宗旨益振焉。】(《續傳燈錄》卷一)

第十四章　大慧宗杲禪師雜事

《石溪心月禪師語錄》卷上：【景定元年夏四月，徑山比丘正彬，袖一編書，過余而言曰：「吾師石溪佛海禪師之沒，且六年矣！門弟子錄其語，鋟梓而未有敘引，無以傳不朽。惟公知吾師爲深，願以爲請。」余於是竊有感焉：文公朱夫子，初問道延平，篋中所攜惟《孟子》一冊、《大慧語錄》一部；公於異端闢之甚嚴，顧獨尊信其書如此，是豈無所見而然哉？

方秦檜柄國，自公卿大夫無敢違忤；大慧藐然一衲子，乃能援復讎大義，抗言無諱（宋朝岳飛等將士，人人用命，對抗北方金朝，節節勝利，故多主張繼續北伐，以報北宋被金人俘擄二位天子之仇；獨有秦檜受金人之賄賂，極力主張談和；大慧宗杲認爲秦檜心地不直，曾當面指責秦檜）；至語檜云：「曹操挾天子以令天下，今公挾夷狄以令天子。」雖身被南遷之禍，而名震海內，與張橫浦、胡忠簡輩相頡頏。

蓋嘗竊窺其書，其要言精義往往多與孟子合；所謂貧賤不能移，威武不能屈者，大慧有焉！文公之所取，固在此而不在彼也！石溪之在蔣山也，有王氏子，實介甫苗裔；挾權貴勢，規取山中地爲墓田；石溪爭之不得，則鳴鼓說偈而去之，以爲：「是其先世以學術誤天下者。而吾徇其請，獨不爲山靈笑乎！」乃往趨東淛，遍遊佳山水，將終老焉。自是名重一時，不惟縉紳諸公知之，聖天子亦知之；主名山，錫徽號，寵靈赫奕。

視大慧所遭遇無間，嗚呼！老檜之兇燄，舉世畏之，而大慧能抗之；介甫之遺孽，當路主之，而石溪能排之。雖其用力有難易，而卓見偉識如出一人；自非聰明才智、有學問、識道理，疇克爾耶？然則是編也，與大慧語錄並行於世可也。】

大慧宗杲心性梗直，不計身命與得失，所以得罪秦檜而被遠貶至閩南梅州瘴癘之地，欲其死滅。亦如《五家正宗贊》卷二所載：【時朝廷方作神臂弓，秦相以「師與張九成竊議」，大師兼以「譏諷朝廷」，遂竄衡州，次梅州；前後十七年，放還，再住徑山。自梅州返至福州，張參政以洋嶼延之，一夏打發十三人，龜山光爲首。】故說大慧不畏強權，一依正理而言之，寧可被貶，亦不假秦檜予辭色。

《慧文正辯佛日普照元叟端禪師語錄》卷七：【大慧老人，黑暗崖，照夜之火炬也；濁惡海，濟人之津筏也！嘗自誓云：「寧以此身代大地眾生受地獄苦，終不將佛法當人情。」】燒乃翁碧巖之板（爲預防學人徒作知解研究，故燒掉其師《碧巖錄》刻版），揭洞上密傳之榜，排鄭尚明默照之非（編案：鄭尚明爲天童默照禪之大力支持者，前來破斥大慧禪師，反被大慧所度而悟，亦在大慧弟子數中。詳前後史料之記敘）。其以天下至公，爲無上大法施主；有祖以來，一人而已。】

又如參政李邴居士，亦爲天童默照禪之大力護持者，後尋大慧禪師辯論，亦爲大慧所度而成爲入室弟子，都不計較對方是質疑者，亦不計較對方以前所作的種種抵制之事。李邴：【字漢老，醉心祖道有年；聞大慧排默照爲邪，公疑怒相半。及見慧示衆，舉趙州庭柏垂語曰：「庭前柏樹子，今日重新舉；打破趙州關，特地尋言語。敢問大衆：既是打破趙州關，爲甚麼卻特地尋言語？」良久，曰：「當初只道茆長短，燒了方知地不平。」公領悟，謂慧曰：「無老師後語，幾蹉過。」後以書咨決曰：「某近扣籌室，伏蒙激發蒙滯，忽有省入。顧惟根識暗鈍，平生學解，盡落情見；一取一捨，如衣壞絮、行草棘中，適自纏繞。今一笑，頓釋所疑，欣幸可量，非大宗匠委曲垂慈，何以致此？自到城中，著衣喫飯、抱子弄孫，色色仍舊；既亡拘執之情，亦不作奇特之想；其餘夙習舊障，亦稍輕微。臨行叮嚀之語，不敢忘也！重念始得入門而大法未明，應機接物觸事，未能無礙，更望有以提誨，使卒有所至，庶無玷於法席矣！」又書曰：「某比蒙誨答，備悉深旨；某自驗者三：一、事無逆順，隨緣即應，不留胸中。二、宿習濃厚，不加排遣，自爾輕微。三、古人公案，舊所茫然；時復瞥地，此非自昧者。前書大法未明之語，蓋恐得少為足，當廣而充之，豈別求勝解耶？淨勝現流，理則不無，敢不銘佩！」】

（《嘉泰普燈錄》卷二十三）

「大慧中興濟北之道」一語，乃是禪門古今眞悟之師所共認知者。臨濟一門代代相承，大多保守，未圖大弘；如是漸至楊岐方會、白雲守端、五祖法演，多屬單傳，法脈如絲如縷，由是緣故宗門正法勢力微弱，常有後繼無人之憂；逮至 克勤大師有鑑於此，指陳此事；而大慧宗杲奉行，力度多人得悟，方能不虞正法命脈斷絕；是故臨濟遺緒之中興，始自 克勤圓悟大師，而於大慧之世，畢生侍奉 圓悟之囑，弘揚光大至極，至今罕有其匹；隨後千年則因政治上之大環境，導致如來藏妙法不能廣弘而漸次殁落，殆時運與眾生業力使然也！凡此多因眾生業力故，元朝皇帝皆信奉蒙古本所信奉之密宗雙身法及意識離念靈知心；逮至明朝朱元璋時，方始回歸正法。明朝中葉又因西藏王之刻意親近皇帝，屢派藏密法王來到中原，不斷將雙身法及意識離念靈知境界法傳入宮中，致使大明皇朝又信藏密之意識境界法，不能認同如來藏妙義。清世祖順治以下歷代皇帝，亦皆信奉藏密雙身法及離念靈知心；如是有清近三百年中，所有皇帝都因「思欲籠絡西藏王朝令歸中國」之政治因素，與藏密往來密切；又因順治皇帝之時即已信受奉行藏密之法，立爲清代皇朝祖宗家法，代代皇帝自小遵循傳授，熏習久之，都同一信，故清朝二百餘年之所有皇帝、後宮，也都信受藏密雙身法及意識離念靈知心。

由是緣故，在中原地區，第八識如來藏正法弘傳之環境不復存在；大慧等人只得生往藏密地區，成爲覺囊派之主，希望從藏密內部直接轉化藏密信仰，令其回歸如來藏正法；惜因眾生業力厚重，菩薩願力雖然小有成就，終亦功敗垂成。如今佛法凋零，普被轉易成意識離念靈知心境界，錯認爲實相心，般若由是普被誤會，正待吾人紹繼大慧宗杲之義行，再度復興我　佛正法於神州，令震旦佛子普震其心以見旦明也！

中興臨濟一脈而光大之者，即是大慧宗杲禪師，其功厥偉，禪宗史上難有其匹，由本書舉示史實證明：南宋初年時，臨濟唯餘　克勤大師一脈，然而　克勤大師座下虎丘與大慧二支續傳之後，虎丘第五代傳人癡絕禪師已落入離念靈知意識心中，只餘大慧一脈繼續傳承如來藏正法。是故中興臨濟一脈者，非大慧而何？不特今時平實如是言之，古時已有眾多讚言也：【臨濟正脈，自楊岐至圓悟、大慧而愈昌；既而，大慧諸子橫翔捷出，其最超絕者曰佛照。佛照諸子最顯者曰妙峰，

凡一門數世，雄據大方，化聲交振而四海雷奔，盛矣哉！】（《天如惟則禪師語錄》卷六．元朝至正九年、公元一三四九年編纂）

元朝至正元年（公元一三四〇年）《元叟行端禪師語錄》卷八云：【濟北之道，至大慧，如朗日麗天，何幽不燭？如疾雷破山，何蟄不醒？呫呫動其喙，騰妒謗之燄者，非盲與聾則不爲也！一時文章鉅公，棄所學，執弟子禮，如李漢老、韓子蒼、馮濟川、張無垢輩，駢肩累跡，殆不可悉說；其光明俊偉，絕出古今矣！】

大慧宗杲度人極眾，甚至當時名重公卿的李漢老、韓子蒼、馮濟川、張九成丞相（無垢居士）、鄭昂等人都是在大慧座下得悟者，也都以弟子之禮奉侍大慧，無人敢謗之者。或有誹謗之者，誠如元叟禪師所說的：假使有人嘰嘰喳喳的不停顛動嘴巴，騰起忌妒誹謗的火燄來，這種人若非佛法中之盲者、聾者，是不會作這種事的。

《元叟行端禪師語錄》卷八云：【菩提達磨，以摩訶迦葉所得無上正法，來止中土直接上根。其後支分爲二，心印獨付於曹谿，派別爲五，而宗風大振於臨濟。至大慧，而東南禪門之盛，遂冠絕於一時，故其子孫最爲蕃衍。】虎丘一脈因爲住持天童山宏智正覺的道場，正因爲證悟如來藏很困難，後來就漸漸的開始回到宏智正覺的默照之法，在大慧入滅後六十年，就已經落入離念靈知心，失去宗門眞旨而沒落了；所以臨濟一脈至虎丘、大慧以後不過五代，已經都是大慧後人的天下了；天童山的虎丘後人，傳了五代以後只能在表相佛法上用心，只能弘傳離念靈知了，這都是因爲不肯實修求證如來藏，而樂於極易證得的離念靈知心境界，故只弘揚默照禪之法。有心紹繼佛法宗門正義者，萬勿再以默照之法而墮離念靈知意識境界中。

又如《大光明藏》卷三讚誦　克勤圓悟云：【大慧曰：「**老和尚好處，哀在大波浪裏。**」人莫得而窺（人人都無法窺知圓悟大師之意）。室中爐鞴（在方丈室中鍛鍊弟子時，種種手段都是不通人情的），得人如佛性泰、大慧杲，皆躍冶之金；謂之不祥，可乎？住夾山，則評唱雪竇；好事者編爲碧岩集，皆慈悲之故。學者不本其源，徒見其事，狎玩至使人目之爲碧嵓集，可不痛哉！非大慧掃除絕滅之，幾爲窠臼。楊岐之道復振，吾**妙喜之力**焉。】

禪門常言風穴延沼爲仰山所讖記未來再世之人，其實不然！大慧方是早被讖記之大德，是故大慧若出世住持正法者，必有一番大作爲也！此事古人自有評論，不待平實說之。譬如《聯燈會要》卷九記云：【溈山問仰山：「**黃檗只囑臨濟一人？別更有在？**」仰山云：「**有。只是年代深遠，不欲舉似和尚。**」溈山云：「**但舉看，**

吾亦要知。」仰山云：「一人指南（由秦檜一人所指而致大慧前往閩南），吳、越令行（在吳與越二地，禪門正令將會流行），遇大風而止（有大風動—天降流星—而致大慧捨壽正令終止）。」叢林皆以風穴沼禪師當是記，或者曰：考其年代，風穴夜襄州華嚴作維那時，與廓侍者同夏，即朋輩也。廓尚及見德山，沼雖不見臨濟，已致身叢林久矣，安得年代深遠乎？又云「吳越令行，遇大風而止」，皆無所謂（都沒有講到正確的眞相：都沒有講到風穴延沼與這二句讖記相應的地方）。此記蓋預讖妙喜也！妙喜爲臨濟十二世孫，可謂年代深遠；先住吳之徑山，後住越之阿育王，可謂「吳、越令行」也。】故說大慧方是仰山讖記「一人指南、吳越令行」之人也，後來宗門正令果然行於閩南吳地及育王山越地；大慧宗杲晚年又回住於吳地徑山，直到流星猶如大風吹墮大慧所住明月堂旁，大慧妙喜之宗門正令始告終止。由是故說大慧方是仰山讖記之大弘佛法者。

長　跋

一九四〇到一九八〇年代的台灣佛教界，長時處於戒嚴狀態中；然而自從解嚴以來，台灣佛教雖可自由發展，卻是亂象叢生，故現代禪於一九九七年元月份之《本地風光》月刊第十八期第二版，刊出張火慶教授一文，名為《當前宗教亂象之我見》，提出諍言。文中如是云：

【禪，本來是最清純，最不具宗教色彩的人格藝術，而今受妙天假禪師的殃及，成了齷齪、欺騙的代名詞，這對於台灣近年正在興起的禪佛教，以及渴望藉由禪修的體驗以提升心靈品質的社會大眾而言，傷害甚大。但深一層看，真正讓佛弟子痛心的是：佛法的衰頹由來已久，而**義學不興、修證不明**、違逆時代之機，則是其根本問題。長期以來，台灣佛教界充滿了撒謊、空談、迷信之風：出家人坐擁巨額資產，過著與世隔絕、奢靡尊貴的生活，既不知精勤修行以報答信眾的付託，卻盲從於世俗潮流，競相舉辦大型的宗教活動，興建大而無當的道場，不但勞民傷財，且誤導民眾的信仰方向，逐漸淪落為宗教性的流行文化與消費行為；甚至公開的讓這類活動變質為社會名流與政客商賈的社交場所，於其中交換名利權位，眞是「口說般若，心若豺狼」！修行人**本該隨緣無私的滿足大眾求道之願**，而不是倒過來以大眾的護持與奉獻來成就個人的弘法之業；更何況這些活動的內容亦有可議之處：大多數祈福消災、傳法授戒之類的法會，仍然是徒具傳統形式而了無新意；即以現代人稱許的慈善救濟、環境保育、社會關懷等公益活動而言，民間已有許多自發性的基金會團體長期從事於此，以他們所具備的專業知識與組織能力，更能實際而有效的發揮其應有的功能，卻普遍的欠缺人員、經費與器材，而台灣民眾則因爲信仰的誤導而將大量的金錢與人力輸送到僧侶身上，無條件供彼揮霍，以滿足私欲或虛榮道場，頗令有識者再三感慨佛法的衰微與宗教師的誤人之深。

近三十年來，由於教育普及、民智漸開，社會大眾對於宗教實質內涵的需求也更精緻而深切；而台灣佛教既**已偏離了修行解脫的傳統**，又缺乏開創時代新機的能力，而**爲了保護既得利益**，各山頭之間不僅勤於內鬥，且**合力打壓以修證爲主的宗派團體**；尤其令人耽憂的是：這些宗教師多半昧著良知以欺騙善良虔誠的信眾，讓他們徬徨於**神通**與**功德**的迷陣中，可說是從另一層面助長了社會上怪力亂神的風氣。」張教授如是大膽的寫出台灣佛教界解嚴後的亂象叢生事實，無畏於得罪時人，亦可謂勇矣！然而提出這個事實現象之後，現代禪已因墮於離念靈知心中而成爲意識境界，並非親證本地風光，已是走到自顧不暇之途，更無能力再對當前台灣佛教界加以針砭了。只得再由正覺同修會賡續針砭之義行，期盼台灣佛教回歸到宗門眞實義，乃至進一步期望加以提升至悟後修證之層次。

大慧宗杲云：【故宗杲盡力主張：若法性不寬、波瀾不闊，佛法知見不亡、生死命根不斷，則不敢如此四楞著地入泥入水爲人。蓋眾生根器不同故，從上諸祖各立門戶施設，備眾生機、隨機攝化。故長沙岑大蟲有言：「**我若一向舉揚宗教，法堂前須草深一丈，倩人看院始得。**」既落在這行戶裏，被人喚作宗師，須備眾生機說法；如擊石火、閃電光一著子，是這般根器，方承當得。根器不是處用之，則揠苗矣！】（《大慧普覺禪師語錄》卷二十九）

由是緣故，平實不得不以道種智之理，宣說錯悟之師所說諸理邪謬所在，以如是建立門，成就禪和子們參禪所必具之正知見。間有無智之人，見平實諸書爲眾人說理解縛，便道平實是「**引經據典、自無實證，唯有教證。**」若從**理證**上言之，條分縷析之後，則道平實之**理證**爲「**一己之說、不值信受**」。如斯諸人，似欲平實都無所說，使其得以繼續誤導學人，以符其願欲。然而平實若是一向皆從宗門下事言之，不免庭前草深一丈，需使喚金錢雇人日日刈之，何況能有今日二百餘人見道明心（編案：今已三百餘人）、十餘人眼見佛性？是故，建化門中，不免因機施教，引導各種不同層次學人，令得漸具正見；而後眞入宗門中參究，始有一念相應之時節因緣現前也！反之，若以邪知邪見欲冀眞乘，不免緣木求魚之譏，何有相應之時？

匪唯平實如是，上自 世尊，中及諸祖，下至平實，莫不如是，非唯宗門指授頓悟學人，亦須建化門以接鈍根學人，令得漸具正見，而後方可成就一念相應頓悟之事。至於接引學人悟入之前，欲求學人捨棄邪知邪見者，必須效法聖 玄奘菩薩假藉摧破邪說以顯正法之手段，方能令諸禪和回歸於求悟者應有之正知見，棄捨離念靈知意識境界，久後終能悟入。如是之理，一切禪和皆應知之，不可隨人言語妄謗宗師，以免自障其道，永劫求悟無期！然而上自 世尊，中如 彌勒、諸大菩薩，下至平實，都不免愚人謗之；觀乎 世尊住世時常被外道誹謗，亦有弟子謗之，乃至今時末法比丘更謗 世尊無神通、說法錯誤等。

像法時期之安慧、般若趜多一派人，競相誹謗 彌勒菩薩所造《瑜伽師地論》爲外道邪論，意謂 彌勒是外道；如是謗言，雖等覺菩薩 彌勒，亦不免焉；則古時大慧、今時平實之遭謗者，亦是可以想見之事，無足怪者！欲待凡夫學人不謗賢聖者，唯有人壽增長至八萬歲時，所見、所聞、所經已多，世智具足，方可消弭也！是故，有智之人若見眾人誹謗善知識時，更應有智細讀被謗者之所著、聽其所言，依經據典細加比對而判定之，莫隨人言語轉致謗言以貽後患。

至於**理證**之宗門下事，平實已有公案拈提系列七輯問世，皆是直指法界實相之宗門下事，求悟禪和正應研之、究之，以為悟道之資。平實所以不辭辛勞而以七年時間年年拈提公案者，皆為今時人從來不聞眞悟禪師正確開示故作；諸方假名大師又儘取禪師表面話語糟糠，當作妙味甘醇，用來誤導禪和；反將祖師示人眞悟之處，視如糞土，棄置不舉；以是緣故，今取諸方禪和所未曾聞大慧與天童禪師秘藏千年甘醇，以饗今世一切眞實求悟之禪和四眾。

想古人，未得眞悟之際，縱使祖師欲傳授衣缽大位與之，個個避之如見泥犁，不願承接住持之位；深恐未悟之前出世為人時，不免誤人子弟，成就妄說佛法之罪。今時人輒往往反之，或在因地未悟之時，便生大我慢，自道是悟，出世造書妄講禪理，以求名聞與利養，以貪法眷屬之聚集。亦有錯悟之人求見眞善知識，欲冀印證；然而眞悟之師見其未悟、錯悟，不能為其印證；彼諸人等往往因為善知識不許或不爲其印證之故，便生誹謗之心。如斯之人，皆是性障深重之薄福人，焉有悟緣？宜其錯悟也！

今於此書舉示種種宗門理悟證據，綜觀大慧宗杲與天童正覺之度人手段，平心而論，互有短長；謂大慧宗杲一生放去太奢，令人悟得太易，若有緣猶未熟者，悟得便生過失，往往謗法，此其短也！是故晚年收來稍儉，以救其弊。然而一生悟人極夥，廣利人天，亦令正法勢力速疾擴大，淹抑凡夫大師謬法，是其長也！天童正覺則一生收來太儉，座下悟者極少，因其所悟而謗法者幾無，此其長也！然而悟人極少，則令正法勢力難以增長，難利人天，天魔歡喜，是其短也！又因提倡默照之法，令人不免誤會而致鈍鳥之報，亦其短也！檢點將來，互有短長，難可一概而論，然而天童一脈終究不免默照禪之難悟，使得宗門密意在天童捨壽後隨即失傳，不得不由虎丘紹隆之子應菴曇華紹繼之，此其短也。

由是緣故，平實今世初出世時，弘法放去亦奢；逮正法勢力建立，而後始效天童之收來較儉，欲免濫傳之弊，然終不以默照之法而傳禪宗。平心觀之，平實近年雖然大爲收攝，其實雖儉猶奢；此殆世世長養悲心使然，常不欲見學人之不得其門而入故。然須自省，以免宗門妙法濫傳之弊，今後當觀菩薩性又復久學者，而後始可傳之也！

而今末法之世，多有好爲人師者，自家腳跟下猶自浮逼逼地，便想指授諸人，古人對此類人早有普勸：【系曰：凡爲人師者須具二種法，方堪坐曲彔床：一、先明己眼，二、鑒機病源。若己則未明，自尚拖枷帶鎖，胡能爲人解粘去縛？不識病源，未免傭醜殺人之陋，所以久依爐鞴、不能脫胎成器者，非學人之罪也。爲學者亦須具二種法，方可驗天下善知識舌頭：一、不自知足，二、死後復甦。若易知足，必以魚目爲珠；若不死後再甦，則生死命根不斷。所以，久入選佛場不能心空及第者，非宗匠之罪也，是故妙喜一生不自肯，晚登川勤之室，直階華嚴七地，不其然乎！（平實案：此言過譽，當年大慧只是對七地智慧出生了理悟，仍非實證七地）今晦庵以滑稽參禪，未曾大死一番，苟非妙喜屠龍之手、而不珍魚目者幾希？故遭振威一喝，直下喪身失命，便能對衆作蟭螟蟲大吼，豈不快哉！嗚呼！世之靈利漢，靡不坐晦庵膏肓之疾如狂子失心而不可療者多矣！曾未服醫父起死之劑，且急欲爲人指迷，不亦謬乎！】（《大明高僧傳》卷六）

今觀當代諸師，自未得悟，自無起死之藥以起時人法身慧命，乃至自身尚未服食醫父起死之藥，而言證悟實相、能利人天者，未之有也！禪子當知：證悟之人自古希有，非獨今時。然見今時諸師悉皆示人以證悟之相，顯現**悟者極衆而未悟者少**之怪象，決定不符禪門古來實情也！譬如古德所云：「**眞正法眼，不類常流。**」謂實得法眼之人極少、極少故。而今禪門示悟之大師等人所言者，皆類於常流，同以離念靈知意識心作爲常住不壞心，同於常見外道，豈是眞正法眼？

又如阿含部《羅云忍辱經》說：「**佛之明法與俗相背，俗之所珍，道之所賤；清濁異流，明愚異趣；忠佞相仇，邪常嫉正。**」今觀離念靈知心者，舉世禪門大師悉皆珍之，外道與俗人亦皆珍之，當知即是常流之屬，即是背於佛法者。此是佛之聖教，云何不信？又觀第八識如來藏妙義，離見聞覺知而不受六塵，如斯涅槃境界都無所受，常爲今時舉世大師所賤，亦爲外道及俗人所賤，更爲佛門墮於離念靈知而不肯捨之凡夫大師所賤；乃至聽聞平實爲彼明說如來藏所在之密意時亦不信受，故有二〇〇三年初退轉之人不信阿賴耶識心體爲最後心，妄言如來藏阿賴耶識心體由另一眞如心所生；待細探彼等所說眞如心時，則又同是離念靈知心意識。

如是事實，顯示離念靈知意識心正是俗人與凡夫大師們所共珍惜者；絕對寂靜而無所受（一塵都不領受）的如來藏，反而是俗人與凡夫大師們所共厭棄的，所以才會有人在悟得如來藏以後反而不信，又退回離念靈知意識心中，妄謂爲更高的最後心眞如，同於世俗常流，並無二致。以如是現在親歷之事實，證之於《羅云忍辱經》中 佛之教言，當知古今悟者本應極爲稀有，然而如今諸方大師與初學禪一、二年者，乃至一般俗人們各各皆道已悟，而彼等所悟皆同屬離念靈知，類於世俗及外道凡夫之常流，此一現狀豈符 世尊所言**悟者恆屬少數**之聖教？則今時誰人眞悟之眞相，亦可知矣！明乎此，於大乘般若禪之證悟，方有希冀。

禪門所悟之內容，其實一語即可言明，絕非不可言明者；特因 佛之告誡，爲免密意外洩於緣未熟者，故不可明說爾。今有《教外別傳》卷十所載歷史典故爲證：

【圓悟常言：「近來諸方盡成窠臼，五祖下，我與佛鑑、佛眼三人，結社參禪，如今早見逗漏出來：佛鑑下有一種，作狗子叫、鵓鳩鳴，取笑人；佛眼下有一種覷燈籠露柱，指東畫西，如眼見鬼一般；我這裏，且無這兩般病。」師（大慧宗杲）曰：「『擊石火、閃電光』，引得無限人弄業識；舉了便會了，豈不是佛法大窠窟？」圓悟不覺吐舌，乃曰：「休管他！我只以契證爲期。若不契證，斷不放過。」師曰：「契證即得，第恐只恁麼傳將去；舉了便悟了，硬主張『擊石火、閃電光』，業識茫茫，未有了日。」圓悟深肯之。】

是故，若有禪師說言：「證悟之內容，無法言說；永遠都說不出來的。」當知其人乃是錯悟之師，觀乎大慧宗杲禪師與其師 克勤大師之對話，可知一句話舉說了，學人便知如來藏之所在也！豈有不可以言語逕直說出之理？唯有離念靈知之境界，方才不能以言語舉說，而必須坐入一念不生境界中，方可謂爲「悟」也！然而眞悟之法，只須一句話指明，學人便可現前觀察如來藏所在，從此永在眼前而不失去，是故大慧宗杲說「舉了便會了、舉了便悟了」，便是這個道理，不是今日平實才有這般說法。只因明說密意則違 佛告誡，亦因明說者會使聽聞之人失去參究過程的增益，導致心疑乃至退轉、謗法，是故不可明說爾，其實都只是一句言語便能使人找到自身之如來藏所在，並非說不出來的。

禪門證悟之內容，古今同一，都唯有一心：如來藏。都不能外於此心而言爲悟。不論臨濟禪、雲門禪、趙州禪、東山禪、……等一切禪，乃至今時正覺弘揚的東山禪，都唯有實證此心、同證此心；若不能證悟此心，雖然自稱懂得雲門禪、趙州禪、……禪，其實都只是籠罩天下人之言語爾，都是野狐之屬。若有人私向徒眾言：「我一向弘傳趙州禪，如今欲傳雲門禪，爾等某日某時可來我所，爲爾傳之。」時至，眾人同集其所，卻又藉故作如是言：「今觀傳授雲門禪之因緣猶未成熟，暫不傳之。」當知是言，都是籠罩徒衆之言也！

所以者何？若其所傳者爲離念靈知意識心，當知尚不能知趙州禪眞旨，焉能知雲門禪意旨？何以故？謂所有禪門古今眞悟之師，其所傳者都唯有一心，謂第八識如來藏也！亦謂趙州禪所悟也是如來藏，正是「老僧從來都不住在明白裡」離見聞覺知的如來藏，怎會是離念靈知意識心呢？雲門所授亦同是一心如來藏故，所以有麻三斤、胡餅、花藥欄等語。縱使古今眞悟禪師之門庭施設廣有百千，種種作略互異，目的則皆在使人悟入第八識如來藏也！初未曾有眞悟之師所悟者可離如來藏故。若人尚墮離念靈知意識心中，自以爲悟而傳趙州禪，縱使後時有言欲別傳雲門禪者，都是野干故作獅鳴，所鳴者唯是野干之聲，何曾聞得雄獅之音？都不懂禪門眞旨也！如是而言趙州禪、雲門禪，都是外道禪，復有何義？

復次，禪子都勿起狂慢之心，自思自解而生邪見；未曾入道，便敢大膽非議諸方大德，乃至如同藍先生之月旦徹悟古德，實不可取也！謹錄古德法語，以爲供養：【潙山曰：「初心從緣頓悟自理，猶有無始曠劫習氣未能頓淨，須教渠淨除現業流識，即修也！不可別有法，教渠修行趣向。」若論諸祖師爲人之處，壁立萬仞；大火聚中，觸之即爛；刀鎗林裡，動著便斃；未曾開口，已隔千里萬里。

至於機緣之外，平實商量，未嘗盡絕階級、盡遮修行，傳燈錄中分明詳悉。如上大慧、中峰言教，尤爲緊切，血誠勸勉；惟恐空解著人，墮落魔事；何曾言「一悟之後不假修行，頓同兩足之尊，盡滿涅槃之果」？後世不識教意、不達祖機，乃取訶佛、罵祖、破膽險句以爲行持。昔之人爲經論所障，猶是雜食米麥，不能運化；後之人飽記禪宗語句，排因撥果，越分過頭；乃日取大黃、巴豆以爲茶飯也！自誤誤人，弊豈有極？】（《西方合論》卷一）願我佛門學禪之人，萬勿效彼狂禪之人未悟言悟，乃至動輒謂人曰：「一悟即成佛道。」可免後患，是則平實衷心所盼。

末後且錄古時禪門笑話一則，供養一切禪和：【王荊公，一日訪蔣山元禪師；坐間談論，品藻古今。山曰：「相公口氣逼人，恐著述搜索勞役，心氣不正。何不坐禪，體此大事？」公從之。一日謂山曰：「坐禪實不虧人，余數年，要作胡笳十八拍不成，夜坐間已就。」山呵呵大笑。】（《大慧普覺禪師宗門武庫》卷一）平實回憶此世初返佛門學法聞法之往日，亦曾聞某大師開示曰：「坐禪除了能使人身體健康以外，也可以使人忽然想起往昔被他人所欠錢財，忽然想起往昔所聞之法……等，這都是坐禪的好處。」（依所憶記之，大意如是）正是現代禪門笑話也！誠恐眞懂禪理者聞之不免如同蔣山禪師呵呵大笑也！普願今時後世一切大師，莫再成爲笑話中之主人翁。

然而此語，亦不謂禪極玄妙也！宗門之禪，其實極爲平實、平淡，並無玄妙可言；特因未曾悟得如來藏，不知其涅槃性、中道性、眞如性、生萬法性，所以不會宗旨，故說爲玄、爲妙也！舉凡求玄、求妙之徒，說玄、說妙之師，皆名禪宗門外漢，皆是死於句下之禪和也！由是緣故，天童禪師云：「**去時欲識正偏路，回日重論平實禪；歲盡年窮一句子，東村王老夜燒錢。**」（《宏智禪師廣錄》卷七）若論極爲平實之禪，不過是天童的**東村王老夜燒錢**，平實的**西莊李婦晨煮粥**，更無餘事可得，是故天童說之爲平實禪，都無玄妙可得；切望今時學人及與諸方大師，莫將禪宗作玄妙之想，當作義學之想。對於平平實實之宗門禪，天童禪師曾有言：「**千里同風德不孤。**」如今千年已過，到處所見盡是離念靈知意識心，千里、萬里尋之，終無一人與天童、平實同風。而今正法大德孤絕，放眼當今佛教界，竟無一人可是平實同參；只而今，知音難尋，徒憶昔人：**不知天童在也無？**

對當代真正禪和之贈言：

獻與悟後起修者：**不離胎昧，世世「遊戲」人間：**

事事無礙法界——眾生法界量外

先師 克勤大師與張無盡居士（宰相張商英）初見時，留下這個典故：【時張無盡寓荊南，以道學自居，少見推許。師（克勤圓悟大師）艤舟謁之，劇談華嚴旨要，曰：「華嚴現量境界，理、事全眞，初無假法；所以即一而萬，了萬爲一；一復一、萬復萬，浩然莫窮；心佛眾生三無差別，卷舒自在無礙圓融。此雖極則，終是無風匝匝之波。」公於是不覺促榻，師遂問曰：「到此，與祖師西來意，爲同爲別？」公曰：「同矣！」師曰：「且得沒交涉！」公色爲之慍，師曰：「不見雲門道：『山河大地無絲毫過患。』猶是轉句。直得不見一色，始是半提，更須知有向上全提時節。彼德山、臨濟，豈非全提乎？」公乃首肯。翌日復舉事法界、理法界，至理事無礙法界，師又問：「此可說禪乎？」公曰：「正好說禪也！」師笑曰：「不然！正是法界量裏在，蓋法界量未滅。若到事事無礙法界，法界量滅，始好說禪：『如何是佛？乾屎橛！』『如何是佛？麻三斤。』是故眞淨偈曰：『事事無礙如意自在，手把豬頭口誦淨戒；趁出婬坊來還酒債，十字街頭解開布袋。』」公曰：「美哉之論，豈易得聞乎？」於是以師禮，留居碧巖。】（《五燈會元》卷十九）

語譯如下：【當時張無盡寓居於四川南部，以親證道學之人自居，很少看見他推許別人。克勤圓悟大師駕著小舟前往晉謁，與張無盡很深入的談論華嚴經的旨要，克勤圓悟如此說：「《華嚴經》所說的現量境界，理上與事上全都是眞實法，打從一開始所說的就沒有講過虛假的法；所以說，在一之中就已具足了萬法，如果了知萬法的自性時，其實就知道萬法也是一；像這樣子，由這個一而又說到無盡眾生的一，由萬法而說到無盡的萬法，可眞的是浩然莫窮源底；心、佛、眾生，其實這三法是沒有差別的，到這個時節，不論是收縮起來或是舒展開來，都是可以自在無礙而且圓融事理的。華嚴裡面的這個說法雖然已經是究竟的話了，但是從自心如來的自住境界來看，終究只是無風起浪的虛妄水波罷了。」張無盡聽到這樣的妙論，時間雖然很晚了，但是捨不得放棄不聽，於是不覺就催促克勤圓悟留宿，想要上床共眠時再作夜話，於是克勤圓悟禪師就問張無盡說：「到了這個地步時，教意與祖師西來意是一樣呢？還是不一樣呢？」張無盡說：「同樣了啊！」克勤圓悟禪師卻說：「根本就不相干！」張無盡的臉色因此就變了，有了生瞋的模樣，克勤圓悟禪師又說：「你沒看見雲門禪師這麼說的嗎：『山河大地對學人沒有絲毫的過患。』這還只是一個轉句而已。一直參到忽略了外境而進入見山不是山的境界時，也還只是半提而已，還得要知道更有向上全提的時節。你看那德山棒、臨濟喝，豈不是正令全提嗎？」張無盡聽到這裡，方才點頭同意。

到了第二天早上，又提到事法界與理法界，再講到理、事無礙法界時，克勤圓悟禪師又問張無盡：「到這個地步時，是不是可以說禪了？」張無盡回答說：「正好說禪了啊！」克勤圓悟禪師笑著說：「不是這樣的！這其實仍然是在法界量裏邊，這是因爲法界量還沒有滅除的緣故。如果是眞的修到事事無礙法界時，法界量已經滅掉了，這時才可以說禪：『如何是佛？乾屎橛！』『如何是佛？麻三斤。』正由於這個緣故，所以眞淨克文禪師的偈子這麼說：『一切事情都沒有障礙，都如自己心意運作而得自在；手裡正提著豬頭肉的時候，卻無妨在口中爲人宣說淨戒；早上從妓女户中走出來以後，就趕著來還以前所欠酒坊的欠債；然後再來到十字街頭，把杖上挑著的布袋放到地上解開來。』」張無盡說：「說得實在太好了！這麼美妙的論法，豈是容易能聽到的呢？」於是就以對待師父的禮節，把克勤圓悟

禪師留在碧巖住了下來。】

此是過牢關以後，全無掛礙、事事自在之境界相；從此以後，能像禪宗二祖 慧可大師一樣在酒廊、淫肆出入而不動其心；能像 眞淨克文一樣「手把豬頭口誦淨戒、趁出婬妨來還酒債」，這樣子「事事無礙如意自在」，遭謗亦如是，逢讚亦如是；出家亦得，在家亦得，都不拘身分也！這時正好可以像 布袋和尚一樣：處處都可以睡得、物物都可以吃得、事事都可以處得、人人都可以罵俺，這時正可來到「十字街頭解開布袋」，一無遮隱。苟能確如 克勤大師所言者，方能次第進修諸地證境，再經久劫進修之後，方能如同 布袋和尚一般示現。至於 布袋和尚示現之所有境界，則是一切悟後起修者所應進修之事事無礙境界也，謂已超過眾生法界量故，不似初悟者及諸地菩薩尚在法界量裡故。至於 布袋和尚如何示現等覺菩薩的事事無礙境界？且觀禪門史實記載：

【明州奉化縣布袋和尚者，未詳氏族，自稱名「契此」。形裁腲脮、蹙額皤腹，出語無定、寢臥隨處；常以杖荷一布囊，凡供身之具盡貯囊中。入廛肆聚落，見物則乞；或醯醢魚俎，才接，入口，分少許，投囊中，時號長汀子布袋師也。嘗雪中臥，雪不沾身，人以此奇之。或就人乞，其貨則售。示人吉凶，必應期無忒。

天將雨，即著濕草屨，途中驟行；遇亢陽，即曳高齒木履，市橋上豎膝而眠，居民以此驗知。

有一僧在師前行，師乃拊僧背一下；僧迴頭，師曰：「乞我一文錢。」曰：「道得，即與汝一文。」師放下布袋，叉手而立。

白鹿和上問：「如何是布袋？」師便放下布袋。又問：「如何是布袋下事？」師負之而去。

先保福和上問：「如何是佛法大意？」師放下布袋，叉手。保福曰：「為只如此？為更有向上事？」師負之而去。

師在街衢立，有僧問：「和上在遮裏作什麼？」師曰：「等箇人。」曰：「來也！來也！」師曰：「汝不是遮箇人。」曰：「如何是遮箇人？」師曰：「乞我一文錢。」

師有歌曰：只箇心心心是佛，十方世界最靈物；縱橫妙用可憐生，一切不如心眞實。騰騰自在無所為，閑閑究竟出家兒；若睹目前眞大道，不見纖毫也大奇。萬法何殊心何異，何勞更用尋經義？心王本自絕多知，智者只明無學地。非聖非凡復若乎，不彊分別聖情孤；無價心珠本圓淨，凡是異相妄空呼。人能弘道道分明，無量清高稱道情；攜錫若登故國路，莫愁諸處不聞聲。

又有偈曰：**一缽千家飯，孤身萬里遊；青目睹人少，問路白雲頭。**

梁貞明二年丙子三月，師將示滅，於嶽林寺東廊下，端坐磐石而說偈曰：

彌勒眞彌勒，分身千百億；時時示時人，時人自不識。

偈畢安然而化。其後他州有人見師亦負布袋而行，於是四衆競圖其像，今嶽林寺大殿東堂全身見存。】（《佛祖歷代通載》卷十七）

語譯如下：【明州奉化縣有一位 布袋和尙，不知道他姓什麼，也不知道他的族譜，只知道他曾說自己的名字是「契此」。他的身形肥胖，額頭狹小而又袒露著肚子，他說話時往往不一定和世人一樣；至於睡覺，就沒有固定的地方，走到哪裡就睡到哪裡。他常常以杖子挑著一個布袋，舉凡供養色身的物品，全部都儲藏在布袋中。如果進入街道或村落中，看見有什麼物品，就向人索討；有時也會有人給他醃漬的食物或者魚肉等物，才剛接到手裡就往嘴裡咬食，然後又分一些投入布袋中；當時人都稱呼他爲長汀子布袋師。

布袋師父曾經在大雪中睡覺，可是大雪卻不會沾溼他的身體，人們因此而覺得他很奇特。有時向人乞討，乞到的貨物就拿來售賣給別人，換取生活上基本需要的食物。若是向人提醒將遇到的吉事或凶事，一定在時間到了就會實現，不曾有過差錯。假使天氣即將下雨了，他就穿著濕草鞋，在路上大踏步而且走得很快；假使即將出現大太陽時，他就拖著高腳木屐來到市場的橋上，豎著雙膝、抱膝而眠，居民們都以這些現象來預測天上會不會下雨，都是很靈驗的。

有一天，一位僧人正好在布袋師前面行走，布袋師就撫摸僧背一下；那僧人轉頭向後看他，布袋師就伸手說：「**給我一文錢。**」那僧人說：「**你若講得出佛法眞義，我就給你一文錢。**」布袋師聽了就放下布袋，兩手十指交叉著，就這樣子站在那裡。

有一天，白鹿和尚（註）來問他：「**如何是布袋？**」布袋和尚聽了，就放下布袋。白鹿和尚接著又問：「**如何是布袋下的事情？**」布袋和尚就把地上的布袋挑起來走了。（註：古時「和尚」或「和上」二字，是對證悟者才能使用的極尊貴稱呼。但後來已被濫用了。）

以前保福和尚（註）在世時曾經來問他：「**如何是佛法大意？**」布袋師就放下布袋子，又叉手而立。保福又問說：「**是否只有這樣子呢？還是更有向上參究的事情？**」布袋師就把布袋挑起來走了。（註：保福禪師是禪宗史上證悟極深的有名禪師。）

有一天，布袋師正在十字街頭站著時，有一位僧人向他問：「**和尚在這裏作什麼？」布袋師答說：「我在等一個人。」那僧人說：「來了！來了！」布袋師說：「你不是我在等的這個人。」那僧又說：「如何是你所等候的這個人？」布袋師又伸手說：「給我一文錢。」

布袋師曾經作了一首歌說：這個眞實心，顯現出時時刻刻都是佛，祂是十方世界最靈感的東西；縱去橫來妙用無窮，可憐的是眾生都不知道，一切法都不如這個心的眞實。祂很分明顯著的運作著，卻又自由自在而無所造作；依止了祂以後，心中就都無一事可掛礙了，這才是究竟的出家人；若是瞧見祂了，也就看見眼前的眞正成佛大道，卻又看不見祂有一纖一毫的形色，眞的是很奇特。三界中的萬法與祂有什麼差別呢？又與祂有何不同呢？只須要找到祂，就會漸漸出生智慧，何必窮盡一生在經中勞苦的尋文逐義？眞心君王本來就自己杜絕了六塵上的種種了知，眞實有智慧的人特地只要明白究竟無學的境界。證得眞正的君王心以後，其實不是聖人、也不是凡夫，這時還能稱呼他是什麼人呢？也就不必強行分別自己是聖人了，這時的心境是無所依止的，這是只有證道者才會有的道情；這個無價的君王眞心寶珠，本來就已經圓滿而清淨的，不是修行以後才變成清淨的；如果有人對祂起了不同的見解，把祂說成種種不同的名稱，那都是虛妄而沒有意義的稱呼。假使有人能弘揚這個眞實相的道理，使這個眞實道理分明的讓眾人理解及親證，這個人就是無量清高的聖人，他的情感、情緒是不同於世人的，這就叫作道情；出家之後帶著錫杖行腳，假使能如此的走上回往故國的道路，就不需再憂愁說：處處都聽不到法王開示妙理的聲音。

布袋師又有一首偈說：「我手上這一個缽盂中裝的是從很多家庭乞來的米飯，孤身一人就這樣子萬里遊歷；我一直以關懷的眼睛來尋覓有緣的人，可是能夠被我看上的有緣人卻是少得可憐；我如果想要請問回家之路，是沒有一個人可以告訴我的，只能向白雲那邊兒去問了。」

梁朝的貞明二年丙子三月，布袋師即將示現入滅時，他在嶽林寺東邊的迴廊下面，找了一個磐石而端坐下來，口中說出這一首偈說：「彌勒菩薩！眞正的彌勒菩薩！分身千百億示現在三界中；時時刻刻都在示現並說法給當時的人，然而當時能與他相遇的人們可都不認識彌勒菩薩。」講完了這首偈，就安然的坐化去了。在這個事件以後，卻又有人在別州看見 布袋師仍然肩負布袋而在路上行走，大家才知道 布袋師眞的是 彌勒菩薩故意化現在人間，於是佛門四眾競相繪畫他的身像，如今嶽林寺大殿東邊的法堂裡，還有他的全身畫像仍然存在著。】

舉示了　布袋和尚處於法界量外的理無礙、事無礙解脫境界，以及他如何「遊戲人間度眾」的眞實故事，最後，平實再度恭錄　眞淨克文禪師的事事無礙法界偈，供養有心求悟的四眾禪和，作爲悟入之機緣；也供養已入悟後漸修階段的眞悟菩薩們，作爲悟後淨除不淨種子而能遠離法界量的目標與方向；以這個「法供養」，勸請已悟的菩薩們，在欲（婚配生子）而能離欲（住於初禪），不再畏懼人間的五欲，故能常住人間廣利眾生，不入聲聞道中；以此廣利眾生之功德，轉作平實對布袋和尚的法供養。

眞淨克文禪師事事無礙法界之偈如下：

事事無礙如意自在，手把豬頭口誦淨戒；
趁出婬坊來還酒債，十字街頭解開布袋。

佛菩提二主要道次第概要表——二道並修，以外無別佛法

佛菩提道——大菩提道

十信位修集信心——一劫乃至一萬劫

資糧位

初住位修集布施功德（以財施爲主）。
二住位修集持戒功德。
三住位修集忍辱功德。
四住位修集精進功德。
五住位修集禪定功德。
六住位修集般若功德（熏習般若中觀及斷我見，加行位也）。

外門廣修六度萬行

見道位

七住位明心般若正觀現前，親證本來自性清淨涅槃。
八住位起於一切法現觀般若中道。漸除性障。
十住位眼見佛性，世界如幻觀成就。

一至十行位，於廣行六度萬行中，依般若中道慧，現觀陰處界猶如陽焰，至第十行滿心位，陽焰觀成就。

一至十迴向位熏習一切種智；修除性障，唯留最後一分思惑不斷。第十迴向滿心位成就菩薩道如夢觀。

內門廣修六度萬行

遠波羅蜜多

初地：第十迴向位滿心時，成就道種智一分（八識心王一一親證後，領受五法、三自性、七種第一義、七種性自性、二種無我法）復由勇發十無盡願，成通達位菩薩。復又永伏性障而不具斷，能證慧解脫而不取證，由大願故留惑潤生。此地主修法施波羅蜜多及百法明門。證「猶如鏡像」現觀，故滿初地心。

二地：初地功德滿足以後，再成就道種智一分而入二地；主修戒波羅蜜多及一切種智。滿心位成就「猶如光影」現觀，戒行自然清淨。

解脫道：二乘菩提

斷三縛結，成初果解脫
→ 薄貪瞋癡，成二果解脫
→ 斷五下分結，成三果解脫

入地前的四加行令煩惱障現行悉斷，成四果解脫，留惑潤生。分段生死已斷，煩惱障習氣種子開始斷除，兼斷無始無明上煩惱。

圓滿成就究竟佛果

近波羅蜜多

修道位

三地：二地滿心再證道種智一分，故入三地。此地主修忍波羅蜜多及四禪八定、四無量心、五神通。能成就俱解脫果而不取證，留惑潤生。滿心位成就「猶如谷響」現觀及無漏妙定意生身。

四地：由三地再證道種智一分故入四地。主修精進波羅蜜多，於此土及他方世界廣度有緣，無有疲倦。進修一切種智，滿心位成就「如水中月」現觀。

五地：由四地再證道種智一分故入五地。主修禪定波羅蜜多及一切種智，斷除下乘涅槃貪。滿心位成就「變化所成」現觀。

六地：由五地再證道種智一分故入六地。此地主修般若波羅蜜多——依道種智現觀十二因緣一一有支及意生身化身，皆自心眞如變化所現，「非有似有」，成就細相觀，不由加行而自然證得滅盡定，成俱解脫大乘無學。

七地：由六地「非有似有」現觀，再證道種智一分故入七地。此地主修一切種智及方便波羅蜜多，由重觀十二有支一一支中之流轉門及還滅門一切細相，成就方便善巧，念念隨入滅盡定。滿心位證得「如犍闥婆城」現觀。

七地滿心斷除故意保留之最後一分思惑時，煩惱障所攝色、受、想三陰有漏習氣種子全部斷盡。

大波羅蜜多

八地：由七地極細相觀成就故再證道種智一分而入八地。此地主修一切種智及願波羅蜜多。至滿心位純無相觀任運恆起，故於相土自在，滿心位復證「如實覺知諸法相意生身」故。

九地：由八地再證道種智一分故入九地。主修力波羅蜜多及一切種智，成就四無礙，滿心位證得「種類俱生無行作意生身」。

十地：由九地再證道種智一分故入此地。此地主修一切種智——智波羅蜜多。滿心位起大法智雲，及現起大法智雲所含藏種種功德，成受職菩薩。

等覺：由十地道種智成就故入此地。此地應修一切種智，圓滿等覺地無生法忍；於百劫中修集極廣大福德，以之圓滿三十二大人相及無量隨形好。

煩惱障所攝行、識二陰無漏習氣種子任運漸斷，所知障所攝上煩惱任運漸斷。

圓滿波羅蜜多

究竟位

妙覺：示現受生人間已斷盡煩惱障一切習氣種子，並斷盡所知障一切隨眠，永斷變易生死無明，成就大般涅槃，四智圓明。人間捨壽後，報身常住色究竟天利樂十方地上菩薩；以諸化身利樂有情，永無盡期，成就究竟佛道。

斷盡變易生死
成就大般涅槃

佛子蕭平實 謹製
（二〇〇九、〇二 修訂）
（二〇一二、〇二 增補）

佛教正覺同修會〈修學佛道次第表〉

第一階段

＊以憶佛及拜佛方式修習動中定力。
＊學第一義佛法及禪法知見。
＊無相拜佛功夫成就。
＊具備一念相續功夫—動靜中皆能看話頭。
＊努力培植福德資糧，勤修三福淨業。

第二階段

＊參話頭，參公案。
＊開悟明心，一片悟境。
＊鍛鍊功夫求見佛性。
＊眼見佛性〈餘五根亦如是〉親見世界如幻，成就如幻觀。
＊學習禪門差別智。
＊深入第一義經典。
＊修除性障及隨分修學禪定。
＊修證十行位陽焰觀。

第三階段

＊學一切種智真實正理—楞伽經、解深密經、成唯識論…。
＊參究末後句。
＊解悟末後句。
＊透牢關—親自體驗所悟末後句境界，親見實相，無得無失。
＊救護一切眾生迴向正道。護持了義正法，修證十迴向位如夢觀。
＊發十無盡願，修習百法明門，親證猶如鏡像現觀。
＊修除五蓋，發起禪定。持一切善法戒。親證猶如光影現觀。
＊進修四禪八定、四無量心、五神通。進修大乘種智，求證猶如谷響現觀。

佛教正覺同修會 共修現況 及 招生公告　2016/1/16

一、共修現況：（請在共修時間來電，以免無人接聽。）

台北正覺講堂 103 台北市承德路三段 277 號九樓 捷運淡水線圓山站旁
Tel..**總機** 02-25957295（晚上）（**分機：九樓**辦公室 10、11；知客櫃檯 12、13。 **十樓**知客櫃檯 15、16；書局櫃檯 14。 **五樓**辦公室 18；知客櫃檯 19。**二樓**辦公室 20；知客櫃檯 21。）
Fax..25954493

第一講堂 台北市承德路三段 277 號九樓

禪淨班：週一晚上班、週三晚上班、週四晚上班、週五晚上班、週六下午班、週六上午班（皆須報名建立學籍後始可參加共修，欲報名者詳見本公告末頁）

增上班：瑜伽師地論詳解：每月第一、三、五週之週末 17.50～20.50 平實導師講解（僅限已明心之會員參加）

禪門差別智：每月第一週日全天　平實導師主講（事冗暫停）。

佛藏經詳解　平實導師主講。已於 2013/12/17 開講，歡迎已發成佛大願的菩薩種性學人，攜眷共同參與此殊勝法會聽講。詳解 釋迦世尊於《佛藏經》中所開示的眞實義理，更爲今時後世佛子四眾，闡述佛陀演說此經的本懷。眞實尋求佛菩提道的有緣佛子，親承聽聞如是勝妙開示，當能如實理解經中義理，亦能了知於大乘法中：如何是諸法實相？善知識、惡知識要如何簡擇？如何才是清淨持戒？如何才能清淨說法？於此末法之世，眾生五濁益重，不知佛、不解法、不識僧，唯見表相，不信眞實，貪著五欲，諸方大師不淨說法，各各將導大量徒眾趣入三塗，如是師徒俱堪憐憫。是故，平實導師以大慈悲心，用淺白易懂之語句，佐以實例、譬喻而爲演說，普令聞者易解佛意，皆得契入佛法正道，如實了知佛法大藏。

此經中，對於實相念佛多所著墨，亦指出念佛要點：以實相爲依，念佛者應依止淨戒、依止清淨僧寶，捨離違犯重戒之師僧，應受學清淨之法，遠離邪見。本經是現代佛門大法師所厭惡之經典：一者由於大法師們已全都落入意識境界而無法親證實相，故於此經中所說實相全無所知，都不樂有人聞此經名，以免讀後提出問疑時無法回答；二者現代大乘佛法地區，已經普被藏密喇嘛教滲透，許多有名之大法師們大多已曾或繼續在修練雙身法，都已失去聲聞戒體及菩薩戒體，成爲地獄種姓人，已非眞正出家之人，本質只是身著僧衣而住在寺院中的世俗人。這些人對於此經都是讀不懂的，也是極爲厭惡的；他們尚不樂見此經之印行，何況流通與講解？今爲救護廣大學佛人，兼欲護持佛教血脈永續常傳，特選此經宣講之。每逢週二 18.50~20.50 開示，不限制聽講資格。會外人士需憑身分證件換證入內聽講（此是大樓管理處之安全規定，敬請見諒）。桃園、台中、台南、高雄等地講堂，亦於每週二晚上播放平實導師所講本經之 DVD，不必出示身分證件即可入內聽講，歡迎各地善信同霑法益。

第二講堂 台北市承德路三段 267 號十樓。

禪淨班：週一晚上班、週六下午班。

進階班：週三晚上班、週四晚上班、週五晚上班（禪淨班結業後轉入共修）。

佛藏經詳解：平實導師講解。每週二 18.50~20.50（影像音聲即時傳輸）。本會學員憑上課證進入聽講，會外學人請以身分證件換證進入聽講（此爲大樓管理處安全管理規定之要求，敬請諒解）。

第三講堂 台北市承德路三段 277 號五樓。

進階班：週一晚上班、週三晚上班、週四晚上班、週五晚上班。

佛藏經詳解：平實導師講解。每週二 18.50~20.50（影像音聲即時傳輸）。本會學員憑上課證進入聽講，會外學人請以身分證件換證進入聽講（此爲大樓管理處安全管理規定之要求，敬請諒解）。

第四講堂 台北市承德路三段 267 號二樓。

進階班：週一晚上班、週三晚上班、週四晚上班、週五晚上班（禪淨班結業後轉入共修）。

佛藏經詳解：平實導師講解。每週二 18.50~20.50（影像音聲即時傳輸）。本會學員憑上課證進入聽講，會外學人請以身分證件換證進入聽講（此爲大樓管理處安全管理規定之要求，敬請諒解）。

第五、第六講堂 爲**開放式講堂**，不需以身分證件換證即可進入聽講，台北市承德路三段 267 號地下一樓、地下二樓。已規劃整修完成，每逢週二晚上講經時段開放給會外人士自由聽經，請由大樓側面梯階逕行進入聽講。**聽講者請尊重講者的著作權及肖像權，請勿錄音錄影，以免違法；若有錄音錄影被查獲者，將依法處理。**

正覺祖師堂 大溪鎮美華里信義路 650 巷坑底 5 之 6 號（台 3 號省道 34 公里處 妙法寺對面斜坡道進入）電話 03-3886110 傳眞 03-3881692 本堂供奉 克勤圓悟大師，專供會員每年四月、十月各二次精進禪三共修，兼作本會出家菩薩掛單常住之用。除禪三時間以外，每逢單月第一週之週日 9:00~17:00 開放會內、外人士參訪，當天並提供午齋結緣。教內共修團體或道場，得另申請其餘時間作團體參訪，務請事先與常住確定日期，以便安排常住菩薩接引導覽，亦免妨礙常住菩薩之日常作息及修行。

桃園正覺講堂（第一、第二講堂）：桃園市介壽路 286、288 號 10 樓（陽明運動公園對面）電話：03-3749363（請於共修時聯繫，或與台北聯繫）

禪淨班：週一晚上班、週三晚上班、週四晚上班、週五晚上班。

進階班：週六上午班、週五晚上班。

佛藏經詳解：平實導師講解。每週二晚上，以台北正覺講堂所錄 DVD 放映；歡迎會外學人共同聽講，不需出示身分證件。

新竹正覺講堂 新竹市東光路 55 號二樓之一　電話 03-5724297（晚上）

第一講堂：

禪淨班：週一晚上班、週五晚上班、週六上午班。

進階班：週三晚上班、週四晚上班（由禪淨班結業後轉入共修）。

佛藏經詳解：平實導師講解。每週二晚上，以台北正覺講堂所錄 DVD 放映。歡迎會外學人共同聽講，不需出示身分證件。

第二講堂：

禪淨班：週三晚上班、週四晚上班。

佛藏經詳解：每週二晚上與第一講堂同時播放佛藏經詳解 DVD。

台中正覺講堂 04-23816090（晚上）

第一講堂 台中市南屯區五權西路二段 666 號 13 樓之四（國泰世華銀行樓上。鄰近縣市經第一高速公路前來者，由五權西路交流道可以快速到達，大樓旁有停車場，對面有素食館）。

禪淨班：週三晚上班、週四晚上班。

進階班：週一晚上班、週六上午班（由禪淨班結業後轉入共修）。

增上班：單週週末以台北增上班課程錄成 DVD 放映之，限已明心之會員參加。

佛藏經詳解：平實導師講解。每週二晚上，以台北正覺講堂所錄 DVD 放映。歡迎會外學人共同聽講，不需出示身分證件。

第二講堂 台中市南屯區五權西路二段 666 號 4 樓

禪淨班：週一晚上班、週三晚上班、週六上午班。

進階班：週五晚上班（由禪淨班結業後轉入共修）。

佛藏經詳解：每週二晚上與第一講堂同時播放佛藏經詳解 DVD。

第三講堂、第四講堂：台中市南屯區五權西路二段 666 號 4 樓。

嘉義正覺講堂 嘉義市友愛路 288 號八樓之一　電話：05-2318228

第一講堂：

禪淨班：週一晚上班、週四晚上班、週五晚上班。

進階班：週三晚上班（由禪淨班結業後轉入共修）。

佛藏經詳解：平實導師講解。每週二晚上，以台北正覺講堂所錄 DVD 放映。歡迎會外學人共同聽講，不需出示身分證件。

第二講堂 嘉義市友愛路 288 號八樓之二。

台南正覺講堂

第一講堂 台南市西門路四段 15 號 4 樓。06-2820541（晚上）

禪淨班：週一晚上班、週三晚上班、週四晚上班、週五晚上班、週六下午班。

增上班：單週週末下午，以台北增上班課程錄成 DVD 放映之，限已明心之會員參加。

佛藏經詳解：平實導師講解。每週二晚上，以台北正覺講堂所錄 DVD 放映。歡迎會外學人共同聽講，不需出示身分證件。

第二講堂　台南市西門路四段 15 號 3 樓。

佛藏經詳解：每週二晚上與第一講堂同時播放佛藏經詳解 DVD。

第三講堂　台南市西門路四段 15 號 3 樓。

進階班：週三晚上班、週四晚上班、週六上午班（由禪淨班結業後轉入共修）。

佛藏經詳解：每週二晚上與第一講堂同時播放佛藏經詳解 DVD。

高雄正覺講堂　高雄市新興區中正三路 45 號五樓 07-2234248（晚上）

第一講堂（五樓）：

禪淨班：週一晚上班、週三晚上班、週四晚上班、週五晚上班、週六上午班。

增上班：單週週末下午，以台北增上班課程錄成 DVD 放映之，限已明心之會員參加。

佛藏經詳解：平實導師講解。每週二晚上，以台北正覺講堂所錄 DVD 放映。歡迎會外學人共同聽講，不需出示身分證件。

第二講堂（四樓）：

進階班：週三晚上班、週四晚上班、週六上午班（由禪淨班結業後轉入共修）。

佛藏經詳解：每週二晚上與第一講堂同時播放佛藏經詳解 DVD。

第三講堂（三樓）：

進階班：週四晚上班（由禪淨班結業後轉入共修）。

香港正覺講堂　**☆已遷移新址☆**

九龍觀塘，成業街 10 號，電訊一代廣場 27 樓 E 室。

（觀塘地鐵站 B1 出口，步行約 4 分鐘）。電話：(852) 23262231

英文地址：Unit E, 27th Floor, TG Place, 10 Shing Yip Street, Kwun Tong, Kowloon

禪淨班：雙週六下午班 14:30-17:30，已經額滿。
雙週日下午班 14:30-17:30，2016 年 4 月底前尚可報名。

進階班：雙週五晚上班（由禪淨班結業後轉入共修）。

增上班：單週週末上午，以台北增上班課程錄成 DVD 放映之，限已明心之會員參加。

妙法蓮華經詳解：平實導師講解。雙週六 19:00-21:00，以台北正覺講堂所錄 DVD 放映；歡迎會外學人共同聽講，不需出示身分證件。

美國洛杉磯正覺講堂　☆已遷移新址☆

825 S. Lemon Ave Diamond Bar, CA 91798 U.S.A.
Tel. (909) 595-5222（請於週六 9:00~18:00 之間聯繫）
Cell. (626) 454-0607

禪淨班：每逢週末 15：30~17：30 上課。

進階班：每逢週末上午 10：00~12：00 上課。

佛藏經詳解：平實導師講解。每週六下午 13：00~15：00，以台北正覺講堂所錄 DVD 放映。歡迎各界人士共享第一義諦無上法益，不需報名。

二、招生公告　**本會台北講堂及全省各講堂，每逢四月、十月下旬開新班，每週共修一次**（每次二小時。開課日起三個月內仍可插班）；**但美國洛杉磯共修處之禪淨班得隨時插班共修。各班共修期間皆爲二年半，欲參加者請向本會函索報名表**（各共修處皆於共修時間方有人執事，非共修時間請勿電詢或前來洽詢、請書），**或直接從本會官方網站**(http://www.enlighten.org.tw/newsflash/class)**或成佛之道網站下載報名表**。共修期滿時，若經報名禪三審核通過者，可參加四天三夜之禪三精進共修，有機會明心、取證如來藏，發起般若實相智慧，成爲實義菩薩，脫離凡夫菩薩位。

三、新春禮佛祈福　農曆**年假**期間停止共修：自農曆新年前七天起停止共修與弘法，正月 8 日起回復共修、弘法事務。新春期間正月初一～初七 9.00～17.00 開放台北講堂、正月初一~初三開放新竹講堂、台中講堂、台南講堂、高雄講堂，以及大溪禪三道場（正覺祖師堂），方便會員供佛、祈福及會外人士請書。美國洛杉磯共修處之休假時間，請逕詢該共修處。

密宗四大派修雙身法，是外道性力派的邪法；又以生滅的識陰作為常住法，是常見外道，是假的藏傳佛教。

西藏覺囊巴以他空見弘揚第八識如來藏勝法，才是真藏傳佛教

佛教正覺同修會　弘法行事表

2017/03/31

1、**禪淨班**　以無相念佛及拜佛方式修習動中定力，實證一心不亂功夫。傳授解脫道正理及第一義諦佛法，以及參禪知見。共修期間：二年六個月。每逢四月、十月開新班，詳見招生公告表。

2、**《佛藏經》**詳解　平實導師主講。已於 2013/12/17 開講，歡迎已發成佛大願的菩薩種性學人，攜眷共同參與此殊勝法會聽講。詳解 釋迦世尊於《佛藏經》中所開示的眞實義理，更爲今時後世佛子四眾，闡述 佛陀演說此經的本懷。眞實尋求佛菩提道的有緣佛子，親承聽聞如是勝妙開示，當能如實理解經中義理，亦能了知於大乘法中：如何是諸法實相？善知識、惡知識要如何簡擇？如何才是清淨持戒？如何才能清淨說法？於此末法之世，眾生五濁益重，不知佛、不解法、不識僧，唯見表相，不信眞實，貪著五欲，諸方大師不淨說法，各各將導大量徒眾趣入三塗，如是師徒俱堪憐憫。是故，平實導師以大慈悲心，用淺白易懂之語句，佐以實例、譬喻而爲演說，普令聞者易解佛意，皆得契入佛法正道，如實了知佛法大藏。每逢週二 18.50~20.50 開示，不限制聽講資格。會外人士需憑身分證件換證入內聽講（此是大樓管理處之安全規定，敬請見諒）。桃園、新竹、台中、台南、高雄等地講堂，亦於每週二晚上播放平實導師講經之 DVD，不必出示身分證件即可入內聽講，歡迎各地善信同霑法益。

有某道場專弘淨土法門數十年，於教導信徒研讀《佛藏經》時，往往告誡信徒曰：「**後半部不許閱讀。**」由此緣故坐令信徒失去提升念佛層次之機緣，師徒只能低品位往生淨土，令人深覺愚癡無智。由有多人建議故，平實導師開始宣講《佛藏經》，藉以轉易如是邪見，並提升念佛人之知見與往生品位。此經中，對於實相念佛多所著墨，亦指出念佛要點：**以實相爲依，念佛者應依止淨戒、依止清淨僧寶，捨離違犯重戒之師僧，應受學清淨之法，遠離邪見。**本經是現代佛門大法師所厭惡之經典：**一者由於大法師們已全都落入意識境界而無法親證實相，故於此經中所說實相全無所知，都不樂有人聞此經名，以免讀後提出問疑時無法回答；二者現代大乘佛法地區，已經普被藏密喇嘛教滲透，許多有名之大法師們大多已曾或繼續在修練雙身法，都已失去聲聞戒體及菩薩戒體，成爲地獄種姓人，已非眞正出家之人，本質上只是身著僧衣而住在寺院中的世俗人。**這些人對於此經都是讀不懂的，也是極爲厭惡的；他們尙不樂見此經之印行，何況流通與講解？今爲救護廣大學佛人，兼欲護持佛教血脈永續常傳，特選此經宣講之，主講者平實導師。

3、**瑜伽師地論**詳解　詳解論中所言凡夫地至佛地等 17 師之修證境界與理論，從凡夫地、聲聞地……宣演到諸地所證一切種智之眞實正理。由平實導師開講，每逢一、三、五週之週末晚上開示，僅限已明心之會員參加。

4、**精進禪三**　主三和尚：平實導師。於四天三夜中，以克勤圓悟大師及大慧宗杲之禪風，施設機鋒與小參、公案密意之開示，幫助會員剋期取證，親證不生不滅之眞實心——人人本有之如來藏。每年四月、十月各舉辦二個梯次；平實導師主持。僅限本會會員參加禪淨班共修期滿，報名審核通過者，方可參加。並選擇會中定力、慧力、福德三條件皆已具足之已明心會員，給以指引，令得眼見自己無形無相之佛性遍佈山河大地，眞實而無障礙，得以肉眼現觀世界身心悉皆如幻，具足成就如幻觀，圓滿十住菩薩之證境。

5、**大法鼓經**詳解　詳解末法時代大乘佛法修行之道。佛教正法消毒妙藥塗於大鼓而以擊之，凡有眾生聞之者，一切邪見鉅毒悉皆消殞；此經即是大法鼓之正義，凡聞之者，所有邪見之毒悉皆滅除，見道不難；亦能發起菩薩無量功德，是故諸大菩薩遠從諸方佛土來此娑婆聞修此經。

本經破「有」而顯涅槃，以此名為眞法；若墮在「有」中，皆名「非法」；若人如是宣揚佛法，名為擊大法鼓；如是依「法」而捨「非法」，據以建立山門而為眾說法，方可名為法鼓山。此經中說，以「此經」為菩薩道之本，以證得「此經」之正知見及法門作為度人之「法」，方名眞實佛法，否則盡名「非法」。本經中對法與非法、有與涅槃，有深入之闡釋，歡迎教界一切善信（不論初機或久學菩薩），一同親沐 如來聖教，共沾法喜。由平實導師詳解。不限制聽講資格。

6、**不退轉法輪經**詳解　本經所說妙法極為甚深難解，時至末法，已然無有知者；而其甚深絕妙之法，流傳至今依舊多人可證，顯示佛學眞是義學而非玄談，其中甚深極妙令人拍案稱絕之第一義諦妙義，平實導師將會加以解說。待《大法鼓經》宣講完畢時繼續宣講此經。

7、**阿含經**詳解　選擇重要之阿含部經典，依無餘涅槃之實際而加以詳解，令大眾得以現觀諸法緣起性空，亦復不墮斷滅見中，顯示經中所隱說之涅槃實際—如來藏—確實已於四阿含中隱說；令大眾得以聞後觀行，確實斷除我見乃至我執，證得**見到**眞現觀，乃至**身證**……等眞現觀；已得大乘或二乘見道者，亦可由此聞熏及聞後之觀行，除斷我所之貪著，成就慧解脫果。由平實導師詳解。不限制聽講資格。

8、**解深密經**詳解　重講本經之目的，在於令諸已悟之人明解大乘法道之成佛次第，以及悟後進修一切種智之內涵，確實證知三種自性性，並得據此證解七眞如、十眞如等正理。每逢週二 18.50~20.50 開示，由平實導師詳解。將於《大法鼓經》講畢後開講。不限制聽講資格。

9、**成唯識論**詳解　詳解一切種智眞實正理，詳細剖析一切種智之微細深妙廣大正理；並加以舉例說明，使已悟之會員深入體驗所證如來藏之微密行相；及證驗見分相分與所生一切法，皆由如來藏—阿賴耶識—直接或展轉而生，因此證知一切法無我，證知無餘涅槃之本際。將於增上班《瑜伽師地論》講畢後，由平實導師重講。僅限已明心之會員參加。

10、**精選如來藏系經典**詳解　精選如來藏系經典一部，詳細解說，以此完全印證會員所悟如來藏之眞實，得入不退轉住。另行擇期詳細解說之，由平實導師講解。僅限已明心之會員參加。

11、**禪門差別智**　藉禪宗公案之微細淆訛難知難解之處，加以宣說及剖析，以增進明心、見性之功德，啓發差別智，建立擇法眼。每月第一週日全天，由平實導師開示，僅限破參明心後，復又眼見佛性者參加（事冗暫停）。

12、**枯木禪**　先講智者大師的《小止觀》，後說《釋禪波羅蜜》，詳解四禪八定之修證理論與實修方法，細述一般學人修定之邪見與岔路，及對禪定證境之誤會，消除枉用功夫、浪費生命之現象。已悟般若者，可以藉此而實修初禪，進入大乘通教及聲聞教的三果心解脫境界，配合應有的大福德及後得無分別智、十無盡願，即可進入初地心中。親教師：平實導師。未來緣熟時將於大溪正覺寺開講。不限制聽講資格。

註：本會例行年假，自 2004 年起，改爲每年農曆新年前七天開始停息弘法事務及共修課程，農曆正月 8 日回復所有共修及弘法事務。新春期間（每日 9.00~17.00）開放台北講堂，方便會員禮佛祈福及會外人士請書。大溪區的正覺祖師堂，開放參訪時間，詳見〈正覺電子報〉或成佛之道網站。本表得因時節因緣需要而隨時修改之，不另作通知。

佛教正覺同修會　贈閱書籍 目錄

2015/09/29

1.**無相念佛**　平實導師著　回郵 10 元
2.**念佛三昧修學次第**　平實導師述著　回郵 25 元
3.**正法眼藏—護法集**　平實導師述著　回郵 35 元
4.**真假開悟簡易辨正法＆佛子之省思**　平實導師著　回郵 3.5 元
5.**生命實相之辨正**　平實導師著　回郵 10 元
6.**如何契入念佛法門**（附：印順法師否定極樂世界）平實導師著　回郵 3.5 元
7.**平實書箋**—答元覽居士書　平實導師著　回郵 35 元
8.**三乘唯識**—如來藏系經律彙編　平實導師編　回郵 80 元
（精裝本　長 27 cm　寬 21 cm　高 7.5 cm　重 2.8 公斤）
9.**三時繫念全集**—修正本　回郵掛號 40 元（長 26.5 cm×寬 19 cm）
10.**明心與初地**　平實導師述　回郵 3.5 元
11.**邪見與佛法**　平實導師述著　回郵 20 元
12.**菩薩正道**—回應義雲高、釋性圓…等外道之邪見　正燦居士著　回郵 20 元
13.**甘露法雨**　平實導師述　回郵 20 元
14.**我與無我**　平實導師述　回郵 20 元
15.**學佛之心態**—修正錯誤之學佛心態始能與正法相應　孫正德老師著　回郵35元
附錄：平實導師著**《略說八、九識並存…等之過失》**
16.**大乘無我觀**—《悟前與悟後》別說　平實導師述著　回郵 20 元
17.**佛教之危機**—中國台灣地區現代佛教之真相（附錄：公案拈提六則）
平實導師著　回郵 25 元
18.**燈　影**—燈下黑（覆「求教後學」來函等）　平實導師著　回郵 35 元
19.**護法與毀法**—覆上平居士與徐恒志居士網站毀法二文
張正圜老師著　回郵 35 元
20.**淨土聖道**—兼評**選擇本願念佛**　正德老師著　**由正覺同修會購贈**　回郵25元
21.**辨唯識性相**—對「紫蓮心海《辯唯識性相》書中否定阿賴耶識」之回應
正覺同修會 台南共修處法義組 著　回郵25元
22.**假如來藏**—對法蓮法師《如來藏與阿賴耶識》書中否定阿賴耶識之回應
正覺同修會 台南共修處法義組 著　回郵 35 元
23.**入不二門**—公案拈提集錦 第一輯（於平實導師公案拈提諸書中選錄約二十則，
合輯爲一冊流通之）平實導師著　回郵20元
24.**真假邪說**—西藏密宗索達吉喇嘛《破除邪說論》真是邪說
釋正安法師著　回郵 35 元
25.**真假開悟**—真如、如來藏、阿賴耶識間之關係　平實導師述著　回郵 35 元
26.**真假禪和**—辨正釋傳聖之謗法謬說　孫正德老師著　回郵 30 元

27.**眼見佛性**—駁慧廣法師眼見佛性的含義文中謬說
游正光老師著　回郵 25 元

28.**普門自在**—公案拈提集錦 第二輯（於平實導師公案拈提諸書中選錄約二十則，合輯爲一冊流通之）平實導師著　回郵 25 元

29.**印順法師的悲哀**—以現代禪的質疑為線索　恒毓博士著　回郵 25 元

30.**識蘊真義**—現觀識蘊內涵、取證初果、親斷三縛結之具體行門。
—依《成唯識論》及《唯識述記》正義，略顯安慧《大乘廣五蘊論》之邪謬
平實導師著　回郵 35 元

31.**正覺電子報** 各期紙版本　免附回郵　每次最多函索三期或三本。
（已無存書之較早各期，不另增印贈閱）

32.**現代人應有的宗教觀**　蔡正禮老師 著　回郵3.5元

33.**遠惑趣道**—正覺電子報般若信箱問答錄　第一輯　回郵20元

34.**遠惑趣道**—正覺電子報般若信箱問答錄　第二輯　回郵20元

35.**確保您的權益**—器官捐贈應注意自我保護　游正光老師 著　回郵10元

36.**正覺教團電視弘法三乘菩提 DVD 光碟（一）**
由正覺教團多位親教師共同講述錄製 DVD 8 片，MP3 一片，共 9 片。有二大講題：一爲「三乘菩提之意涵」，二爲「學佛的正知見」。內容精闢，深入淺出，精彩絕倫，幫助大眾快速建立三乘法道的正知見，免被外道邪見所誤導。有志修學三乘佛法之學人不可不看。（製作工本費 100 元，回郵 25 元）

37.**正覺教團電視弘法 DVD 專輯（二）**
總有二大講題：一爲「三乘菩提之念佛法門」，一爲「學佛正知見（第二篇）」，由正覺教團多位親教師輪番講述，內容詳細闡述如何修學念佛法門、實證念佛三昧，以及學佛應具有的正確知見，可以幫助發願往生西方極樂淨土之學人，得以把握往生，更可令學人快速建立三乘法道的正知見，免於被外道邪見所誤導。有志修學三乘佛法之學人不可不看。（一套 17 片，工本費 160 元。回郵 35 元）

38.**佛藏經** 燙金精裝本 每冊回郵 20 元。正修佛法之道場欲大量索取者，請正式發函並蓋用大印寄來索取（2008.04.30 起開始敬贈）

39.**喇嘛性世界**—揭開假藏傳佛教譚崔瑜伽的面紗　張善思 等人合著
由正覺同修會購贈　回郵 20 元

40.**假藏傳佛教的神話**—性、謊言、喇嘛教　張正玄教授編著　回郵 20 元
由正覺同修會購贈　回郵 20 元

41.**隨 緣**—理隨緣與事隨緣　平實導師述　回郵 20 元。

42.**學佛的覺醒**　正枝居士 著　回郵 25 元

43.**導師之真實義**　蔡正禮老師 著　回郵 10 元

44.**淺談達賴喇嘛之雙身法**—兼論解讀「密續」之達文西密碼
吳明芷居士 著　回郵 10 元

45.**魔界轉世**　張正玄居士 著　回郵 10 元

46.**一貫道與開悟**　蔡正禮老師 著　回郵 10 元

47.**博愛**—愛盡天下女人　正覺教育基金會 編印　回郵10元

48.**意識虛妄經教彙編**—實證解脫道的關鍵經文　正覺同修會編印　回郵25元

49.**邪箭囈語**—破斥藏密外道多識仁波切《破魔金剛箭雨論》之邪說
陸正元老師著　上、下冊回郵各30元

50.**真假沙門**—依 佛聖教闡釋佛教僧寶之定義
蔡正禮老師著　俟正覺電子報連載後結集出版

51.**真假禪宗**—藉評論釋性廣《印順導師對變質禪法之批判
及對禪宗之肯定》以顯示真假禪宗
附論一：凡夫知見 無助於佛法之信解行證
附論二：世間與出世間一切法皆從如來藏實際而生而顯
余正偉老師著　俟正覺電子報連載後結集出版　回郵未定

52.**假鋒虛焰金剛乘**—揭示顯密正理，兼破索達吉師徒《般若鋒兮金剛焰》。
釋正安 法師著　俟正覺電子報連載後結集出版

★ 上列贈書之郵資，係台灣本島地區郵資，大陸、港、澳地區及外國地區，請另計酌增（大陸、港、澳、國外地區之郵票不許通用）。尚未出版之書，請勿先寄來郵資，以免增加作業煩擾。

★ 本目錄若有變動，唯於後印之書籍及「成佛之道」網站上修正公佈之，不另行個別通知。

函索書籍請寄：佛教正覺同修會　103 台北市承德路 3 段 277 號 9 樓
台灣地區函索書籍者請附寄郵票，無時間購買郵票者可以等值現金抵用，但不接受郵政劃撥、支票、匯票。大陸地區得以人民幣計算，國外地區請以美元計算（請勿寄來當地郵票，在台灣地區不能使用）。欲以掛號寄遞者，請另附掛號郵資。

親自索閱：正覺同修會各共修處。　★請於共修時間前往取書，餘時無人在道場，請勿前往索取；共修時間與地點，詳見書末正覺同修會共修現況表（以近期之共修現況表為準）。

註：正智出版社發售之局版書，請向各大書局購閱。若書局之書架上已經售出而無陳列者，請向書局櫃台指定洽購；若書局不便代購者，請於正覺同修會共修時間前往各共修處請購，正智出版社已派人於共修時間送書前往各共修處流通。 郵政劃撥購書及 大陸地區 購書，請詳別頁正智出版社發售書籍目錄最後頁之說明。

成佛之道 網站：http://www.a202.idv.tw　正覺同修會已出版之結緣書籍，多已登載於 成佛之道 網站，若住外國、或住處遙遠，不便取得正覺同修會贈閱書籍者，可以從本網站閱讀及下載。　書局版之《宗通與說通》亦已上網，台灣讀者可向書局洽購，售價 300 元。《狂密與眞密》第一輯~第四輯，亦於 2003.5.1.全部於本網站登載完畢；台灣地區讀者請向書局洽購，每輯約 400 頁，售價 300 元（網站下載紙張費用較貴，容易散失，難以保存，亦較不精美）。

＊＊假藏傳佛教修雙身法，非佛教＊＊

正智出版社 籌募弘法基金發售書籍目錄 2017/04/22

1.**宗門正眼**—公案拈提 第一輯 重拈 平實導師著 500 元
因重寫內容大幅度增加故，字體必須改小，並增爲 576 頁 主文 546 頁。比初版更精彩、更有內容。初版《禪門摩尼寶聚》之讀者，可寄回本公司免費調換新版書。免附回郵，亦無截止期限。（2007 年起，每冊附贈本公司精製公案拈提〈超意境〉CD 一片。市售價格 280 元，多購多贈。）

2.**禪淨圓融** 平實導師著 200 元（第一版舊書可換新版書。）

3.**真實如來藏** 平實導師著 400 元

4.**禪—悟前與悟後** 平實導師著 上、下冊，每冊 250 元

5.**宗門法眼**—公案拈提 第二輯 平實導師著 500 元
（2007 年起，每冊附贈本公司精製公案拈提〈超意境〉CD 一片）

6.**楞伽經詳解** 平實導師著 全套共 10 輯 每輯 250 元

7.**宗門道眼**—公案拈提 第三輯 平實導師著 500 元
（2007 年起，每冊附贈本公司精製公案拈提〈超意境〉CD 一片）

8.**宗門血脈**—公案拈提 第四輯 平實導師著 500 元
（2007 年起，每冊附贈本公司精製公案拈提〈超意境〉CD 一片）

9.**宗通與說通**—成佛之道 平實導師著 主文 381 頁 全書 400 頁售價 300 元

10.**宗門正道**—公案拈提 第五輯 平實導師著 500 元
（2007 年起，每冊附贈本公司精製公案拈提〈超意境〉CD 一片）

11.**狂密與真密 一～四輯** 平實導師著 西藏密宗是人間最邪淫的宗教，本質不是佛教，只是披著佛教外衣的印度教性力派流毒的喇嘛教。此書中將西藏密宗密傳之男女雙身合修樂空雙運所有祕密與修法，毫無保留完全公開，並將全部喇嘛們所不知道的部分也一併公開。內容比大辣出版社喧騰一時的《西藏慾經》更詳細。並且函蓋藏密的所有祕密及其錯誤的中觀見、如來藏見……等，藏密的所有法義都在書中詳述、分析、辨正。每輯主文三百餘頁 每輯全書約 400 頁 售價每輯 300 元

12.**宗門正義**—公案拈提 第六輯 平實導師著 500 元
（2007 年起，每冊附贈本公司精製公案拈提〈超意境〉CD 一片）

13.**心經密意**—心經與解脱道、佛菩提道、祖師公案之關係與密意 平實導師述 300 元

14.**宗門密意**—公案拈提 第七輯 平實導師著 500 元
（2007 年起，每冊附贈本公司精製公案拈提〈超意境〉CD 一片）

15.**淨土聖道**—兼評「選擇本願念佛」 正德老師著 200 元

16.**起信論講記** 平實導師述著 共六輯 每輯三百餘頁 售價各 250 元

17.**優婆塞戒經講記** 平實導師述著 共八輯 每輯三百餘頁 售價各 250 元

18.**真假活佛**—略論附佛外道盧勝彥之邪説（對前岳靈犀網站主張「盧勝彥是證悟者」之修正） 正犀居士（岳靈犀）著 流通價 140 元

19.**阿含正義**—唯識學探源 平實導師著 共七輯 每輯 300 元

20.**超意境** CD 以平實導師公案拈提書中超越意境之頌詞，加上曲風優美的旋律，錄成令人嚮往的超意境歌曲，其中包括正覺發願文及平實導師親自譜成的黃梅調歌曲一首。詞曲雋永，殊堪翫味，可供學禪者吟詠，有助於見道。內附設計精美的彩色小冊，解說每一首詞的背景本事。每片 280 元。【每購買公案拈提書籍一冊，即贈送一片。】

21.**菩薩底憂鬱** CD 將菩薩情懷及禪宗公案寫成新詞，並製作成超越意境的優美歌曲。 1.主題曲〈菩薩底憂鬱〉，描述地後菩薩能離三界生死而迴向繼續生在人間，但因尚未斷盡習氣種子而有極深沈之憂鬱，非三賢位菩薩及二乘聖者所知，此憂鬱在七地滿心位方才斷盡；本曲之詞中所說義理極深，昔來所未曾見；此曲係以優美的情歌風格寫詞及作曲，聞者得以激發嚮往諸地菩薩境界之大心，詞、曲都非常優美，難得一見；其中勝妙義理之解說，已印在附贈之彩色小冊中。 2.以各輯公案拈提中直示禪門入處之頌文，作成各種不同曲風之超意境歌曲，值得玩味、參究；聆聽公案拈提之優美歌曲時，請同時閱讀內附之印刷精美說明小冊，可以領會超越三界的證悟境界；未悟者可以因此引發求悟之意向及疑情，眞發菩提心而邁向求悟之途，乃至因此眞實悟入般若，成眞菩薩。 3.正覺總持咒新曲，總持佛法大意；總持咒之義理，已加以解說並印在隨附之小冊中。本 CD 共有十首歌曲，長達 63 分鐘。每盒各附贈二張購書優惠券。每片 280 元。

22.**禪意無限** CD 平實導師以公案拈提書中偈頌寫成不同風格曲子，與他人所寫不同風格曲子共同錄製出版，幫助參禪人進入禪門超越意識之境界。盒中附贈彩色印製的精美解說小冊，以供聆聽時閱讀，令參禪人得以發起參禪之疑情，即有機會證悟本來面目而發起實相智慧，實證大乘菩提般若，能如實證知般若經中的眞實意。本 CD 共有十首歌曲，長達 69 分鐘，每盒各附贈二張購書優惠券。每片 280 元。

23.**我的菩提路**第一輯　釋悟圓、釋善藏等人合著　售價 300 元

24.**我的菩提路**第二輯　郭正益、張志成等人合著　售價 300 元

25.**我的菩提路**第三輯　王美伶等人合著　預定 2017/6/30 發行　售價 300 元

26.**鈍鳥與靈龜**—考證後代凡夫對大慧宗杲禪師的無根誹謗。

平實導師著 共 458 頁 售價 350 元

27.**維摩詰經講記** 平實導師述 共六輯 每輯三百餘頁 售價各 250 元

28.**真假外道**—破劉東亮、杜大威、釋證嚴常見外道見　正光老師著　200 元

29.**勝鬘經講記**—兼論印順《勝鬘經講記》對於《勝鬘經》之誤解。

平實導師述　共六輯　每輯三百餘頁　售價 250 元

30.**楞嚴經講記** 平實導師述 共 **15** 輯，每輯三百餘頁 售價 300 元

31.**明心與眼見佛性**—駁慧廣〈蕭氏「眼見佛性」與「明心」之非〉文中謬說

正光老師著　共 448 頁　售價 300 元

32.**見性與看話頭** 黃正倖老師 著，本書是禪宗參禪的方法論。

內文 375 頁，全書 416 頁，售價 300 元。

33.**達賴真面目**—玩盡天下女人 白正偉老師 等著 中英對照彩色精裝大本 800 元
34.**喇嘛性世界**—揭開假藏傳佛教譚崔瑜伽的面紗　張善思 等人著　200 元
35.**假藏傳佛教的神話**—性、謊言、喇嘛教　正玄教授編著　200 元
36.**金剛經宗通**　平實導師述　共九輯　每輯售價 250 元。
37.**空行母**—性別、身分定位，以及藏傳佛教。
珍妮・坎貝爾著 呂艾倫 中譯 售價 250 元
38.**末代達賴**—性交教主的悲歌　張善思、呂艾倫、辛燕編著 售價 250 元
39.**霧峰無霧**—給哥哥的信　辨正釋印順對佛法的無量誤解
游宗明 老師著　售價 250 元
40.**第七意識與第八意識？**—穿越時空「超意識」
平實導師述　每冊 300 元
41.**黯淡的達賴**—失去光彩的諾貝爾和平獎
正覺教育基金會編著　每冊 250 元
42.**童女迦葉考**—論呂凱文〈佛教輪迴思想的論述分析〉之謬。
平實導師 著 定價 180 元
43.**人間佛教**—實證者必定不悖三乘菩提
平實導師 述，定價 400 元
44.**實相經宗通**　平實導師述　共八輯　每輯 250 元
45.**真心告訴您(一)**—達賴喇嘛在幹什麼？
正覺教育基金會編著　售價 250 元
46.**中觀金鑑**—詳述應成派中觀的起源與其破法本質
孫正德老師著　分爲上、中、下三冊，每冊 250 元
47.**佛法入門**—迅速進入三乘佛法大門，消除久學佛法漫無方向之窘境。
○○居士著　將於正覺電子報連載後出版。售價 250 元
48.**藏傳佛教要義**—《狂密與真密》之簡體字版　平實導師 著 上、下冊
僅在大陸流通　每冊 300 元
49.**法華經講義**　平實導師述　共二十五輯　每輯 300 元
已於 2015/05/31 起開始出版，每二個月出版一輯
50.**西藏「活佛轉世」制度**—附佛、造神、世俗法
許正豐、張正玄老師合著　定價 150 元
51.**廣論三部曲**　郭正益老師著　定價 150 元
52.**真心告訴您(二)**—達賴喇嘛是佛教僧侶嗎？
—補祝達賴喇嘛八十大壽
正覺教育基金會編著　售價 300 元
53.**廣論之平議**—宗喀巴《菩提道次第廣論》之平議　正雄居士著
約二或三輯　俟正覺電子報連載後結集出版　書價未定
54.**末法導護**—對印順法師中心思想之綜合判攝　正慶老師著　書價未定
55.**菩薩學處**—菩薩四攝六度之要義　陸正元老師著　出版日期未定。
56.**八識規矩頌**詳解　○○居士 註解　出版日期另訂　書價未定。

57.**印度佛教史**—法義與考證。依法義史實評論印順《印度佛教思想史、佛教史地考論》之謬說　正偉老師著　出版日期未定　書價未定

58.**中國佛教史**—依中國佛教正法史實而論。○○老師 著　書價未定。

59.**中論正義**—釋龍樹菩薩《中論》頌正理。
孫正德老師著　出版日期未定　書價未定

60.**中觀正義**—註解平實導師《中論正義頌》。
○○法師（居士）著　出版日期未定　書價未定

61.**佛藏經講記**　平實導師述　出版日期未定　書價未定

62.**阿含經講記**—將選錄四阿含中數部重要經典全經講解之，講後整理出版。
平實導師述　約二輯　每輯300元　出版日期未定

63.**寶積經講記**　平實導師述　每輯三百餘頁 優惠價300元 出版日期未定

64.**解深密經講記**　平實導師述 約四輯　將於重講後整理出版

65.**成唯識論略解**　平實導師著　五～六輯　每輯300元　出版日期未定

66.**修習止觀坐禪法要講記**　平實導師述　每輯三百餘頁
將於正覺寺建成後重講、以講記逐輯出版　出版日期未定

67.**無門關**—《無門關》公案拈提　平實導師著　出版日期未定

68.**中觀再論**—兼述印順《中觀今論》謬誤之平議。正光老師著 出版日期未定

69.**輪迴與超度**—佛教超度法會之真義。
○○法師（居士）著　出版日期未定　書價未定

70.**《釋摩訶衍論》平議**—對偽稱龍樹所造《釋摩訶衍論》之平議
○○法師（居士）著　出版日期未定　書價未定

71.**正覺發願文**註解—以真實大願為因 得證菩提
正德老師著　出版日期未定　書價未定

72.**正覺總持咒**—佛法之總持　正圜老師著　出版日期未定　書價未定

73.**涅槃**—論四種涅槃　平實導師著　出版日期未定　書價未定

74.**三自性**—依四食、五蘊、十二因緣、十八界法，說三性三無性。
作者未定　出版日期未定

75.**道品**—從三自性說大小乘三十七道品　作者未定　出版日期未定

76.**大乘緣起觀**—依四聖諦七真如現觀十二緣起 作者未定　出版日期未定

77.**三德**—論解脫德、法身德、般若德。　作者未定　出版日期未定

78.**真假如來藏**—對印順《如來藏之研究》謬說之平議　作者未定 出版日期未定

79.**大乘道次第**　作者未定　出版日期未定　書價未定

80.**四緣**—依如來藏故有四緣。　作者未定　出版日期未定

81.**空之探究**—印順《空之探究》謬誤之平議　作者未定 出版日期未定

82.**十法義**—論阿含經中十法之正義　作者未定　出版日期未定

83.**外道見**—論述外道六十二見　作者未定　出版日期未定

正智出版社有限公司 書籍介紹

禪淨圓融：言淨土諸祖所未曾言，示諸宗祖師所未曾示；禪淨圓融，另闢成佛捷徑，兼顧自力他力，闡釋淨土門之速行易行道，亦同時揭櫫聖教門之速行易行道；令廣大淨土行者得免緩行難證之苦，亦令聖道門行者得以藉著淨土速行道而加快成佛之時劫。乃前無古人之超勝見地，非一般弘揚禪淨法門典籍也，先讀為快。平實導師著 200元。

宗門正眼—公案拈提第一輯：繼承克勤圜悟大師碧巖錄宗旨之禪門鉅作。先則舉示當代大法師之邪說，消弭當代禪門大師鄉愿之心態，摧破當今禪門「世俗禪」之妄談；次則旁通教法，表顯宗門正理；繼以道之次第，消弭古今狂禪；後藉言語及文字機鋒，直示宗門入處。悲智雙運，禪味十足，數百年來難得一睹之禪門鉅著也。平實導師著 500元（原初版書《禪門摩尼寶聚》，改版後補充為五百餘頁新書，總計多達二十四萬字，內容更精彩，並改名為《宗門正眼》，讀者原購初版《禪門摩尼寶聚》皆可寄回本公司免費換新，免附回郵，亦無截止期限）（2007年起，凡購買公案拈提第一輯至第七輯，每購一輯皆贈送本公司精製公案拈提〈超意境〉CD一片，市售價格280元，多購多贈）。

禪—悟前與悟後：本書能建立學人悟道之信心與正確知見，圓滿具足而有次第地詳述禪悟之功夫與禪悟之內容，指陳參禪中細微淆訛之處，能使學人明自眞心、見自本性。若未能悟入，亦能以正確知見辨別古今中外一切大師究係眞悟？或屬錯悟？便有能力揀擇，捨名師而選明師，後時必有悟道之緣。一旦悟道，遲者七次人天往返，便出三界，速者一生取辦。學人欲求開悟者，不可不讀。平實導師著。上、下冊共500元，單冊250元。

真實如來藏：如來藏眞實存在，乃宇宙萬有之本體，並非印順法師、達賴喇嘛等人所說之「唯有名相、無此心體」。如來藏是涅槃之本際，是一切有智之人竭盡心智、不斷探索而不能得之生命實相；是古今中外許多大師自以爲悟而當面錯過之生命實相。如來藏即是阿賴耶識，乃是一切有情本自具足、不生不滅之眞實心。當代中外大師於此書出版之前所未能言者，作者於本書中盡情流露、詳細闡釋。眞悟者讀之，必能增益悟境、智慧增上；錯悟者讀之，必能檢討自己之錯誤，免犯大妄語業；未悟者讀之，能知參禪之理路，亦能以之檢查一切名師是否眞悟。此書是一切哲學家、宗教家、學佛者及欲昇華心智之人必讀之鉅著。　平實導師著　售價400元。

宗門法眼—公案拈提第二輯：列舉實例，闡釋土城廣欽老和尚之悟處；並直示這位不識字的老和尚妙智橫生之根由，繼而剖析禪宗歷代大德之開悟公案，解析當代密宗高僧卡盧仁波切之錯悟證據，並例舉當代顯宗高僧、大居士之錯悟證據（凡健在者，爲免影響其名聞利養，皆隱其名）。藉辨正當代名師之邪見，向廣大佛子指陳禪悟之正道，彰顯宗門法眼。悲勇兼出，強捋虎鬚；慈智雙運，巧探驪龍；摩尼寶珠在手，直示宗門入處，禪味十足；若非大悟徹底，不能爲之。禪門精奇人物，允宜人手一冊，供作參究及悟後印證之圭臬。本書於2008年4月改版，增寫爲大約500頁篇幅，以利學人研讀參究時更易悟入宗門正法，以前所購初版首刷及初版二刷舊書，皆可免費換取新書。平實導師著　500元（2007年起，凡購買公案拈提第一輯至第七輯，每購一輯皆贈送本公司精製公案拈提〈超意境〉CD一片，市售價格280元，多購多贈）。

宗門道眼—公案拈提第三輯：繼宗門法眼之後，再以金剛之作略、慈悲之胸懷、犀利之筆觸，舉示寒山、拾得、布袋三大士之悟處，消弭當代錯悟者對於寒山大士……等之誤會及誹謗。　亦舉出民初以來與虛雲和尚齊名之蜀郡鹽亭袁煥仙夫子——南懷瑾老師之師，其「悟處」何在？並蒐羅許多眞悟祖師之證悟公案，顯示禪宗歷代祖師之睿智，指陳部分祖師、奧修及當代顯密大師之謬悟，作爲殷鑑，幫助禪子建立及修正參禪之方向及知見。假使讀者閱此書已，一時尚未能悟，亦可一面加功用行，一面以此宗門道眼辨別眞假善知識，避開錯誤之印證及歧路，可免大妄語業之長劫慘痛果報。欲修禪宗之禪者，務請細讀。平實導師著　售價500元（2007年起，凡購買公案拈提第一輯至第七輯，每購一輯皆贈送本公司精製公案拈提〈超意境〉CD一片，市售價格280元，多購多贈）。

楞伽經詳解：本經是禪宗見道者印證所悟眞僞之根本經典，亦是禪宗見道者悟後起修之依據經典；故達摩祖師於印證二祖慧可大師之後，將此經典連同佛鉢祖衣一併交付二祖，令其依此經典佛示金言、進入修道位，修學一切種智。由此可知此經對於眞悟之人修學佛道，是非常重要之一部經典。此經能破外道邪說，亦破佛門中錯悟名師之謬說，亦破禪宗部分祖師之狂禪：不讀經典、一向主張「一悟即成究竟佛」之謬執。並開示愚夫所行禪、觀察義禪、攀緣如禪、如來禪等差別，令行者對於三乘禪法差異有所分辨；亦糾正禪宗祖師古來對於如來禪之誤解，嗣後可免以訛傳訛之弊。此經亦是法相唯識宗之根本經典，禪者悟後欲修一切種智而入初地者，必須詳讀。 平實導師著，全套共十輯，已全部出版完畢，每輯主文約320頁，每冊約352頁，定價250元。

宗門血脈—公案拈提第四輯：末法怪象—許多修行人自以爲悟，每將無念靈知認作眞實；崇尚二乘法諸師及其徒眾，則將外於如來藏之緣起性空—無因論之無常空、斷滅空、一切法空—錯認爲 佛所說之般若空性。這兩種現象已於當今海峽兩岸及美加地區顯密大師之中普遍存在；人人自以爲悟，心高氣壯，便敢寫書解釋祖師證悟之公案，大多出於意識思惟所得，言不及義，錯誤百出，因此誤導廣大佛子同陷大妄語之地獄業中而不能自知。彼等書中所說之悟處，其實處處違背第一義經典之聖言量。彼等諸人不論是否身披袈裟，都非佛法宗門血脈，或雖有禪宗法脈之傳承，亦只徒具形式；猶如螟蛉，非眞血脈，未悟得根本眞實故。禪子欲知 佛、祖之眞血脈者，請讀此書，便知分曉。平實導師著，主文452頁，全書464頁，定價500元（2007年起，凡購買公案拈提第一輯至第七輯，每購一輯皆贈送本公司精製公案拈提〈超意境〉CD一片，市售價格280元，多購多贈）。

宗通與說通：古今中外，錯誤之人如麻似粟，每以常見外道所說之靈知心，認作眞心；或妄想虛空之勝性能量爲眞如，或錯認物質四大元素藉冥性（靈知心本體）能成就吾人色身及知覺，或認初禪至四禪中之了知心爲不生不滅之涅槃心。此等皆非通宗者之見地。復有錯悟之人一向主張「宗門與教門不相干」，此即尚未通達宗門之人也。其實宗門與教門互通不二，宗門所證者乃是眞如與佛性，教門所說者乃說宗門證悟之眞如佛性，故教門與宗門不二。本書作者以宗教二門互通之見地，細說「宗通與說通」，從初見道至悟後起修之道、細說分明；並將諸宗諸派在整體佛教中之地位與次第，加以明確之教判，學人讀之即可了知佛法之梗概也。欲擇明師學法之前，允宜先讀。平實導師著，主文共381頁，全書392頁，只售成本價300元。

宗門正道—公案拈提第五輯：修學大乘佛法有二果須證—解脫果及大菩提果。二乘人不證大菩提果，唯證解脫果；此果之智慧，名爲聲聞菩提、緣覺菩提。大乘佛子所證二果之菩提果爲佛菩提，故名大菩提果，其慧名爲一切種智—函蓋二乘解脫果。然此大乘二果修證，須經由禪宗之宗門證悟方能相應。而宗門證悟極難，自古已然；其所以難者，咎在古今佛教界普遍存在三種邪見：1.以修定認作佛法，2.以無因論之緣起性空—否定涅槃本際如來藏以後之一切法空作爲佛法，3.以常見外道邪見（離語言妄念之靈知性）作爲佛法。如是邪見，或因自身正見未立所致，或因邪師之邪教導所致，或因無始劫來虛妄熏習所致。若不破除此三種邪見，永劫不悟宗門眞義、不入大乘正道，唯能外門廣修菩薩行。平實導師於此書中，有極爲詳細之說明，有志佛子欲摧邪見、入於內門修菩薩行者，當閱此書。主文共496頁，全書512頁。售價500元（2007年起，凡購買公案拈提第一輯至第七輯，每購一輯皆贈送本公司精製公案拈提〈超意境〉CD一片，市售價格280元，多購多贈）。

狂密與眞密：密教之修學，皆由有相之觀行法門而入，其最終目標仍不離顯教經典所說第一義諦之修證；若離顯教第一義經典、或違背顯教第一義經典，即非佛教。西藏密教之觀行法，如灌頂、觀想、遷識法、寶瓶氣、大聖歡喜雙身修法、喜金剛、無上瑜伽、大樂光明、樂空雙運等，皆是印度教兩性生生不息思想之轉化，自始至終皆以如何能運用交合淫樂之法達到全身受樂爲其中心思想，純屬欲界五欲的貪愛，不能令人超出欲界輪迴，更不能令人斷除我見；何況大乘之明心與見性，更無論矣！故密宗之法絕非佛法也。而其明光大手印、大圓滿法教，又皆同以常見外道所說離語言妄念之無念靈知心錯認爲佛地之眞如，不能直指不生不滅之眞如。西藏密宗所有法王與徒眾，都尚未開頂門眼，不能辨別眞僞，以依人不依法、依密續不依經典故，不肯將其上師喇嘛所說對照第一義經典，純依密續之藏密祖師所說爲準，因此而誇大其證德與證量，動輒謂彼祖師上師爲究竟佛、爲地上菩薩；如今台海兩岸亦有自謂其師證量高於 釋迦文佛者，然觀其師所述，猶未見道，仍在觀行即佛階段，尚未到禪宗相似即佛、分證即佛階位，竟敢標榜爲究竟佛及地上法王，誑惑初機學人。凡此怪象皆是狂密，不同於眞密之修行者。近年狂密盛行，密宗行者被誤導者極眾，動輒自謂已證佛地眞如，自視爲究竟佛，陷於大妄語業中而不知自省，反謗顯宗眞修實證者之證量粗淺；或如義雲高與釋性圓…等人，於報紙上公然誹謗眞實證道者爲「騙子、無道人、人妖、癩蛤蟆…」等，造下誹謗大乘勝義僧之大惡業；或以外道法中有爲有作之甘露、魔術……等法，誑騙初機學人，狂言彼外道法爲眞佛法。如是怪象，在西藏密宗及附藏密之外道中，不一而足，舉之不盡，學人宜應愼思明辨，以免上當後又犯毀破菩薩戒之重罪。密宗學人若欲遠離邪知邪見者，請閱此書，即能了知密宗之邪謬，從此遠離邪見與邪修，轉入眞正之佛道。平實導師著 共四輯 每輯約400頁（主文約340頁）每輯售價300元。

宗門正義—公案拈提第六輯：佛教有六大危機，乃是藏密化、世俗化、膚淺化、學術化、宗門密意失傳、悟後進修諸地之次第混淆；其中尤以宗門密意之失傳，為當代佛教最大之危機。由宗門密意失傳故，易令 世尊正法被轉易為外道法，以及加以淺化、世俗化，是故宗門密意之廣泛弘傳與具緣佛弟子，極為重要。然而欲令宗門密意之廣泛弘傳予具緣之佛弟子者，必須同時配合錯誤知見之解析、普令佛弟子知之，然後輔以公案解析之直示入處，方能令具緣之佛弟子悟入。而此二者，皆須以公案拈提之方式為之，方易成其功、竟其業，是故平實導師續作宗門正義一書，以利學人。　全書500餘頁，售價500元（2007年起，凡購買公案拈提第一輯至第七輯，每購一輯皆贈送本公司精製公案拈提〈超意境〉CD一片，市售價格280元，多購多贈）。

心經密意—心經與解脫道、佛菩提道、祖師公案之關係與密意。　二乘菩提所證之解脫道，實依第八識心之斷除煩惱障現行而立解脫之名；大乘菩提所證之佛菩提道，實依親證第八識如來藏之涅槃性、清淨自性、及其中道性而立般若之名；禪宗祖師公案所證之眞心，即是此第八識如來藏；是故三乘佛法所修所證之三乘菩提，皆依此如來藏心而立名也。此第八識如來藏，即是《心經》所說之心也。證得此如來藏已，即能漸入大乘佛菩提道，亦可因證知此心而了知二乘無學所不能知之無餘涅槃本際，是故《心經》之密意，與三乘佛菩提之關係極為密切、不可分割，三乘佛法皆依此心而立名故。今者平實導師以其所證解脫道之無生智及佛菩提之般若種智，將《心經》與解脫道、佛菩提道、祖師公案之關係與密意，以演講之方式，用淺顯之語句和盤托出，發前人所未言，呈三乘菩提之眞義，令人藉此《心經密意》一舉而窺三乘菩提之堂奧，迴異諸方言不及義之說；欲求眞實佛智者、不可不讀！主文317頁，連同跋文及序文…等共384頁，售價300元。

宗門密意—公案拈提第七輯：佛教之世俗化，將導致學人以信仰作為學佛，則將以感應及世間法之庇祐，作為學佛之主要目標，不能了知學佛之主要目標為親證三乘菩提。大乘菩提則以般若實相智慧為主要修習目標，以二乘菩提解脫道為附帶修習之標的；是故學習大乘法者，應以禪宗之證悟為要務，能親入大乘菩提之實相般若智慧中故，般若實相智慧非二乘聖人所能知故。此書則以台灣世俗化佛教之三大法師，說法似是而非之實例，配合眞悟祖師之公案解析，提示證悟般若之關節，令學人易得悟入。平實導師著，全書五百餘頁，售價500元（2007年起，凡購買公案拈提第一輯至第七輯，每購一輯皆贈送本公司精製公案拈提〈超意境〉CD一片，市售價格280元，多購多贈）。

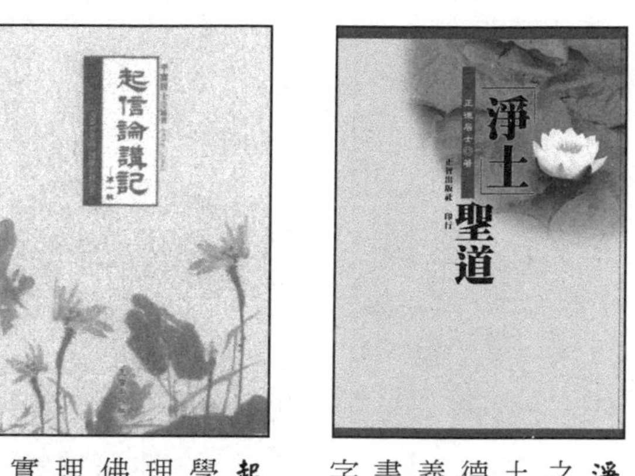

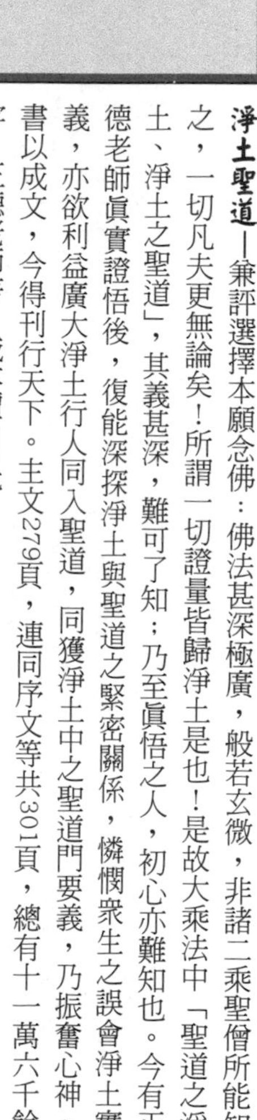

淨土聖道—兼評選擇本願念佛：佛法甚深極廣，般若玄微，非諸二乘聖僧所能知之，一切凡夫更無論矣！所謂一切證量皆歸淨土是也！是故大乘法中「聖道之淨土、淨土之聖道」，其義甚深，難可了知；乃至眞悟之人，初心亦難知也。今有正德老師眞實證悟後，復能深探淨土與聖道之緊密關係，憐憫衆生之誤會淨土實義，亦欲利益廣大淨土行人同入聖道，同獲淨土中之聖道門要義，乃振奮心神、書以成文，今得刊行天下。主文279頁，連同序文等共301頁，總有十一萬六千餘字，正德老師著，成本價200元。

起信論講記：詳解大乘起信論心生滅門與心眞如門之眞實意旨，消除以往大師與學人對起信論所說心生滅門之誤解，由是而得了知眞心如來藏之非常非斷中道正理；亦因此一講解，令此論以往隱晦而被誤解之眞實義，得以如實顯示，令大乘佛菩提道之正理得以顯揚光大；初機學者亦可藉此正論所顯示之法義，對大乘法理生起正信，從此得以眞發菩提心，眞入大乘法中修學，世世常修菩薩正行。平實導師演述，共六輯，都已出版，每輯三百餘頁，售價各250元。

優婆塞戒經講記：本經詳述在家菩薩修學大乘佛法，應如何受持菩薩戒？對人間善行應如何看待？對三寶應如何護持？應如何正確地修集此世後世證法之福德？應如何修集後世「行菩薩道之資糧」？並詳述第一義諦之正義：五蘊非我非異我、自作自受、異作異受、不作不受……等深妙法義，乃是修學大乘佛法、行菩薩行之在家菩薩所應當了知者。出家菩薩今世或未來世登地已，捨報之後多數將如華嚴經中諸大菩薩，以在家菩薩身而修行菩薩行，故亦應以此經所述正理而修之，配合《楞伽經、解深密經、楞嚴經、華嚴經》等道次第正理，方得漸次成就佛道；故此經是一切大乘行者皆應證知之正法。　平實導師講述，每輯三百餘頁，售價各250元；共八輯，已全部出版。

真假活佛—略論附佛外道盧勝彥之邪說：人人身中都有眞活佛，永生不滅而有大神用，但眾生都不了知，所以常被身外的西藏密宗假活佛籠罩欺瞞。本來就眞實存在的眞活佛，才是眞正的密宗無上密！諾那活佛因此而說禪宗是大密宗，但藏密的所有活佛都不知道、也不曾實證自身中的眞活佛。本書詳實宣示眞活佛的道理，舉證盧勝彥的「佛法」不是眞佛法，也顯示盧勝彥是假活佛，直接的闡釋第一義佛法見道的眞實正理。眞佛宗的所有上師與學人們，都應該詳細閱讀，包括盧勝彥個人在內。正犀居士著，優惠價140元。

阿含正義—唯識學探源：廣說四大部《阿含經》諸經中隱說之眞正義理，一一舉示佛陀本懷，令阿含時期初轉法輪根本經典之眞義，如實顯現於佛子眼前。並提示末法大師對於阿含眞義誤解之實例，一一比對之，證實唯識增上慧學確於原始佛法之阿含諸經中已隱覆密意而略說之，證實 世尊確於原始佛法中已曾密意而說第八識如來藏之總相；亦證實 世尊在四阿含中已說此藏識是名色十八界之因、之本—證明如來藏是能生萬法之根本心。佛子可據此修正以往受諸大師（譬如西藏密宗應成派中觀師：印順、昭慧、性廣、大願、達賴、宗喀巴、寂天、月稱、……等人）誤導之邪見，建立正見，轉入正道乃至親證初果而無困難；書中並詳說三果所證的心解脫，以及四果慧解脫的親證，都是如實可行的具體知見與行門。全書共七輯，已出版完畢。平實導師著，每輯三百餘頁，售價300元。

超意境CD：以平實導師公案拈提書中超越意境之頌詞，加上曲風優美的旋律，錄成令人嚮往的超意境歌曲，其中包括正覺發願文及平實導師親自譜成的黃梅調歌曲一首。詞曲雋永，殊堪翫味，可供學禪者吟詠，有助於見道。內附設計精美的彩色小冊，解說每一首詞的背景本事。每片280元。【每購買公案拈提書籍一冊，即贈送一片。】

我的菩提路第一輯：凡夫及二乘聖人不能實證的佛菩提證悟，末法時代的今天仍然有人能得實證，由正覺同修會釋悟圓、釋善藏法師等二十餘位實證如來藏者所寫的見道報告，已為當代學人見證宗門正法之絲縷不絕，證明大乘義學的法脈仍然存在，為末法時代求悟般若之學人照耀出光明的坦途。由二十餘位大乘見道者所繕，敘述各種不同的學法、見道因緣與過程，參禪求悟者必讀。全書三百餘頁，售價300元。

我的菩提路第二輯：由郭正益老師等人合著，書中詳述彼等諸人歷經各處道場學法，一一修學而加以檢擇之不同過程以後，因閱讀正覺同修會、正智出版社書籍而發起抉擇分，轉入正覺同修會中修學；乃至學法及見道之過程，都一一詳述之。其中張志成等人係由前現代禪轉進正覺同修會，張志成原為現代禪副宗長，以前未閱本會書籍時，曾被人藉其名義著文評論 平實導師（詳見《宗通與說通》辨正及《眼見佛性》書末附錄…等）；後因偶然接觸正覺同修會書籍，深覺以前聽人評論平實導師之語不實，於是投入極多時間閱讀本會書籍、深入思辨，詳細探索中觀與唯識之關聯與異同，認為正覺之法義方是正法，深覺相應；亦解開多年來對佛法的迷雲，確定應依八識論正理修學方是正法。乃不顧面子，毅然前往正覺同修會面見平實導師懺悔，並正式學法求悟。今已與其同修王美伶（亦為前現代禪傳法老師），同樣證悟如來藏而證得法界實相，生起實相般若真智。此書中尚有七年來本會第一位眼見佛性者之見性報告一篇，一同供養大乘佛弟子。全書四百頁，售價300元。

我的菩提路第三輯：由王美伶老師等人合著。自從正覺同修會成立以來，每年夏初、冬初都舉辦精進禪三共修，藉以助益會中同修們得以證悟明心發起般若實相智慧；凡已實證而被平實導師印證者，皆書具見道報告用以證明佛法之真實可證而非玄學，證明佛法並非純屬思想、理論而無實質，是故每年都能有人證明正覺同修會的「實證佛教」主張並非虛語。特別是眼見佛性一法，自古以來中國禪宗祖師實證者極寡，較之明心開悟的證境更難令人信受；至2017年初，正覺同修會中的證悟明心者已近五百人，然而其中眼見佛性者至今唯十餘人爾，可謂難能可貴，是故明心後欲冀眼見佛性者實屬不易。黃正倖老師是懸絕七年無人見性後的第一人，她於2009年的見性報告刊於本書的第二輯中，為大眾證明佛性確實可以眼見；其後七年之中求見性者都屬解悟佛性而無人眼見，幸而又經七年後的2016冬初，以及2017夏初的禪三，復有三人眼見佛性，希冀鼓舞四眾佛子求見佛性之大心，今則具載一則於書末，顯示求見佛性之事實經歷，供養現代佛教界欲得見性之四眾弟子。全書四百頁，售價300元，預定2017年6月30日發行。

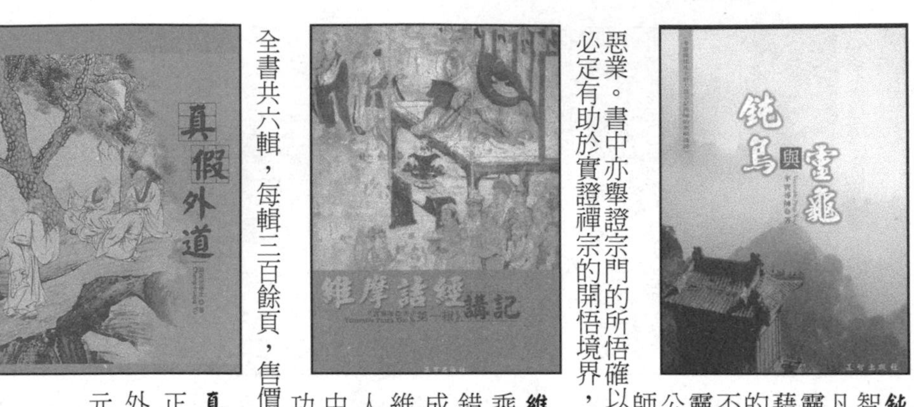

鈍鳥與靈龜：鈍鳥及靈龜二物，被宗門證悟者說爲二種人：前者是精修禪定而無智慧者，也是以定爲禪的愚癡禪人；後者是或有禪定、或無禪定的宗門證悟者，凡已證悟者皆是靈龜。但後來被人虛造事實，用以嘲笑大慧宗杲禪師，說他雖是靈龜，卻不免被天童禪師預記「患背」痛苦而亡：「鈍鳥離巢易，靈龜脫殼難。」藉以貶低大慧宗杲的證量。同時將天童禪師實證如來藏的證量，曲解爲意識境界的離念靈知。自從大慧禪師入滅以後，錯悟凡夫對他的不實毀謗就一直存在著，不曾止息，並且捏造的假事實也隨著年月的增加而越來越多，終至編成「鈍鳥與靈龜」的假公案、假故事。本書是考證大慧與天童之間的不朽情誼，顯現這件假公案的虛妄不實；更見大慧宗杲面對惡勢力時的正直不阿，亦顯示大慧對天童禪師的至情深義，將使後人對大慧宗杲的誣謗至此而止，不再有人誤犯毀謗賢聖的惡業。書中亦舉證宗門的所悟確以第八識如來藏爲標的，詳讀之後必可改正以前被錯悟大師誤導的參禪知見，日後必定有助於實證禪宗的開悟境界，得階大乘眞見道位中，即是實證般若之賢聖。全書459頁，售價350元。

維摩詰經講記：本經係　世尊在世時，由等覺菩薩維摩詰居士藉疾病而演說之大乘菩提無上妙義，所說函蓋甚廣，然極簡略，是故今時諸方大師與學人讀之悉皆錯解，何況能知其中隱含之深妙正義，是故普遍無法爲人解說；若強爲人說，則成依文解義而有諸多過失。今由平實導師公開宣講之後，詳實解釋其中密意，令維摩詰菩薩所說大乘不可思議解脫之深妙正法得以正確宣流於人間，利益當代學人及與諸方大師。書中詳實演述大乘佛法深妙不共二乘之智慧境界，顯示諸法之中絕待之實相境界，建立大乘菩薩妙道於永遠不敗不壞之地，以此成就護法偉功，欲冀永利娑婆人天。已經宣講圓滿整理成書流通，以利諸方大師及諸學人。全書共六輯，每輯三百餘頁，售價各250元。

真假外道：本書具體舉證佛門中的常見外道知見實例，並加以教證及理證上的辨正，幫助讀者輕鬆而快速的了知常見外道的錯誤知見，進而遠離佛門內外的常見外道知見，因此即能改正修學方向而快速實證佛法。游正光老師著　。成本價200元。

勝鬘經講記：如來藏爲三乘菩提之所依，若離如來藏心體及其含藏之一切種子，即無三界有情及一切世間法，亦無二乘菩提緣起性空之出世間法；本經詳說無始無明、一念無明皆依如來藏而有之正理，藉著詳解煩惱障與所知障間之關係，令學人深入了知二乘菩提與佛菩提相異之妙理；聞後即可了知佛菩提之特勝處及三乘修道之方向與原理，邁向攝受正法而速成佛道的境界中。平實導師講述，共六輯，每輯三百餘頁，售價各250元。

楞嚴經講記：楞嚴經係密教部之重要經典，亦是顯教中普受重視之經典；經中宣說明心與見性之內涵極爲詳細，將一切法都會歸如來藏及佛性—妙眞如性；亦闡釋佛菩提道修學過程中之種種魔境，以及外道誤會涅槃之狀況，旁及三界世間之起源。然因言句深澀難解，法義亦復深妙寬廣，學人讀之普難通達，是故讀者大多誤會，不能如實理解佛所說之明心與見性內涵，亦因是故多有悟錯之人引爲開悟之證言，成就大妄語罪。今由平實導師詳細講解之後，整理成文，以易讀易懂之語體文刊行天下，以利學人。全書十五輯，全部出版完畢。每輯三百餘頁，售價每輯300元。

明心與眼見佛性：本書細述明心與眼見佛性之異同，同時顯示了中國禪宗破初參明心與重關眼見佛性二關之間的關聯；書中又藉法義辨正而旁述其他許多勝妙法義，讀後必能遠離佛門長久以來積非成是的錯誤知見，令讀者在佛法的實證上有極大助益。也藉慧廣法師的謬論來教導佛門學人回歸正知正見，遠離古今禪門錯悟者所墮的意識境界，非唯有助於斷我見，也對未來的開悟明心實證第八識如來藏有所助益，是故學禪者都應細讀之。 游正光老師著　共448頁　售價300元。

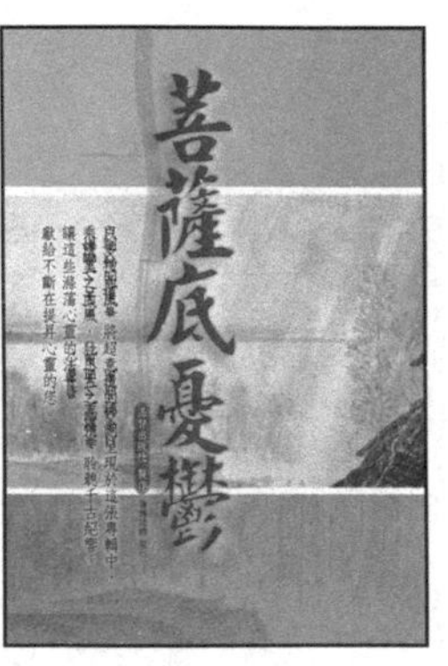

菩薩底憂鬱CD：將菩薩情懷及禪宗公案寫成新詞，並製作成超越意境的優美歌曲。1.主題曲〈菩薩底憂鬱〉，描述地後菩薩能離三界生死而迴向繼續生在人間，但因尚未斷盡習氣種子而有極深沈之憂鬱，非三賢位菩薩及二乘聖者所知，此憂鬱在七地滿心位方才斷盡；本曲之詞中所說義理極深，昔來所未曾見；此曲係以優美的情歌風格寫詞及作曲，聞者得以激發嚮往諸地菩薩境界之大心，詞、曲都非常優美，難得一見；其中勝妙義理之解說，已印在附贈之彩色小冊中。2.以各輯公案拈提中直示禪門入處之頌文，作成各種不同曲風之超意境歌曲，值得玩味、參究；聆聽公案拈提之優美歌曲時，請同時閱讀內附之印刷精美說明小冊，可以領會超越三界的證悟境界；未悟者可以因此引發求悟之意向及疑情，眞發菩提心而邁向求悟之途，乃至因此眞實悟入般若，成眞菩薩。3.正覺總持咒新曲，總持佛法大意；總持咒之義理，已加以解說並印在隨附之小冊中。本CD共有十首歌曲，長達63分鐘，附贈二張購書優惠券。每片280元。

禪意無限CD：平實導師以公案拈提書中偈頌寫成不同風格曲子，與他人所寫不同風格曲子共同錄製出版，幫助參禪人進入禪門超越意識之境界。盒中附贈彩色印製的精美解說小冊，以供聆聽時閱讀，令參禪人得以發起參禪之疑情，即有機會證悟本來面目，實證大乘菩提般若。本CD共有十首歌曲，長達69分鐘，每盒各附贈二張購書優惠券。每片280元。

金剛經宗通：三界唯心，萬法唯識，是成佛之修證內容，是諸地菩薩之所修；般若則是成佛之道（實證三界唯心、萬法唯識）的入門，若未證悟實相般若，即無成佛之可能，必將永在外門廣行菩薩六度，永在凡夫位中。然而實相般若的發起，全賴實證萬法的實相；若欲證知萬法的眞相，則必須探究萬法之所從來，則須實證自心如來—金剛心如來藏，然後現觀這個金剛心的金剛性、眞實性、如如性、清淨性、涅槃性、能生萬法的自性性、本住性，名爲證眞如；進而現觀三界六道唯是此金剛心所成，人間萬法須藉八識心王和合運作方能現起。如是

《華嚴經》的「三界唯心、萬法唯識」以後，由此等現觀而發起實相般若智慧，繼續進修第十住位的如幻觀、第十行位的陽焰觀、第十迴向位的如夢觀，再生起增上意樂而勇發十無盡願，方能滿足三賢位的實證，轉入初地；自知成佛之道而無偏倚，從此按部就班、次第進修乃至成佛。第八識自心如來是般若智慧之所依，般若智慧的修證則要從實證金剛心自心如來開始；《金剛經》則是解說自心如來之經典，是一切三賢位菩薩所應進修之實相般若經典。這一套書，是將平實導師宣講的《金剛經宗通》內容，整理成文字而流通之；書中所說義理，迥異古今諸家依文解義之說，指出大乘見道方向與理路，有益於禪宗學人求開悟見道，及轉入內門廣修六度萬行。講述完畢後結集出版，總共9輯，每輯約三百餘頁，售價各250元。

空行母—性別、身分定位，以及藏傳佛教：本書作者為蘇格蘭哲學家，因為嚮往佛教深妙的哲學內涵，於是進入當年盛行於歐美的假藏傳佛教密宗，擔任卡盧仁波切的翻譯工作多年以後，被邀請成為卡盧的空行母（又名佛母、明妃），開始了她在密宗裡的實修過程；後來發覺在密宗雙身法中的修行，其實無法使自己成佛，也發覺密宗對女性岐視而處處貶抑，並剝奪女性在雙身法中擔任一半角色時應有的身分定位。當她發覺自己只是雙身法中被喇嘛利用的工具，沒有獲得絲毫應有的尊重與基本定位時，發現了密宗的父權社會控制女性的本質；於是作者傷心地離開了卡盧仁波切與密宗，但是卻被恐嚇不許講出她在密宗裡的經歷，也不許她說出自己對密宗的教義與教制下對女性剝削的本質，否則將被咒殺死亡。後來她去加拿大定居，十餘年後方才擺脫這個恐嚇陰影，下定決心將親身經歷的實情及觀察到的事實寫下來並且出版，公諸於世。出版之後，她被流亡的達賴集團人士大力攻訐，誣指她為精神狀態失常、說謊……等。但有智之士並未被達賴集團的政治操作及各國政府政治運作吹捧達賴的表相所欺，使她的書銷售無阻而又再版。正智出版社鑑於作者此書是親身經歷的事實，所說具有針對「藏傳佛教」而作學術研究的價值，也有使人認清假藏傳佛教剝削佛母、明妃的男性本位實質，因此洽請作者同意中譯而出版於華人地區。珍妮·坎貝爾女士著，呂艾倫 中譯，每冊250元。

霧峰無霧—給哥哥的信　本書作者藉兄弟之間信件往來論義，略述佛法大義；並以多篇短文辨義，舉出釋印順對佛法的無量誤解證據，並一一給予簡單而清晰的辨正，令人一讀即知。久讀、多讀之後即能認清楚釋印順的六識論見解，與眞實佛法之牴觸是多麼嚴重；於是在久讀、多讀之後，於不知不覺之間提升了對佛法的極深入理解，正知正見就在不知不覺間建立起來了。當三乘佛法的正知見建立起來之後，對於三乘菩提的見道條件便將隨之具足，於是聲聞解脫道的見道也就水到渠成；接著大乘見道的因緣也將次第成熟，未來自然也會有親見大乘菩提之道的因緣，悟入大乘實相般若也將自然成功，自能通達般若系列諸經而成實義菩薩。作者居住於南投縣霧峰鄉，自喻見道之後不復再見霧峰之霧，故鄉原野美景一一明見，於是立此書名爲《霧峰無霧》；讀者若欲撥霧見月，可以此書爲緣。游宗明　老師著　售價250元。

假藏傳佛教的神話—性、謊言、喇嘛教：本書編著者是由一首名叫「阿姊鼓」的歌曲爲緣起，展開了序幕，揭開假藏傳佛教—喇嘛教—的神秘面紗。其重點是蒐集、摘錄網路上質疑「喇嘛教」的帖子，以揭穿「假藏傳佛教的神話」爲主題，串聯成書，並附加彩色插圖以及說明，讓讀者們瞭解西藏密宗及相關人事如何被操作爲「神話」的過程，以及神話背後的眞相。作者：張正玄教授。售價200元。

達賴真面目—玩盡天下女人：假使您不想戴綠帽子，請記得詳細閱讀此書；假使您不想讓好朋友戴綠帽子，請您將此書介紹給您的好朋友。假使您想保護家中的女性，也想保護好朋友的女眷，請記得將此書送給家中的女性和好友的女眷都來閱讀。本書爲印刷精美的大本彩色中英對照精裝本，爲您揭開達賴喇嘛的眞面目，內容精彩不容錯過，爲利益社會大眾，特別以優惠價格嘉惠所有讀者。編著者：白志偉等。大開版雪銅紙彩色精裝本。售價800元。

童女迦葉考—論呂凱文〈佛教輪迴思想的論述分析〉之謬：童女迦葉是佛世率領五百大比丘遊行於人間的歷史事實，是以童貞行而依止菩薩戒弘化於人間的大菩薩，不依別解脫戒（聲聞戒）來弘化於人間。這是大乘佛教與聲聞佛教同時存在於佛世的歷史明證，證明大乘佛教不是從聲聞法中分裂出來的部派佛教的產物，卻是聲聞佛教分裂出來的部派佛教聲聞凡夫僧所不樂見的史實；於是古今聲聞法中的凡夫都欲加以扭曲而作詭說，更是末法時代高聲大呼「大乘非佛說」的六識論聲聞凡夫極力想要扭曲的佛教史實之一，於是想方設法扭曲迦葉菩薩爲聲聞僧，以及扭曲迦葉童女爲比丘僧等荒謬不實之論著便陸續出現，古時聲聞僧寫作的《分別功德論》是最具體之事例，現代之代表作則是呂凱文先生的〈佛教輪迴思想的論述分析〉論文。鑑於如是假藉學術考證以籠罩大眾之不實謬論，未來仍將繼續造作及流竄於佛教界，繼續扼殺大乘佛教學人法身慧命，必須舉證辨正之，遂成此書。平實導師 著，每冊180元。

末代達賴—性交教主的悲歌：簡介從藏傳僞佛教（喇嘛教）的修行核心—性力派男女雙修，探討達賴喇嘛及藏傳僞佛教的修行內涵。書中引用外國知名學者著作、世界各地新聞報導，包含：歷代達賴喇嘛的祕史、達賴六世修雙身法的事蹟，以及《時輪續》中的性交灌頂儀式……等；達賴喇嘛書中開示的雙修法、達賴喇嘛的黑暗政治手段；達賴喇嘛所領導的寺院爆發喇嘛性侵兒童；新聞報導《西藏生死書》作者索甲仁波切性侵女信徒、澳洲喇嘛秋達公開道歉、美國最大假藏傳佛教組織領導人邱陽創巴仁波切的性氾濫，等等事件背後眞相的揭露。作者：張善思、呂艾倫、辛燕。售價250元。

黯淡的達賴—失去光彩的諾貝爾和平獎：本書舉出很多證據與論述，詳述達賴喇嘛不爲世人所知的一面，顯示達賴喇嘛並不是眞正的和平使者，而是假借諾貝爾和平獎的光環來欺騙世人；透過本書的說明與舉證，讀者可以更清楚的瞭解，達賴喇嘛是結合暴力、黑暗、淫欲於喇嘛教裡的集團首領，其政治行爲與宗教主張，早已讓諾貝爾和平獎的光環染污了。 本書由財團法人正覺教育基金會寫作、編輯，由正覺出版社印行，每冊250元。

第七意識與第八意識？——穿越時空「超意識」：「三界唯心，萬法唯識」是佛教中應該實證的聖教，也是《華嚴經》中明載而可以實證的法界實相。唯心者，三界一切境界、一切諸法唯是一心所成就，即是每一個有情的第八識如來藏，不是意識心。唯識者，即是人類各各都具足的八識心王——眼識、耳鼻舌身意識、意根、阿賴耶識，第八阿賴耶識又名如來藏，人類五陰相應的萬法，莫不由八識心王共同運作而成就，故說萬法唯識。依聖教量及現量、比量，都可以證明意識是二法因緣生，是由第八識藉意根與法塵二法為因緣而出生，又是夜夜斷滅不存之生滅心，即無可能反過來出生第七識意根、第八識如來藏，當知不可能從生滅性的意識心中，細分出恆審思量的第七識意根，更無可能細分出恆而不審的第八識如來藏。本書是將演講內容整理成文字，細說如是內容，並已在〈正覺電子報〉連載完畢，今彙集成書以廣流通，欲幫助佛門有緣人斷除意識我見，跳脫於識陰之外而取證聲聞初果；嗣後修學禪宗時即得不墮外道神我之中，得以求證第八識金剛心而發起般若實智。平實導師 述，每冊300元。

中觀金鑑——詳述應成派中觀的起源與其破法本質：學佛人往往迷於中觀學派之不同學說，被應成派與自續派所迷惑；修學般若中觀二十年後自以為實證般若中觀了，卻仍不曾入門，甫聞實證般若中觀者之所說，則茫無所知，迷惑不解；隨後信心盡失，不知如何實證佛法；凡此，皆因惑於這二派中觀學說所致。自續派中觀所說同於常見，以意識境界立為第八識如來藏之境界，應成派所說則同於斷見，但又同立意識為常住法，故亦具足斷常二見。今者孫正德老師有鑑於此，乃將起源於密宗的應成派中觀學說，追本溯源，詳考其來源之外，亦一一舉證其立論內容，詳加辨正，令密宗雙身法祖師以識陰境界而造之應成派中觀學說本質，詳細呈現於學人眼前，令其維護雙身法之目的無所遁形。若欲遠離密宗此二大派中觀謬說，欲於三乘菩提有所進道者，允宜具足閱讀並細加思惟，反覆讀之以後將可捨棄邪道返歸正道，則於般若之實證即有可能，證後自能現觀如來藏之中道境界而成就中觀。本書分上、中、下三冊，每冊250元，全部出版完畢。

人間佛教—實證者必定不悖三乘菩提：「大乘非佛說」的講法似乎流傳已久，卻只是日本人企圖擺脫中國正統佛教的影響，而在明治維新時期才開始提出來的說法；台灣佛教、大陸佛教的淺學無智之人，由於未曾實證佛法而迷信日本人錯誤的學術考證，錯認爲這些別有用心的日本佛學考證的講法爲天竺佛教的眞實歷史；甚至還有更激進的反對佛教者提出「釋迦牟尼佛並非眞實存在，只是後人捏造的假歷史人物」，竟然也有少數人願意跟著「學術」的假光環而信受不疑，於是開始有一些佛教界人士造作了反對中國佛教而推崇南洋小乘佛教的行爲，使佛教的信仰者難以檢擇，導致一般大陸人士開始轉入基督教的盲目迷信中。在這些佛教及外教人士之中，也就有一分人根據此邪說而大聲主張「大乘非佛說」的謬論，這些人以「人間佛教」的名義來抵制中國正統佛教，公然宣稱中國的大乘佛教是由聲聞部派佛教的凡夫僧所創造出來的。這樣的說法流傳於台灣及大陸佛教界凡夫僧之中已久，卻非眞正的佛教歷史中曾經發生過的事，只是繼承六識論的聲聞法中凡夫僧依自己的意識境界立場，純憑臆想而編造出來的妄想說法，卻已經影響許多無智之凡夫僧俗信受不移。本書則是從佛教的經藏法義實質及實證的現量內涵本質立論，證明大乘佛法本是佛說，是從《阿含正義》尚未說過的不同面向來討論「人間佛教」的議題，證明「大乘眞佛說」。閱讀本書可以斷除六識論邪見，迴入三乘菩提正道發起實證的因緣；也能斷除禪宗學人學禪時普遍存在之錯誤知見，對於建立參禪時的正知見有很深的著墨。平實導師 述，內文488頁，全書528頁，定價400元。

喇嘛性世界—揭開假藏傳佛教譚崔瑜伽的面紗：這個世界中的喇嘛，號稱來自世外桃源的香格里拉，穿著或紅或黃的喇嘛長袍，散布於我們的身邊傳教灌頂，吸引了無數的人嚮往學習；這些喇嘛虔誠地爲大衆祈福，手中拿著寶杵（金剛）與寶鈴（蓮花），口中唸著咒語：「唵．嘛呢．叭咪．吽……」，咒語的意思是說：「我至誠歸命金剛杵上的寶珠伸向蓮花寶穴之中」！「喇嘛性世界」是什麼樣的「世界」呢？本書將爲您呈現喇嘛世界的面貌。當您發現眞相以後，您將會唸：「噢！喇嘛．性．世界，譚崔性交嘛！」作者：張善思、呂艾倫。售價200元。

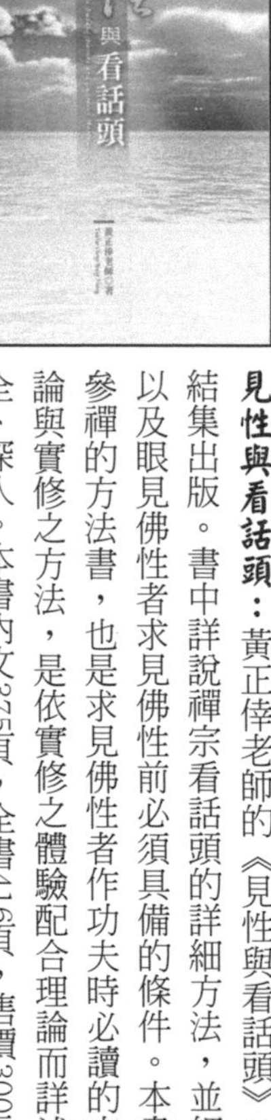

見性與看話頭：黃正倖老師的《見性與看話頭》於《正覺電子報》連載完畢，今結集出版。書中詳說禪宗看話頭的詳細方法，並細說看話頭與眼見佛性的關係，以及眼見佛性者求見佛性前必須具備的條件。本書是禪宗實修者追求明心開悟時參禪的方法書，也是求見佛性者作功夫時必讀的方法書，內容兼顧眼見佛性的理論與實修之方法，是依實修之體驗配合理論而詳述，條理分明而且極爲詳實、周全、深入。本書內文375頁，全書416頁，售價300元。

實相經宗通：學佛之目的在於實證一切法界背後之實相，禪宗稱之爲本來面目或本地風光，佛菩提道中稱之爲實相法界；此實相法界即是金剛藏，又名佛法之祕密藏，即是能生有情五陰、十八界及宇宙萬有（山河大地、諸天、三惡道世間）的第八識如來藏，又名阿賴耶識心，即是禪宗祖師所說的眞如心，此心即是三界萬有背後的實相。證得此第八識心時，自能瞭解般若諸經中隱說的種種密意，即得發起實相般若——實相智慧。每見學佛人修學佛法二十年後仍對實相般若茫然無知，亦不知如何入門，茫無所趣；更因不知三乘菩提的互異互同，是故越是久學者對佛法越覺茫然，都肇因於尚未瞭解佛法的全貌，亦未瞭解佛法的修證內容即是第八識心所致。本書對於修學佛法者所應實證的實相境界提出明確解析，並提示趣入佛菩提道的入手處，有心親證實相般若的佛法實修者，宜詳讀之，於佛菩提道之實證即有下手處。平實導師述著，共八輯，已全部出版完畢，每輯成本價250元。

真心告訴您(一)——**達賴喇嘛在幹什麼？**這是一本報導篇章的選集，更是「破邪顯正」的暮鼓晨鐘。「破邪」是戳破假象，說明達賴喇嘛及其所率領的密宗四大派法王、喇嘛們，弘傳的佛法是仿冒的佛法；他們是假藏傳佛教，是坦特羅(譚崔性交)外道法和藏地崇奉鬼神的苯教混合成的「喇嘛教」，推廣的是以所謂「無上瑜伽」的男女雙身法冒充佛法的假佛教，詐財騙色誤導衆生，常常造成信徒家庭破碎、家中兒少失怙的嚴重後果。「顯正」是揭櫫眞相，指出眞正的藏傳佛教只有一個，就是覺囊巴，傳的是 釋迦牟尼佛演繹的第八識如來藏妙法，稱爲他空見大中觀。正覺教育基金會即以此古今輝映的如來藏正法正知見，在眞心新聞網中逐次報導出來，將箇中原委「眞心告訴您」，如今結集成書，與想要知道密宗眞相的您分享。售價250元。

法華經講義：此書為平實導師始從2009/7/21演述至2014/1/14之講經錄音整理所成。世尊一代時教，總分五時三教，即是華嚴時、聲聞緣覺教、般若教、種智唯識教、法華時；依此五時三教區分為藏、通、別、圓四教。本經是最後一時的圓教經典，圓滿收攝一切法教於本經中，是故最後的圓教聖訓中，特地指出無有三乘菩提，其實唯有一佛乘；皆因眾生愚迷故，方便區分為三乘菩提以助眾生證道。世尊於此經中特地說明如來示現於人間的唯一大事因緣，便是為有緣眾生「開、示、悟、入」諸佛的所知所見——第八識如來藏妙眞如心，並於諸品中隱說「妙法蓮花」如來藏心的密意。然因此經所說甚深難解，眞義隱晦，古來難得有人能窺堂奧；平實導師以知如是密意故，特為末法佛門四眾演述《妙法蓮華經》中各品蘊含之密意，使古來未曾被古德註解出來的「此經」密意，如實顯示於當代學人眼前。乃至〈藥王菩薩本事品〉、〈妙音菩薩品〉、〈觀世音菩薩普門品〉、〈普賢菩薩勸發品〉中的微細密意，亦皆一併詳述之，開前人所未曾言之密意，示前人所未見之妙法。最後乃至以〈法華大意〉而總其成，全經妙旨貫通始終，而依佛旨圓攝於一心如來藏妙心，厥為曠古未有之大說也。平實導師述　已於2015/5/31起開始出版，每二個月出版一輯，共25輯。每輯300元。

西藏「活佛轉世」制度—附佛、造神、世俗法：歷來關於喇嘛教活佛轉世的研究，多針對歷史及文化兩部分，於其所以成立的理論基礎，較少系統化的探討。尤其是此制度是否依據「佛法」而施設？是否合乎佛法眞實義？現有的文獻大多含糊其詞，或人云亦云，不曾有明確的闡釋與如實的見解。因此本文先從活佛轉世的由來，探索此制度的起源、背景與功能，並進而從活佛的尋訪與認證之過程，發掘活佛轉世的特徵，以確認「活佛轉世」在佛法中應具足何種果德。定價150元。

真心告訴您（二）—**達賴喇嘛是佛教僧侶嗎？補祝達賴喇嘛八十大壽：**這是一本針對當今達賴喇嘛所領導的喇嘛教，冒用佛教名相、於師徒間或師兄姊間，實修男女邪淫，而從佛法三乘菩提的現量與聖教量，揭發其謊言與邪術，證明達賴及其喇嘛教是仿冒佛教的外道，是「假藏傳佛教」。藏密四大派教義雖有「八識論」與「六識論」的表面差異，然其實修之內容，皆共許「無上瑜伽」四部灌頂為究竟「成佛」之法門，也就是共以男女雙修之邪淫法為「即身成佛」之密要，雖美其名曰「欲貪為道」之「金剛乘」，並誇稱其成就超越於（應身佛）釋迦牟尼佛所傳之顯教般若乘之上；然詳考其理論，則或以意識離念時之粗細心為第八識如來藏，或以中脈裡的明點為第八識如來藏，或如宗喀巴與達賴堅決主張第六意識為常恆不變之眞心者，分別墮於外道之常見與斷見中；全然違背 佛說能生五蘊之如來藏的實質。售價300元。

佛法入門：學佛人往往修學二十年後仍不知如何入門，茫無所入漫無方向，不知如何實證佛法；更因不知三乘菩提的互異互同之處，導致越是久學者越覺茫然，都是肇因於尚未瞭解佛法的全貌所致。本書對於佛法的全貌提出明確的輪廓，並說明三乘菩提的異同處，讀後即可輕易瞭解佛法全貌，數日內即可明瞭三乘菩提入門方向與下手處。○○菩薩著 出版日期未定。

修習止觀坐禪法要講記：修學四禪八定之人，往往錯會禪定之修學知見，欲以無止盡之坐禪而證禪定境界，卻不知修除性障之行門才是修證四禪八定不可或缺之要素，故智者大師云「性障初禪」；性障不除，初禪永不現前，云何修證二禪等？又：行者學定，若唯知數息，而不解六妙門之方便善巧者，欲求一心入定，未到地定極難可得，智者大師名之為「事障未來」：障礙未到地定之修證。又禪定之修證，不可違背二乘菩提及第一義法，否則縱使具足四禪八定，亦不能實證涅槃而出三界。此諸知見，智者大師於《修習止觀坐禪法要》中皆有闡釋。作者平實導師以其第一義之見地及禪定之實證證量，曾加以詳細解析。將俟正覺寺竣工啓用後重講，不限制聽講者資格；講後將以語體文整理出版。欲修習世間定及增上定之學者，宜細讀之。平實導師述著。

解深密經講記：本經係　世尊晚年第三轉法輪，宣說地上菩薩所應熏修之唯識正義經典，經中所說義理乃是大乘一切種智增上慧學，以阿陀那識—如來藏—阿賴耶識爲主體。禪宗之證悟者，若欲修證初地無生法忍乃至八地無生法忍者，必須修學《楞伽經、解深密經》所說之八識心王一切種智；此二經所說正法，方是眞正成佛之道；印順法師否定第八識如來藏之後所說萬法緣起性空之法，是以誤會後之二乘解脫道取代大乘眞正成佛之道，尚且不符二乘解脫道正理，亦已墮於斷滅見中，不可謂爲成佛之道也。平實導師曾於本會郭故理事長往生時，於喪宅中從首七開始宣講，於每一七各宣講三小時，至第十七而快速略講圓滿，作爲郭老之往生佛事功德，迴向郭老早證八地、速返娑婆住持正法。茲爲今時後世學人故，將擇期重講《解深密經》，以淺顯之語句講畢後，將會整理成文，用供證悟者進道；亦令諸方未悟者，據此經中佛語正義，修正邪見，依之速能入道。平實導師述著，全書輯數未定，每輯三百餘頁，將於未來重講完畢後逐輯出版。

阿含經講記—小乘解脫道之修證：數百年來，南傳佛法所說證果之不實，所說解脫道之虛妄，所弘解脫道法義之世俗化，皆已少人知之；從南洋傳入台灣與大陸之後，所說法義虛謬之事，亦復少人知之；今時台灣全島印順系統之法師居士，多不知南傳佛法數百年來所說解脫道之義理已然偏斜、已然世俗化、已非眞正之二乘解脫正道，猶極力推崇與弘揚。彼等南傳佛法近代所謂之證果者多非眞實證果者，譬如阿迦曼、葛印卡、帕奧禪師、一行禪師……等人，悉皆未斷我見故。近年更有台灣南部大願法師，高抬南傳佛法之二乘修證行門爲「捷徑究竟解脫之道」者，然而南傳佛法縱使眞修實證，得成阿羅漢，至高唯是二乘菩提解脫之道，絕非究竟解脫，無餘涅槃中之實際尚未得證故，法界之實相尚未了知故，習氣種子待除故，一切種智未實證故，焉得謂爲「究竟解脫」？即使南傳佛法近代眞有實證之阿羅漢，尚且不及三賢位中之七住明心菩薩本來自性清淨涅槃智慧境界，則不能知此賢位菩薩所證之無餘涅槃實際，仍非大乘佛法中之見道者，何況普未實證聲聞果乃至未斷我見之人？謬充證果已屬逾越，更何況是誤會二乘菩提之後，以未斷我見之凡夫知見所說之二乘菩提解脫偏斜法道，焉可高抬為「究竟解脫」？而且自稱「捷徑之道」？又妄言解脫之道即是成佛之道，完全否定般若實智、否定三乘菩提所依之如來藏心體，此理大大不通也！平實導師為令修學二乘菩提欲證解脫果者，普得迴入二乘菩提正見、正道中，是故選錄四阿含諸經中，對於二乘解脫道法義有具足圓滿說明之經典，預定未來十年內將會加以詳細講解，令學佛人得以了知二乘解脫道之修證理路與行門，庶免被人誤導之後，未證言證，干犯道禁，成大妄語，欲升反墮。本書首重斷除我見，以助行者斷除我見而實證初果為著眼之目標，若能根據此書內容，配合平實導師所著《識蘊眞義》《阿含正義》內涵而作實地觀行，實證初果非為難事，行者可以藉此三書自行確認聲聞初果為實際可得現觀成就之事。此書中除依二乘經典所說加以宣示外，亦依斷除我見等之證量，及大乘法中道種智之證量，對於意識心之體性加以細述，令諸二乘學人必定得斷我見、常見，免除三縛結之繫縛。次則宣示斷除我執之理，欲令升進而得薄貪瞋痴，乃至斷五下分結…等。平實導師述，共二冊，每冊三百餘頁。每輯300元。

＊喇嘛教修外道雙身法，墮識陰境界，非佛教＊

＊弘揚如來藏他空見的覺囊派才是真正藏傳佛教＊

總經銷： 飛鴻 國際行銷股份有限公司

231 新北市新店市中正路 501 之 9 號 2 樓

Tel.02－82186688（五線代表號） Fax.02-82186458、82186459

零售：1.**全台連鎖經銷書局：**

三民書局、誠品書局、何嘉仁書店

敦煌書店、紀伊國屋、金石堂書局、建宏書局

2.**台北市：**佛化人生 羅斯福路 3 段 325 號 6 樓之 4　台電大樓對面

3.**新北市：**春大地書店 **蘆洲**中正路 117 號

4.**桃園市縣：**誠品書局 **桃園市**中正路 20 號遠東百貨地下室一樓

金石堂 **桃園市**大同路 24 號　　金石堂 **桃園**八德市介壽路 1 段 987 號

諾貝爾圖書城 **桃園市**中正路 56 號地下室　　御書堂 **龍潭**中正路 123 號

墊腳石文化書店 **中壢市**中正路 89 號

5.**新竹市縣：**大學書局 **新竹**建功路 10 號　誠品書局 **新竹**東區信義街 68 號

誠品書局 **新竹**東區中央路 229 號 5 樓　　誠品書局 **新竹**東區力行二路 3 號

墊腳石文化書店 **新竹**中正路 38 號

6.**台中市：** **瑞成**書局、各大連鎖書店。

詠春書局 **台中市**永春東路 884 號　　文春書局 **霧峰**中正路 1087 號

7.**彰化市縣：**心泉佛教流通處 **彰化市**南瑤路 286 號

員林鎮：墊腳石圖書文化廣場 中山路 2 段 49 號（04-8338485）

8.**台南市：**博大書局　**新營**三民路 128 號

藝美書局 **善化**中山路 436 號　　宏欣書局 **佳里**光復路 214 號

9.**高雄市：**各大連鎖書店、**瑞成**書局

政大書城 **三民區**明仁路 161 號　政大書城 **苓雅區**光華路 148-83 號

明儀書局 **三民區**明福街 2 號　　明儀書局 三多四路 63 號

青年書局 青年一路 141 號

10.**宜蘭縣市：**金隆書局　宜蘭市中山路 3 段 43 號

宋太太梅鋪　羅東鎮中正北路 101 號（039-534909）

11.**台東市：**東普佛教文物流通處 台東市博愛路 282 號

12.**其餘鄉鎮市經銷書局：**請電詢總經銷**飛鴻**公司。

13.**大陸地區請洽：**

香港：樂文書店

旺角店 :香港九龍旺角西洋菜街 62 號 3 樓

電話 :(852) 2390 3723　email: luckwinbooks@gmail.com

銅鑼灣店 :香港銅鑼灣駱克道 506 號 2 樓

電話 :(852) 2881 1150　email: luckwinbs@gmail.com

廈門：廈門外圖臺灣書店有限公司

地址：廈門市思明區湖濱南路809 號 廈門外圖書城3 樓 郵編：361004

電話：0592-5061658（臺灣地區請撥打 86-592-5061658）

E-mail：JKB118＠188.COM

14.**美國：世界日報圖書部**：紐約圖書部　電話 7187468889#6262
洛杉磯圖書部　電話 3232616972#202

15.**國內外地區網路購書：**

正智出版社 書香園地　http://books.enlighten.org.tw/
（書籍簡介、直接聯結下列網路書局購書）

三民 網路書局　http://www.Sanmin.com.tw

誠品 網路書局　http://www.eslitebooks.com

博客來 網路書局　http://www.books.com.tw

金石堂 網路書局　http://www.kingstone.com.tw

飛鴻 網路書局　http://fh6688.com.tw

附註：1.請儘量向各經銷書局購買：郵政劃撥需要十天才能寄到（本公司在您劃撥後第四天才能接到劃撥單，次日寄出後第四天您才能收到書籍，此八天中一定會遇到週休二日，是故共需十天才能收到書籍）若想要早日收到書籍者，請劃撥完畢後，將劃撥收據貼在紙上，旁邊寫上您的姓名、住址、郵區、電話、買書詳細內容，直接傳真到本公司 02-28344822，並來電 02-28316727、28327495 確認是否已收到您的傳真，即可提前收到書籍。 2.因台灣每月皆有五十餘種宗教類書籍上架，書局書架空間有限，故唯有新書方有機會上架，通常每次只能有一本新書上架；本公司出版新書，大多上架不久便已售出，若書局未再叫貨補充者，書架上即無新書陳列，則請直接向書局櫃台訂購。 3.若書局不便代購時，可於晚上共修時間向正覺同修會各共修處請購（共修時間及地點，詳閱**共修現況表**。每年例行年假期間請勿前往請書，年假期間請見共修現況表）。 4.郵購：郵政劃撥帳號 19068241。 5.正覺同修會會員購書都以八折計價（戶籍台北市者爲一般會員，外縣市爲護持會員）都可獲得優待，欲一次購買全部書籍者，可以考慮入會，節省書費。入會費一千元（第一年初加入時才需要繳），年費二千元。**6.尚未出版之書籍，請勿預先郵寄書款與本公司，謝謝您！** 7.若欲一次購齊本公司書籍，或同時取得正覺同修會贈閱之全部書籍者，請於正覺同修會共修時間，親到各共修處請購及索取；**台北市讀者**請洽：103 台北市承德路三段 267 號 10 樓（捷運淡水線 圓山站旁）請書時間：週一至週五爲 18.00~21.00，第一、三、五週週六爲 10.00~21.00，雙週之週六爲 10.00~18.00 請購處專線電話：25957295-分機 14（於請書時間方有人接聽）。

敬告大陸讀者：

大陸讀者購書、索書捷徑（尚未在大陸出版的書籍，以下二個途徑都可以購得，電子書另包括結緣書籍）：

1.廈門外國圖書公司：廈門市思明區湖濱南路 809 號 廈門外圖書城 3F

郵編：361004　電話：0592-5061658　網址：JKB118@188.COM

2.電子書：正智出版社有限公司及正覺同修會在台灣印行的各種局版書、結緣書，已有『**正覺電子書**』陸續上線中，提供讀者於手機、平板電腦上購書、下載、閱讀正智出版社、正覺同修會及正覺教育基金會所出版之電子書，詳細訊息敬請參閱『正覺電子書』專頁：http://books.enlighten.org.tw/ebook

關於平實導師的書訊，請上網查閱：

成佛之道　http://www.a202.idv.tw

正智出版社 書香園地　http://books.enlighten.org.tw/

中國網採訪佛教正覺同修會、正覺教育基金會訊息：

http://big5.china.com.cn/gate/big5/fangtan.china.com.cn/2014-06/19/content_32714638.htm

http://pinpai.china.com.cn/

★ 正智出版社有限公司售書之稅後盈餘，全部捐助財團法人正覺寺籌備處、佛教正覺同修會、正覺教育基金會，供作弘法及購建道場之用；懇請諸方大德支持，功德無量。

★ 聲　明 ★

本社於 2015/01/01 開始調整本目錄中部分書籍之售價，以因應各項成本的持續增加。

＊ 喇嘛教修外道雙身法、墮識陰境界，非佛教 ＊

＊ 弘揚如來藏他空見的覺囊派才是真正藏傳佛教 ＊

售後服務—換書啓事（免附回郵） 2012/09/24

《楞嚴經講記》第 14 輯初版首刷本免費調換新書啓事：本講記第 14 輯出版前因 平實導師諸事繁忙，未將之重新閱讀而只改正校對時發現的錯別字，故未能發覺十年前所說法義有部分錯誤，於第 15 輯付印前重閱時才發覺第 14 輯中有部分錯誤尙未改正。今已重新審閱修改並已重印完成，煩請所有讀者將以前所購第 14 輯初版首刷本，寄回本社免費換新（初版二刷本無錯誤），本社將於寄回新書時同時附上您寄書回來換新時所付的郵資，並在此向所有讀者致上最誠懇的歉意。

《心經密意》初版書免費調換二版新書啓事：本書係演講錄音整理成書，講時因時間所限，省略部分段落未講。後於再版時補寫增加 13 頁，維持原價流通之。茲爲顧及初版讀者權益，自 2003/9/30 開始免費調換新書，原有初版一刷、二刷書籍，皆可寄來本來公司換書。

《宗門法眼》已經增寫改版爲 464 頁新書，2008 年 6 月中旬出版。讀者原有初版之第一刷、第二刷書本，都可以寄回本社免費調換改版新書。改版後之公案及錯悟事例維持不變，但將內容加以增說，較改版前更具有廣度與深度，將更能助益讀者參究實相。

換書者**免附回郵**，亦無截止期限；舊書請寄：111 台北郵政 73-151 號信箱 或 103 台北市承德路三段 267 號 10 樓 正智出版社有限公司。舊書若有塗鴨、殘缺、破損者，仍可換取新書；但缺頁之舊書至少應仍有五分之三頁數，方可換書。所有讀者不必顧念本公司是否有盈餘之問題，都請踴躍寄來換書；本公司成立之目的不是營利，只要能眞實利益學人，即已達到成立及運作之目的。若以郵寄方式換書者，免附回郵；並於寄回新書時，由本社附上您寄來書籍時耗用的郵資。造成您不便之處，再次致上萬分的歉意。

正智出版社有限公司 啓

國家圖書館出版品預行編目資料

鈍鳥與靈龜 / 平實導師作
. --初版. --
(臺北市：正智, 2007. 10〔民96〕)
面；　　公分

ISBN 978-986-82992-9-0(平裝)

1. 禪宗

226.96　　　　96019468

鈍鳥與靈龜

作　　者：平實導師
校　　對：正覺同修會 編譯組
出 版 者：正智出版社有限公司
電話：○二 28327495　28316727(白天)
傳眞：○二 28344822
111 台北郵政 73-151 號信箱
郵政劃撥帳號：一九○六八二四一
正覺講堂：總機○二 25957295(夜間)
總 經 銷：飛鴻國際行銷股份有限公司
231 新北市新店區中正路 501-9 號 2 樓
電話：○二 82186688（五線代表號）
傳眞：○二 82186458　82186459
初版首刷：公元二○○七年十一月　二千冊
初版四刷：公元二○一七年四月　二千冊
定　　價：三五○元